Arbeit und Leben im Umbruch
Schriftenreihe zur subjektorientierten Soziologie der Arbeit
und der Arbeitsgesellschaft, Band 8
herausgegeben von G. Günter Voß

Münchner Modefrauen

Arbeit und Leben im Umbruch

Schriftenreihe zur subjektorientierten Soziologie der Arbeit und der Arbeitsgesellschaft

herausgegeben von G. Günter Voß

gefördert von ISIFO Institut für sozialwissenschaftliche Information und Forschung e.V., München

Themenfeld der Schriftenreihe ist die gesellschaftliche Arbeit und der Wandel der nach wie vor durch sie geprägten modernen Sozialverhältnisse. Gemeint ist damit nicht nur die Erwerbsarbeit; Thema sind vielmehr auch alle anderen im weiteren Sinne als Arbeit zu verstehenden Tätigkeiten (Haus-, Familien-, Eigen- und Bürgerarbeit, Alltagsorganisation usw.) und deren technisch-organisatorische Rahmenbedingungen.

Gemeinsame Perspektive der Beiträge ist eine an der tätigen Person theoretisch und/oder empirisch ansetzende, dabei aber soziale Strukturen berücksichtigende und auf deren Analyse abzielende Subjektorientierte Soziologie. Konzeptioneller Fluchtpunkt ist ein soziologisches Verständnis von Subjektivität und dabei insbesondere von Arbeitskraft bzw. der Arbeitsperson.

Wichtiges Spezialthema (das der Reihe den Namen gibt) ist der soziale und individuelle Zusammenhang von erwerbsförmiger Arbeit und privatem Leben. Historischer Hintergrund dafür ist eine Entwicklung, mit der sich die bisher für moderne Gesellschaften typische strikte Trennung dieser beiden Sphären aufzulösen beginnt.

Das Theoriekonzept der Alltäglichen Lebensführung nimmt derartige Fragen in den Blick und ist damit für manche Beiträge der Reihe eine orientierende Perspektive, sie deckt aber keineswegs den potentiellen Themenrahmen ab. Die Reihe ist vielmehr offen für vielfältige Einzelfragen, so z.B. für den gesellschaftlichen Wandel von Arbeitskraft und Beruflichkeit. Möglich sind auch Themen, die Umbrüche in Erwerbsarbeit und Betrieb betreffen (sofern dies weiterreichende gesellschaftliche Aspekte berührt) oder auf den Wandel privaten Lebens abzielen (sofern dies die erwerbsgerichtete bzw. betriebliche Arbeit tangiert).

Michaela Schier

Münchner Modefrauen

Eine arbeitsgeographische Studie über biographische Erwerbsentscheidungen in der Bekleidungsbranche

Rainer Hampp Verlag
München und Mering 2005

Reihen-herausgeber: G. Günter Voß
Technische Universität Chemnitz
Industrie- und Techniksoziologie
09127 Chemnitz, 0371-531/4388
guenter.voss@phil.tu-chemnitz.de

http://www.lebensfuehrung-im-wandel.de

Bibliografische Information Der Deutschen Bibliothek

Die Deutsche Bibliothek verzeichnet diese Publikation in der Deutschen Nationalbibliografie; detaillierte bibliografische Daten sind im Internet über http://dnb.ddb.de abrufbar.

ISBN 3-87988-940-6
Arbeit und Leben im Umbruch: ISSN 1617-0407
1. Auflage 2005

Zugl. München, Technische Universität, Dissertation 2005

Liebe Leserinnen und Leser!
Wir wollen Ihnen ein gutes Buch liefern. Wenn Sie aus irgendwelchen Gründen nicht zufrieden sind, wenden Sie sich bitte an uns.

Meringerzeller Str. 10 D – 86415 Mering

www.Hampp-Verlag.de

Inhalt

Abbildungen

Tabellen

Textkästen

1 Einführung

1.1 Problemstellung, Interessen und Ziele

Erwerbsarbeit ist in Deutschland in den letzten Jahrzehnten nach einer nur kurzen Phase der Standardisierung nach dem Zweiten Weltkrieg zeitlich flexibler, unregelmäßiger und unsteter geworden. Sie findet immer weniger nur an dafür vorgesehenen Orten oder in Form von dauerhafter ganztätiger Angestelltentätigkeit statt. Beruflich mobil zu sein, hat an Bedeutung gewonnen. Gleichzeitig mit diesen Trends ist die Frauenerwerbsbeteiligung deutlich gestiegen. Erhöht hat sich vor allem die Erwerbstätigkeit von verheirateten Frauen und von Müttern. Auch die Formen des sozialen Zusammenlebens sind in diesem Zeitraum vielfältiger geworden. Scheidungen, Einelternfamilien, Lebensgemeinschaften ohne Trauschein, Singlehaushalte oder Wohngemeinschaften sind keine gesellschaftlichen Sonderfälle mehr. Im wissenschaftlichen Zusammenhang werden diese Tendenzen und ihre Auswirkungen unter den Begriffen „Individualisierung“, „Flexibilisierung“ und „Entgrenzung“ breit diskutiert (vgl. Beck 1986; Beck/Beck-Gernsheim 1994; Gottschall/Voß 2003).

Unbestreitbar beinhalten die angesprochenen Tendenzen Entfaltungschancen für das eigene Leben und Arbeiten sowie Potentiale zur Veränderung gesellschaftlicher Ungleichheiten. So eröffnen sich beispielsweise Möglichkeiten, die Verteilung, Bewertung und Organisation von unbezahlter und bezahlter Arbeit - sowohl innerhalb von Haushalten als auch auf gesellschaftlicher Ebene - neu zu gestalten (vgl. Geissler 2002).

Brisant an diesen Entwicklungen ist jedoch, dass damit auch vielfältige Risiken und Probleme für das Leben und Arbeiten verbunden sind. So spricht Ulrich Beck (1986) vom Entstehen einer „Risikogesellschaft“, Richard Sennett (1998) warnt in seinem Buch „Der flexible Mensch“ vor dem „Abdriften“ in eine beziehungslose Gesellschaft und AutorInnen wie Carola Möller (1988) weisen auf die Gefahren der Verarmung von großen Teilen der Bevölkerung durch die Zunahme des Arbeitens in atypischen Arbeitsformen hin. Die wohlfahrtstaatlichen Sicherungssysteme, die sich auf das Leitbild von dauerhaft abhängig Beschäftigten beziehen, drohen inzwischen zusammenzubrechen, und immer mehr Frauen und Männer entscheiden sich auch aufgrund der Anforderungen der Arbeitswelt dafür, kinderlos zu bleiben.

Auf der individuellen Ebene erhöht der angesprochene ökonomische und soziale Wandel die Möglichkeiten zur eigenen Lebensgestaltung, aber auch die Notwendigkeit, Entscheidungen zu treffen. Den größeren Wahlmöglichkeiten durch die Differenzierung von Lebens- und Arbeitsformen stehen veränderte Anforderungen an die eigene Qualifikation, Mobilität, Flexibilität und Organisationsfähigkeit gegenüber. So sind wir ständig damit beschäftigt, unser Leben und Arbeiten in Auseinandersetzung mit unserer jeweiligen Lebenssituation, eigenen Zielen und den Erwartungen, die an uns gestellt werden, zu reflektieren, zu planen und neu zu gestalten. Entscheidungen prägen heute unseren Alltag, das Zusammenleben mit anderen Menschen und unser Arbeiten. Besonders Entscheidungen über die Art, den Umfang und die Form des eigenen ökonomischen Handelns haben an Bedeutung gewonnen, weil mit Arbeitsformen wie Teilzeitarbeit, geringfügiger Beschäftigung oder beruflicher Selbstständigkeit jeweils unterschiedliche Risiken der sozialen Absicherung, ökonomischen Existenzsicherung und ungleiche Chancen des beruflichen Aufstiegs einhergehen (vgl. Klammer/Tillmann 2001).

Obwohl sich für Männer und Frauen die Wahlmöglichkeiten und Entscheidungszwänge erhöht haben, bedeuten die Veränderungen für sie aufgrund unterschiedlicher Lebenslagen, Statuspositionen und Strukturbedingungen häufig Unterschiedliches. Geschlecht, aber auch andere Differenzkategorien, spielen bei der Verteilung von Risiken und Chancen eine wichtige Rolle. Auch ökonomische Entscheidungsprozesse verlaufen offensichtlich nicht geschlechtsneutral. Frauen konzentrieren sich in den Arbeitsformen, die finanziell meist wenig attraktiv (oder sogar unbezahlt) und sozialrechtlich schlecht abgesichert sind, aber große Anteile auf dem Arbeitsmarkt haben, während Männer vor allem in Vollzeit arbeiten (vgl. Klammer et al. 2000, S. 93ff.).

Wie lässt sich diese ungleiche Verteilung erklären? Wie sind die Auswirkungen zu bewerten? Sind Frauen die Verliererinnen der Entwicklungen? Eine solche pauschale Aussage ist sicherlich nicht möglich. Die Ergebnisse der Forschungsarbeiten von Diane Perrons (1998) über die Folgen von Deregulierung und Flexibilisierung auf Erwerbstätige in Großbritannien zeigen vielmehr die Widersprüchlichkeit der Entwicklungen und ihrer Auswirkungen. Neben einer Polarisierung der Situation erwerbstätiger Frauen kommt es zu einer Verschlechterung der Position von erwerbstätigen Männern.

Die Möglichkeiten und Strategien mit dem Wandel des Wirtschaftens umzugehen, sind offensichtlich individuell sehr unterschiedlich. Mehr darüber zu wissen, wie Frauen und Männer angesichts der vielfältigen Veränderungen handeln, wie sie ihre Handlungsspielräume definieren und wie sie selbst ihre Arbeits- und Lebenssituation deuten, ist deshalb für künftige wissenschaftliche und arbeitsmarktpolitische Diskussionen zum Wandel der Arbeit wichtig. Nur wenn wir begreifen, wie geschlechtsspezifisch ungleiche Strukturen immer wieder neu hergestellt werden, können wir über Lösungsansätze zu ihrer Veränderung nachdenken. Wenn wir überblicken, wie Menschen mit dem ökonomischen und sozialen Wandel zurecht kommen und wo ihre Probleme liegen, kann die Diskussion über Risken und ihre Bewältigung fundierter geführt werden. Wenn wir verstehen, wieso das Arbeiten in den divergenten Arbeitsformen von manchen positiv, von anderen negativ empfunden wird, hilft das die arbeitsmarktpolitische Propagierung von Arbeitsformen, wie Selbstständigkeit, Teilzeitarbeit oder Telearbeit für bestimmte Lebenssituationen zu hinterfragen und die Diskussion zur Arbeitsförderung sowie Arbeitsorganisation zu beleben.

Differenzierte Analysen von Erwerbsentscheidungen sind bis jetzt in der Wirtschaftsgeographie nicht üblich. Ebenso ist Geschlecht für einen Großteil von WirtschaftsgeographInnen kein Thema. An diesem Forschungsbedarf knüpfe ich mit meiner Untersuchung an: Mich interessieren individuelle ökonomische Entscheidungen, die eingebunden in den aktuellen sozialen und ökonomischen Wandel getroffen werden. Deshalb möchte ich mit Menschen über ihren Umgang mit den Veränderungen der Arbeitswelt und ihr ökonomisches Handeln innerhalb ihres Lebenszusammenhangs sprechen und nachdenken. Im Mittelpunkt meiner Arbeit stehen so erzählte Lebensgeschichten von Frauen, die in der Modebranche tätig sind.

Der Bekleidungssektor, in dem zu über 80 % Frauen beschäftigt sind, gilt als Paradebeispiel für die Flexibilisierung der Produktion und der Arbeit (vgl. Fröbel/Heinrichs/Kreye 1977; Dicken 1992; Piore/Sabel 1984; Wigfield 2001). Die Produktionsorganisation und damit die Arbeitsbedingungen haben sich in dieser Branche seit der Nachkriegszeit enorm gewandelt. Verstärkte Spezialisierung, Outsourcing und Just-in-Time Produktion gingen in Deutschland mit einem rapiden Abbau von niedrig qualifizierten Arbeitsplätzen, der Diversifizierung von Arbeitsformen und veränderten Qualifikationsanforderungen einher. Während über die Umstrukturierungstendenzen und die wirtschaftlichen Probleme der Unternehmen des Bekleidungssektors vielfältig geforscht wird, wissen wir kaum etwas darüber, wie die Beschäftigten dieser Branche mit den rasanten Umstrukturierungsprozessen und ihren Auswirkungen umgehen.

Am Beispiel von Frauen, die im Münchner Modesektor tätig sind, beschäftige ich mich in der vorliegenden Studie mit bisher wenig beleuchteten Fragen. Mich interessiert, wie die gelernten Schneiderinnen die Umstrukturierungsprozesse und andere Veränderungen ihrer Arbeits- und Lebenswelt deuten und damit umgehen. Ich frage danach, wie meine Interviewpartnerinnen ihre Entscheidungen in Bezug auf ihr Arbeiten und Leben treffen und was sie bewegt, sich für die eine oder die andere Arbeitsform zu entscheiden. Was bedeutet das Arbeiten in bestimmten Arbeitsformen für ihr Leben? Wie gestalten sie ihre Geographien des Arbeitens und wie spielt Geschlecht bei diesen Fragen eine Rolle?

Es geht mir um individuelle Deutungen der postulierten neuen Arbeitswelt, darum, wie arbeitende Menschen ihre subjektiven Handlungsspielräume wahrnehmen und ausgestalten. Hierbei gehe ich davon aus, dass das Arbeiten von Menschen in einen weiteren Rahmen eingebettet gesehen werden muss, nämlich in das komplexe Zusammenspiel von individuellen, sozialen, ökonomischen, politisch-institutionellen und kulturellen Faktoren. Diese werden auf unterschiedlichen Maßstabsebenen (lokal, regional, national, global), zum Teil widersprüchlich und nicht immer zeitgleich, wirksam. Für das ökonomische Handeln von Menschen spielen neben Arbeitsmarktbedingungen auch arbeitsrechtliche, wohlfahrtsstaatliche und familienpolitische Regulierungen sowie gesellschaftliche Normen und Leitbilder eine wichtige Rolle. Einflussreich sind außerdem die individuelle Lebenssituation, die persönliche Ausstattung mit Ressourcen, die Einbindung in soziale Netzwerke sowie die Ausgestaltung von eigenen Lebensentwürfen.

Ein solches Forschungsvorhaben macht es notwendig, ein konzeptionelles Instrumentarium zu entwickeln, um mit komplexen Prozessen, Vielfalt und Heterogenität umzugehen. Anregungen hierzu ziehe ich aus neueren Ansätzen der Geographie der Arbeit, der Migrationsforschung, der feministischen, sozial- und wirtschaftswissenschaftlichen Forschung sowie der Alltags-, Lebenslauf- und schließlich der Biographieforschung.

Zur Untersuchung meiner zentralen Fragestellung – wie individuelle Entscheidungen ökonomischen Handelns in den Wandel der Arbeitsmärkte und der Gesellschaft eingebettet sind und welche Rolle räumliche Faktoren und Geschlecht spielen – nutze ich das Konzept Biographie als theoretische Erklärungsfolie. Das Konzept Biographie ermöglicht es, arbeitende Menschen mit ihren unterschiedlichen Lebensrealitäten und Lebensentwürfen als aktiv Handelnde wahrzunehmen. Ökonomisches Handeln kann so als sozial, kulturell und räumlich eingebunden betrachtet werden. Geschlecht kann konsequent in die Analyse einbezogen werden.

Mit meiner Fragestellung und diesem theoretischen Bezug stelle ich eine subjektorientierte Forschungsperspektive als konzeptionelle Erweiterung wirtschaftsgeographischer Forschung zur Diskussion. Der in der Wirtschaftsgeographie zum Teil recht inflationär gebrauchte Begriff der „embeddedness“ (Glückler 2001a) wird durch diese Arbeit konkretisiert und erweitert. Das Wie der Eingebettetheit steht neben der Frage nach der situativen Verwertbarkeit von individuellen Ressourcen und der Handlungswirksamkeit von strukturellen Rahmenbedingungen im Zentrum dieser Arbeit.

Die Rekonstruktion subjektiver ökonomischer Entscheidungsprozesse im gesamten Lebenszusammenhang von Frauen (und Männern) ermöglicht eine von der neueren Geschlechterforschung geforderte differenzierte Analyse von Arbeit jenseits binär-typisierender Kategorien (vgl. Dausien 2001). Das Konzept Biographie eignet sich besonders, die Komplexität und Heterogenität von Lebensrealitäten und Umgangsstrategien im Rahmen des sozialen und ökonomischen Wandels zu untersuchen. Meine Überlegungen sollen dazu beitragen, Sachverhalte nicht in reduzierten Bildern zu betrachten und soziale Komplexität nicht einzuschränken, sondern durch den Blick auf die Vielfalt und Heterogenität neue Lesarten zu ermöglichen.

Damit möchte ich einerseits auf den Belang einer Geographie der Arbeit für sozialwissenschaftliche und ökonomische Diskussionen über die Zukunft der Arbeit aufmerksam machen. Andererseits möchte ich die Relevanz einer subjektorientierten und geschlechtersensiblen Betrachtung sowie des Themenfelds Arbeit als wichtiges Forschungsfeld für die Wirtschaftsgeographie aufzeigen. Die empirischen Einblicke, die diese Studie in subjektives ökonomisches Handeln gewährt, sollen schließlich dazu dienen, bisher widersprüchliche Ergebnisse in Bezug auf Chancen und Risiken von divergenten Arbeitsformen im Zusammenhang mit Geschlechteraspekten besser zu verstehen.

1.2 Der Aufbau der Studie

- Die Erklärung grundlegender Begriffe und ein Überblick über die Entwicklung von Arbeitsformen in Deutschland stehen am Beginn meiner weiteren Ausführungen in *Kapitel 2*. Daran anschließend stelle ich in *Abschnitt 2.2* und *2.3* unterschiedliche wissenschaftliche Betrachtungsweisen von ökonomischem Handeln und Geschlecht vor. Damit kläre ich die Anforderungen an meine theoretische Konzeption. Das Konzept Biographie, das ich in *Abschnitt 2.4* erläutere, stellt die theoretische Folie dar, mit der ich individuelle ökonomische Entscheidungen im empirischen Teil dieser Arbeit betrachten werde. Mit der Präzisierung der Fragestellung dieser Arbeit schließe ich das Kapitel 2 ab.

- Auch methodisch (*Kapitel 3*) beziehe ich mich auf die Biographieforschung. In *Kapitel 3.1* erläutere ich zuerst narrationstheoretische Grundlagen. Danach stelle ich in *Abschnitt 3.2* die Auswahl des Samples und den Ablauf der empirischen Untersuchung vor. Den methodischen Instrumenten die in dieser Untersuchung vorrangig verwendet wurden – dem biographisch narrativen Interview und Lebensverlaufskalendern –, widme ich besondere Aufmerksamkeit. Am Ende des Kapitels 3 erkläre ich die Darstellung der empirischen Ergebnisse.

- Das Herzstück dieser Arbeit – die Darstellung der empirischen Untersuchung von Arbeitsformentscheidungen am Beispiel von Frauen in der Modebranche - folgt in *Kapitel 4*. Zu Beginn des Empirieteils erörtere ich den Wandel der Produktionsstrukturen und der Arbeitsbedingungen des Bekleidungssektor seit dem zweiten Weltkrieg (*Kapitel 4.1*). Dies ist wichtiges Kontextwissen zum Verständnis der Arbeitsformentscheidungen meiner Interviewpartnerinnen. In den *Kapiteln 4.2.1* bis *4.2.3* wende ich mich der detaillierten Betrachtung von individuelle Arbeitsformentscheidungen zu. Am Beispiel von sechs Fällen fokussiere ich jeweils einzelne Aspekte von biographischen Prozessen der Arbeitsformenwahl: Ich beginne, indem ich am Beispiel von zwei Lebensgeschichten die Dynamik von Arbeitsformentscheidungen - das Wechselverhältnis von Gründen und Zielen – betrachte. Daran anschließend widme ich mich der Aufschichtung biographischer Ressourcen und der Kontextabhängigkeit ihrer Inwertsetzung bei ökonomischen Entscheidungen. Danach wende ich mich am Beispiel von drei Fällen der Frage zu, wie strukturelle Rahmenbedingungen auf individueller Ebene Handlungsrelevanz entfalten. Im *Abschnitt 4.2.4* beleuchte ich schließlich, welche Bedeutung räumlichen Aspekten bei ökonomischen Entscheidungen zukommt. Mit einer Charakterisierung von ökonomischen Entscheidungsprozessen endet die Darstellung der empirischen Ergebnisse (*Kapitel 4.3*).

- Abschließend diskutiere ich - vor dem Hintergrund des aktuellen Forschungsstands - die Erträge einer subjektorientierten Betrachtung von (Erwerbs)Arbeitsformentscheidungen (*Kapitel 5.1*) und gebe in *Abschnitt 5.2* einen Ausblick auf zukünftige Forschungsfragen.

2 Arbeitsformen und Geschlecht – Theoretische Ansätze

Rund um das Thema der Pluralisierung von (Erwerbs)Arbeitsformen[1], ihrer Auswirkungen auf Arbeits- und Lebensbedingungen sowie der geschlechterspezifisch ungleichen Erwerbsbeteiligung hat sich seit Ende der 1970er Jahre ein heterogenes geographisches, sozial- und wirtschaftswissenschaftliches Forschungsfeld entwickelt (vgl. Böhlich 1999; Bosch et al. 2001; Bühler/Maurer/Wyler 1998; Kommission für Zukunftsfragen der Freistaaten Bayern und Sachsen 1997), an das meine Arbeit kritisch anknüpft. Ich wende mich deshalb im Folgenden, im Abschnitt 2.2, dem wissenschaftlichen Diskurs zum Thema Pluralisierung von (Erwerbs)Arbeitsformen zu und stecke damit den Kontext ab, aus dem ich konzeptionelle Anregungen für meine Forschungsarbeit ziehe. Im Anschluss daran diskutiere ich mit Blick auf unterschiedliche Komponenten von Entscheidungsprozessen verschiedene konzeptionelle Ansätze im Hinblick auf mein Forschungsinteresse (siehe Abschnitt 2.3) und stelle meine Herangehensweise an die Wahl von Arbeitsformen unter Bezugnahme auf das theoretische Konzept Biographie vor (siehe Abschnitt 2.4).

Bevor ich mich der Darstellung der unterschiedlichen wissenschaftlichen Debatten zuwende, möchte ich erläutern, was gemeint ist, wenn von der Pluralisierung von Arbeitsformen und von ‚atypischen' und ‚prekären' Erwerbsformen gesprochen wird[2]. Darüber hinaus gebe ich einen Überblick über die Entwicklung und geschlechtsspezifisch ungleiche Nutzung von Arbeitsformen in Deutschland (siehe Abschnitt 2.1).

---

1 Ich gehe in meiner Studie von einem erweiterten Arbeitsbegriff aus und nehme sowohl formelle als auch informelle und unbezahlte Formen von Arbeit in den Blick. Da die Begriffe „Beschäftigungsformen“ bzw. „Erwerbsformen“ sich nur auf einen Teil dieser Formen von Arbeit beziehen, habe ich mich entschieden, den weiter gefassten Begriff „Arbeitsformen“ zu benutzen.

2 Zitate aus der Literatur und den Erzählungen meiner Interviewpartnerinnen kennzeichne ich mit: „Zitat“. Begriffe, die ich hervorheben möchte oder die der Umgangssprache entnommen sind, kennzeichne ich mit: ‚Begriff'.

2.1 Begriffsklärungen und Trends: die geschlechtsspezifisch ungleiche Nutzung von Arbeitsformen in Deutschland

Arbeitsformen können nach folgenden formalen Merkmalen unterschieden werden:

- Zeitlich, nach dem Umfang, der Dauer und der Verteilung der Arbeitszeit (permanent, vorübergehend, zeitweise, periodisch, saisonal),
- vertraglich, nach der Art und Organisationsform der Arbeit (kein Vertrag, befristet/unbefristet; selbständig oder abhängig beschäftigt, mit oder ohne sozialrechtliche Absicherung),
- räumlich, nach dem Wo des Arbeitsortes (zu Hause, mobil, Büro/Fabrik etc.),
- nach rechtlichen Kriterien (formelle, informelle, kriminelle Arbeit)
- und nach der Art der Entlohnung (bezahlt/unbezahlt, Existenz sichernd).

Je nach Kombination dieser Merkmale ist eine Vielzahl von unterschiedlichen Arbeitsformen denkbar. Die Pluralität von Arbeitsformen an sich ist historisch betrachtet nichts Neues. Auch in früheren Zeiten gab es eine Vielzahl verschiedener (Erwerbs)Arbeitsformen, in denen Männer und Frauen tätig waren (Böhlich 1999). Die Bedeutung einer spezifischen Arbeitsform ist jedoch je nach historischem, wirtschaftlichem, gesellschaftlichem und kulturellem Hintergrund sehr unterschiedlich (Gregson/Simonsen/Vaiou 1999).

Die aktuelle Debatte über die Pluralisierung von Erwerbsarbeitsformen bezieht sich auf das - in Deutschland normativ und institutionell stark verankerte - ‚Normalarbeitsverhältnis', das im Zusammenhang mit der Industrialisierung und Entwicklung des Wohlfahrtsstaates entstanden ist (Kress 1998, S. 489). Hoffmann und Walwei (1998a, S. 410) fassen die Charakteristika dieser Arbeitsform folgendermaßen zusammen:

> „Das ‚Normalarbeitsverhältnis' (...) basiert auf einem auf Dauerhaftigkeit angelegten Arbeitsvertrag, einem festen an Vollzeitbeschäftigung orientierten Arbeitszeitmuster, einem tarifvertraglich normierten Lohn oder Gehalt, der Sozialversicherungspflicht sowie der persönlichen Abhängigkeit und Weisungsgebundenheit des Arbeitnehmers vom Arbeitgeber."

Als ‚Nicht-Normalarbeitsverhältnisse' und deswegen als ‚atypisch' gelten demnach insbesondere zeitlich, räumlich, rechtlich und/oder vertraglich von diesem Modell abweichende Arbeitsformen wie Teilzeitarbeit, inklusive geringfügiger Beschäftigung, befristete Beschäftigung, Leiharbeit, Scheinselbständigkeit sowie Beschäftigungsformen wie Heimarbeit und Telearbeit. Da viele der genannten Erwerbsformen im Sinne einer finanziellen Existenzsicherung und/oder einer ausreichenden sozialen Absicherung Mängel aufweisen, werden solche Arbeitsformen auch als ‚prekär' bezeichnet (vgl. Mückenberger 1989; Böhlich 1999; Kress 1998; Mühlberger 2000). Alle Formen der Selbstständigkeit und Freiberuflichkeit, die es traditionell neben dem Normalarbeitsverhältnis gab, werden in den Debatten über die Entstehung von atypischen und prekären Arbeitsformen meist ausgeblendet. Die Abgrenzung einzelner atypischer und prekärer Arbeitsformen voneinander und vom Normalarbeitsverhältnis sowie objektive Aussagen über die Qualität der jeweiligen Arbeitsform, im Sinne von sozialer Absicherung und finanzieller Existenzsicherung, sind aufgrund der oft fließenden Übergänge zwischen ihnen sehr schwierig (vgl. Bothfeld 1997; Bielenski/Kohler 1995).

Die Form der unbefristeten, abhängigen Beschäftigung in Vollzeit wurde in der Phase nach dem 2. Weltkrieg bis in die 1970er Jahre zur ‚normalen' Arbeitsform eines Großteils der Arbeitenden in Westdeutschland - vor allem der in der Industrie tätigen Männer (vgl. Kress 1998; Holst/Maier 1998). Das Normalarbeitsverhältnis, das auf einen allein verdienenden Arbeitnehmer zugeschnitten ist, fungiert als Leitbild, an dem sich (immer noch) das Steuersystem und die meisten Systeme der sozialen Sicherung orientieren (Hinrichs 1996).

Seit Anfang der 1970er Jahre und verstärkt in den 1980er Jahren gewannen jedoch andere Erwerbsarbeitsformen, insbesondere die Teilzeitarbeit und geringfügige Beschäftigung, aber auch selbstständige Tätigkeiten, Leiharbeit und befristete Beschäftigungsverhältnisse gegenüber dem Normalarbeitsverhältnis an Bedeutung. Dennoch ist dieses immer noch die häufigste Erwerbsarbeitsform in Deutschland (Oschmiansky/Oschmiansky 2003; Oschmiansky/Schmid 2000; Hoffmann/Walwei 1998a, b)[3].

Der geschlechtsspezifische Blick auf die Entwicklung der Erwerbsbeteiligung und die Nutzung verschiedener Arbeitsformen zeigt jedoch ein differenzierteres Bild (siehe Abbildung 1). Die Tätigkeit in abhängiger Vollzeiterwerbstätigkeit ist in Deutschland immer noch die dominierende Arbeits-

3 Ich beschränke mich im Folgenden auf die allgemeine Darstellung der Entwicklungstrends und der geschlechtsspezifischen Nutzung der verschiedenen Arbeitsformen auf nationaler Basis und gehe nicht näher auf die regional unterschiedlichen Entwicklungen ein. Zum Vergleich der Situation zwischen den Alten und den Neuen Ländern Deutschlands siehe Hoffmann/Walwei (1998a); Klammer et al. (2000) oder Klammer/Tillmann (2001, S. 45-82); zum Vergleich der Situation in Berlin mit der des gesamten Bundesgebietes siehe Oschmiansky/Oschmiansky (2003).

form für Männer. Obwohl die Erwerbsquote von Männern in einem Normalarbeitsverhältnis zwischen 1985 und 2001 gesunken, die der Frauen jedoch leicht gestiegen ist, arbeitete fast die Hälfte aller erwerbstätigen Männer, aber nur jede vierte Frau im Jahr 2001 in dieser Arbeitsform (Oschmiansky/Oschmiansky 2003, S. 19)[4]. Dies gilt auch für Väter, deren Vollzeitquote im Mai 2003 bei 84 % lag, die von Müttern hingegen nur bei 20 % (Statistisches Bundesamt 2004). Wichtig ist hierbei der Ost-West-Unterschied: In den Neuen Ländern sind wesentlich mehr Frauen, auch Mütter, in Vollzeit erwerbstätig als im früheren Bundesgebiet (Klammer et al. 2000).

Auch die Zeit- und Leiharbeit, die sich in den letzten Jahren sehr dynamisch entwickelt, ist eine zu drei Viertel von Männern genutzte Arbeitsform. Ebenso sind mehr Männer als Frauen befristet beschäftigt (Oschmiansky/Oschmiansky 2003).

Erst seit 1991 steigt die Zahl der Selbstständigen, insbesondere von Einpersonenexistenzgründungen, sowohl bei Männern als auch bei Frauen. Trotzdem sind auch in dieser Arbeitsform Männer häufiger tätig als Frauen, zumindest in Vollzeit. Interessant ist, dass - nach Daten des Mikrozensus 2003 - ein Fünftel der selbstständigen Männer und ein Viertel der selbstständigen Frauen hauptsächlich zu Hause arbeitet (Statistisches Bundesamt 2004, S. 51). Untersuchungen über Scheinselbstständige, also nur von einem Arbeitgeber abhängige Selbstständige, weisen auf einen deutlich höheren Anteil der Nutzung dieser Arbeitsform durch Frauen hin (Dietrich 1999).

Die Erwerbsquote der Teilzeitbeschäftigten ist demgegenüber schon seit 1985 kontinuierlich gestiegen und lag 2001 bei 13 % (Oschmiansky/Oschmiansky 2003, S. 22). Noch dynamischer entwickelte sich die geringfügige Beschäftigung, die eine Unterform der Teilzeitarbeit darstellt. Der Großteil derjenigen, die in geringfügiger Beschäftigung und anderen Formen von Teilzeitarbeit tätig sind, insbesondere in Westdeutschland, sind Frauen, viele davon Mütter. Damit basiert die steigende Frauenerwerbsbeteiligung in Westdeutschland hauptsächlich auf der Ausdehnung der Teilzeitarbeit. Doch auch bei Männern, in geringerem Maße bei Vätern, gewinnt diese Arbeitsform an Bedeutung, allerdings auf niedrigem Niveau

4 Heidi Oschmiansky und Frank Oschmiansky (2003), auf deren empirische Studie ich mich in diesem Abschnitt hauptsächlich beziehe, benutzen Erwerbsquoten, um bei der Analyse des Wandels der Erwerbsformen die Erwerbsbeteiligung einzubeziehen. Sie beziehen damit die Beschäftigungsverhältnisse nicht auf die Beschäftigten, sondern auf die Wohnbevölkerung im erwerbsfähigen Alter (15 bis 65Jährige). Die ‚breite Erwerbsquote' umfasst zudem Arbeitslose sowie Personen in arbeitsmarktpolitischen Maßnahmen.

(Statistisches Bundesamt 2004, S. 44). Die Teilzeitquote von Müttern[5] war im Mai 2003 immer noch zwölfmal so hoch wie die der Väter (Statistisches Bundesamt 2004, S. 33).

Abb. 1: Erwerbsquoten in verschiedenen Arbeitsformen nach Geschlecht in Deutschland, 2001

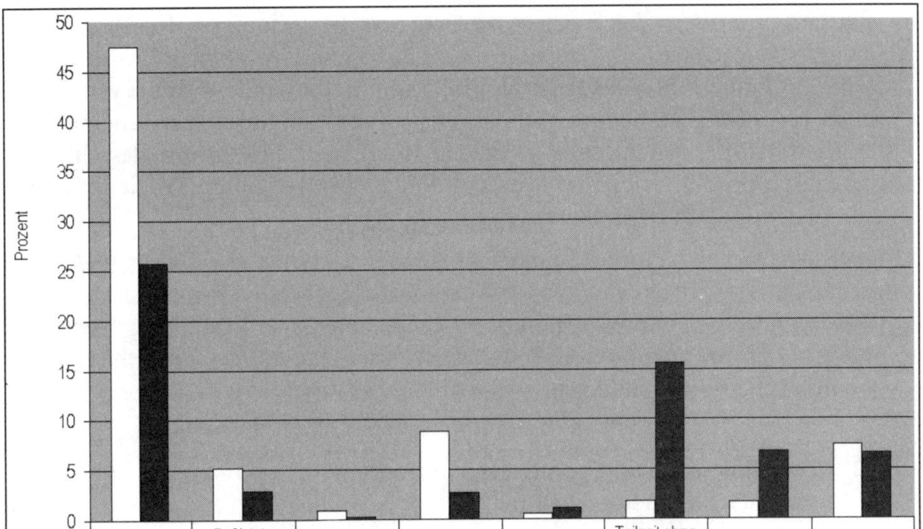

	,Normalarbeitsverhältnis'	Befristete Beschäftigung o. Leiharbeit	Leiharbeit in Vollzeit	Selbstständigkeit in Vollzeit	Selbstständigkeit in Teilzeit	Teilzeit ohne geringfügige Beschäftigung	Geringfügige Beschäftigung	Arbeitslose
□ Männer	47,5	5,2	0,9	8,8	0,6	1,8	1,7	7,4
■ Frauen	25,7	2,9	0,3	2,7	1,1	15,6	6,8	6,6

Quelle: Daten aus dem Mikrozensus, Amtliche Nachrichten der Bundesanstalt für Arbeit nach Oschmiansky/Oschmiansky 2003, eigene Darstellung

Tele- und Heimarbeit sowie unbezahlte Arbeit sind statistisch nur schwer zu erfassen. Während die Beschäftigung in Telearbeit in den letzten Jahren steigt, ist die Beschäftigung in klassischer Heimarbeit, also ohne Benutzung von Computern und moderner Kommunikationstechnologie, rückläufig (Brandes 1995). Während der Anteil von Frauen an allen Telearbeitenden im Jahr 2002 nur 25 % betrug (Kordey 2002, S. 32), überwog in den

5 Die Mütter bzw. Väter - Teilzeitquote beschreibt den Anteil, der Mütter bzw. Väter an allen erwerbs- und nichterwerbstätigen Müttern bzw. Vätern, die sich selbst als ‚in Teilzeit erwerbstätig' einstufen.

meisten Branchen bei der Nutzung der klassischen Heimarbeit der Anteil von Frauen.

Unbezahlte Arbeit, so zeigt die repräsentative Zeitbudgetstudie des Statistischen Bundesamtes (2003b, S. 9ff.), wird zu einem wesentlich größeren Teil von Frauen geleistet. Sie arbeiten mit knapp 31 Stunden, 11 ½ Stunden mehr unbezahlt pro Woche als Männer. Am meisten Zeit nimmt sowohl bei Frauen (83 %) als auch bei Männern (71 %) die Haus- und Gartenarbeit, vor allem das Kochen, Spülen und die Reinigung des Wohnbereichs, sowie das Einkaufen und die Haushaltsorganisation in Anspruch. Während Frauen für die Pflege und Betreuung von Kindern sowie erwachsenen Haushaltsmitgliedern mehr ihrer unbezahlten Arbeit verwenden, ist bei Männern der Anteil ehrenamtlicher Tätigkeiten und informeller Hilfen wesentlich größer. Somit ist auch die Nutzung unbezahlter Arbeitsformen geschlechtsspezifisch ungleich verteilt.

Doch wie lassen sich diese unterschiedlichen Entwicklungstrends und die geschlechtsspezifisch ungleiche Nutzung von Arbeitsformen erklären? Und, welche Anknüpfungspunkte an unterschiediche Erklärungsansätzen ergeben sich, um meine konzeptionelle Herangehensweise an individuelle ökonomische Entscheidungsprozesse zu entwicklen?

2.2 Die Pluralisierung von (Erwerbs)Arbeitsformen im wissenschaftlichen Diskurs

Über die Tendenzen der Pluralisierung von Arbeitsformen, ihre Auswirkungen auf Arbeits- und Lebensbedingungen sowie die geschlechterspezifisch ungleiche Erwerbsbeteiligung werden unterschiedliche Debatten geführt. Obwohl sich die einzelnen Diskurse zum Teil überschneiden, unterscheide ich in meiner Darstellung sechs Forschungsfelder: die Forschung über Arbeit in der Wirtschaftsgeographie, die feministische Forschung über das Arbeiten von Frauen und Männern, die Debatten zu einzelnen Arbeitsformen, die Forschung über ethnische Ökonomien, die Forschung über Wohlfahrtsstaaten sowie Debatten über Lebensläufe, Biographien und alltägliche Lebensführung. Damit ziehe ich künstlich Grenzen, um die spezifischen wissenschaftlichen Betrachtungsweisen auf das Thema Pluralisierung von Arbeitsformen und ungleiche Erwerbsbeteiligung zu fokussieren sowie Defizite und Erträge der einzelnen Debatten aufzeigen zu können. Auf diese Weise gebe ich einerseits einen Überblick über den Forschungsstand und stecke andererseits den Rahmen ab, aus dem ich konzeptionelle Anregungen für meine Arbeit ziehe (siehe Kapitel 2.3 und 2.4).

2.2.1 Wirtschaftsgeographie – Geographische Arbeitsforschung

Da sich die Wirtschaftsgeographie mit ökonomischem Handeln beschäftigt (Bathelt/Glückler 2002a), müsste die Diskussion über die Pluralisierung von (Erwerbs)Arbeitsformen und deren Auswirkungen auf arbeitende Menschen eigentlich im Zentrum wirtschaftsgeographischer Forschung stehen. Doch wenn sich die Wirtschaftsgeographie mit dem Thema Arbeit beschäftigt, so sind es die Begriffe Arbeitsmärkte, Arbeitskräfte und vor allem Unternehmen, die die Analysen dominieren (Schier/von Streit 2004, S. 21). Bis in die 1970er Jahre galt Arbeit häufig als Standortfaktor, dessen Kosten von Ort zu Ort variieren oder als ein Produktionsfaktor neben Kapital und Rohstoffen (vgl. Fassmann/Meusburger 1997; Martin 2000). In den 1970er Jahren gewann dann, vor allem im angloamerikanischen Raum, das Thema Arbeitslosigkeit und Deindustrialisierung im Rahmen von Untersuchungen des Wandels der Arbeitsorganisation und von Produktionssystemen in alten Industrieregionen an Bedeutung (z.B. Massey 1984).

Erst in den späten 1980er Jahren verlagerte sich das Forschungsinteresse in der Wirtschaftsgeographie und verwandten Forschungsgebieten auf Flexibilisierung (vgl. Kern/Schumann 1977, 1984; Fröbel/Heinrichs/Kreye 1977; Piore/Sabel 1984, 1989; Scott 1988; Amin 1994). Die Postfordismus-Diskussion betont die Entwicklung von neuen Formen der Produktionsorganisation, neuen Methoden des Arbeitsmanagements sowie neuen geographischen Dynamiken und damit die Ausbreitung neuer flexibler Arbeitsformen im Kontrast zu der, als in der Krise bzw. vergangen gesehenen, fordistischen Phase der Massenproduktion mit standardisierten Arbeitsformen und Produktionsmethoden (Peck 2000, S. 138). Branchen und Betriebe mit einem großen Anteil weiblicher Arbeitskräfte, wie der Bekleidungs- oder Elektroniksektor, aber auch Branchen aus dem High Tech- oder Bankenbereich, gelten hierbei als Vorreiter der Flexibilisierung und Informalisierung von Arbeit (Sassen 1991, 1998a; Kilchenmann 1992).

Zur Erklärung von Ungleichheiten auf den Arbeitsmärkten fanden in der Folge vor allem Segmentationstheorien Eingang in die wirtschaftsgeographische Forschung (vgl. Fassmann/Meusburger 1997; Castree et al. 2004). Segmentationsansätze gehen davon aus, dass sich der Gesamtarbeitsmarkt, vermittelt über personalpolitische Entscheidungen von Betrieben, in eine Reihe von Teilarbeitsmärkte aufgliedert, die eine innere Struktur aufweisen (z.B. Sengenberger 1987; Doeringer/Piore 1985). Diese Teilarbeitsmärkte unterscheiden sich nach der Art und der Qualität der angebotenen Arbeitsformen, dem Qualifikationsniveau der Beschäftigten und ihrer Zugänglichkeit für unterschiedliche Gruppen von Arbeitskräften. Während einige Segmente, die primären Arbeitsmärkte, aus ‚guten' Jobs bestehen, die eine stabile, gut bezahlte Beschäftigung bieten, umfassen andere Segmente, die sekundären Arbeitsmärkte, ‚schlechte', das heißt unsichere, instabile und gering entlohnte Jobs. Atypische Arbeitsverhältnisse konzentrieren sich im sekundären Segment des Arbeitsmarktes und in peripheren Wirtschaftsbereichen, während sich Normalarbeitsverhältnisse vor allem in den primären Segmenten und zentralen Wirtschaftsbereichen wieder finden (vgl. Oschmiansky/Oschmiansky 2003).

Frauen konzentrieren sich, so die Annahmen dieser Ansätze, in den sekundären und peripheren Teilarbeitsmärkten. Erklärt wird dies durch Vorurteile im betrieblichen Einstellungsverhalten (Prinzip der statistischen Diskriminierung) und die Zuweisung von gesellschaftlichen Alternativrollen nach askriptiven Merkmalen wie Alter, Geschlecht, Nationalität und sozialer Hintergrund (Fassmann/Meusburger 1997, S. 211f.). Für Frauen bedeutet dies, dass ArbeitgeberInnen von ihnen eher Erwerbsunterbrechungen erwarten und ihre Nichterwerbstätigkeit gesellschaftlich akzeptiert ist, bzw. als zumutbar gilt. Die Merkmale ihrer Arbeitsplätze und Erwerbsformen werden als persönliche, ‚natürliche' Merkmale eingeschätzt. Aus instabilen Erwerbsformen und -verläufen werden aus der Sicht der ArbeitgeberInnen instabile Erwerbspersonen. Frauen werden zu Problemgruppen auf dem Arbeitsmarkt. Politische Regulierungen und kulturelle Normierungen stützen dies (vgl. Gottschall 2000, S. 206). Ansätze der räumlichen Arbeitsmarktsegmentierung weisen darauf hin, dass regionale Arbeitsmärkte jeweils ein spezifisches Verhältnis dieser unterschiedlichen Teilarbeitsmärkte aufweisen (vgl. Fassmann/Meusburger 1997, S. 70ff.).

Als nachfrageorientierte Ansätze erlangen postfordistische Konzepte und Segmentationsansätze als theoretisches Hintergrundwissen in meiner Arbeit Bedeutung. Postfordistische Theorieansätze, die vor allem auf die Art und Weise der Veränderungen der Organisation der Produktion und des Arbeitsmanagements fokussieren, lenken das Augenmerk darauf, wie Firmen unterschiedliche Arbeitsformen nutzen, wie in bestimmten Branchen flexible Arbeitsformen eingesetzt werden und welche Rolle verschiedene staatliche und betriebliche Regulierungen spielen. Segmentationsansätze machen hingegen durch den Hinweis auf die ambivalente Wirkung von sozialpolitischen Leistungen und die auf Vorurteilen basierende Einstellungspraxis von Betrieben auf geschlechtsspezifische Ausschlussmechanismen auf dem Arbeitsmarkt aufmerksam. Die geschlechtsspezifische Arbeitsteilung wird in diesen Ansätzen jedoch als gegeben vorausgesetzt und nicht hinterfragt. Frauen werden als homogene, soziale Gruppe wahrgenommen (vgl. Gottschall 2000, S. 207ff.; Maier 1998; Cyba 1998).

Der Blick auf das Handeln arbeitender Menschen und eine konsequent geschlechtersensible Thematisierung der Prozesse der betrieblichen Umstrukturierung und der Strukturierung von Arbeitsmärkten fehlen jedoch weitgehend in diesen wirtschaftsgeographischen Debatten (Oberhauser 2000; Schier/Meier Kruker/von Streit 2002; Berndt/Fuchs 2002)[6]. Arbeitende Menschen erscheinen in diesen Ansätzen häufig als Arbeitnehmer mit bestimmten Eigenschaften, die ihre Arbeitskraft auf Arbeitsmärkten anbieten, die von Unternehmen nachgefragt wird oder nicht. Ihnen wird damit Warencharakter zugeschrieben, und sie erscheinen als weitgehend passiv (Peck 2000, S. 133; auch Halford/Savage 1997). Nur ein (scheinbar) besonderer Typ von arbeitenden Menschen erhält mehr Aufmerksamkeit im Rahmen dieser Debatten. Er hat es sogar geschafft, ein eigenes Forschungsfeld zu (be)gründen: der Unternehmer, speziell in Form des Existenzgründers (vgl. Schmude/Leiner 2002; Sternberg/Wagner 2004).

Neuere sozialwissenschaftlich orientierte wirtschaftsgeographische Ansätze, die menschliches Handeln als Kontext gebunden und ökonomisches Handeln als soziales Handeln, das in konkreten Netzwerken von Beziehungen erfolgt, interpretieren (vgl. Krätke 1995; Bathelt/Glückler 2002a, b) bieten jedoch interessante Anknüpfungspunkte für meine Untersuchung. Im Rahmen des ‚Social' und ‚Cultural turn' hat sich beginnend in den 1980er Jahren darüber hinaus eine vielfältige Forschungsszene gebildet, die sich kritisch von der als zu eng verstandenen Arbeitsmarkt- und Unternehmergeographie abgrenzt, und sich aus unterschiedlichen sozialwissenschaftlichen Perspektiven mit dem Thema Arbeit beschäftigt (vgl. Herod 1997, 2001; Berndt/Fuchs 2002; Schier/Meier Kruker/von Streit 2002; Beiträge in Clark et al. 2000; Lee/Wills 1997; Sheppard/Barnes 2000; Castree et al. 2004; Martin/Morrison 2003a). Die Erträge und Potentiale dieser Arbeiten werden vom Mainstream der deutschsprachigen Wirtschaftsgeographie noch kaum wahrgenommen. Die Diskussionen verlaufen deshalb abgekoppelt voneinander. Die theoretisch sehr unterschiedlichen Ansätze einer Geographie der Arbeit eint das Bestreben, arbeitende Menschen, im Sinne von bewusst und reflexiv handelnden Akteuren, in den Mittelpunkt der Betrachtung zu rücken. In diesem Forschungsfeld ist auch meine Untersuchung verortet. Auf einige Erkenntnisse dieser neueren Debatten, die für mein Forschungsinteresse von Bedeutung sind, werde ich in Kapitel 2.3.3 näher eingehen.

6 Zur Kritik der Geschlechterblindheit postfordistischer Ansätze siehe McDowell (1991, 2001) oder Jenson (1992).

2.2.2 Feministische Diskurse über die geschlechtsspezifische Erwerbsbeteiligung

Nach Erklärungen für die ungleiche Erwerbsbeteiligung von Frauen und Männern zu suchen, ist ein explizites Ziel feministischer Ansätze. Von Beginn an standen die geschlechtsspezifische Arbeitsteilung und ihre Folgen für die Form und das Ausmaß der Erwerbsbeteiligung von Frauen (und Männern) im Zentrum von interdisziplinär geführten feministischen Debatten (Bührmann/Diezinger/Metz-Göckel 2000). Das scheinbare Eigeninteresse von Frauen zur besseren Vereinbarkeit von Familie und Beruf atypische Erwerbsformen zu nutzen, wird im Zusammenhang mit dem Geschlechterverhältnis und der Zuweisung von Arbeitsbereichen an Männer und Frauen thematisiert. Die Konzentration von Frauen auf atypischen und unbezahlten Arbeitsformen wird damit im Kontext von verschiedenen gesellschaftlichen Strukturen (Wohlfahrtsstaat, Arbeitsmarkt, usw.) diskutiert, die durch das Geschlechterverhältnis spezifisch geformt sind.

Der analytische Blick auf ökonomische Prozesse und damit auf Arbeit wird dadurch um wichtige Punkte erweitert. So wird explizit auf den engen Zusammenhang von Erwerbsarbeit mit anderen Arbeitsformen wie Haushaltsarbeit, Kinderbetreuung, ehrenamtlicher Arbeit oder informeller Arbeit aufmerksam gemacht und auf die daraus resultierende Notwendigkeit der Einbeziehung aller Tätigkeitsbereiche in jede Analyse über Arbeit hingewiesen (vgl. Hanson/Pratt 1995). Kritisiert wird hingegen das vielen wirtschaftsgeographischen Studien über ökonomisches Handeln zugrunde liegende verkürzte Verständnis von Arbeit als Erwerbsarbeit (Oberhauser 2000; Schier/Meier Kruker/von Streit 2002; McDowell 2004), denn dadurch bleiben alle nicht über den Markt und nicht-monetär ausgeführten Tätigkeiten in ihrer ökonomischen und gesellschaftlichen Bedeutung weitgehend unsichtbar. Diejenigen, die diese Tätigkeiten ausüben, werden als defizitär im Sinne von geringerer Verfügbarkeit am Erwerbsarbeitsmarkt gedeutet.

Darüber hinaus zeigen feministische Studien, dass ökonomisches Handeln immer mit sozialen, kulturellen und politischen Faktoren verknüpft ist (Pfau-Effinger 2000a; Bühler 2002). So sind es nicht nur Arbeitsmarktstrukturen und sektorale Branchenentwicklungen, die das Arbeiten von Menschen beeinflussen, sondern, wie schon angedeutet, ebenso wohlfahrtsstaatliche Regulierungen sowie gesellschaftlich dominierende kulturelle Werte und Leitbilder von Arbeit, Geschlecht und Familie. Seit den 1990er Jahren rücken die kulturelle Dimension von menschlichen Aktivitäten und Fragen zum Zusammenhang von Geschlecht und Identität verstärkt in den

Mittelpunkt. Betont wird in diesen Untersuchungen, dass Arbeit und Arbeitsorte je spezifische Bedeutungen für Menschen und ihre Identität haben (vgl. van Hoven 2001; Massey 1994; McDowell 1999).

In verschiedensten Studien wird darüber hinaus auf die Vielfalt von Lebensentwürfen und die Differenzen zwischen Frauen und zwischen Männern aufmerksam gemacht (vgl. Geissler/Oechsle 1996; Oechsle 1995; Perrons 1998). Im Zentrum aktueller feministischer Debatten steht deshalb die Herausforderung, vielfältige Differenzkategorien wie Geschlecht, sozialer Status, Ethnizität und Sexualität, die bei ökonomischen Prozessen eine Rolle spielen, in Analysen einzubeziehen (vgl. Herzig/Richter 2004).

Außerdem haben feministische Untersuchungen auf die Bedeutung der Geographie ökonomischen Handelns von Menschen hingewiesen, da dieses in lokale soziale Kontexte und spezifische Situationen eingebunden ist „which vary across space and between places rather than existing in an idealised space with no connections, boundaries, barriers, or constraints" (McDowell 2000, S. 501).

Wie wichtig es ist, geschlechtsspezifische Erwerbsbeteiligung sowie die Tendenzen der Pluralisierung und Flexibilisierung von Arbeit in einem räumlichen Kontext zu thematisieren, zeigen besonders Länder oder Regionen vergleichende Studien (vgl. Jenkins 2004).

Obwohl die Frauenerwerbstätigkeit in allen europäischen Ländern steigt, bestehen nationale oder regionale Unterschiede sowohl im Niveau als auch der Struktur dieser Erwerbsbeteiligung, die die historisch unterschiedlichen Entwicklungen von nationalen Institutionen und Kultur widerspiegeln. Die Untersuchungen von Birgit Pfau-Effinger (2000a, c) und Elisabeth Bühler (2002) zeigen, dass Frauenerwerbsbeteiligung auf unterschiedlichen Arbeitsformen aufbauen kann. Auch die Bedeutung, die das Arbeiten in einer bestimmten Arbeitsform für Frauen hat, steht in einem engen Zusammenhang mit regionalen und lokalen Kontexten (vgl. am Beispiel Heimarbeit: Baylina/Garcia Ramon 1998; Schier/Baylina 2002; Fernández-Kelly/García 1989).

Vor allem der hier vorgestellte feministische Diskurs über Arbeit ist für mein Forschungsinteresse konzeptionell inspirierend. Die Rolle von Geschlecht bei Arbeitsformentscheidungen ist eine zentrale Fragestellung meiner Untersuchung. Bei der Ausarbeitung meiner konzeptionellen Herangehensweise knüpfe ich an die hier vorgestellten Erkenntnisse feministischer Forschung über Arbeit an: Zum einen, indem ich Geschlecht als soziales Konstrukt verstehe, das neben anderen Differenzkategorien ökonomisches Handeln strukturiert. Zum anderen, indem ich davon ausgehe, dass Arbeitsformentscheidungen nur im Zusammenhang aller Lebens- und Tätigkeitsbereiche und ökonomisches Handeln nur eingebettet in soziale, kulturelle, politisch-institutionelle und räumliche Rahmenbedingungen zu verstehen sind. Darüber hinaus nehme ich ernst, dass Arbeiten in enger Verbindung mit der eigenen Identität steht und subjektive Bedeutungszuschreibungen für ökonomisches Handeln wichtig sind.

2.2.3 Diskurse um einzelne Arbeitsformen und Geschlecht

Um einzelne Arbeitsformen haben sich in den letzten Jahren hauptsächlich in der Soziologie, aber auch in den Wirtschaftswissenschaften und der Geographie eigenständige Debatten entwickelt, die sich unter anderem mit folgenden Fragen befassen[7]: Wie entstehen und entwickeln sich unterschiedliche Arbeitsformen? Wer nimmt welche Arbeitsform unter welchen Bedingungen warum wahr? Und: Welche Auswirkungen hat das Arbeiten in den unterschiedlichen Arbeitsformen auf die Arbeitenden? Ländervergleichende Studien dienen hierbei häufig der Bestimmung wesentlicher Kontexte der Entwicklungen (vgl. Schulze Buschoff/Weller/Rückert 1998; O'Reilly/Fagan 1998; Schulze Buschoff 1999; Luber 1999; McManus 2001; Lohmann 2001).

Im Zusammenhang mit der Erwerbsarbeit von Frauen werden besonders Teilzeitarbeit und geringfügige Beschäftigung sowie, in den letzten Jahren verstärkt, auch unbezahlte oder informelle Formen von Arbeit wie Hausarbeit und Sorgearbeit diskutiert (vgl. Lutz 2002; Bothfeld 1997; Kilchenmann 1992; Schulze Buschoff 1999; Rudolph 1998; O'Reilly/Fagan 1998; Blossfeld/Hakim 1997). Thematisiert wird hierbei der Zusammenhang der Wahl dieser Arbeitsformen mit der geschlechtsspezifischen Arbeitsteilung in Familie und Haushalt. Es wird angenommen, dass einzelne Haushaltsmitglieder unterschiedliche Aufgaben für den Haushalt erfüllen, die geschlechtsspezifisch verteilt sind. Die Art und Weise, wie die Haushaltsmitglieder jeweils erwerbstätig sein können, wird direkt in dieser geschlechtsspezifischen Aufgabenteilung begründet gesehen[8]. Erörtert wird auch, ob und inwieweit geschlechtsspezifisch unterschiedliche subjektive Handlungsorientierungen in Bezug auf Arbeit und Familie die Wahl der Erwerbsarbeitsform beeinflussen (vgl. Oechsle 1995; Hakim 1991, 2000).

---

7 In der weiteren Darstellung konzentriere ich mich auf Studien, die Geschlecht thematisieren.

8 Insofern können diese Studien als Teil der oben vorgestellten, feministischen Diskurse gesehen werden.

Vielen Untersuchungen zur Erwerbsbeteiligung von Frauen liegt implizit oder explizit die Annahme zugrunde, dass Frauenerwerbstätigkeit besonderen Bestimmungsgründen unterliegt, anderen als denen von Männern (vgl. Engelbrech/Jungkunst 2001). Die Zuständigkeit von Frauen für die Haushaltsarbeit und Kinderbetreuung, die daraus angenommene geringere zeitliche Verfügbarkeit für die Erwerbsarbeit und die damit verbundene größere zeitliche und räumliche Gebundenheit an ‚zu Hause' sind die am meisten herangezogenen, aber auch sehr kontrovers diskutierten Phänomene zur Erklärung der Dominanz von Frauen in Arbeitsformen wie Teilzeitarbeit und geringfügiger Beschäftigung (vgl. Fagan/O'Reilly 1998; Blossfeld/ Hakim 1997). Auch andere Erwerbsarbeitsformen wie bestimmte Formen von Selbstständigkeit (vgl. McManus 2001; Lohmann 2001), Heimarbeit (vgl. Felstead/Jewson 2000; Phizacklea/Wolkowitz 1995; Prügl 1999) und Teleheimarbeit (Winker 2001) werden aufgrund ihrer zeitlichen Dauer und/ oder der zeitlichen und räumlichen Flexibilität als besonders geeignet für die Vereinbarkeit von Familie und Beruf angesehen und deshalb insbesondere für Frauen propagiert[9].

Über verschiedene Formen der beruflichen Selbstständigkeit wird meist geschlechterunspezifisch geforscht (vgl. Sternberg 2000; Bögenhold/Schmidt 1999). Wenn Geschlecht zum Thema gemacht wird, dann fast immer anhand der beruflichen Selbstständigkeit von Frauen (vgl. Welter/Lageman 2003; Lauxen-Ulbrich/Leicht 2002a, b, c; Leicht/Lauxen-Ulbrich 2002; Hodenius 1994; eine Ausnahme ist Hanson 2003). Vor allem Fragen nach frauenspezifischen Schwierigkeiten und Problemen auf dem Weg in die Selbstständigkeit stehen im Vordergrund des Interesses: Ob und unter welchen Bedingungen die meist prekären Selbstständigkeiten von Frauen eine Zukunft haben und/oder Vergleiche der Chancen und Risiken von Existenzgründerinnen mit Existenzgründern. Häufig werden dadurch ‚weibliche Existenzgründungen' als sich in wesentlichen Punkten von ‚männlichen Existenzgründungen' unterscheidend, wissenschaftlich konstruiert. Die Heterogenität unter Frauen

---

9 Diese Argumentation prägt viele politische Diskussionen über diese Arbeitsformen siehe z.B. die Internetseiten des Bundesministeriums für Arbeit und Wirtschaft „Teilzeit Info - Neue Perspektiven mit intelligenten Arbeitszeitmodellen" (http://www.bmwi.de/Navigation/Beruf-und-Karriere/teilzeit.html) oder „Existenz gründen: Informationen für Gründerinnen" (http://www.existenzgruender.de/ gruenderinnen/index.php), die Internetseite der bundesweiten Gründerinnenagentur (http://www.gruenderinnenagentur.de) oder die vom Bundesministerium für Familie, Senioren, Frauen und Jugend im Jahr 2001 herausgegebene Broschüre „Familienfreundliche Maßnahmen im Betrieb. Eine Handreichung für Unternehmensleitungen, Arbeitnehmervertretungen und Beschäftigte."

sowie unter Männern und ihres ökonomischen Handelns wird dementsprechend übersehen (vgl. Hodenius 1997b).

Die geschlechtsspezifische Arbeitsteilung wird in diesen Studien oftmals als gegeben vorausgesetzt und damit nicht hinterfragt. Dass eine Vollzeiterwerbstätigkeit die Vereinbarkeit von Familie und Beruf nicht prinzipiell ausschließt, wird zum Beispiel nur selten in Bezug auf Väter diskutiert, die dieses Vereinbarkeitsmodell leben oder im Hinblick auf die Motive, Gründe und Strategien der zwar in Westdeutschland kleinen, aber in Ostdeutschland wichtigen Gruppe von vollzeiterwerbstätigen Mütter analysiert (vgl. Ludwig et al. 2002; Gerhard/Knijn/Weckwert 2003). Genauso selten wird über den Zusammenhang von Männlichkeitskonzepten, Arbeitsorientierungen von Männern und der Tätigkeit in verschiedenen Arbeitsformen geforscht (vgl. McDowell 2003; Strümpel et al. 1988; Peinelt-Jordan 1996; Schnack/Gesterkamp 1996).

Trotz dieser Mängel bietet dieses Forschungsfeld wichtige Anknüpfungspunkte für meine Überlegungen zur individuellen Wahl von Arbeitsformen. Besonders interessant sind hierbei Ansätze aus der Gründer(innen)forschung, deren Fokus sich auf den Weg in die Selbstständigkeit und Motive des Selbstständig-Machens konzentriert (vgl. Lohmann 2001; Hodenius 1994, 1997b). Die angesprochenen Studien zu einzelnen Arbeitsformen nehmen somit Aspekte in den Blick, die grundlegend für meine konzeptionelle Herangehensweise sind (vgl. Kapitel 2.3.1 und 2.3.3): Einerseits weisen sie durch Ländervergleiche auf die Bedeutung von unterschiedlichen strukturellen Rahmenbedingungen und normativen Leitbildern für die Wahl einer Arbeitsform hin. Andererseits betrachten sie subjektive Handlungsorientierungen, Motive und Gründe.

2.2.4 Die Forschung über ethnische Ökonomien

Für meine Überlegungen interessant sind auch Debatten über die berufliche Selbstständigkeit von Migranten und Migrantinnen, die vor allem in der angloamerikanischen Geographie, der Ethnologie und der Soziologie unter den Begriffen „ethnic business" oder „immigrant business" geführt werden (vgl. Portes 1995; Waldinger/Aldrich/Ward 1990). Thematisiert werden meist: der Zusammenhang von Kultur und unternehmerischem Handeln, die Konzentration des unternehmerischen Handelns von MigrantInnen in bestimmten Sektoren, wie dem Lebensmittelhandel, der Bekleidungsherstellung oder der Gastronomie sowie Spezifika der Existenzgründungen, der Beschäftigungssituation und der Arbeitsorganisation von MigrantInnen. Es lassen sich zwei

Erklärungsansätze differenzieren, die die Literatur zur beruflichen Selbstständigkeit von MigrantInnen dominieren (vgl. Waldinger/Aldrich/Ward 1990; Kloosterman/Rath 2003; Pütz 2000): Zum einen solche, in denen Fragen nach Opportunitätsstrukturen und strukturellen Restriktionen der Aufnahmegesellschaft im Vordergrund stehen. Themen sind die Chancen des Marktzugangs, rechtliche und institutionelle Rahmenbedingungen und spezifische Bedingungen der Arbeitsmärkte. Es wird meist davon ausgegangen, dass MigrantInnen in Aufnahmegesellschaften mit von ihnen nicht beeinflussbaren Rahmenbedingungen konfrontiert werden, die ihr ökonomisches Handeln erheblich prägen. Die Umgangsweisen und Strategien von MigrantInnen mit den strukturellen Rahmenbedingungen werden jedoch kaum in den Blick genommen.

Im Unterschied zu den Ansätzen, die strukturelle Rahmenbedingungen betrachten, heben zum zweiten ressourcentheoretische Ansätze die Bedeutung von kulturellen Ressourcen, individuellen Ressourcen und von sozialen bzw. ethnischen Netzwerken hervor. Vor allem die Möglichkeiten des Rückgriffs auf unterschiedliche soziale und individuelle Ressourcen zum Ausgleich von Benachteiligungen auf Arbeitsmärkten werden hierbei beleuchtet und als wesentlich für den Erfolg des ökonomischen Handelns von MigrantInnen eingeschätzt. Problematisch sind diese Ansätze insofern sie von einem Zusammenhang von unternehmerischem Handeln und einer spezifischen, auf ethnischer Herkunft basierenden Kultur von MigrantInnen ausgehen und ihnen ein essentialistisches Kulturverständnis zugrunde liegt (vgl. Pütz 2004).

Die Studien zur beruflichen Selbstständigkeit von Migrantinnen und Migranten bieten für meine konzeptionelle Herangehensweise in zweifacher Hinsicht wichtige Hinweise: Zum einen, indem sie auf die Bedeutung von unterschiedlichen strukturellen Rahmenbedingungen, wie arbeits- und gewerberechtliche Restriktionen und Benachteiligungen auf dem Arbeitsmarkt, hinweisen, die in anderen in diesem Überblick vorgestellten Debatten kaum thematisiert werden. Zum anderen, weil gerade ressourcentheoretische Ansätze - zum Teil Bezug nehmend auf Bourdieu (1983) - die Aufmerksamkeit auf die Bedeutung von individuellen Ressourcen für ökonomisches Handeln lenken. Die Herangehensweise dieser Ansätze an ökonomisches Handeln nehme ich im Kapitel 2.3.2 und 2.3.3 weiter auf.

2.2.5 Die Wohlfahrtsstaatsdiskussion

Die Forschung über den Einfluss des institutionellen staatlichen Angebots und von wohlfahrtsstaatlichen Regulierungen auf die Erwerbsbeteiligung von Frauen (und Männern) nimmt inzwischen einen breiten Raum in arbeitsmarktpolitischen und soziologischen Debatten ein. So wird auf einen Zusammenhang der Ausgestaltung von nationalen Steuersystemen, Regelungen der Sozialversicherungssysteme sowie in den Bereichen Mutterschutz und Erziehungsurlaub, dem öffentlichen Angebot an Kinderbetreuungseinrichtungen mit der ungleichen Erwerbsbeteiligung von Männern und Frauen hingewiesen (vgl. Rauter/Krug 1998; Allmendinger/Brückner/Brückner 1991; Dingeldey 2000; Büchel/Spieß 2002). Die verschiedenen Ansätze legen ihren Schwerpunkt darauf, wie die in unterschiedliche Rechtsbereiche und wohlfahrtsstaatliche Regelungen implizit eingeschriebenen Normen und Wertvorstellungen die Erwerbsbeteiligung von Frauen und Männern ungleich fördern oder sogar sanktionieren[10].

Vor allem vergleichende Analysen von Wohlfahrtsstaaten haben die Diskussion belebt (vgl. Pfau-Effinger 2000a; Duncan 1998; Duncan/Pfau-Effinger 2000). Die Debatte angestoßen hat Gösta Esping-Andersen (1990) mit seiner Typisierung von Wohlfahrtsstaatsregimes der europäischen Länder nach dem Grad des wohlfahrtsstaatlichen Fürsorgeniveaus. Jane Lewis und Ilona Ostner (1994) haben, feministische Kritik[11] aufnehmend, die Typologie von Wohlfahrtsstaatsregimes um eine Typologie von länderspezifischen Geschlechterregimes erweitert. Als Kriterium für die Unterscheidung der Geschlechterregimes dient ihnen die Art der Ausprägung des männlichen Familienernährermodells. Sie betrachten damit, inwiefern eine Erwerbsbeteiligung von Frauen innerhalb von Wohlfahrtsstaaten vorgesehen ist.

Ihre Typologie zielt somit auf das Verhältnis von kulturellen Leitbildern und wohlfahrtsstaatlicher Politik ab[12]. Dahinter steht die Annahme, dass die geschlechtspezifische Arbeitsteilung in westlichen Gesellschaften nach einem einheitlichen kulturellen Modell organisiert ist: dem der männlichen Versorgerehe. Sozialer Wandel, historisch unterschiedliche Kontexte und

---

10 Ein spezifischer Fokus von Studien in diesem Forschungsfeld ist das Abschätzen der Risiken für das Einkommen und die soziale Sicherung einer Beschäftigung in atypischen Erwerbsformen (vgl. Klammer/Tillmann 2001).

11 Zur Kritik am Ansatz von Esping-Andersen siehe z.B. Pfau-Effinger (1996, 2000b) oder Duncan (1998).

12 Vgl. zur näheren Diskussion dieses Ansatzes und anderer ähnlicher Ansätze Pfau-Effinger (2000a); Duncan (1998); Duncan/Pfau-Effinger (2000).

die Möglichkeit, dass sich auch andere kulturelle Leitbilder zur Familie in Gesellschaften herausbilden können, werden somit konzeptionell ausgeschlossen (vgl. Pfau-Effinger 2000a, S. 34ff.; Duncan 2000) [13].

Ein Manko dieser Ansätze ist darüber hinaus, dass sie die Art und den Umfang der Erwerbsbeteiligung von Frauen (also zum Beispiel ihre Entscheidung, eine Teilzeitarbeit anzunehmen) als eine direkte Folge institutioneller geschlechtspezifisch wirksamer wohlfahrtsstaatlicher Rahmenbedingungen interpretieren (vgl. Pfau-Effinger 1998, S. 182). Das heißt, Verhaltensmuster von Frauen werden als direktes Ergebnis von staatlicher Politik gesehen. Das Handeln von Akteuren wird jedoch nicht einbezogen[14]. Bei diesen Ansätzen fehlt demnach eine Konzeptualisierung, *wie* wohlfahrtsstaatliche Politik Einfluss auf das Handeln von Individuen nimmt und damit eine Erklärung dafür, warum sich unterschiedliche Handlungsmuster von Frauen trotz gleicher staatlicher Politik innerhalb von Nationalstaaten ergeben.

Neuere Ansätze der Wohlfahrtsstaatsforschung betrachten das Verhältnis von kulturellen Leitbildern zu Verhaltensmustern individueller und kollektiver Akteure (z.B. Pfau-Effinger 2000a). Sie heben damit den Einfluss von institutionellen Regelungen auf das Handeln von Menschen hervor. Die nationalspezifische Ausgestaltung des Verhältnisses der Geschlechter wird als Resultat von konflikthaften oder widersprüchlichen gesellschaftlichen Aushandlungsprozessen gesehen. In den Blick rücken Prozesse des sozialen Wandels. Interessante Anknüpfungspunkte für meine Arbeit ergeben sich, da diese Ansätze einerseits die Bedeutung von kulturell und normativ verankerten Leitbildern und Werten für das ökonomische Handeln von Menschen fokussieren und andererseits spezifische nationale und regionale Geographien von wohlfahrtsstaatlichen Politiken aufzeigen (vgl. Kapitel 2.3.3).

2.2.6 Die Forschung über Lebensläufe, Biographien und alltägliche Lebensführung

Das letzte Diskursfeld, das ich in diesem Überblick über die Forschungslandschaft vorstellen möchte, betrachtet geschlechtsspezifisch ungleiches ökonomisches Handeln mit dem Blick auf Lebensläufe, Biographien und/

13 Birgit Pfau-Effinger (1996, 1998, 2000b, 2001) verweist darauf, dass das in Westdeutschland dominante Leitbild der männlichen Versorgerehe keineswegs universell ist, denn in anderen Ländern existieren zum Beispiel eher egalitäre Leitbilder wie das der Doppelversorgerfamilie.

14 Die Zusammenhänge von staatlicher Politik mit Verhaltensmustern von Männern werden bisher in diesen Ansätzen nicht explizit thematisiert.

oder den Alltag von Menschen. Diese Ansätze, die für meine Forschung vor allem aufgrund ihrer integrativen Herangehensweise und ihrem Blick auf den Alltags- bzw. Lebenszusammenhang interessant sind, werden im Laufe des Kapitels 2.3.4 ausführlich diskutiert. Aus diesem Grund stelle ich sie hier nur in groben Zügen vor.

Das im Kontext der subjektorientierten Soziologie (vgl. Bolte 1995) entwickelte Konzept der alltäglichen Lebensführung zielt auf Veränderungen im Verhältnis von Arbeit und Leben ab. Der Ansatz stellt somit den Zusammenhang all dessen in den Mittelpunkt der Analyse, was Menschen alltäglich in ihren verschiedenen Lebensbereichen (Beruf, Haushalt, Freundeskreis, Familie, Vereinen u.a.) tun, und wie sie es tun (vgl. Jurczyk/Rerrich 1993d). Die spezifische Perspektive des Konzeptes ermöglicht einen differenzierten Blick auf individuelle Auswirkungen und Strategien im Umgang mit Veränderungen des ökonomischen und sozialen Bereichs. Das Konzept der alltäglichen Lebensführung stellt somit einen wichtigen Baustein auf dem Weg zu meiner eignen theoretischen Herangehensweise in dieser Arbeit dar.

Die soziologische Lebenslaufforschung thematisiert den Stellenwert von Erwerbsarbeit und verschiedenen (Erwerbs)Arbeitsformen im Lebenslauf von Menschen (vgl. Kohli 1994; Klammer/Tillmann 2001, S. 141-304). Geforscht wird meist mit Verfahren der Kohorten- oder Ereignisanalyse. Institutionelle Strukturmerkmale, die Konstanz und der Wandel in Lebensverläufen, die zeitliche Datierung und Synchronisation von Ereignissen aus verschiedenen Lebensbereichen stehen im Vordergrund der Analysen. Auf diese Weise werden strukturelle Veränderungen in Lebensverläufen und sozialer Wandel sichtbar. Gestützt auf ihre empirischen Untersuchungen zur Erwerbsstrukturierung weiblicher Lebensläufe weisen Forscherinnen wie Helga Krüger und Claudia Born auf die ungleichheitsstrukturierende Wirkung von Geschlecht im Lebenslauf hin. Diese sehen sie über lebenslaufrelevante Institutionen, wie das Bildungssystem, die Familie und den Arbeitsmarkt vermittelt (z.B. Born/Krüger 1993; Born/Krüger/Lorenz-Meyer 1996). Sowohl die Lebenslauf- als auch die Biographieforschung betonen die Bedeutung von lebenslaufimmanenten Dynamiken und bieten eine prozessuale Sicht auf ökonomisches Handeln.

Die Biographieforschung zielt jedoch auf Erfahrungen aus subjektiver Sicht ab. Sie bezieht somit Selbst- und Fremddeutungen der Lebenszusammenhänge von Menschen mit ein (vgl. Fischer-Rosenthal 1990). Methodisch werden überwiegend qualitative Interviews verwendet. Auch diese Ansätze thematisieren zum Teil sowohl Geschlecht als auch Arbeit: Auf der Ebene konkreter Individualität wird der Zusammenhang zwischen Biographie, Geschlecht und Arbeit betrachtet (Dausien 1996) und das Verhältnis zwischen Arbeit und anderen Lebensbereichen in seiner lebensgeschichtlichen Genese und Bedeutung rekonstruiert (z.B. Wohlrab-Sahr 1993). Es wird betont, dass individuelle Auseinandersetzungen mit Bedingungen der (Erwerbs)Arbeit zentrale Aspekte von Identitätsbildungsprozessen sind (vgl. Alheit/Dausien 1985, 1990; Dausien 1996). Im Blick steht somit vorrangig die subjektive Bedeutung von ökonomischem Handeln. Es sind vor allem Ansätze der Biographieforschung, die mich beim Entwurf meiner theoretischen Herangehensweise an individuelle ökonomische Entscheidungen leiten (siehe Kapitel 2.4).

2.3 Theoretische Annäherungen an eine geschlechtersensible Konzeption der Wahl von Arbeitsformen

Die vorgestellten Debatten, die sich aus unterschiedlichen Perspektiven mit der Entstehung von atypischen Erwerbsarbeitsformen, Arbeitsformentscheidungen und geschlechterspezifisch unterschiedlicher Erwerbsbeteiligung befassen, bilden den Pool, aus dem ich bei meiner Suche nach einem geeigneten theoretischen Ansatz für diese Arbeit schöpfe. Die im Folgenden genauer dargestellten Ansätze sollen über Faktoren und Zusammenhänge Aufschluss geben, die bei individuellen ökonomischen Entscheidungen als relevant angesehen werden. Darüber hinaus sollen sie unterschiedliche Möglichkeiten der Betrachtung des Zusammenhangs von ökonomischem Handeln und Geschlecht aufzeigen. Die Diskussion der verschiedenen Ansätze dient ferner dazu, mögliche Herangehensweisen an die Vielfalt von Lebensentwürfen, Lebensbedingungen und Arbeitssituationen von Frauen und Männern sowie Ansätze zur Analyse der Kontextualität und Situiertheit von ökonomischen Entscheidungen zu beleuchten. Die dargestellten Ansätze sind damit ‚Bausteine' auf dem Weg zur ‚Errichtung' meiner eigenen theoretischen Herangehensweise, die ich in Kapitel 2.4 vorstelle.

Bei der Vorstellung der einzelnen theoretischen Ansätze orientiere ich mich an unterschiedlichen Komponenten von Entscheidungsprozessen (vgl. Abbildung 2).

Zu unterscheiden sind Motivationen oder Gründe, die zu einem Entscheidungsbedarf hinsichtlich des eigenen ökonomischen Handelns führen, von Zielen, die durch eine Entscheidung erreicht werden sollen. Individuelle Einstellungen, Präferenzen und Orientierungen leiten die Entscheidung zwischen mehreren möglichen Alternativen zur Erreichung des Ziels. Unterschiedliche ‚Merkmale' von Individuen, im Sinne von Wissen, Fähigkeiten oder individuellen Ressourcen sowie verschiedenartige strukturelle Rahmenbedingungen beeinflussen die Handlungsspielräume von Frauen und Männern.

Abb. 2: Allgemeine Komponenten von Entscheidungsprozessen

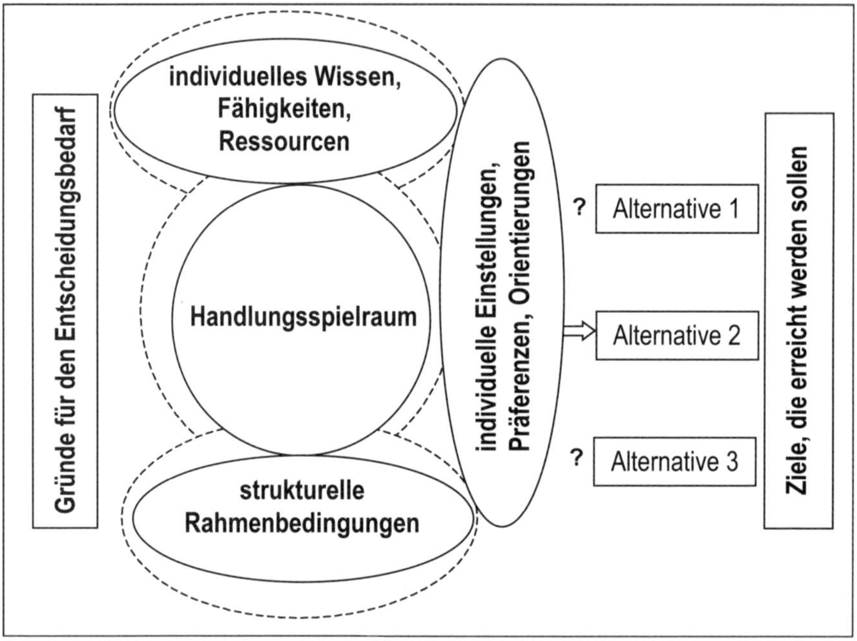

Quelle: Eigene Darstellung

Nach der Vorstellung von Ansätzen, die ihren Blick auf die Bedeutung von individuellen Präferenzen und Orientierungen von Menschen bei der Wahl ihrer Arbeitsformen legen (siehe Abschnitt 2.3.1), stelle ich theoretische Überlegungen zum Einfluss der Ausstattung mit Ressourcen und der Eingebundenheit in soziale Netzwerke dar (siehe Abschnitt 2.3.2). Danach diskutiere ich in Abschnitt 2.3.3, inwiefern und in welcher Weise ökonomische, politische, soziale und kulturelle Rahmenbedingungen Arbeitsformentscheidungen beeinflussen. In einem weiteren Schritt stelle ich ‚integrative' Ansätze vor, die sowohl strukturelle als auch individuelle Faktoren in ihre Konzeptionen einbeziehen, und damit das Verständnis für das Zusammenspiel der einzelnen Komponenten von Entscheidungsprozessen erhöhen (siehe Abschnitt 2.3.4). Im daran anschließenden Abschnitt 2.3.5 fasse ich die erarbeiteten Anforderungen an meine eigene theoretische Herangehensweise zusammen und leite damit zur Präsentation meines eigenen theoretischen Ansatzes, in Kapitel 2.4, und der Präzisierung der Fragestellung über (siehe Kapitel 2.5).

2.3.1 Familien- oder Erwerbsorientierung?

Die in diesem Abschnitt vorgestellten Ansätze betonen die Bedeutung von individuellen Präferenzen und handlungsleitenden Orientierungen bei der Wahl von Arbeitsformen. Im Mittelpunkt steht die Frage nach dem subjektiven Bezug zur Erwerbsarbeit sowie nach der Gewichtung von Erwerbsarbeit und anderen Lebens- und Arbeitsbereichen im Leben von Menschen. Die Ansätze gehen hierbei von unterschiedlichen handlungstheoretischen Prämissen (zweckrationalen, normorientierten und verständigungsorientierten) aus. Sie unterscheiden sich demnach danach, welche Ziele und Gründe bei Entscheidungsprozessen als relevant (an)erkannt werden und wie sie den Zusammenhang von Präferenzen, individuellen Orientierungen und dem geschlechtsspezifischen ökonomischen Handeln erklären (vgl. Werlen 1987, S. 111-160). Im Folgenden werden zuerst Konzeptionen vorgestellt, die die Konzentration von Frauen auf atypische und unbezahlte (Erwerbs)Arbeitsformen damit erklären, dass Frauen familienorientiert und nur eingeschränkt an Erwerbsarbeit interessiert sind. Danach werden Ansätze diskutiert, die auch bei Frauen eine Erwerbsorientierung konzipieren. Diese Ansätze unterscheiden sich danach, ob sie Frauen je nach Typus unterschiedlich als entweder familienorientiert oder erwerbsorientiert sehen oder betonen, dass sowohl Erwerbsarbeit als auch Alltagsarbeit in den Orientierungen und dem Handeln von Frauen eine eigenständige Bedeutung haben.

Gary Becker (1981) erklärt mit seinem neoklassischen Ansatz der New Home economics, Präferenzen von Frauen für atypische Erwerbsarbeitsformen als Ergebnis des zweckrationalen Nutzenkalküls von Haushalten bzw. der Nutzung komparativer Vorteile von Frauen bei Hausarbeit und Kindererziehung. Damit hat er Mitte der 1960er Jahre erstmals darauf hingewiesen, dass zwischen Tätigkeiten, die in Haushalten stattfinden, und dem Umfang und der Form der Erwerbsbeteiligung von Frauen und Männern ein Zusammenhang besteht und es deshalb wichtig ist, auch diese Tätigkeiten in ökonomische Analysen einzubeziehen.

Becker sieht den Haushalt als kleine Firma, die durch eine möglichst effiziente Arbeitsteilung zwischen den Partnern das Ziel der Maximierung des gemeinsamen Nutzens verfolgt. Die Spezialisierung auf die Lohnarbeit, so die Argumentation Beckers (1985), ist nur für dasjenige Haushaltsmitglied vorteilhaft und ökonomisch zweckrational, das ein höheres Einkommen erzielen kann. Die geschlechtsspezifische Arbeitsteilung ergibt sich nach Becker aus den unterschiedlichen Investitionen von Frauen und Männern in Humankapital, das auf dem Arbeitsmarkt verwertbar ist. Er nimmt an, dass Frauen selbst aufgrund ihrer biologischen Disposition zur Haus- und Erziehungsarbeit per se weniger Interesse an der Investition in arbeitsmarktrelevantes Humankapital haben. Sie rechnen, so Beckers Annahme, aufgrund der zu erwartenden Geburt und der Betreuung von Kindern mit niedrigeren Einkommen. Indem Frauen diese Arbeitsteilung antizipieren, entwickeln sie Präferenzen für die Hausarbeit (Becker 1985, S. 53). Auch Arbeitgeber erwarten eine instabile Erwerbsbeteiligung, so dass Frauen weniger Chancen auf gut bezahlte und stabile Arbeitsplätze haben. Für Frauen ist es deshalb zweckrational, sich auf die Hausarbeit und Kindererziehung zu spezialisieren und dort ihre zeitlichen Schwerpunkte zu setzen (vgl. Maier 1998, S. 23f.).

Becker verortet, so die Kritik von Friederike Maier (1993, S. 556), Frauen im Kontext ‚Haushalt' und unterstellt ihnen eine geringere Erwerbsorientierung. Seine Argumentation ist stark biologistisch und baut auf vereinfachenden Vorannahmen auf (Schneider 2000, S. 37f.). Veränderungen in Familien- und Erwerbsorientierung von Frauen, steigende Müttererwerbstätigkeit - auch in Vollzeitarbeitsformen -, Hausmännerhaushalte oder die Persistenz der geschlechtsspezifischen Arbeitsteilung in der steigenden Zahl von kinderlosen Haushalten und/oder Doppelverdiener-Haushalten mit gleichem Einkommen, sind durch Beckers Ansatz nicht erklärbar (vgl. Künzler 1994). Ebenso setzt der Ansatz konstante Familienbindungen, Paarhaushalte nach dem Modell einer traditionellen Ernährer-Hausfrauen-Ehe und eine kontinuierliche Erwerbstätigkeit von Männern voraus. Dies sind alles drei Annahmen, die angesichts der steigenden Zahl von Scheidungen, der Pluralisierung von Haushaltsformen und der steigenden Arbeitslosigkeit, insbesondere bei Männern, nicht haltbar sind[15].

Auch Elisabeth Beck-Gernsheim und Ilona Ostner (Beck-Gernsheim/Ostner 1978; Ostner 1978, 1991) gehen mit ihrer in den 1970er Jahren entwickelten feministisch differenztheoretischen Sichtweise davon aus, dass

15 Zur Diskussion des Ansatzes von Gary Becker siehe Beblo/Soete (1999); Maier (1993, 1998); Hoppe (2002); Schneider (2000); Ott (1999).

Frauen ein eher reproduktionsbezogenes, „weibliches Arbeitsvermögen" entwickeln, das auf die Befriedigung leiblicher und emotionaler Bedürfnisse der Familienangehörigen gerichtet und durch Erfahrungswissen, Intuition, Fürsorglichkeit und Geduld gekennzeichnet ist[16] (Ostner 1978, S. 97ff.). Hieraus folgt, ihrer Meinung nach, dass bei der Wahl von Berufen und Erwerbsarbeitsformen die Vereinbarkeit mit der Hausarbeit im Vordergrund der Entscheidungen von Frauen steht. Frauen wählen deshalb Berufe, die eine gewisse Nähe zur Hausarbeit haben (z.B. Schneiderin, Näherin, Friseurin, Pflegeberufe) und Erwerbsarbeitsformen wie Teilzeitarbeit, die sich zeitlich und räumlich mit der Kinderbetreuung und Hausarbeit vereinbaren lassen (Ostner 1978, S. 197ff.). Die Autorinnen heben hervor, dass das Leben von Frauen durch eine gesellschaftlich verursachte Trennung zwischen den Arbeitssphären Beruf und Hausarbeit geprägt wird. Beide Sphären sind zwar in unserer Gesellschaft notwendig, aber durch sich widersprechende interne Logiken nicht leicht kompatibel. Beck-Gernsheim und Ostner (1978, S. 273ff.) betonen damit, anders als Becker, die historisch entstandene gesellschaftliche Zuweisung der Hausarbeit an Frauen, die über Sozialisationsprozesse weitergegeben wird. Sie stellen sich explizit gegen eine biologistische Erklärung der Hausarbeitsnähe[17]. Sie setzen jedoch voraus (zumindest thematisieren sie nichts anderes), dass Frauen sich in ihrem Handeln nach diesen gesellschaftlichen Leitbildern richten, die gesellschaftliche Zuweisung also akzeptieren. Die Möglichkeit, dass Frauen sich gegen die ihnen gesellschaftlich zugeschriebene Zuständigkeit für Hausarbeit und Kinderbetreuung - bewusst oder unbewusst - stellen oder aktiv anders handeln, bleibt damit außerhalb des Sichtfeldes.

Der Erkenntnisfortschritt dieses Ansatzes liegt in der Thematisierung des strukturellen Zusammenhangs zwischen Erwerbsarbeit und Hausarbeit sowie im Hinweis darauf, dass für die Erklärung von Entscheidungen in Bezug auf Erwerbsarbeit der gesamte Tätigkeitsbereich von Menschen einbezogen werden muss. Die explizite Reduktion dieser Forderung auf weibliche Lebenszusammenhänge, die Annahme der Herausbildung spezifisch

---

16 Die Diskussion bezog sich ursprünglich auf abhängige Beschäftigung von Frauen in Teilzeitarbeit. Hodenius (1994, 1997b) zeigt jedoch, dass die These vom „weiblichen Arbeitsvermögen" auch verschiedenen Studien über die Selbstständigkeit von Frauen zugrunde liegt. In diesen Studien wird zum Beispiel argumentiert, dass Frauen nicht auf ökonomischen Erfolg ausgerichtet sind und ‚weibliche', sprich humanere, Betriebsführungsstrategien haben. Andererseits wird mit dem auf die Reproduktion bezogenen Arbeitsvermögen auch die Prekarität vieler beruflicher Selbstständigkeiten von Frauen erklärt.

17 Allerdings schreiben sie Frauen aufgrund der Inhalte ihrer Arbeit im Haushalt die Ausbildung bestimmter Eigenschaften zu.

weiblicher Eigenschaften in der Sozialisation, die die Berufswahl und Erwerbsarbeitsformenwahl bestimmen und die Zuschreibung eines hausarbeitsbezogenen Arbeitsvermögens als weibliches kommt jedoch einer Festschreibung von Geschlechtsstereotypen gleich und negiert die Vielfalt von Lebens- und Arbeitsformen von Frauen (und Männern). Nach massiver Kritik gesteht Ostner (1991) zwar zu, dass angesichts der vielfältigen und unterschiedlichen Frauenleben eher von einer Vielfalt von weiblichen Arbeitsvermögen auszugehen ist, aber das kritische Adjektiv ‚weiblich' behält sie weiter bei[18].

Die Grundideen Beckers und der These des weiblichen Arbeitsvermögens werden in vielen wissenschaftlichen Studien sowie in politischen und öffentlichen Debatten zur Erwerbsbeteiligung von Frauen zur Erklärung herangezogen bzw. liegen den Erklärungen implizit zugrunde[19]. Zu nennen sind hier insbesondere folgende den Mainstream der Diskussionen über Erwerbsarbeit von Frauen prägende Annahmen: die als selbstverständlich bzw. unhinterfragt für alle Frauen angenommene Verortung im Haushaltskontext, die Annahme einer daraus resultierenden geringeren Erwerbsorientierung von Frauen und der unabdingbaren Notwendigkeit für Frauen ihr Vereinbarkeitsproblem von Familie und Beruf zu lösen, wollen sie erwerbstätig sein. Dahinter (ver)steckt (sich) zugleich die Ansicht, Frauen müssten nicht unbedingt erwerbstätig sein, Männer jedoch schon. Besonders zu kritisieren ist hierbei einerseits die Homogenisierung von Frauen und die damit in Verbindung stehende Wahrnehmung von Frauen als (potentielle) Mütter, andererseits die Postulierung einer subjektiv stärkeren Prioritätensetzung zugunsten der Hausarbeit, die Entscheidungen über die Berufswahl und Erwerbsarbeitsformen prägt. Erwerbsentscheidungen von Frauen, die keine Sorgearbeit übernehmen oder kinderlos bleiben, Erwerbsentscheidungen von Männern, die hauptsächlich die Haushaltsarbeit übernehmen sowie Vereinbarkeitsprobleme von Familie und Beruf von Vätern, werden so nicht (oder nur sehr selten) zum Thema wissenschaftlicher Untersuchungen (vgl. z.B. Schnack/Gesterkamp 1996; Strümpel et al. 1988; Peinelt-Jordan 1996).

Ferner bleibt ausgeblendet, dass Berufswahlprozesse und die Wahl von Erwerbsarbeitsformen nicht vorrangig von der Familienorientierung bestimmt wird, sondern neben der Angebotsstruktur des Arbeitsmarktes auch die geschlechtstypischen Strukturen der Schul- und Berufsbildung und an-

---

18 Zur Kritik an der These des ‚weiblichen Arbeitsvermögens' siehe auch Knapp (1988, 1990); Gottschall (2000); Gildenmeister/Wetterer (1992).

19 In der Geographie siehe z.B. Fassmann/Meusburger (1997), für die Gründungsforschung siehe kritisch Hodenius (1994).

dere strukturelle Rahmenbedingungen eine Rolle spielen (siehe Kapitel 2.3.3). Bei Ansätzen, wie den oben dargestellten von Becker sowie Beck-Gernsheim und Ostner, bleiben darüber hinaus mögliche Konflikte innerhalb von Haushalten, unterschiedliche Interessen zwischen Haushaltsmitgliedern und widersprüchliche subjektive Orientierungen ausgeblendet.

Diesen Kritikpunkt aufnehmend und neoklassische Ideen weiterentwickelnd überträgt Notburga Ott (1993, 1999) spieltheoretische Gedanken auf Erwerbsentscheidungen innerhalb von Haushalten und modelliert damit die Haushaltssituation als Verhandlungssituation zwischen Partnern über Arbeitsteilung, Erwerbsarbeit, Hausarbeit und Kinderbetreuung. Sie geht davon aus, dass die Aufteilung der Aufgaben im Haushalt und damit auch die Entscheidung, wer wie viel und in welcher Form erwerbstätig ist, Verhandlungssache zwischen den Partnern ist. Neben dem Ziel beider Partner den gemeinsamen Wohlfahrtsgewinn zu steigern, nimmt sie die Aufrechterhaltung einer günstigen Verhandlungsposition als Ziel ökonomischen Handelns an. Nach Ott besitzt der Partner über mehr Verhandlungsmacht, der über bessere Erwerbsmöglichkeiten auf dem Arbeitsmarkt, höhere Chancen einen neuen Partner zu finden oder ein besseres soziales Netz verfügt (vgl. Schneider 2000, S. 39). Änderungen dieser externen Alternativen haben dann auch Änderungen der Verhandlungsmacht innerhalb des Haushaltes zur Folge. Damit werden geschlechtsspezifische Unterschiede als exogen gegebene Rahmenbedingungen angenommen.

Das bedeutet: Wenn Frauen oder Männer ihre Erwerbstätigkeit aufgeben und ihre eigenen Einkommenskapazitäten vermindern, verschlechtert sich gleichzeitig ihre Verhandlungsposition innerhalb der Familie zugunsten des auf Marktarbeit spezialisierten Partners. Deshalb kommt es auf die Wahrnehmung der individuellen Risiken bzw. der langfristigen Sicherheit der Vereinbarung über Arbeitsteilung (im Sinne der Stabilität der Partnerschaft) an, ob Frauen oder Männer bereitwillig die eigene Verhandlungsposition schwächen und Vollzeiterwerbstätigkeit zugunsten der Kindererziehung reduzieren oder unterbrechen (vgl. Bothfeld 1997, S. 26f.; Schneider 2000, S. 38).

Ott verweist darauf, dass die Art der Arbeitsteilung innerhalb eines Haushaltes nicht statisch gesehen werden kann, denn der Haushalt kann sich wieder auflösen oder die Zusammensetzung seiner Mitglieder verändern. Dadurch bezieht sie Zeit in ihre Analyse ein. Anders als Becker nimmt sie Verteilungskonflikte und Verhandlungsprozesse zwischen Haushaltsmitgliedern bewusst in den Blick. Allerdings geht auch sie von der Annahme unabhängiger Individuen aus, die potentiell mit gleicher Verhandlungsmacht ausgestattet sind und individuelle Kosten-Nutzen-Kalkulationen verfolgen (Maier 1998, S. 27). Ausgeblendet bleibt aber die Analyse der Aushandlungsprozesse selbst sowie die Frage, welche Themen überhaupt als verhandelbar gelten, also welche Themen wie in den Entscheidungsprozess einbezogen werden. Hierzu ist eine Konzeptionalisierung von Präferenzen und individuellen Entscheidungen in ihrem Zusammenhang mit unterschiedlichen Machtverhältnissen und sozialer Ungleichheit notwendig.

Auch Catherine Hakim (1991, 2000) betont individuelle Präferenzen von Frauen bei der Wahl der Form ihrer Erwerbsarbeit. Sie hebt hervor, dass Frauen sich relativ früh in ihrem Leben für einen berufsorientierten oder familienorientierten Lebensplan entscheiden und damit klar eine Präferenz für den einen oder den anderen Weg ausbilden (vgl. Cyba 1998, S. 46). Ausgehend von Makrodaten schließt sie auf individuelle Präferenzen und unterscheidet drei „qualitativ" verschiedenartige Typen von erwerbstätigen Frauen. Für die Engagierten - die „Self-Made Women" -, die eine ausgeprägte Erwerbsneigung besitzen, hat die berufliche Karriere einen hohen Stellenwert. Dieser Typ Frau investiert deshalb in Bildung und Qualifikation und arbeitet in besser bezahlten Stellen in Vollzeit sowie in höher qualifizierten Berufen. Die Nicht-Engagierten, die „Grateful Slaves", arbeiten hingegen in Teilzeit. Ihre Erwerbsneigung ist schwächer und sie investieren weniger in ihr Humankapital, denn sie bevorzugen häusliche Aktivitäten und eine Mutterschaft. Finanziell abgesichert ist dieser Typ Frau durch den Hauptverdienst des Ehemannes[20]. Als dritten Typ Frau nennt Hakim die Ziellosen, „Drifters", oder Angepassten, „Adaptives" mit „chaotisch ungeplanten" Karrieren und schwierig einzuordnenden Tätigkeiten (Hakim 2000, S. 157ff.).

Hakim bezieht zwar ein, dass einige Frauen während ihres Lebens zwischen den Gruppen pendeln, aber sie gibt keine Hinweise darauf, warum dies einige Frauen tun und andere nicht[21]. Ihrer Meinung nach unterscheiden sich Teilzeit arbeitende von Vollzeit arbeitenden Frauen in Bezug auf Werte und Vorstellungen zu den Lebensbereichen Erwerbsarbeit und Familie. Frauen, die Teilzeit arbeiten, so ihre Meinung, sind in ihren Wertvorstellungen über die häusliche Rolle der Frau und in ihrer Erwerbshaltung traditioneller orientiert als Frauen mit einer Vollzeiterwerbstätigkeit. Damit verweist sie darauf, dass Arbeitsorientierungen von Frauen durchaus hete-

---

20 Die Möglichkeit der Existenz von allein erziehenden Müttern bezieht Hakim nicht in ihre Analysen ein.

21 Zur Diskussion des Ansatzes von Hakim siehe Crompton/Harris (1999a); Fagan/O'Reilly (1998); Cyba (1998); O'Reilly (1996).

rogen sind, und dass Motivationen, Werte und Einstellungen zentrale Determinanten des Arbeitsmarktverhaltens, des beruflichen Status und sogar des Einkommens sind - und zwar unabhängig von Humankapitalfaktoren (Hakim 1991, S. 113). Ihr Konzept des Lebensplans bleibt jedoch eine Black Box. Sie berücksichtigt weder, inwiefern Präferenzen für ein bestimmtes Verhalten sozial konstruiert sind, ob sich Orientierungen im Lebensverlauf (z.B. je nach Lebensphase) verändern, noch bezieht sie ein, welche Bedeutung strukturelle Rahmenbedingungen, wie zum Beispiel ein knappes Arbeitsplatzangebot, wirtschaftliche Krisen oder ein fehlendes Kinderbetreuungsangebot, auf Erwerbsentscheidungen haben. Ihre Erklärung des ökonomischen Handelns von Frauen bleibt damit voluntaristisch (vgl. Fagan/O'Reilly 1998, S. 4).

Schon seit Beginn der 1980er Jahre haben qualitative Studien der feministischen Arbeitsforschung darauf hingewiesen, dass sowohl die Annahme einer subjektiv stärkeren Familienorientierung von Frauen als auch eine Einteilung der Lebensentwürfe und des ökonomischen Handelns von Frauen in berufs- *oder* familienorientierte zu kurz greift (vgl. Becker-Schmidt et al. 1982, 1983, 1984; Born/Krüger/Lorenz-Meyer 1996; Eckart 1990; Geissler/Oechsle 1996).

So macht Christel Eckart (1990) mit ihrer empirischen Untersuchung über in Teilzeit arbeitende Mütter darauf aufmerksam, dass Frauen mit einer Erwerbstätigkeit in Teilzeit durchaus eigene strategische Interessen verfolgen, um zum Beispiel mehr Selbstständigkeit sowie mehr Zeit für sich und eigene Vorlieben zu erlangen. Des Weiteren zeigt Christel Eckart, dass sowohl die Erwerbs-, Familien- und Partnerorientierungen als auch die jeweiligen subjektiven Bewertungen, Gründe und Motive für eine Teilzeitarbeit vielfältig und unterschiedlich sind. Sie fokussiert in ihrer Studie auf Handlungsmöglichkeiten im Kontext von sozialen Erwartungen und institutionellen Zwängen und stellt die Entscheidungen zur Teilzeitarbeit aus der Sicht der Frauen dar. Sie kann zeigen, dass Teilzeitarbeit eine je eigene subjektive Bedeutung im Leben von Frauen hat. Diese durchbrechen unter anderem systematisch normative Vorgaben: einerseits um Anforderungen aus dem familiären Bereich gerecht zu werden, andererseits aber auch, weil sie für sich selbst neue Optionen erschließen wollen. Damit betont sie den aktiven und kreativen Umgang von Frauen mit den Anforderungen aus dem Berufs- und Familienleben.

Eine Langzeit-Studie des Sonderforschungsbereichs 186 der Universität Bremen machte sichtbar, dass auch bei älteren Frauen, um 1930 geboren, nicht von einer Familienzentriertheit ausgegangen werden kann (Born/

Krüger/Lorenz-Meyer 1996; Born/Krüger 1993). Eine große Gruppe, der in dieser Studie Befragten betrieben ihre Erwerbsbeteiligung selbst aktiv. Allerdings haben sie ihre Erwerbsarbeit so strukturiert und alltäglich bewältigt, dass gegenüber dem Ehemann und in Bezug auf die Kinder eine traditionelle familiale Arbeitsteilung fraglos funktionierte (Born/Krüger/Lorenz-Meyer 1996, S. 67ff., 189ff.). Während diese Frauen sich in ihren Identitätskonzepten noch vorrangig auf den familiären Bereich stützen, ihre Erwerbsorientierung darin unsichtbar bleibt, zeigen Folgeuntersuchungen des SFB 186, dass für jüngere Generationen von Frauen der Beruf und der Anspruch an die Vereinbarkeit von Beruf und Familie ein Element ihrer Identität geworden ist. Unterschiede in der Erwerbsarbeitsorientierung von Frauen (und Männern) folgen insbesondere Kriterien wie Qualifikation, Berufs- und Betriebstypik, Arbeitsmarktlagen, Generationenzugehörigkeit und (familiärer) Lebenssituation (vgl. Diezinger 1991; Born/Krüger 1993; Born/Krüger/Lorenz-Meyer 1996).

Auch die empirischen Untersuchungen von Regina Becker-Schmidt, Gudrun-Axeli Knapp und anderen (1982, 1983, 1984) haben gezeigt, dass die von ihnen untersuchten Fabrikarbeiterinnen und Mütter kleiner Kinder gleichzeitig berufsorientiert und familienorientiert sind. Die von ihnen befragten Mütter betonten vor allem die identitätsstiftende Funktion von Arbeit bzw. die mit verschiedenen Formen von Arbeit verbundene unterschiedliche soziale Anerkennung als bedeutende Aspekte ihres ökonomischen Handelns. Neben dem Problem der Vereinbarkeit von Familie und Beruf rücken somit auch Interessen nach sozialer Anerkennung, nach sinnvoller Arbeit, nach Partizipation an der Öffentlichkeit sowie an sozialen Kontakten außerhalb von Familien- und Nachbarschaftsbeziehungen als bedeutende Motive bei der Wahl von Erwerbsarbeitsformen in den Blick.

Ausgehend von ihren empirischen Erkenntnissen, entwickelten Regina Becker-Schmidt und Gudrun-Axeli Knapp Ende der 1980er Jahre das theoretische Konzept der „doppelten und widersprüchlichen Vergesellschaftung von Frauen“ (Becker-Schmidt 1987; Knapp 1990), mit dem sie sowohl eine komplexere Perspektive auf die Geschlechterspezifik ökonomischen Handels bieten, als auch den Blick auf Widersprüche und Ambivalenzen im Leben von Frauen lenken. Geschlecht fassen sie als gesellschaftliche Strukturkategorie. Dem Begriff der Vergesellschaftung als Mechanismus, mittels dem Menschen in die gesellschaftliche Arbeitsteilung einbezogen werden, stellen sie den Begriff der inneren Vergesellschaftung als psychische und mentale Persönlichkeitsstruktur im Sinne von Vergesellschaftung von unbewussten Motivationen, Denk- und Wahrnehmungsweisen gegenüber (Gottschall 2000, S. 176). Sie verknüpfen damit eine gesellschaftstheoretische mit einer subjekttheoretischen Perspektive auf den Zusammenhang von Geschlecht, Hausarbeit, Kinderbetreuung und Erwerbsarbeit und weisen explizit auf die eigenständige Bedeutung von Erwerbsarbeit im Leben von Frauen hin.

Auf der strukturellen Ebene konzeptualisieren Becker-Schmidt und Knapp Widersprüchlichkeiten der gesellschaftlichen Anforderungen an Frauen, die für ein Engagement in Beruf und Familie sozialisiert werden - somit in beiden Lebensbereichen tätig sein sollen. Sie betonen, dass mit dieser doppelten Einbindung nicht nur widersprüchliche Arbeitsanforderungen einhergehen, sondern auch widersprüchliche Anerkennungschancen (vgl. Becker-Schmidt 2003, S. 115ff.). Die sozialen Erfahrungen von Frauen sind demnach anders strukturiert als die von Männern (Knapp 1990, S. 29f.) [22]. Sie heben nicht nur die Bedeutung von gesellschaftlichen Strukturen hervor, sondern schreiben auch symbolischen Ordnungen (v.a. Sprache), kulturellen Repräsentationen des Geschlechterverhältnisses und der Geschlechterdifferenz im weitesten Sinn einen besonderen Stellenwert und eine gewisse Eigenlogik zu (vgl. Gottschall 2000, S. 180f.).

Auf der individuellen Ebene gehen Becker-Schmidt und Knapp hingegen von widerständigen Subjektpotentialen und spezifischen Ambivalenzhaltungen gegenüber den gesellschaftlichen Anforderungen sowohl im Bereich der unbezahlten als auch der bezahlten Arbeit aus (vgl. Knapp 1990, 1988; Becker-Schmidt 2003, S. 116ff.). Dahinter steht die aus der Kritischen Theorie stammende Annahme, dass die subjektive Aneignung von Welt eine eigene, gegenüber sozialen Zwängen widerständige Struktur aufweist (vgl. Gottschall 2000, S. 177). Die individuelle Prioritätensetzung zwischen Familien- und Erwerbsorientierung in verschiedenen Phasen des Lebenslaufs können durchaus quer zu den Gewichtungen liegen, die gesellschaftlichen Normen entsprechen (Becker-Schmidt 2003, S. 115).

Hingewiesen wird somit auf den aktiven subjektiven Umgang von Frauen (und Männern) mit gesellschaftlichen Anforderungen sowie die Fähigkeit von Individuen, mit zeitlich-organisatorischen und psychischen Ambivalenzen umzugehen, die sich aus dem Einbezug in verschiedene Lebensbereiche ergeben. Anders als im Konzept des weiblichen Arbeitsvermögens wird hier die Möglichkeit des widersprüchlichen Handelns konzeptionell einbezogen. Betont werden auch der Prozesscharakter der Aneignung von

22 Die Vergesellschaftung von Männern basiert auf ihrer vorrangigen Einbindung in die Erwerbsarbeit. Ihr Familienbezug kann nach Ansicht der Autorinnen als „begrenzter Bezug" bezeichnet werden. In diesem Sinne sind Männer nicht in derselben Weise doppelt vergesellschaftet wie Frauen (vgl. Knapp 1990).

Geschlecht und Kompetenzen von Akteuren. Außerdem weisen Becker-Schmidt und Knapp auf die Bedeutung der Berücksichtigung von Differenzen unter Frauen neben der Geschlechterdifferenz und die Notwendigkeit der Beachtung von Kontexten hin. So zeigen sie, dass sich nicht nur Geschlecht, sondern auch Faktoren wie soziale sowie ethnische Herkunft und berufsspezifische Ungleichheit in kapitalistischen Gesellschaften differenzierend auf die Erwerbsbeteiligungschancen von Frauen und Männern auswirken. Das Konzept der doppelten und widersprüchlichen Vergesellschaftung macht verständlich, wieso sich auch erwerbstätige Frauen ohne Kinder mit der gesellschaftlich zugeschriebenen Verantwortung für Haushalt und Kinderbetreuung auseinandersetzen (müssen), wie neuere empirische Untersuchungen zeigen (vgl. Heintz/Nadai/Fischer 1997; Jurczyk 2000, S. 237-239).

Entscheidungen von Frauen für Teilzeitarbeit oder andere Arbeitsformen können demnach als aktives Handeln gesehen werden, das im Rahmen der doppelten Vergesellschaftung stattfindet. Da mit dem Konzept der doppelten Vergesellschaftung von Frauen auf eine als grundlegend für kapitalistische Gesellschaften erachtete Struktur, nämlich auf das Wechselverhältnis von Lohn- und Hausarbeit fokussiert wird, bleiben die Wirkungen einzelner gesellschaftlicher Institutionen und raum-zeitliche Faktoren des Wandels von Arbeitsbedingungen oder Lebensformen außerhalb des Blickfeldes (vgl. Gottschall 2000, S. 183). Becker-Schmidt und Knapp betonen zwar die Entstehung von Ambivalenzen in der Bewertung von einzelnen Lebensbereichen aufgrund der doppelten Vergesellschaftung, die zu Ambitendenzen im individuellen Handeln führen (vgl. Becker-Schmidt 2003). Darauf, ob und wie diese Aspekte bei konkreten individuellen ökonomischen Entscheidungen Relevanz erlangen, gehen sie jedoch nicht weiter ein[23]. Erforderlich ist hierzu eine Perspektive, die einerseits Bildungsprozesse von handlungsleitenden Orientierungen als soziale Konstruktionen und damit andererseits Differenzierungen in den Erwerbs-, Familien- und Partnerorientierungen von Frauen und Männern in den Blick nehmen kann.

2.3.2 Ökonomisches, kulturelles und soziales Kapital

Das Haben oder Nicht-Haben von unterschiedlichen Ressourcen, so betonen insbesondere AutorInnen wie Ivan Light und Carolyn Rosenstein (1995), die sich mit ökonomischem Handeln von Migranten und Migrantinnen befassen, beeinflussen Erwerbsentscheidungen von Akteuren, indem

---

23 Zu einer ausführlichen Diskussion des Konzepts siehe Gottschall (2000, S. 171-184).

sie Handlungsmöglichkeiten eröffnen oder einschränken. Auch neoklassische Ansätze, wie die oben vorgestellten von Becker oder Hakim, schreiben bestimmten Ressourcen, wie z.B. Humankapital oder Zeit, eine besondere Bedeutung bei Erwerbsentscheidungen zu. Differenztheoretische Ansätze, wie der oben dargestellte von Beck-Gernsheim und Ostner, gehen davon aus, dass die Ausstattung mit besonderen Fähigkeiten und Erfahrungen Frauen für bestimmte Tätigkeiten, wie Hausarbeit, sowie bestimmte Berufe geradezu prädestinieren. Als besonders wichtig für Erwerbsentscheidungen von Frauen wird häufig auch die Möglichkeit des Rückgriffs auf soziale Netzwerke zur Vereinbarkeit von Familie und Beruf genannt.

Insbesondere Ansätze zur Erklärung beruflicher Selbstständigkeit bzw. Existenzgründung betonen die Bedeutung des Vorhandenseins von bestimmten Ressourcen bei der Entscheidung für diese Arbeitsform (vgl. Döbler 1999)[24]. Verfolgt man diese Diskussionen, dann erhält man den Eindruck, dass für die Wahl der beruflichen Selbstständigkeit als Arbeitsform scheinbar besondere Ressourcen nötig sind, während das für Arbeitsformen wie abhängige Teilzeit- oder Vollzeiterwerbstätigkeit nicht in dem Maße von Bedeutung ist.

Es geht bei der Diskussion um Ressourcen also darum, inwiefern Akteure bei Entscheidungen für oder gegen bestimmte Arbeitsformen Handlungsspielräume haben oder nicht, und wie diese ausgestaltet sind. Ressourcen werden häufig als Formen von Kapital (Bourdieu 1983), als eine Menge von Werten gesehen, die Produktion und Produktivität in einer bestimmten Form in Gang setzen und aufrechterhalten. Die folgende Differenzierung verschiedener Kapital- bzw. Ressourcenbegriffe, wie z.B. ökonomisches Kapital, Humankapital, soziales und kulturelles Kapital, soll helfen, die Varianzen bei Handlungen besser erklären zu können. Sie stellt somit einen Baustein auf dem Weg zu meiner theoretischen Konzeption für diese Arbeit dar.

Ökonomisches oder finanzielles Kapital bezeichnet das Haben von Einkommen bzw. von Besitz, womit einerseits das Maß der Notwendigkeit eine Erwerbsentscheidung in Richtung Existenzsicherung zu treffen, angesprochen ist, andererseits ist gerade bei der Entscheidung für eine berufli-

---

24 Dies steht vermutlich damit im Zusammenhang, dass berufliche Selbstständigkeit unterschiedlich ideologisch aufgeladen ist. Im Zentrum des Forschungsinteresses stehen die Fragen, wie es zu erfolgreichen Existenzgründungen und beruflicher Selbstständigkeit kommt, welche Merkmale eine Gründungsperson haben sollte bzw. was einen Unternehmertyp ausmacht. Dieses implizite Erfolgsdenken steht bei der Betrachtung anderer Arbeitsformen nicht in dem Maße zur Debatte.

che Selbstständigkeit zum Teil das Vorhandensein bzw. die Möglichkeit des Zugangs zu einer bestimmten Menge von finanziellem Kapital oder Arbeitsräumen für die Umsetzung des Vorhabens ausschlaggebend. Nach Pierre Bourdieu (1983) entsteht bzw. wird ökonomisches Kapital durch die sozioökonomische Herkunft, die Arbeit und Berufsposition, das Einkommen und das Vermögen von Akteuren bestimmt.

Bildung, Wissen und Erfahrungen gelten daneben als besonders wichtige Ressourcen zur Erklärung der Spezifik von ökonomischem Handeln. Je nach Ansatz wird jedoch unterschiedliches unter diesen Begriffen verstanden und somit darauf hingewiesen, dass nicht jedes Wissen gleich wertvoll bzw. verwertbar ist.

Humankapital im Sinne der neoklassischen Humankapitaltheorien (z.B. Becker 1985) ist die Summe der Bildungsinvestitionen und setzt ebenso eine ökonomische Investition voraus. Humankapitaltheoretische Begründungen unterstellen, dass Frauen (bzw. schon ihre Eltern) weniger in ihr Humankapital investieren, da sich dies zweckrational gesehen für sie aufgrund der ‚Gefahr' einer diskontinuierlichen Erwerbstätigkeit nicht lohnt. Zusätzlich akkumulieren sie in Zeiten, in denen sie wegen Kindererziehung oder anderem nicht berufstätig sind, in der Regel kein neues Humankapital. Bisher erworbenes Wissen verliert an Wert. Daraus ergibt sich dann, nach Ansicht Beckers (1985), sozusagen automatisch die Konzentration von Frauen auf niedrig bezahlten, atypischen und prekären Erwerbsarbeitsformen (denn: niedrige Humankapitalausstattung = niedrige Produktivität = niedriger Lohn). Bildung wird hiermit auf ihren ökonomischen Wert reduziert. Angesichts des inzwischen gleichgezogenen Bildungsniveaus von Frauen und Männern, aber weiterhin bestehen bleibenden Ungleichheiten bei der Art und Form der Erwerbsbeteiligung von Frauen und Männern wurde deutlich, dass diese Ansätze zu kurz greifen.

Auch Hans-Peter Blossfeld (1995) geht davon aus, dass Bildungsinvestitionen Erwerbsentscheidungen beeinflussen. Er zeigt, dass besser qualifizierte Frauen ihre Vollzeiterwerbstätigkeit kontinuierlicher fortsetzen als geringer qualifizierte. Somit steigert die Bildungsexpansion in modernen Gesellschaften das Interesse von Frauen an einer kontinuierlichen Erwerbstätigkeit in allen Phasen des Familienzyklus. Sein Verständnis von Humankapital ist ebenfalls auf formelle Bildung im Sinne von schulischer und beruflicher Aus- und Weiterbildung beschränkt.

Andere Arbeiten betonen jedoch die Bedeutung von persönlichen und beruflichen Erfahrungen in einem, über formelle Bildung hinausgehenden Sinn. So verweist Thomas (1997, S. 26, 29) einerseits auf eine langjährige Berufs-

und Branchenerfahrung, Branchenkenntnisse, Leitungs- und Managementerfahrungen, Erfahrungen mit flexiblen Anforderungsstrukturen usw. als wichtige Voraussetzungen für die Wahl der beruflichen Selbstständigkeit als zukünftige Arbeitsform. Andererseits zeigt er, dass auch Erfahrungen außerhalb der Branche und beruflichen Welt für Existenzgründungen von Bedeutung sein können, so z.B. Erfahrungen des Umgangs mit Unsicherheiten oder Erfahrungen mit der Kombination von Tätigkeiten. Dieser Hinweis von Thomas ist interessant, denn er öffnet den Blick darauf, dass außerhalb der Erwerbstätigkeit erworbene Fähigkeiten und Kenntnisse für Erwerbsentscheidungen wichtig sein können und deshalb in die Betrachtung einbezogen werden müssen. In diesem Zusammenhang wird außerdem auf die kulturelle Ausstattung von Humankapital hingewiesen, im Sinne von beruflich relevanten und unterstützenden Wertvorstellungen, Einstellungen, Haltungen, Wissen und Fertigkeiten, die im Laufe der Sozialisation internalisiert und angeeignet werden (Kontos 2000, S. 45).

Auch kulturelle Kompetenzen, die sich unter anderem auf das soziale Prestige von Individuen auswirken, können den Handlungsspielraum bei Erwerbsentscheidungen maßgeblich beeinflussen. Kulturelles Kapital wird nach Bourdieu (1983) über die Sozialisation in der Familie, in der Schule und im weiteren Leben angeeignet und bezieht sich auf kulturelle Güter und Fertigkeiten im privaten und beruflichen Bereich. Gemeint ist hiermit zum Beispiel die Identifikation mit einer bestimmten Berufs- oder Arbeitsformkultur. So kann die berufliche Selbstständigkeit von Familienangehörigen die Übertragung einer Selbstständigkeitskultur auf andere Familienmitglieder bewirken, d.h. eine gewisse positive Disposition zur Arbeitsform Selbstständigkeit. Bourdieu spricht in diesem Zusammenhang von der Ausbildung eines „Habitus“ (Bourdieu 1983, 1992)[25].

Ferner spielen besonders soziale Beziehungen und die Eingebundenheit in soziale Netzwerke (social embeddedness, Granovetter 1985, 1995) eine be-

25 Bourdieu (1976, S. 164f.) definiert Habitusformen als „Systeme dauerhafter Dispositionen, strukturierter Strukturen, die geeignet sind, als strukturierende Strukturen zu wirken, mit anderen Worten: als Erzeugungs- und Strukturierungsprinzip von Praxisformen und Repräsentationen.“ Habitus ist damit ein Produkt der Geschichte eines Individuums, geronnene Erfahrung. In ihm wirkt, wie Bourdieu sagt, die ganze Vergangenheit, die ihn hervorgebracht hat, in der Gegenwart fort (Krais 2002, S. 321). Habitus ist allerdings kein festgelegtes ‚Handlungsprogramm' im Sinne einer verinnerlichten Menge fixierter Regeln oder ‚Werte', sondern sozusagen ein ‚Erfahrungspool' aus dem situativ je unterschiedlich geschöpft wird. Geschlecht ist eine fundamentale Dimension des Habitus (Krais 2002, S. 323).

deutende und vielfältige Rolle für ökonomisches Handeln[26]. Wie die schon vorgestellten Arten von Ressourcen (ökonomisches, kulturelles und Humankapital) gelten soziale Beziehungen als instrumentell einsetzbare, individuelle, aber nicht unabhängig von anderen Personen verfügbare, Ressourcen. So betont Granovetter (1985, S. 487):

> „Actors do not behave or decide as atoms outside a social context, nor do they adhere slavishly to a script written for them by the particular intersection of social categories that they happen to occupy. Their attempt at purposive action are instead embedded in concrete, ongoing systems of social relations."

Soziales Kapital, verstanden als soziale Beziehungen, die eine Person unterhält bzw. in die sie eingebunden ist, ist einerseits im Sinne von Lernprozessen für die Entwicklung von sozialen Kompetenzen und für die Herausbildung von Präferenz- und Handlungsmustern wichtig. Letztere sind für die Bildung handlungsleitender Orientierungen eines Akteurs und damit für die Wahrnehmung und Bewertung von Handlungsoptionen oder von geschlechtsspezifisch bestimmten Vorstellungen über Arbeit prägend. Andererseits sind soziale Beziehungen für die Weitergabe von Information z.B. über mögliche Arbeitsstellen, Betreuungseinrichtungen für Kinder, Weiterbildungsangebote, Finanzierungsmöglichkeiten und anderes grundlegend. Granovetter (1995) unterscheidet zwischen „strong ties“ und „weak ties“ [27], wobei vor allem schwachen Beziehungen eine wichtige Rolle bei der Arbeitsstellensuche zugeschrieben wird (vgl. Peck 1994; Bauder 2001; Granovetter 1995). Je stärker die Beziehungen zu bestimmten Personen sind, desto eher sind damit auch aktive Unterstützungsleistungen verbunden, z.B. im Sinne von aktiver Vermittlung oder direkten Angeboten von Arbeitsmöglichkeiten, von direkter Unterstützung durch z.B. Kinderbetreuung usw.

Soziale Beziehungen sind zudem mit verschiedenen Erwartungen und Verpflichtungen verbunden, womit ökonomisches Handeln auf unterschiedlich starkem Vertrauen basiert. Die Möglichkeiten, soziales Kapital in Wert zu setzen, hängen u.a. vom Vertrauen zwischen den Akteuren ab. Soziales Kapital, das für ökonomisches Handeln wichtig ist, kann auch in einem nicht-ökonomischen Zusammenhang aufgebaut worden sein[28]. Sowohl ge-

26 Siehe zur Anwendung in der Wirtschaftsgeographie Bathelt/Glückler (2002a, b); Glückler (2001a); Glückler/Bathelt (2003).

27 Kriterien für die Stärke sozialer Beziehungen sind die Kontakthäufigkeit, der Umfang der miteinander verbrachten Zeit, sowie emotionale Intensität.

28 Ein Beispiel hierfür sind Freundschaften, die aus der Kindergartenzeit der eigenen Kinder stammen und die für die viel spätere Jobsuche benutzt werden.

zielt geknüpfte als auch zufällige soziale Beziehungen können als soziales Kapital genutzt werden. Dieses ist außerdem akkumulierbar, womit darauf hingewiesen wird, dass durch soziale Beziehungen auch auf Ressourcen der Personen zurückgegriffen werden kann, mit denen man Beziehungen unterhält. Das heißt, soziale Beziehungen können dazu dienen, eigene Handlungsressourcen zu erweitern. Der Blick auf soziale Beziehungen ist hierbei ein zweifacher: zum einen relational auf die Beziehungen, andererseits strukturell auf Netzwerkstrukturen. Ansätze der Netzwerkforschung weisen darauf hin, dass soziales Kapital als individuelle Ressource von der Positionierung im sozialen Netzwerk abhängt (z.B. Portes 1995), d.h. dass soziale Netzwerke als Produktionsbedingungen für soziales Kapital betrachtet werden können (vgl. Bathelt/Glückler 2002a; Glückler 2001b).

Wichtig ist jedoch auch, dass soziale Beziehungen die Funktion von Kontrolle haben bzw. im Sinne von Normen fungieren können, indem zum Beispiel Kontakte zu bestimmten Personen sanktioniert werden, eine Information über eine Arbeitsstelle nicht weiter geleitet wird, da man zur Gruppe der Konkurrenz gehört, oder indem Gegenleistungen erbracht werden müssen (vgl. Granovetter 1985).

Bourdieu (1983, S. 196) weist in diesem Zusammenhang darauf hin, dass soziales Kapital und andere Kapitalarten miteinander zusammenhängen und verknüpft sind. So kann soziales Kapital im Zuge von Austauschprozessen mit anderen Personen in andere Kapitalarten umgewandelt werden. Ökonomisches Kapital liegt allen anderen Kapitalarten zugrunde. Diese sind aber nicht vollständig darauf zu reduzieren. Weiter betont Bourdieu, dass soziale Beziehungen nicht von alleine ‚leben', sondern es muss in Beziehungen investiert werden, ansonsten sind sie nicht mobilisierbar.

Handelnden stehen also bei Entscheidungen potentiell verschiedene Arten und Mengen von Kapital zur Verfügung, die die Wahl der einen oder anderen Arbeitsform wahrscheinlicher machen als die andere. Wie und ob diese Ressourcen jedoch bei der Wahl der jeweiligen Arbeitsform Bedeutung erlangen, kann mit den hier vorgestellten ressourcentheoretischen Ansätzen nicht erklärt werden. Darüber hinaus fehlt die Einbeziehung geschlechtsspezifischer Differenzierungen, obwohl zu vermuten ist, dass geschlechtsspezifische Konstruktionen die Inwertsetzung von Ressourcen durchaus beeinflussen (vgl. Beiträge in Lachenmann/Dannecker 2001). Warum Menschen mit einer ähnlichen Ressourcenausstattung unterschiedliche Formen zu Arbeiten wählen, also die einen den Weg der selbstständigen Arbeit, die anderen den Weg der abhängigen Arbeit gehen (vgl. auch Kontos 2000, S. 47) und ob und wie Geschlecht eine Rolle spielt, bleibt offen. Es fehlt sowohl der Blick auf die handelnde Person und die Prozesshaftigkeit von ökonomischem Handeln, als auch die Berücksichtigung der Möglichkeiten, Ressourcen unter unterschiedlichen strukturellen Rahmenbedingungen einzusetzen, sozusagen den jeweiligen Wert der Ressourcen in unterschiedlichen Kontexten zu konzeptualisieren. Die Bedeutung des jeweiligen Kontextes für den Wert einer Ressource lässt sich am Beispiel von Berufsabschlüssen, wie der Ausbildung zur Ärztin, verdeutlichen. So verliert dieser Berufsabschluss seinen Wert, wenn er zum Beispiel in Bolivien erworben wurde und in Deutschland ausgeübt werden soll.

Jan Rath, Robert Kloosterman und andere (Rath 2000, 2002; Kloosterman/Rath 2001; Kloosterman/Leun/Rath 1999) betonen mit ihrem Konzept der „mixed embeddedness", dass die soziale Einbettung auf einer abstrakteren Ebene in weitere ökonomische und politisch-institutionelle Strukturen eingebunden gesehen werden muss. Ökonomisches Handeln, so betonen die Autoren, kann erst mit Blick auf diese komplexe Eingebundenheit in strukturelle Rahmenbedingungen sinnvoll erklärt werden. Als wichtig nennen sie besonders die Eingebundenheit in die Entwicklung von Märkten, globale Umstrukturierungsprozesse und die Dynamik von Regulationsprozessen, die sich auf unterschiedlichen räumlichen Ebenen (national, regional und lokal) sehr verschieden auswirken. Harald Bathelt und Johannes Glückler (2002a, S. 161f.; Glückler/Bathelt 2003) sprechen in diesem Zusammenhang von der Bedeutung einer räumlichen Perspektive auf die Eingebundenheit ökonomischen Handelns. Rath und Kloosterman weisen mit ihrem Konzept der „mixed embeddedness" auf die Bedeutung der Analyse von individuellen Ressourcen in der Zusammenschau mit der Entwicklung struktureller Rahmenbedingungen hin (siehe Kapitel 2.3.3). Allerdings fehlt bei ihnen eine Konzeption des Handelns.

2.3.3 Die Bedeutung struktureller Rahmenbedingungen

Erklärungsansätze, die den Einfluss von räumlichen, ökonomischen, politisch-institutionellen und kulturellen Rahmenbedingungen auf das ökonomische Handeln von Frauen und Männern fokussieren, sind für meine konzeptionellen Überlegungen weiterführend, insofern sie die Bedeutung der räumlichen und historischen Kontextualisierung der Rahmenbedingungen betonen, und davon ausgehen, dass Strukturen im wechselseitigen Verhältnis zu individuellem Handeln stehen (vgl. Giddens 1988a). Individuelle Entscheidungen über ökonomisches Handeln werden demnach in Auseinandersetzung mit strukturellen Rahmenbedingungen getroffen. Damit Strukturen handlungswirksam werden, „müssen sie durch das Nadelöhr des

Bewusstseins oder der Wahrnehmung der handelnden Individuen hindurch" (Giddens 1988b, S. 290). Räumliche, ökonomische, politisch-institutionelle und kulturelle Strukturen determinieren also das Handeln nicht, sondern Menschen besitzen Handlungsspielräume. Sie verarbeiten strukturelle Rahmenbedingungen aktiv. Angesprochen sind hiermit Opportunitätsstrukturen, Handlungsrestriktionen und Ausschlussmechanismen, die die individuellen Möglichkeiten zu arbeiten, beeinflussen und in die eine oder andere Richtung leiten.

Eva Cyba (1998) stellt in ihrem Beitrag über die Analyse sozialer Ungleichheit am Arbeitsmarkt systematisch Einflussfaktoren vor, die sie als wesentlich für die Konzentration von Frauen auf prekären, schlecht bezahlten, atypischen Arbeitsplätzen sieht. Sie nennt drei Ebenen, auf denen jeweils die Interdependenz von strukturellen und individuellen Bedingungen zu erfassen wäre: die Struktur und Entwicklung der Erwerbsarbeit und des Arbeitsmarktes (inklusive betrieblicher bzw. sektoraler Umstrukturierungsprozesse), gesellschaftliche Werthaltungen und individuelle Einstellungen sowie die staatliche Politik und gesetzliche Rahmenbedingungen (Cyba 1998, S. 50). Da sich die genannten strukturellen Rahmenbedingungen auf nationalstaatlicher, regionaler und lokaler Ebene unterscheiden können, ist die Beachtung unterschiedlicher räumlicher Kontexte bei der Betrachtung der Handlungswirksamkeit von Strukturen besonders wichtig (vgl. O'Reilly/Fagan 1998; Pfau-Effinger 2000a; Duncan 1995; Sackmann 1997; Martin 2000; Gensior 1995).

2.3.3.1 Arbeitsmärkte und ökonomische Umstrukturierungsprozesse

Arbeitsmärkte, so betonen neuere Ansätze der Labour Geography, sind kulturell, politisch und räumlich eingebettete soziale Räume, die kontinuierlich durch die Prozesse, die in ihnen und zwischen ihnen stattfinden, konstruiert und rekonstruiert werden (vgl. Peck 2000,1996; Martin 2000; Martin/Morrison 2003a). Arbeitsmärkte haben darüber hinaus

> „an intrinsically local or spatially constitutional level of operation and regulation, (...)[and] the creation and destruction of jobs, and the processes of employment, unemployment and wage setting, and the institutional and social regulation of these processes, are to some extent at least, geographically constituted. It is within specific spatial settings and contexts - local and regional labour markets - that workers seek employment and employers hire and fire workers, that particular forms of employment structures evolve, that specific employment practices, work cultures and labour relations be-

come established, and particular institutionalised modes of labour regulation emerge or are imposed." (Martin/Morrison 2003b, S. 3)

Lokalen Arbeitsmärkten wird eine besondere Bedeutung zugeschrieben, denn sie entwickeln teils im Zuge räumlich ungleicher Entwicklungen von Institutionen der Produktion (Umstrukturierungsprozesse, sektoraler Wandel) und Reproduktion (Bildungssystem, familiäre Unterstützungsnetzwerke, soziale Dienstleistungen usw.), aber auch weil die tägliche Mobilisierung für bezahlte Erwerbsarbeit lokal geschieht, jeweils einen besonderen Charakter, eine eigene Struktur und Dynamik (vgl. Peck 1996, 2000; Albrecht 2002; Fincher 2004). Lokale Arbeitsmärkte reflektieren damit nicht nur die Notwendigkeiten von Betrieben, sondern auch individuelle und kollektive Strategien von Arbeitenden - zu Hause, bei der Arbeit und ‚dazwischen'. Darüber hinaus sind Arbeitsmärkte stark durch Geschlecht und andere soziale Beziehungen strukturiert (vgl. Hanson/Pratt 1995; Wright 1997; McDowell 1999; Albrecht 2002). Diese Strukturen sind grundlegend für die Art, wie Arbeitsmärkte funktionieren, und müssen deshalb in Analysen einbezogen werden.

Ferner wird hervorgehoben, dass Arbeit (im Sinne von auswärts und Erwerbsarbeit) und Privates (im Sinne von zu Hause, Familie und Haushalt) nicht hermetisch getrennte Sphären sind - wie sie lange konzeptualisiert wurden - sondern sie sind vielfältig miteinander verwoben und beeinflussen das Erwerbsarbeitsverhalten von Männern und Frauen. So zeigen Susan Hanson und Geraldine Pratt (1995) in einer Studie über Worcester, Massachusetts, wie eng begrenzt dort viele Frauenarbeitsmärkte sind, wie dies in Verbindung mit der häuslichen Arbeitsteilung steht und wie sowohl lokale soziale Netzwerke als auch Arbeitgeber begrenzte Arbeitsmöglichkeiten für in bestimmten Teilen Worcesters lebende Frauen anbieten. Hanson und Pratt gehen davon aus, dass sowohl räumlich ungleich verteilte Beschäftigungschancen als auch Zugangskanäle zu Arbeitsplätzen ‚geschlossene Arbeitsmärkte' („labor-market containment") produzieren und damit die Ausgrenzung von Frauen stärken. Sie verweisen zum Beispiel darauf, dass die Arbeitsmarktpartizipation von Frauen stark von räumlich-zeitlichen Routinen der Kombination verschiedener Lebensbereiche abhängig ist, die diese konstruieren und immer wieder aushandeln müssen. Hanson und Pratt (1995) erwähnen besonders, dass räumliche Distanzen für die Entscheidung von Frauen, wie und wo sie erwerbstätig sind, eine große Rolle spielen. Ihre Interviewpartnerinnen legten hierbei Wert auf kurze Arbeitswege und Arbeitszeiten, die mit denen des Partners vereinbar sind. Transportprobleme, lokale Kinderbetreuungsmöglichkeiten und die Art der häuslichen Arbeitsteilung stärkten diese Überlegungen. Andere Studien verweisen jedoch darauf, dass die Grenzen von dem, was als möglich angesehen wird, und die räumlichen Strategien, Hausarbeit und Erwerbstätigkeit zu kombinieren, sich zwischen Kernfamilienhaushalten in verschiedenen Nachbarschaften und zwischen unterschiedlichen ethnischen Gruppen unterscheiden (Droogleever Fortuijin 1996; Gilbert 1997).

> „The spatial organization of labor markets and local patterns of labor segmentation consequently reflect and reproduce gender relations. This is one of the ways in which labor markets are socially embedded in a range of (locally variable) institutional, political, and cultural structures. These are not rigid and unyielding structures, but have their own dynamics that are crudely reducible to an 'economic logic'." (Peck 2000, S. 143).

Diese Studien geben wichtige Hinweise auf die Bedeutung von lokalen Zusammenhängen für die Art und Weise, wie Frauen (und Männer) erwerbstätig werden (können). Sie verweisen insbesondere auf den Einfluss der lokalen Struktur des Arbeitsmarktes, die Bedeutung der sozialen und verkehrlichen Infrastrukturausstattung vor Ort, der Zugangsmöglichkeiten zu Transportmitteln sowie von sozio-politischen Regulierungen für das ökonomische Handeln von Menschen. Welche Bedeutung diese verschiedenen Aspekte ökonomischer Strukturen jeweils bei individuellen Entscheidungsprozessen erlangen und wie sie gewichtet sind, darüber geben diese Studien jedoch aufgrund ihrer Perspektive auf Strukturen keine Auskunft.

Auch betrieblichen und branchenspezifischen Umstrukturierungsprozessen kommt eine zentrale Rolle in der Verteilung von Chancen und Risiken auf dem Arbeitsmarkt zu. Umstrukturierungsprozesse in Branchen und Umstrukturierungsstrategien von Betrieben sind komplex und unterschiedlich, wobei die räumliche Kontextualisierung der Prozesse von großer Bedeutung ist. Betriebliche Umstrukturierungsprozesse können mit der Entstehung sehr unterschiedlicher Arbeitsformen und Arbeitsbedingungen einhergehen. Je nach Region, Branchensegment, Betriebsgröße, Produkt, Tätigkeitsbereich, Qualitätsniveau und Preisklasse nutzen Betriebe ganz mannigfache Strategien, um ihre Sach- und Personalkosten zu reduzieren (vgl. Pollert 1999; Peck 1996, 2000; Reimer 2003; Perrons 2003). Welche Rolle Geschlecht spielt, welche Veränderungen sich dadurch für arbeitende Menschen ergeben und wie diese darauf reagieren, ist ebenfalls sehr unterschiedlich.

> „Thus, firms' labour strategies are defined within a complex political and institutional arena. Among the factors shaping them are the role of the state in the reproduction of labour, the relationship between internal and external labour markets, the dynamics of local political movements, and the structure of household divisions of labour." (Peck 1996, S. 138)

Ländervergleichende Studien über die Rolle von Heimarbeit als bedeutende Flexibilisierungsstrategie von Industrieunternehmen belegen zum Beispiel: Das oftmals angenommene weltweite Wachstum der Heimarbeit von Frauen in Branchen wie der Bekleidungsindustrie (vgl. ILO 2000) findet nicht in allen Ländern statt. Vielmehr unterscheiden sich je nach nationalem und lokalem Kontext sowohl die Bedeutung als auch die Rahmenbedingungen, in denen die Nutzung dieser Arbeitsform durch Betriebe steht (vgl. Phizacklea/Wolkowitz 1995; Boris/Prügl 1996; Schier/Baylina 2002).

Vicki Smith und Heidi Gottfried (1998, S. 96) machen am Beispiel der USA darauf aufmerksam, dass der Bedarf an qualifizierten oder unqualifizierten Arbeitskräften und die Art der genutzten Arbeitsformen von Betrieben sich danach unterscheiden, wie hochwertig und spezialisiert die hergestellten bzw. angebotenen Güter sind. Die Autorinnen können damit das gleichzeitige Vorhandensein von entgegen gesetzt wirkenden betrieblichen Strategien erklären. Strategien, die Arbeitsplätze und Arbeitskräfte aufwerten, stehen solchen gegenüber, die auf Dequalifizierung und Verbilligung des Arbeitskräfte-Einsatzes abzielen. Für die Grenzziehung zwischen GewinnerInnen und VerliererInnen dieser Prozesse sind Faktoren wie Qualifikation, Alter, Geschlecht sowie der Sektor ausschlaggebend. Linda McDowell (1999) spricht in diesem Zusammenhang von der Entstehung einer „neuen Geschlechterordnung“, der Entstehung neuer Trennlinien zwischen Frauen und zwischen Männern im Zuge von Flexibilisierungsprozessen.

Besonders wichtig sind Prozesse der sozialen Konstruktion von Berufen, Fähigkeiten und Kenntnissen, bei denen Geschlecht eine wichtige Rolle spielt (vgl. Wetterer 1995, 2002; Heintz/Nadai/Fischer 1997; Rabe-Kleberg 1993)[29]. Kulturelle Vorstellungen über Häuslichkeit, Weiblichkeit, Männ-

29 Im Mittelpunkt von konstruktivistischen Herangehensweisen stehen die Fragen (siehe Gottschall 2000, S. 296ff.; Gildenmeister/Wetterer 1992): In welcher Weise werden Geschlechter-Unterschiede als wahrnehmungsregulierende Ordnungskonstrukte durch die Formen zu Arbeiten, durch und in der Arbeitsteilung produziert und aufrecht erhalten? Sowie: In welcher Weise werden Geschlechter-Unterschiede auf der institutionellen Ebene durch die Arbeitsmarktsegregation oder die Konstituierung von Berufen produziert und aufrecht erhalten? In diesem Sinne sind Herstellungs- und Institutionalisierungsprozesse von (zwei) Geschlecht(ern) zentrale Themen konstruktivistischer Studien. In diesen Studien wird nicht von bestehenden Geschlechterunterschieden ausgegangen, die unterschiedliche Formen der Erwerbsbeteiligung von Frauen und Männern zu Folge haben. Vielmehr wird betont, dass Geschlecht eine aktive Leistung von AkteurInnen darstellt. Geschlecht ist also nicht eine Eigenschaft, die Personen haben, sondern etwas, das sie im Kontext von Interaktionen tun bzw. herstellen, also soziale Konstruktionen. Die Stabilität von Geschlechterdifferenzen beruht auf Prozessen der Naturalisierung der Differenz im Zuge der Perzep-

lichkeit und Sexualität beeinflussen, wem welche Tätigkeiten unter welchen Arbeitsbedingungen innerhalb von Betrieben und Branchen zugewiesen werden (Lawson 1995; Wright 1997; McDowell/Court 1994). So zeigen Susan Halford und Mike Savage (1997) am Beispiel von Umstrukturierungsprozessen von Banken in Großbritannien, wie diese Prozesse mit der Neudefinition von persönlichen Qualitäten und Fähigkeiten von Beschäftigten einhergehen und welche Rolle Geschlecht innerhalb von Organisationskulturen und Managemententscheidungen spielt (vgl. McDowell/Court 1994 für den Bereich von Handelsbanken, Lash/Urry 1994 für den Dienstleistungssektor). Halford und Savage betonen damit soziale und kulturelle Prozesse innerhalb von Organisationen, die für das Verständnis von Umstrukturierungsprozessen wichtig sind.

> "(R)estructuring is not passively 'experienced' but is interpreted, sometimes fought over and resisted both by individuals and by groups of people who may have very different assumptions and agendas about what chances should occur and how." (Halford/Savage 1997, S. 111)

Arbeitende Menschen sind nicht einfach Betroffene von Umstrukturierungsstrategien, sondern sie sind fähig mit diesen umzugehen - sie abzulehnen, zu verändern oder anzunehmen. Genauso wenig ‚passieren' Umstrukturierungsstrategien, sondern sie werden in Sitzungen diskutiert und beschlossen.

Für den Entwurf meiner theoretischen Konzeption sind vor allem zwei Erträge der Debatten über betriebliche Umstrukturierungsprozesse von Bedeutung: Zum einen, der Hinweis auf die Notwendigkeit der differenzierten und geographisch kontextualisierten Analyse der Nutzung von Arbeitsformen durch Betriebe sowie zweitens die Erkenntnis, dass betriebliche Umstrukturierungsprozesse mit der aktiven Neudefinition von Arbeitsprozessen, Arbeitskräften, Beschäftigungs- und Berufsstrukturen einhergehen, die mit sozialen Polarisierungsprozessen verbunden sind (Sassen 1998b, Smith/ Gottfried 1998). Als wichtige neue Trennlinien der Chancen der Erwerbsbeteiligung zeigen sich das Geschlecht, die soziale und ethnische Herkunft sowie das Qualifikationsniveau. Dies führt zu einer verstärkten sozialen Polarisierung innerhalb der Gruppe der erwerbstätigen Frauen und der der Männer nach diesen Merkmalen (Perrons 1998; Rommelspacher 1999; Diezinger 1991). Erforderlich ist damit der Einbezug des aktiven Handelns von Menschen bei der Betrachtung der Auswirkungen von betrieblichen Umstruktu-

---

tion und alltagsweltlichen Erklärung arbeitsteiliger Differenzierungen, d.h. es handelt sich um Strukturbildungsprozesse und Bedeutungsgenerierungen (Wetterer 2002, S. 36).

rierungsprozessen auf das individuelle ökonomische Handeln, eine systematische Bezugnahme auf die Geschlechterspezifik von differenzierten ökonomischen Prozessen sowie die Beachtung der Heterogenität und Vielfalt von Arbeits- und Lebenssituationen von Frauen und Männern.

2.3.3.2 Kulturelle Leitbilder, gesellschaftliche Werte und Normen

Wie im vorhergehenden Abschnitt bereits angedeutet, sind kulturelle Leitbilder, gesellschaftliche Normen und Werte, die sich auf die Formen der gesellschaftlichen Integration sowie die Arbeitsteilung zwischen Männern und Frauen beziehen, und ihre politisch-institutionelle Verankerung ebenfalls wesentliche Einflussfaktoren für die Art und Weise des ökonomischen Handelns von Menschen (z.B. Crompton 1999; Pfau-Effinger 2000a; Duncan/Pfau-Effinger 2000; Bang/Jensen/Pfau-Effinger 2000). Kulturelle Leitbilder beinhalten gesellschaftliche Vorstellungen vom ‚richtigen' Handeln und der ‚richtigen' Lebensführung. Sie bieten Normen für eine gesellschaftlich anerkannte, wünschenswerte Lebensgestaltung. Sie geben Auskunft, wer wie und wo ökonomisch tätig sein soll (vgl. Domosh/Seager 2001; Mackenzie/Rose 1983; Ahrentzen 1997), und wie die Bereiche Erwerbsarbeit, Hausarbeit und Kinderbetreuung in den Lebensverläufen von Frauen und Männern gewichtet sein sollen (vgl. Keddi 2003, S. 39). Damit legen sie sozusagen die gesellschaftlichen Spielregeln fest. In zweigeschlechtlich strukturierten Gesellschaften, wie der deutschen, sind unterschiedliche Geschlechterkonstruktionen in die soziokulturellen Vorstellungen und Normen eingelagert. Im Zusammenhang mit Arbeitsformentscheidungen sind hauptsächlich geschlechterspezifische Vorstellungen zu folgenden Punkten gewichtig: über die Organisation von Ehe und Familie, die Arbeitsteilung im Haushalt, über Mütter- und Väterlichkeit, über die Möglichkeiten der Kombination von Familien- und Erwerbstätigkeit, über die ‚richtige Kinderbetreuung' sowie die Nutzung von und das Verhalten in privaten und öffentlichen Räumen.

Birgit Pfau-Effinger (2000a, S. 64) bemerkt, dass gesellschaftliche Systeme von Traditionen, Werten und Leitbildern in sich durchaus widersprüchlich sind und gesellschaftliche Akteure Konflikte und Aushandlungsprozesse über die gesellschaftlich dominanten kulturellen Wertesysteme austragen. Neben gesellschaftlich breit akzeptierten Bildern, wie der ‚in Teilzeit tätigen Mutter' und des ‚in Vollzeit tätigen Familienernährers', gibt es auch andere, gesellschaftlich weniger breit akzeptierte, eher marginalisierte Bilder, an denen sich Handelnde bei ihren ökonomischen Entscheidungen orientieren können. Beispiele hierfür sind das Bild der ‚ganztägig erwerbstätigen Mutter', der ‚Karrierefrau' oder von ‚Aussteigern, die normale Erwerbsarbeit als Lebensmittelpunkt ablehnen' (vgl. Keddi 2003, S. 37ff.). Für kulturelle Sinngebungsprozesse sind also Machtbeziehungen von Bedeutung (Pfau-Effinger 2000a, S. 64).

Kulturelle Leitbilder, gesellschaftliche Normen und Werte geben nicht nur die Spielregeln für das soziale Handeln von Menschen vor, sondern sie sind in wohlfahrtsstaatlichen, familien- und arbeitsmarktpolitischen Regelungen institutionell verankert. Auf diese Weise beeinflussen sie auf unterschiedlichen räumlichen Maßstabsebenen als politisch-institutionelle Rahmenbedingungen das ökonomische Handeln.

Birgit Pfau-Effinger (2001, 2000a, 2000b) entwickelte mit ihrem Konzept des „Geschlechterarrangements", einen theoretischen Ansatz, mit dem komplexe Wirkungszusammenhänge analysiert werden können, innerhalb derer Frauen (und Männer) ihre Erwerbsentscheidungen treffen. Sie achtet besonders auf das Zusammenspiel von kulturellen Leitbildern und institutionellen Bedingungen im Rahmen des Arbeitsmarktes, der Familie und des Wohlfahrtsstaates.

Pfau-Effinger (2000a, S. 68ff.) unterscheidet zwischen „Geschlechterkultur", „Geschlechterordnung" und „Geschlechterarrangements" und liefert damit einen differenzierten Zugang zur Analyse der Bedeutung von Geschlecht auf unterschiedlichen Ebenen. Unter „Geschlechterkultur" versteht sie kulturelle Vorstellungen und Leitbilder von der Arbeitsteilung zwischen Frauen und Männern, der gesellschaftlichen Reproduktion und den Verpflichtungen im Verhältnis der Generationen. Diese sind in gesellschaftlichen Aushandlungsprozessen entstanden, wobei ein oder mehrere Leitbilder dominant sind und auch im institutionellen System verankert wurden. Der Einfluss der Geschlechterkultur kommt auf verschiedenen Ebenen zur Wirkung: auf der Ebene der sozialen Strukturen, in den gesellschaftlichen Institutionen und Diskursen kollektiver Akteure sowie auf der Ebene der Individuen in ihren Orientierungen und Werthaltungen.

Da jedoch Individuen über reflexive und kreative Fähigkeiten verfügen, ist der Einfluss der Kultur auf ihr Handeln nicht deterministisch. Wichtig ist der Hinweis, dass die gesellschaftliche Reichweite der dominierenden Leitbilder und Werte räumlich begrenzt sein kann - die Geltung von geschlechterkulturellen Leitbildern kann demnach zwischen Regionen eines Landes variieren (vgl. Sackmann 1997; Bühler 1998; Duncan 1995, 1998; Forsberg/Gonäs/Perrons 2000). Auch einzelne soziale Gruppen können sich an anderen Leitbildern orientieren als der dominante Teil der Bevölkerung. Elisabeth Bühler (1998, 2002) hat zum Beispiel darauf hingewiesen, dass die Vollzeiterwerbstätigkeit von Frauen in der französischsprachigen Schweiz aufgrund der größeren kulturellen Akzeptanz einer Müttererwerbstätigkeit deutlich höher ist als in den deutschsprachigen Regionen. Angela Dale und Clare Holdsworth (1998) fanden in ihrer Untersuchung in Großbritannien heraus, dass zwischen Müttern verschiedener ethnischer Gruppen unterschiedliche Orientierungen in Bezug auf Teilzeit- bzw. Vollzeiterwerbsarbeit existieren (vgl. auch Duncan/Edwards 1999).

Birgit Pfau-Effinger (2000a, S. 70) hebt außerdem hervor: Zwischen der Orientierung an bestimmten Leitbildern und der Umsetzung dieser Leitbilder im konkreten Handeln muss keine Übereinstimmung herrschen, wenn z.B. äußere Restriktionen der Verwirklichung entgegenstehen. Damit weist Pfau-Effinger auf die Existenz von Widersprüchen und Brüchen zwischen kulturellen Leitbildern, individuellen Handlungsorientierungen und konkretem Handeln hin, denen sie eine große Bedeutung bei der Analyse von Veränderungsprozessen beimisst.

Die real vorfindbaren Strukturen des Geschlechterverhältnisses und die Beziehung zwischen den verschiedenen gesellschaftlichen Institutionen im Hinblick auf die geschlechtliche Arbeitsteilung bezeichnet Pfau-Effinger (2000a, S. 70f.) als „Geschlechterordnung“. Relevante Institutionen sind das Erwerbssystem (Arbeitsmarkt inkl. industriellem System), die Familie bzw. der Haushalt und der Wohlfahrtsstaat. Letzterem schreibt die Autorin eine wichtige Bedeutung für die Funktionsweise anderer Institutionen zu, da der Staat zentrale Rahmenbedingungen vorgibt.

Mit dem Begriff „Geschlechterarrangements“ spricht sie schließlich das Profil an, das die Geschlechterbeziehungen in einer Gesellschaft annehmen und das auf komplexen sozialen Aushandlungsprozessen beruht (siehe Abbildung 3). Sie verweist damit auf das Zusammenspiel einerseits von kulturellen Leitbildern und Normen zur Mutterschaft, Kindheit und zur geschlechtlichen Arbeitsteilung, die sie als Ergebnis gesellschaftlicher Aushandlungsprozesse sieht („Geschlechterkultur“), und andererseits von institutionellen Bedingungen im Rahmen von Arbeitsmarkt, Familie und Wohlfahrtsstaat, deren Gestaltung selbst wiederum auf kulturellen Normen und Werten beruht („Geschlechterordnung“).

Pfau-Effinger berücksichtigt auf diese Weise sowohl den Einfluss kultureller Bedingungen auf das ökonomische Handeln von Frauen als auch das komplexe Zusammenspiel von kulturellen, institutionellen und strukturellen Bedingungen und sozialem Handeln. Wohlfahrtsstaatliche Institutionen stecken ihrer Meinung nach die Spielräume für ökonomisches Handeln ab, wobei bestimmte kollektive Verhaltensmuster innerhalb dieser Spielräume letztendlich von kulturellen Werten und Normen abhängen, an denen sich die Individuen in ihrem Handeln orientieren (Pfau-Effinger 1994). Es kann durchaus zu Brüchen und Diskrepanzen zwischen staatlicher Politik einerseits und dem Erwerbshandeln von Individuen andererseits kommen (Bang/Jensen/Pfau-Effinger 2000).

Abb. 3: Erwerbsverhalten im Kontext von Geschlechterarrangements nach Birgit Pfau - Effinger

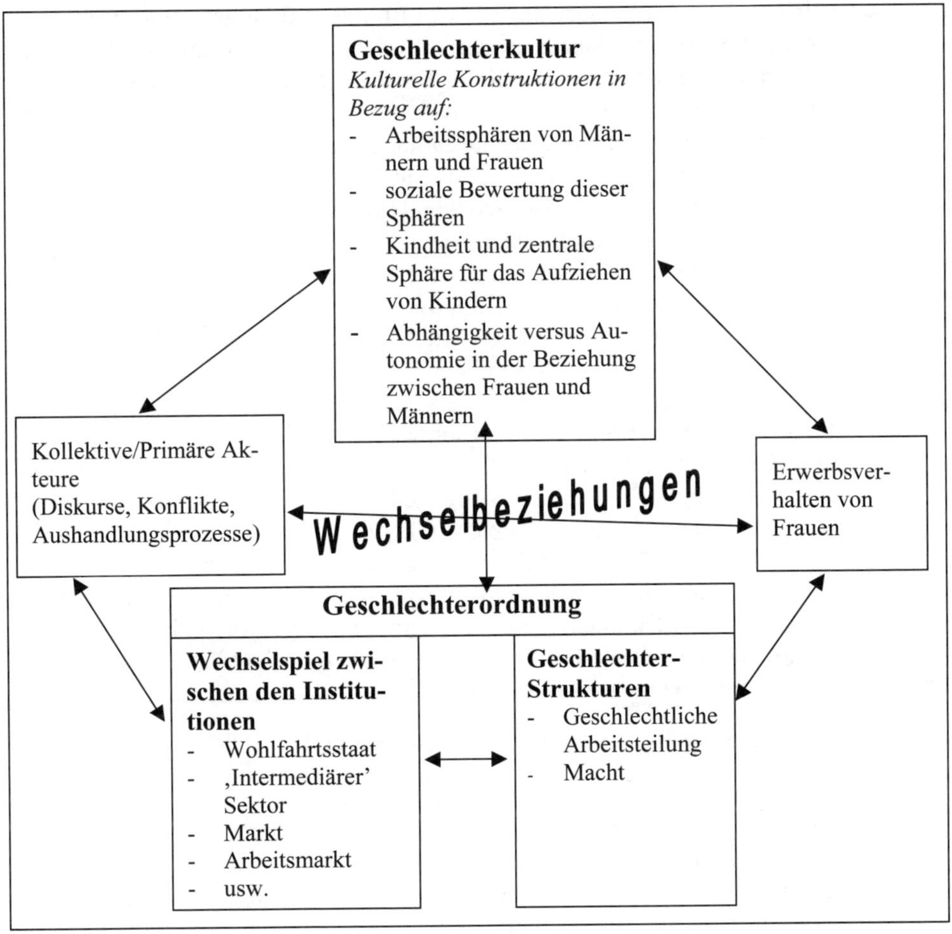

Quelle: (Pfau-Effinger 2000a, S. 72)

Mit dem Konzept des „Geschlechterarrangements“ bezieht Pfau-Effinger die Bedeutung von individuellen Handlungsorientierungen ein, und setzt sie konsequent in den Zusammenhang mit institutionellen, strukturellen und kulturellen Rahmenbedingungen im jeweiligen historischen Kontext. Veränderungen und sozialer Wandel sind hiermit Bestandteile ihrer Konzeption (Pfau-Effinger 2001).

Indem Pfau-Effinger kulturelle Leitbilder und gesellschaftliche Strukturen als Ergebnis von Konflikten und Aushandlungsprozessen ansieht, gibt sie neben dem Hinweis auf die Bedeutung der Kontextualisierung von gesellschaftlichen Entwicklungen, auch Hinweise auf den Beitrag von (kollektiven) Akteuren für die Ausgestaltung von Geschlechterarrangements bzw. des Erwerbsverhaltens von Frauen. Ihr Forschungsinteresse liegt jedoch auf einer Makroebene. Sie erklärt die Entwicklung der Erwerbsbeteiligung und Teilzeitarbeit von Frauen auf der Grundlage der Analyse der Veränderungen von kulturellen Leitbildern und der Beeinflussung dieses Wandels durch den Wohlfahrtsstaat, die Arbeitsmarktentwicklung, die Familie und kollektiven Akteuren auf der Ebene von Nationalstaaten. Damit bleibt ihre Analyse, wie sie selbst feststellt, bisher in Bezug auf die Entwicklung von individuellen Orientierungen, das konkrete ökonomische Handeln, die Differenzen zwischen Frauen mit und ohne Kindern sowie zwischen verschiedenen sozialen oder ethnischen Gruppen innerhalb von Nationalstaaten oder Regionen unterbelichtet (vgl. Pfau-Effinger 2000a, S. 109). Das Wie der Aushandlungs- und Kompromissbildungsprozesse, das Wie des Umgangs mit Widersprüchen bzw. Brüchen auf der Ebene von individuellen Akteuren mit unterschiedlichen Lebensentwürfen und das Wie des konkreten Handelns im Rahmen von Geschlechterarrangements bleibt offen (vgl. auch Bühler 2002, S. 177). Besonders interessant ist zum Beispiel, inwiefern Geschlechterarrangements auch auf das ökonomische Handeln von kinderlosen Frauen Auswirkungen haben, die zumindest von Vereinbarkeitsproblemen der Kinderbetreuung mit der Erwerbstätigkeit nicht betroffen sind.

2.3.4 Integrative Betrachtungen ökonomischen Handelns

In den bisherigen Abschnitten des Kapitels 2.3 wurden mit Motivationen und Handlungsorientierungen, individuellen Ressourcen und strukturellen Rahmenbedingungen, jeweils einzelne Komponenten von Entscheidungsprozessen beleuchtet. Bislang fehlen in der Darstellung Ansätze, die das Verständnis des Zusammenspiels dieser Komponenten bei individuellen ökonomischen Entscheidungen erhöhen können. Im Folgenden möchte ich mit dem Konzept der alltäglichen Lebensführung und Ansätzen der feministischen Lebenslaufforschung zwei ‚integrative' Herangehensweisen vorstellen, die ökonomisches Handeln mit Blick auf den Zusammenhang von individuellen Handlungsmustern und strukturellen Rahmenbedingungen thematisieren. Integrativ sind diese Ansätze darüber hinaus auch, da sie ökonomisches Handeln im Kontext unterschiedlicher Lebensbereiche im Lebensverlauf bzw. im Alltagszusammenhang von Menschen betrachten.

2.3.4.1 Das Konzept der alltäglichen Lebensführung

Das Konzept der „alltäglichen Lebensführung" (Voß 1991, 1995; Jurczyk/Rerrich 1993a) wurde im Rahmen des Sonderforschungsbereiches 333 der Universität München mit dem Ziel entwickelt, die Auswirkungen des ökonomischen und sozialen Wandels auf die alltägliche Lebensführung von Menschen zu untersuchen. Das Konzept bietet mit seinem Fokus auf den praktischen Aspekt des alltäglichen Tuns in unterschiedlichen Lebensbereichen von Menschen einen komplexen Ansatz zum Verständnis von ökonomischem Handeln im gesamten Alltagszusammenhang unter Einbezug von Geschlecht.

Mit dem Konzept der alltäglichen Lebensführung wird betrachtet, wie Menschen unterschiedliche Aktivitäten in ihrem Alltag strukturieren, mit welchen Strategien sie sie organisieren und in einen sinnhaften Zusammenhang bringen. Lebensführung meint hierbei den alltäglichen Prozess, in dem sich Menschen, die in vielfältige soziale Beziehungen eingebunden sind, mit den gesellschaftlichen Anforderungen (z.B. als Berufstätige, als Partnerin oder als Mutter) innerhalb bestimmter struktureller Rahmenbedingungen (z.B. den Wohnverhältnissen, dem Haushaltseinkommen, der Berufssituation) auseinandersetzen, sie in Einklang miteinander sowie mit ihren eigenen Interessen bringen.

> "Arrangements der alltäglichen Lebensführung sind der Ort, wo alles, was für das Leben von Bedeutung ist, zusammentrifft. In ihnen fließen nicht nur Werte, Leitbilder und Orientierungen, Bedürfnisse, Ansprüche und Lebenskalküle zusammen, die darüber bestimmen, was Menschen vom Leben erwarten. In sie gehen auch die tagtäglichen Anforderungen und individuell verfügbaren materiellen und kulturellen, personalen und sozialen Ressourcen ein, die darüber bestimmen, was sie vom Leben erwarten können. Weiterhin werden in der alltäglichen Lebensführung nicht nur gesellschaftliche Konventionen, Gesetze und vertragliche Regelungen wirksam, sondern auch Institutionen mit ihren eigenen Anforderungen und Verhaltenszumutungen, die darüber bestimmen, in welchem Rahmen und in welchen Handlungsbereichen die Menschen ihr Leben gestalten müssen. Arrangements alltäglicher

> Lebensführung verkörpern also eine eigene, intermediäre Ebene sozialen Handelns sowie eine mehr oder weniger dauerhafte und kohärente Ordnung der Regulierung von Beziehungen und Alltagspraktiken." (Kudera/Voß 2000a, S. 17)

Menschen (re)produzieren nach diesem Verständnis ihre Lebensbedingungen und Lebensgestaltung durch die Formen ihrer alltäglichen Lebensführung mit. Praktiken der Arbeitsteilung im Alltag und Entscheidungen über die Dauer und Form von Erwerbsarbeit werden als Teil von Lebensführungsmustern gesehen. Sie sind damit aktive Konstruktionsleistungen der jeweiligen Akteure.

Geschlecht wird in dem Konzept bzw. in den zahlreichen empirischen Studien der Projektgruppe Alltägliche Lebensführung als ein einflussreicher sozialer Faktor zwar nicht ausgeschlossen, jedoch leider nur in den empirischen Untersuchungen zum Thema gemacht, die sich explizit mit Frauen bzw. Familien beschäftigen (vgl. Weihrich 2002; Kudera/Voß 2000b; Voß/Weihrich 2001; Projektgruppe Alltägliche Lebensführung 1995; Jurczyk/Rerrich 1993d). So weisen Karin Jurczyk und Maria Rerrich (1993b, c, e) als Ergebnis ihrer empirischen Untersuchungen über alltägliche Lebensführung von verheirateten, berufstätigen Paaren mit Kindern auf Unterschiede in der Lebensführung von Männern und Frauen hin. Als ausschlaggebend für die Unterschiede in der Lebensführung von Männern und Frauen sehen sie die konkrete Übernahme der Verantwortung für Sorgearbeit durch Frauen. Diese wird über institutionelle Zwänge vermittelt, kann aber auch auf eigenen Entscheidungen basieren. Durch die Übernahme der Sorgearbeit wird die Handlungsautonomie, Zeitdisposition, räumliche Mobilität und Raumnutzung von Frauen eingeschränkt bzw. geprägt (Jurczyk/Rerrich 1993c, S. 297-306; Jurczyk 2000) [30]. Die Autorinnen verweisen jedoch auch darauf, dass sich die Lebensführungen von Frauen je nach Verfügung über Netzwerke und materielle Ressourcen zunehmend ausdifferenzieren. Wichtig sind speziell die Möglichkeiten, Sorgearbeit an andere Frauen zu delegieren, besonders wenn institutionelle Möglichkeiten der Betreuung fehlen (vgl. Knijn/Jönsson/Klammer 2003). Damit lenken Jurczyk und Rerrich (1993b, e) den Blick auf die Bedeutung von verschiedensten sozialen Beziehungen und anderen Ressourcen, wie z.B. Geld, Bil-

---

30 Auch zahlreiche feministisch geographische Arbeiten weisen auf Unterschiede bei der Raumnutzung, im Zeitbudget, den Aktionsräumen und der Mobilität von Männern und Frauen aufgrund der geschlechtsspezifisch unterschiedlichen Übernahme der Verantwortung für die Reproduktionsarbeit hin (z.B. Beiträge in Bäschlin Roques/Wastl-Walter 1991; Hanson/Pratt 1995; Kramer 2002).

dung, Raum und Zeit, für die Betrachtung der Alltagsorganisation und des ökonomischen Handelns (vgl. Abschnitt 2.3.2).

Es geht also auch hier um die Art und Form der geschlechtsspezifischen Arbeitsteilung, wobei die Autorinnen deren soziale Konstruiertheit hervorheben. Karin Jurczyk und Maria Rerrich unterstreichen, dass die Handlungsanforderungen die aus der Sorge für andere, zum Beispiel für Kinder, Alte und Bedürftige bestehen prinzipiell für alle gleich sind, dass aber:

> „durch gezielte normative Regelungen wie auch ‚unter der Hand' (...) durch soziale Zuweisungs- und Codierungsprozesse eine bestimmte Art der Lebensführung, die die praktische Sorge für andere Personen umfasst, mit ihren Elementen der Angebundenheit und Emotionalität, zur typisch weiblichen Lebensführung gemacht (wird)." (Jurczyk/Rerrich 1993b, S. 274)

Weiter weisen sie darauf hin: Übernehmen Männer diese Aufgaben, dann wird dies gesellschaftlich anders bewertet - entweder als etwas besonderes erhöht oder als abnorm sanktioniert. Genauso gesellschaftlich sanktioniert wird, wenn Frauen diesen Vorgaben nicht entsprechen[31]. Die Wahrnehmung, Bedeutung und Bewertung fürsorglicher Arbeit fällt auf einen anderen ‚Boden' im individuellen und gesellschaftlichen Bewusstsein, wenn Männer sie übernehmen. Zwischen objektiv gleicher Handlungsanforderung und konkreter Handlungspraxis liegen also Umsetzungsschritte, die geschlechtsspezifisch „gedeutet" werden und innerhalb des Systems der Zweigeschlechtlichkeit das Ergebnis des Handelns variieren (Jurczyk/Rerrich 1993c, S. 297). Damit wird auf die Institutionalisierung geschlechtsspezifischer Zuweisungen in gesellschaftlichen Strukturen und Institutionen hingewiesen und gleichzeitig der Prozesscharakter der Herausbildung von sozialen Strukturen in den Methoden und konkreten Praxen, wie Menschen ihr Leben betreiben, hervorgehoben (vgl. Abschnitt 2.3.3). Wie Sarah Fenstermaker Berk (1985) mit dem Begriff „doing gender" andeutet, verfolgen Menschen bei der Strukturierung ihrer Arbeit bestimmte, auf ihr Geschlecht bezogene, Handlungsmuster[32]. Zwischen Identitätsbildung und Arbeit besteht ein enger Zusammenhang.

---

31 Als Beispiele können hier im Alltag häufig verwendete, negativ konnotierte Bezeichnungen für Männer dienen, die Sorgearbeit übernehmen (wollen): wie ‚Waschlappen', ‚keine richtigen Männer' oder ‚Softies'. Dementsprechende Bezeichnungen für beruflich sehr engagierte Frauen, besonders Mütter sind: ‚Rabenmütter', ‚Karriereweiber' oder ‚Mannweiber'.

32 In ihrer empirischen Studie über die Entstehung geschlechtsspezifischer Arbeitsteilung in amerikanischen Haushalten zeigte Fenstermaker Berk (1985), dass die Fortdauer der traditionellen geschlechterspezifischen Arbeitsteilung sich nicht ‚rational', d.h. aus unterschiedlichen Zeitbudgets, Verdienstmöglichkeiten, Fähigkeiten oder

Die jeweils realisierte Alltagsorganisation ist demnach als Resultat von zum Teil offenen oder versteckten konflikthaften Aushandlungsprozessen der eigenen bzw. gemeinsamen Lebensführung und der Verteilung der Arbeit im Alltag und Beruf zu verstehen (Jurczyk/Rerrich 1993b, S. 276).

> „Wie [jedoch] die Lebensführung von Frauen und Männern im Detail aussieht, ob [Handlungs]Spielräume für Veränderungen der geschlechtsspezifischen Arbeitsteilung gesehen und wahrgenommen werden und was das für die Subjekte bedeutet, hängt (...) von einer komplexen Mischung verschiedener Faktoren ab. Es lassen sich keine einfachen kausalen Zusammenhänge identifizieren, denn es spielen sowohl objektiv vorgegebene Rahmenbedingungen, betriebliche Faktoren, bestimmte Familienkonstellationen, Geschlechtsrollenvorstellungen, biographische Erfahrungen, persönliche Wünsche an ein gutes Leben und noch vieles mehr eine Rolle." (Jurczyk/Rerrich 1993c, S. 284)

Jurczyk und Rerrich (1993c) konstatieren die Notwendigkeit eines differenzierten Blickes auf empirisches Material und plädieren für einen umfassenden Einbezug von sozialen, räumlichen, ökonomischen und kulturellen Kontexten in Untersuchungen.

Indem mit dem Konzept der alltäglichen Lebensführung systematisch die tagtäglichen Leistungen der Vereinbarkeit unterschiedlicher Lebensbereiche untersucht und subjektive Verarbeitungs- und Handlungsstrategien be-

---

Eignungen erklären lässt. Sie wird erst verständlich, wenn beachtet wird, dass diese Arbeitsteilung in Interaktionen von Beteiligten als ‚natürliche' bzw. als Ausdruck des Mann- oder Frauseins dargestellt und zugleich erklärt wird. Indem Frauen also Hausarbeit leisten und Männer Hausarbeit meiden, stellen sie jeweils ‚Geschlecht' in spezifischer Weise her. Oder anders gesagt: Indem Frauen etwas tun, was Männer nicht tun, werden Männer und Frauen erst zu etwas unterschiedlichem. Frauen und Männer produzieren und reproduzieren durch Arbeitsteilung, und daraus folgend auch durch die Wahl ihrer (Erwerbs)Arbeitsformen, Geschlechteridentitäten. Dies tun sie nicht im ‚Nichts', sondern mit vorstrukturiertem ‚Wissen', d.h. sie wissen was Frauen oder Männer ‚tun' (sollten) (vgl. Gildenmeister/Wetterer 1992). Erst dies macht verständlich, warum ungleiche Arbeitsverteilungen, von Männern und Frauen, oft als fair betrachtet werden. Oder warum sich so wenig daran ändert, dass Frauen zur Betreuung von Kindern aus dem Job vorübergehend aussteigen, auch wenn dies Männer ebenso gut könnten. Doing gender Prozesse sind immer an spezifische historische, nationale und gesellschaftliche Verhältnisse, also an ganz konkrete Strukturvoraussetzungen gebunden (Gottschall 1998, S. 82). Arbeitsarrangements, darin einbezogen die Wahl von Arbeitsformen, „müssen also weniger als geschlechtsspezifisch als vielmehr als geschlechterkonstituierend begriffen werden. Sie haben für die Beteiligten die Funktion, die Differenz zwischen den Geschlechtern zu symbolisieren und sind genau deshalb so schwer zu verändern." (Gottschall 2000, S. 301) leuchtet werden, trägt es zu einem größeren Verständnis der Komplexität von Vereinbarkeitsproblemen und -strategien von Erwerbsarbeit und anderen Bereichen des Lebens bei. Da egalitäre Einstellungen und tatsächlich egalitäre Arrangements der Lebensführung zum Teil weit auseinander klaffen, ist es zudem wichtig, zwischen praktischem Handeln und kulturellen Einstellungen in Bezug auf die Verteilung von Erwerbsarbeit und Sorgearbeit zu unterscheiden (vgl. Jurczyk/Rerrich 1993c, S. 290ff.).

Durch die Konzeptionalisierung von alltäglicher Lebensführung als wechselseitigen reflexiven Prozess der Auseinandersetzung zwischen individuellen Aspekten und strukturellen Rahmenbedingungen ist ein differenzierter Blick auf Auswirkungen und Umgangsstrategien von Menschen mit Veränderungen im ökonomischen und sozialen Bereich möglich. So kann zum Beispiel in den Blick genommen werden, ob, wie und wieso unterschiedliche Anforderungen im Erwerbsarbeitsbereich, wie zum Beispiel flexible Arbeitszeiten, im Alltag von verschiedenen Menschen zum Problem werden oder nicht. Das Konzept bietet besondere Potentiale zur Betrachtung von möglichen Auswirkungen der Veränderungen in der Arbeitswelt und des Arbeitens in unterschiedlichen Arbeitsformen auf den Alltag von Menschen. In Hinblick auf die Vielfalt von Arbeitsformen lassen sich folgende Fragestellungen untersuchen: Wie wird der Alltag von Menschen in unterschiedlichen Kontexten jeweils insgesamt organisiert? Welche Rolle spielt im Alltag die Übernahme der Sorgearbeit? Welche Konsequenzen hat dies auf die Organisation der Erwerbsarbeit? Ferner kann in den Blick genommen werden: Wie fügen sich bestimmte Erwerbsarbeitsformen in den gesamten Alltagszusammenhang ein? Wie wird mit den Anforderungen, die die jeweiligen (Erwerbs)Arbeitsformen stellen, im Alltag umgegangen? Sowie: Welche Funktion erfüllt eine bestimmte Erwerbsarbeitsform im Alltag (vgl. Egbringhoff 2002; Jürgens 1999; Kleemann/Voß 1999)?

Mit dem Konzept der alltäglichen Lebensführung wird das Alltagshandeln der Menschen in seiner Breite aus einer synchronen Perspektive gesehen. Während das Potential dieser Perspektive in der Fokussierung von Wiederkehrendem, Stabilisierendem, der Organisation von Tätigkeiten und der Strategien, wie mit Veränderungen im Alltag umgegangen wird, liegt (vgl. Schier/von Streit 2004), kann damit über den konkreten Alltagszusammenhang hinaus nicht untersucht werden, warum Menschen eine bestimmte Erwerbsarbeitsform gegenüber einer anderen bevorzugen und welche Prozesse zu der Entscheidung für eine bestimmte Arbeitsform führten. Hierzu bedarf es einer Perspektive, die die Dynamik von Handlungen und Entscheidungsprozessen in der Komplexität des gesamten Lebenszusammenhangs und in ihrer Eingebundenheit in strukturelle Rahmenbedingungen thematisieren kann. Motive für aktuelles Handeln liegen maßgeblich in subjektiven Sozialisationserfahrungen begründet, weshalb eine diachrone Perspektive auf den Lebensverlauf wichtig erscheint (vgl. Weihrich 1998).

2.3.4.2 Lebenslauftheoretische Ansätze

Lebenslauftheoretische Ansätze bieten mit ihrem Blick auf den Stellenwert von Erwerbsarbeit und anderen Lebensbereichen in Lebensverläufen von Menschen eine solche diachrone Perspektive auf ökonomisches Handeln. Es wird davon ausgegangen, dass sich strukturelle Veränderungen in individuellen Lebensverläufen abbilden.

Das Besondere an diesen Ansätzen ist, dass sie den gesamten gesellschaftlich geprägten Lebensverlauf in den Blick nehmen und nicht nur einzelne Lebensereignisse, wie die Geburt von Kindern, oder einzelne Lebensabschnitte, wie die Phase des Berufseintritts, als relevant für ökonomisches Handeln betrachten. Einzelne Phasen und Entscheidungen des Lebens werden nicht als isolierte Abschnitte analysiert, sondern im Kontext vorangegangener und zukünftiger Lebensphasen, denn:

> „Möglichkeiten, die Menschen in einer spezifischen Lebensphase offen stehen, sind durch Ereignisse, Erfahrungen und Ressourcen, die in vorangegangenen Lebensabschnitten gemacht bzw. angeeignet wurden, geprägt. Zum anderen sind Lebensverläufe auch immer Ausdruck spezifischer gesellschaftlicher Gelegenheitsstrukturen und des sozialen Wandels. So geben rechtliche Bestimmungen, ökonomische Bedingungen, Normenstrukturen und historische Ereignisse einen Teil des gesellschaftlichen Rahmens ab, der spezifische Ausformungen von Lebenswegen bereits vorzeichnet.“ (Tölke 1989, S. 271)

Diese doppelte Entwicklungsdynamik gilt es bei der Betrachtung von Arbeitsformentscheidungen zu beachten. In Bezug auf den ersten Aspekt verweist Angelika Tölke (1989), anhand des Vergleichs von Lebensverläufen von Frauen aus drei Kohorten, auf die besondere Bedeutung der Jugendphase für spätere Entscheidungen im Lebensverlauf. Insbesondere die unterschiedliche schulische Ausbildung wirkt sich im späteren Heirats-, Fertilitäts- und Erwerbsverhalten von Frauen aus. So heiraten Frauen mit einer höheren Schulbildung tendenziell später, bekommen später Kinder und unterbrechen weniger häufig ihre Erwerbstätigkeit[33]. Durch den Kohor-

33 Initiatorinnen dieser Entwicklung sind in Deutschland die um 1940 geborenen Frauen mit höherer Schulbildung. Bei ihnen zeigt sich in den 1960er Jahren, dass sie nicht mehr bei ihrer Heirat ihre Erwerbstätigkeit unterbrechen, sondern erst bei der

tenvergleich kann sie so den gesellschaftlichen Wandel des Zusammenhangs von familiären Ereignissen (z.B. Ehe, Mutterschaft) und Erwerbsverhalten von Frauen empirisch nachzeichnen. Auf diese Weise kann Tölke den Einfluss der Veränderung von strukturellen Rahmenbedingungen aufzeigen - hier vor allem die Bildungsrevolution in Westdeutschland der 1960er/70er Jahre. Birgit Geissler (1998b, S. 157) ergänzt, dass Lebensläufe von Frauen, stärker als männliche, durch die Statuspassagen Partnerbindung/Ehe und Geburt eines Kindes strukturiert sind. Diese haben sogar schon als antizipierte Statuspassagen Einfluss auf individuelle Lebensentwürfe sowie das spätere ökonomische Handeln von jungen Frauen. Als „kritische Zeitpunkte", an denen die Geschlechterspezifik von Arbeit relevant wird, identifiziert Geissler (1998a, S. 114ff.): die Phase der Berufsauswahl und der Ausbildung sowie den Zeitpunkt der Familiengründung. Es sind diese beiden Momente an denen häufig die Arbeit von Frauen relativ geringer zu derjenigen von Männern eingeordnet wird.

Auf den oben erwähnten zweiten Aspekt, dass Lebensverläufe auch immer Ausdruck spezifischer gesellschaftlicher Gelegenheitsstrukturen und des sozialen Wandels sind, hat schon Martin Kohli (1985) mit seiner These der „Institutionalisierung des Lebenslaufs" hingewiesen. Er geht davon aus, dass in der Bundesrepublik Deutschland Lebensläufe aufgrund der Verknüpfung von Bildungssystem, Arbeitsmarkt und Rentensystem und darauf ausgerichtete Sozialversicherungssysteme stark arbeitsmarktzentriert sind. Ergebnis dieses Institutionalisierungsprozesses des Lebenslaufs sind spezifisch deutsche Normalitätsmodelle von Erwerbsarbeit und Erwerbsverläufen. Während bei der männlichen Normalbiographie erwerbsbiographische Kontinuität im Vordergrund steht, ist die weibliche Normalbiographie stärker auf Familienarbeit und Erwerbsarbeit bezogen (Levy 1977). Diese institutionalisierten Muster dienen Individuen als Orientierungsfolien im eigenen ökonomischen Handeln.

Helga Krüger (1995a, S. 142ff.) hebt die daraus folgende unterschiedliche Verknüpfung und Wirkung von Institutionen im männlichen und weiblichen Lebenslauf hervor. Indem Geschlecht als internes Organisationsprinzip in die lebenslaufrelevanten Institutionen, vor allem in das Bildungs-, Berufs- und Familiensystem wie auch die familialen Anliegerinstitutionen (wie Kindergarten, Schule, Krankenhaus, Altenversorgung) eingeschrieben

Geburt des ersten Kindes. In den 1970er Jahren führte dann auch die Geburt des ersten Kindes nicht mehr notwendigerweise (sofort) zur Unterbrechung der Erwerbstätigkeit (Tölke 1989). Allerdings wurde die Unterbrechung der Erwerbstätigkeit bei der Geburt von Kindern durch den 1986 eingeführten Erziehungsurlaub wieder zur Regel (Born 2000).

ist, kommt der Kategorie Geschlecht in Bezug auf die ungleiche Strukturierung des Lebenslaufs ein „Masterstatus“ zu (vgl. Abschnitt 2.3.3). Besonders die Institutionen Familie, Bildungssystem und Beruf strukturieren Lebensläufe.

Familie wirkt einerseits als Herkunftsfamilie über die Kanalisierung unterschiedlicher „erwerbsrelevanter Bildungsressourcen“ Geschlechter differenzierend (Krüger 2001, S. 523). Das deutsche Berufsbildungssystem ist durch Unterschiede in den Ausbildungsniveaus gekennzeichnet, die zu Hierarchien der Berufe im Erwerbssystem führen. Außerdem kommt es auf der Ebene niveaugleicher Ausbildungen über die Trennung von dualen betrieblichen Ausbildungen – meist im Bereich ‚existenzsichernder Berufe‘ für männliche Jugendliche - von vollzeitschulischen Berufsausbildungen – häufig im Bereich ‚natürliche Berufe‘ für junge Frauen, die auf Familienaufgaben vorbereiten - zu einer internen Differenzierung (Krüger 1991). Denn so Helga Krüger (2001, S. 522):

> „Berufliche Bildung hat (...) die historisch intendierte Lebenslaufdifferenz zwischen familialer Ernährerrolle (männlich) und Zuverdienerfunktionen (weiblich) strukturell nicht hinter sich gelassen.“

Andererseits gilt besonders die Gründung einer eigenen Familie als Problem der Verwertung von Bildungsressourcen. Sie wirkt häufig kanalisierend in Erwerbsunterbrechungen und in atypische Arbeitsformen.

Doch wie eben angedeutet wurde, sind bereits zeitlich vor dieser biographischen Phase gesellschaftlich verfestigte Geschlechterdifferenzierungen im Bezug auf die Erwerbsbeteiligung wirksam. Born, Krüger und Lorenz-Meyer (1996) stellen besonders die unterschiedliche „Vereinbarkeitstauglichkeit“ von erlernten Berufen heraus. Diese funktioniert ebenfalls als Differenzierungsmechanismus in Erwerbsverläufen von Frauen und zwar schon vor der realen, geplanten oder nicht geplanten Familiengründung. Eine Rolle spielt unter anderem die immer noch große Dominanz von Frauen in so genannten Frauenberufen, die von vornherein auf vorübergehende Erwerbsbeteiligung angelegt sind (Krüger 2001, S. 524).

Die Chancen, Bildungsinvestitionen im Erwerbsverlauf zu nutzen, hängen bei Frauen weniger von familialen Belastungen oder dem qualifikatorischen Niveau als vom Typus des erlernten Erstberufs ab (vgl. Born/Krüger/Lorenz-Meyer 1996; Born 2001; Krüger 2001). Entscheidend ist, ob Berufe Wiedereintrittschancen nach einer Unterbrechung und vereinbarkeitstaugliche Arbeitszeitstrukturierungen ermöglichen. Anhand empirischer Studien zeigen Born, Krüger und andere: Wenn sich die Arbeitszeit anpassen lässt, dann wird Erwerbsarbeit im erlernten Beruf weitergeführt. Wenn allerdings

Probleme auftauchen, dann wird eher unterbrochen bzw. auf nicht sozialversicherungspflichtige Tätigkeiten ausgewichen (Krüger et al. 1987; Krüger 1995a, b; Born 2000). Im Hinblick auf die Aushandlungen von Partnern darüber, wer die Erwerbsarbeit unterbricht oder reduziert, stellt Krüger (2001, S. 530f.) Folgendes fest: Als Folge der angesprochenen strukturellen Differenz in den Amortisierungschancen von Bildungsressourcen, setzt sich die Geschlechterspezifik von „Ressourcen-Verlustrisiken" kumulativ im Lebensverlauf fort. Das bedeutet, die strukturell angelegte geschlechterspezifische Einkommensdifferenz wirkt über das Argument fort: Wer weniger verdient, reduziert oder bleibt zu Hause bei den Kindern, denn anders geht es nicht.

In Bezug auf individuelles Handeln erwähnen Born/Krüger/Lorenz-Meyer (1996, S. 284ff.) die besondere Bedeutung der Widersprüchlichkeit zwischen Normalitätsunterstellungen in der weiblichen Normalbiographie und deren Verankerung in den lebenslaufrelevanten Institutionen einerseits, und den Orientierungen und Handlungsmustern von Frauen andererseits. Sie gehen davon aus, dass sich in den letzten Jahrzehnten der Widerspruch zwischen den erwerbsorientierten Handlungsmustern von Frauen und den institutionell verankerten Normalitätsunterstellungen zugespitzt hat. Denn für jüngere Generationen ist der Beruf und der Anspruch an die Vereinbarkeit von Beruf und Familie inzwischen ein Element ihrer Identität geworden. Wichtig für das Verständnis ökonomischen Handelns ist demnach auch der Blick auf Subjekte, deren biographische Entscheidungen, Lebenspläne und subjektive Relevanzmuster (vgl. Geissler 1998b, S. 155).

Born, Krüger und andere unterstreichen ferner die Bedeutung von Kontexten sowie die Überlagerung und Verknüpfung von kumulativ wirksamen unterschiedlichen Prozessen und Mechanismen bei (Erwerbs)Arbeitsformentscheidungen. Sie weisen außerdem auf eine Kluft zwischen kulturell und institutionell verankerten Normalitätsvorstellungen und individuellem Handeln hin. Interessant sind vor allem ihre Überlegungen darüber, inwiefern individuelle Ressourcen in Lebensverläufen verwertet werden können und in welcher Weise sie bei Arbeitsformentscheidungen überhaupt Relevanz gewinnen (vgl. Abschnitt 2.3.2).

Obwohl es auch in der klassischen Arbeitsmarkt-Geographie eine Lebenslaufforschung gibt (vgl. Fassmann/Meusburger 1997, S. 137ff.), bleibt diese auf die Darstellung von regionalen Unterschieden bei der Verteilung von Berufsverläufen reduziert. Die geographische Berufslaufbahnforschung fokussiert damit ausschließlich berufliche Karrieren und blendet die Bedeutung aller anderen Lebensbereiche für Erwerbsarbeitsformentscheidungen aus. Sie bietet deshalb nur insofern Anknüpfungspunkte als sie von der Prämisse ausgeht, „dass der räumliche Kontext auf das Timing und die Abfolge der beruflichen Etappen einen erheblichen Einfluss ausübt." (Fassmann/Meusburger 1997, S. 137). Außerdem indem sie darauf hinweist, dass räumliche Faktoren im Sinne von Distanzen, Infrastrukturausstattung, Zentralität und ökonomischer Strukturen bzw. lebensweltlicher Merkmale an unterschiedlichen Orten, bereits vor dem Eintritt in das Berufsleben aber auch im weiteren Verlauf bei Erwerbsentscheidungen eine Rolle spielen.

Gerade die Sozialisation an einem bestimmten Ort in einem konkreten Umfeld ist in dieser Hinsicht einflussreich. Da je nach Region nur eine bestimmte Auswahl an Ausbildungsmöglichkeiten mit unterschiedlicher Qualität zugänglich ist oder Menschen nur mit bestimmten (beruflichen) Vorbildern in Kontakt kommen, bestimmen räumliche Faktoren relativ früh in Lebensverläufen die Bandbreite der zur Verfügung stehenden Alternativen bei ökonomischen Entscheidungen. Die soziale Herkunft, sozusagen das kulturelle Kapital wirkt ergänzend, vermittelt über die Eltern, die ebenfalls in konkreten räumlichen Kontexten verortet sind und dementsprechend direkt oder indirekt Einfluss auf die frühen Erwerbsentscheidungen ihrer Kinder ausüben.

Der Wohnort bei der Geburt, während des Schulbesuchs und zum Zeitpunkt des Abiturs zusammen mit der Schichtzugehörigkeit der Eltern erlauben demnach Rückschlüsse auf das soziale und kulturelle Milieu, in dem Individuen ihre Sozialisation erfahren haben. Dazu kommen weitere „geographische Stationen" während des Lebensverlaufs, die wichtige Einflüsse räumlicher Kontexte auf Erwerbsentscheidungen rekonstruierbar machen (Fassmann/Meusburger 1997, S. 140).

Auch beim Knüpfen von persönlichen Kontakten und Netzwerken, die für Arbeitsformentscheidungen von Bedeutung sein können, spielen räumliche Kontexte eine Rolle. Es braucht dafür geeignete Orte, denn persönliche Kontakte und Netzwerke entstehen nicht überall.

Der jeweilige räumliche Kontext strukturiert demnach die bei Arbeitsformentscheidungen zur Auswahl stehenden Chancen und Möglichkeiten. Er kann allerdings auch klare Restriktionen vorgeben. Fassmann/Meusburger (1997, S. 139) bemerken, dass die Struktur des räumlichen Kontextes nicht deterministisch wirkt, sondern als „Angebot, das bei einzelnen Akteuren je nach Begabung, Motivation und Vorwissen zu einem unterschiedlichen Handeln führen kann."

Mit einer lebenslauftheoretischen Herangehensweise kann somit sowohl die Wirksamkeit von räumlichen Strukturen als auch die Wirksamkeit von anderen strukturellen Rahmenbedingungen und des Lebenslaufs selbst fokussiert werden, die geschlechterspezfisch ungleich wirken. Hervorgehoben wird hiermit die Wichtigkeit eines prozessualen und kontextuellen Blickes auf ökonomisches Handeln - nicht nur bezogen auf einzelne Lebensphasen, sondern vor allem auch im Hinblick auf die Aufschichtung im Lebensverlauf. Der in lebenslauftheoretischen Ansätzen meist benutzte Kohortenvergleich gibt grundlegende Hinweise auf Entwicklungstrends. Der Blick auf die Widersprüchlichkeiten zwischen Normvorstellungen, ihrer institutionellen Verankerung und individuellen Handlungsmustern erweitert das Verständnis des Zusammenhangs von Geschlecht und ökonomischem Handeln. Die Vielfalt und Heterogenität individuellen ökonomischen Handelns und vor allem das Wie der differenzierten Entwicklungen individueller (Erwerbs)Arbeitsformentscheidungen kann mit lebenslauftheoretischen Ansätzen jedoch nicht näher erklärt werden. Dazu fehlt die Konzeptionalisierung von Subjektpotentialen und der Blick auf soziale Konstruktionsprozesse von handelnden Akteuren in der Auseinandersetzung mit den angesprochenen Widersprüchlichkeiten der strukturellen Rahmenbedingungen.

2.3.5 Konzeptionelle Anforderungen: Eine Zusammenschau

Im Folgenden möchte ich die Anforderungen an meine eigenen theoretischen Überlegungen zur Untersuchung individueller ökonomischer Entscheidungsprozesse zusammenfassen, die aus der Diskussion der theoretischen Ansätze in Kapitel 2.3 deutlich wurden. Zur Erinnerung sei hier noch einmal die Fragestellung meiner Arbeit erwähnt: Mich interessiert, wie Menschen im Rahmen der Pluralisierung von (Erwerbs)Arbeitsformen ihr ökonomisches Handeln gestalten, wie sie sich für bestimmte Arbeitsformen entscheiden und welche Rolle hierbei räumliche Faktoren und Geschlecht spielen. Ich frage auch danach, wie Menschen das Arbeiten in unterschiedlichen Arbeitsformen subjektiv bewerten.

Wesentlich für die Eignung von Ansätzen für die Untersuchung dieser Fragestellung ist das hinter den Konzeptionen stehende Menschenbild. Ansätze, denen ein reduktionistisches Menschenbild zugrunde liegt, wie z.B. das des Homo oeconomicus, sind für die Untersuchung meiner Fragestellung ungeeignet. Dagegen bieten Ansätze, die Menschen als Ganzes innerhalb ihres gesamten Lebenszusammenhangs und in soziale Beziehungen eingebunden betrachten, damit aktiv und reflexiv handelnde Akteure in den Vordergrund stellen, für mein Vorhaben gute Ansatzpunkte. Nur so kann ökonomisches Handeln als sozial eingebunden und in seiner Verknüpfung mit Nicht-ökonomischem konzeptionalisiert werden.

Der Wahl von Arbeitsformen von Frauen (und Männern), so wurde im Abschnitt 2.3.1 herausgearbeitet, liegen bei weitem nicht generell zweckrationale, an individuellen Kosten-Nutzen-Kalkülen oder an einem spezifischen weiblichen Arbeitsvermögen orientierte Entscheidungen zugrunde. Ziele und Motivationen sind komplex und vielfältig. Auch symbolische und strategische Interessen, Werte und Normen spielen bei Arbeitsformentscheidungen eine wichtige Rolle. Welche Ziele und Motivationen für das individuelle ökonomische Handeln wichtig werden, ist von individuellen Orientierungen abhängig, die die Entscheidungen differenzieren. Es konnte gezeigt werden, dass sowohl biologistische oder sozialisatorische Zuschreibungen einer generellen Familienorientierung von Frauen, als auch Unterscheidungen von Lebensentwürfen von Frauen als entweder berufs- oder familienorientierte, zu kurz greifen. Vor allem qualitative Studien und das Konzept der doppelten und widersprüchlichen Vergesellschaftung zeigen die gleichzeitige Bedeutung einer Familien- und Erwerbsorientierung für das ökonomische Handeln von Frauen.

Im Kapitel 2.3.2 wurde die Bedeutung von unterschiedlichen Formen von ökonomischen, kulturellen, sozialen und Humanressourcen für die Bestimmung individueller Handlungsspielräume bei ökonomischen Entscheidungen beleuchtet. Wichtig sind einerseits der Hinweis, dass auch außerhalb des ökonomischen Bereichs erworbene Ressourcen für ökonomische Entscheidungen von Bedeutung sein können, und andererseits Erkenntnisse darüber, wie Ressourcen individuell angeeignet werden (vgl. auch Krüger in Abschnitt 2.3.4). Hierbei wurde vor allem die Notwendigkeit der kontextualisierten Betrachtung von individuellen Ressourcen betont. Um den Wert individueller Ressourcen in Entscheidungssituationen einschätzen zu können, ist die Berücksichtigung ihrer Einbettung in weitere strukturelle Rahmenbedingungen notwendig.

Die Vielfalt der möglicherweise bei individuellen Arbeitsformentscheidungen relevant werdenden strukturellen Rahmenbedingungen, ihre geschlechterspezifische Strukturierung und ihre Varianz auf unterschiedlichen räumlichen Ebenen wurde in Kapitel 2.3.3 vorgestellt. Wie verschiedene Untersuchungen zeigten, stehen Menschen den ökonomischen, sozialen, politisch-institutionellen sowie kulturellen Prozessen und Strukturen nicht passiv gegenüber, sondern sie interpretieren sie und setzen sich aktiv damit auseinander (siehe Abschnitt 2.3.4).

Meine theoretische Herangehensweise an ökonomische Entscheidungen muss demnach folgende Anforderungen erfüllen: Sie soll der Vielfalt und Komplexität von Zielen und Motiven gerecht werden und Prozesse der Entstehung von individuellen Orientierungen in Bezug auf Arbeit, Partnerschaft, Familie und andere Lebensbereiche in den Blick nehmen können. Der Ansatz soll erklärbar machen, wie Ressourcen individuell angeeignet werden und ob und in welcher Weise sie bei ökonomischen Entscheidungen relevant werden. Des Weiteren ist die Konzeptualisierung von individuellen Handlungsstrategien bzw. der Art und Weise des individuellen Umgangs mit unterschiedlichsten strukturellen Rahmenbedingungen notwendig.

Konzepte, wie das der alltäglichen Lebensführung sind hier weiterführend (vgl. Abschnitt 2.3.4). Es fokussiert den wechselseitigen und reflexiven Prozess, in dem sich Menschen mit gesellschaftlichen Anforderungen innerhalb von bestimmten strukturellen Rahmenbedingungen auseinandersetzen und betrachtet damit subjektive Verarbeitungs- und Handlungsstrategien. Wie bereits erwähnt, bleibt bei diesem Ansatz jedoch offen, warum Menschen sich für eine Arbeitsform und gegen eine andere entscheiden. Es bedarf demnach einer Konzeption, die auch die Dynamik von Handlungen und Entscheidungsprozessen in der Komplexität des gesamten Lebenszusammenhangs und in ihrer Eingebundenheit in strukturelle Rahmenbedingungen einbezieht. Lebenslauftheoretische Ansätze weisen hierbei auf die Bedeutung von lebenslaufimmanenten Entwicklungen hin (vgl. Abschnitt 2.3.4). Allerdings fehlt eine weitergehende Konzeptionalisierung von Subjektpotentialen und der Blick auf soziale Konstruktionsprozesse von handelnden Akteuren in der Auseinandersetzung mit den angesprochenen strukturellen Rahmenbedingungen. Im Rahmen meiner Fragestellung ist demnach eine konzeptionelle Perspektive erforderlich, die das Wie der subjektiven Verarbeitung von sozialen Anforderungen und strukturellen Rahmenbedingungen in ihrer Sequenzialität thematisiert. Darüber hinaus soll sie subjektives Handeln und Handlungsorientierungen in deren sozialer Konstruiertheit und Kontextgebundenheit sichtbar machen können.

Die Rolle von räumlichen Aspekten bei Arbeitsformentscheidungen, die mich im Rahmen dieser Untersuchung besonders interessiert, stellt keiner der bisher dargestellten Ansätze ins Zentrum der Betrachtung. Räumliche Aspekte, so wurde jedoch an einigen Stellen des theoretischen Überblicks deutlich, können in unterschiedlicher Form und auf unterschiedlichen Maßstabsebenen bei Arbeitsformenentscheidungen relevant sein. Einerseits spielen physisch-materielle Faktoren eine Rolle, wenn es um individuelle Ressourcen geht (z.B. die Möglichkeit der Mobilität, Eigentum). Darüber hinaus strukturiert der jeweilige räumliche Kontext die bei Arbeitsformentscheidungen zur Auswahl stehenden Möglichkeiten. Er kann jedoch auch restriktiv wirken. Angesprochen sind damit zum Beispiel die räumlich unterschiedliche Ausstattung mit Kinderbetreuungseinrichtungen, Arbeitplätzen oder die räumlich differenzierten Auswirkungen von branchenspezifischen oder betrieblichen Umstrukturierungsprozessen auf Arbeitskräfte. Wichtig ist hierbei, dass soziale, ökonomische, kulturelle und politisch-institutionelle Prozesse auf verschiedenen Maßstabsebenen unterschiedlich sowie durchaus auch ungleichzeitig und widersprüchlich ablaufen können[34]. Bei der kontextualisierten Betrachtung von Entscheidungsprozessen sollte dies beachtet werden.

Auf der anderen Seite werden räumliche Aspekte im Sinne von individuellen und gesellschaftlichen Raumkonstruktionen auch auf einer normativen Ebene relevant: Denn mit Vorstellungen über die richtige Kinderbetreuung, Mütterlichkeit oder Väterlichkeit sowie Erwerbsarbeit und Hausarbeit sind immer auch Raumvorstellungen verbunden, die kulturell und zum Teil auch institutionell verankert sind (vgl. Scheller 1997; Ahrentzen 1997; Domosh/Seager 2001).

Häufig sind mit ökonomischen Entscheidungen auch bestimmte räumliche Mobilitätsanforderungen verbunden. Autoren wie Ulrich Beck (1999) gehen im Zuge des Wandels der Arbeitswelt sogar von verstärkten Anforderungen an die räumliche Mobilität von arbeitenden Menschen aus.

Damit steht eine vierte Ebene in Verbindung, auf der räumliche Aspekte eine Rolle spielen können: nämlich die der subjektiven Raumerfahrungen, der Raumwahrnehmung und der räumlichen Identität (vgl. McDowell 1999; Weichhart 1990; Reinhardt 1999).

Aus meinem Interesse an diesen Aspekten ergibt sich die Anforderung, einen theoretischen Ansatz zu finden, der es ermöglicht die Bedeutung räumlicher Aspekte bei individuellen Arbeitsformentscheidungen zu rekonstruieren. Wichtig ist ein Fokus auf subjektive Wahrnehmungen, individuelle Interpretationen sowie Bedeutungszuschreibungsprozesse an physisch-materielle Ressourcen, räumliche Rahmenbedingungen und Orte (vgl. Werlen 1995, 1997, 2000; Dangschat 1996; Löw 2001).

Im Hinblick auf die Konzeptionalisierung der Bedeutung von Geschlecht(er)-Differenzen bei Arbeitsformentscheidungen hat sich im Laufe der obigen Diskussion gezeigt, dass Geschlecht bei allen der dargestellten Komponenten

34 Die Bedeutung von „scale“ wird derzeit in der Geographie breit diskutiert, siehe z.B. Peck (2002).

des Entscheidungsprozesses eine Rolle spielen (kann). Ich beziehe mich auf Ansätze, die Geschlecht in seiner sozialen Konstruiertheit betrachten. Zweigeschlechtlichkeit existiert demnach nicht ‚natürlich', sondern wird in komplexen sozialen Prozessen auf unterschiedlichen Ebenen immer wieder hergestellt (vgl. Gildenmeister/Wetterer 1992; Heintz 1993). So werden Geschlechter-Konstruktionen zum Beispiel auf der Ebene von alltäglichen Interaktionen, in Diskursen, subjektiven Identitätskonstruktionen, institutionalisiert in Berufen, Arbeitsmarktstrukturen, Lebensläufen, Gesetzen und auf der symbolisch-kulturellen Ebene in Form von Leitbildern und Normen relevant. Feministische geographische Arbeiten haben auf vielfältige Zusammenhänge zwischen Gender und räumlichen Aspekten hingewiesen (z.B. Massey 1994; Domosh/Seager 2001).

Gudrun-Axeli Knapp (2002, S. 22) schlägt vor, analytisch zwischen Geschlechterdifferenz als Identitäts- und Sozialisationskategorie (Fremd- und Selbstzuschreibung von Männlichkeit und Weiblichkeit), Geschlechterbeziehungen als Subjektkategorie, Geschlechterverhältnisse als Strukturkategorie und Geschlechterordnung als normative Kategorie zu differenzieren[35]. Diese Ebenen stehen in enger Relation zueinander und beeinflussen sich gegenseitig. Geschlecht ist somit als integraler Bestandteil sozialen Handelns und damit auch ökonomischen Handelns begreiflich. Ob und wie Geschlecht jedoch bei spezifischen Entscheidungen relevant wird, hängt vom konkreten Kontext von Entscheidungsprozessen ab, denn Geschlechter-Konstruktionen bedeuten nicht in allen Kontexten das Gleiche und sind auch nicht in allen Kontexten gleich wichtig (Wetterer 2002, S. 208).

Eine weitere Anforderung an meine konzeptionelle Herangehensweise an Arbeitsformentscheidungen lautet folglich: Geschlecht(er)-Differenzen sollen theoretisch nicht als gegeben vorausgesetzt und damit Erklärungen hergeleitet, sondern Geschlecht soll in seiner sozialen Konstruiertheit konzeptionalisiert werden. Daraus entsteht die Notwendigkeit, Geschlechterkonstruktionen zu rekonstruieren, und zu fragen, ob und in welcher Weise diese im ökonomischen Handeln von Menschen eine Rolle spielen. Hierbei ist es wichtig, individuelle, strukturelle und kulturelle Dimensionen zu unterscheiden, in denen Geschlechterkonstruktionen möglicherweise in unterschiedlicher Art und Weise und ungleichzeitig relevant werden (vgl. Krüger 2002).

---

35 Knapp (2002, S. 22) verwendet die Begriffe ‚Geschlechterordnung' und ‚Geschlechterverhältnisse' damit anders als Pfau-Effinger (2000a, S. 68ff.) (siehe Kapitel 2.3.3.2).

Zur Rekonstruktion individueller ökonomischer Entscheidungsprozesse von Menschen bedarf es demnach einer Perspektive, die sowohl Erwerbsarbeit als auch andere Lebensbereiche und Tätigkeiten gleichermaßen thematisiert und untersucht, wie Menschen diese Bereiche wahrnehmen und deuten, aber auch wie sie diese aktiv ausgestalten und zueinander in Beziehung setzen, sozusagen in ihrem konkreten Handeln kombinieren. Die Perspektive soll darüber hinaus eine Kontextualisierung der individuellen Entscheidungen in breiter Hinsicht ermöglichen, also die individuellen und strukturellen Rahmenbedingungen in ihrem Wechselverhältnis fokussieren. Der Heterogenität von Menschen und ihren Lebenssituationen soll breiter Raum eingeräumt werden.

2.4 Das Konzept Biographie zur geographischen Analyse von Arbeitsformentscheidungen

Insbesondere Untersuchungen aus der Biographieforschung, die sich mit dem Thema Arbeit befassen, bieten interessante Anknüpfungspunkte für meine theoretische Herangehensweise an die Wahl von Arbeitsformen. Unter Biographieforschung werden eine Fülle von sehr unterschiedlichen Forschungsansätzen zusammengefasst (vgl. Fischer/Kohli 1987; Fischer-Rosenthal 1990). Ich beziehe mich im Folgenden auf Ansätze einer sozialkonstruktivistisch orientierten Biographieforschung, die nicht nur Wissens- und Sinnstrukturen betrachten, sondern ebenso am praktischen Handeln von Menschen im Alltag und im Lebensverlauf ansetzen (vgl. Dausien 1996, 2001; Alheit 1992; Fischer-Rosenthal/Rosenthal 1997a, b; Rosenthal 1995).

Im Unterschied zur Lebenslaufforschung geht es bei der Biographieforschung nicht um die Erfassung von Lebensläufen, oder wie es Monika Ludwig (1995, S. 179) ausdrückt, von „objektiven Ereignisgeschichten“. Denn die Biographieforschung fokussiert auf die „subjektiv gedeutete Lebensgeschichte“ und Lebensorientierungen (Ludwig 1995, S. 179). Im Mittelpunkt des Interesses steht darum, wie Menschen in ihren biographischen Konstruktionen ihrem individuellen Handeln Sinn und Relevanz geben und in welchen Bezug zur Gesellschaft sie ihr Handeln setzen, das heißt in welchen Kontext sie es stellen. Es wird davon ausgegangen, dass Biographie eine aktive Konstruktionsleistung von Individuen ist (Fischer/Kohli 1987). Indem Menschen die Vergangenheit (re)interpretieren und Gegenwärtiges mit Vergangenem und Zukünftigem verknüpfen, konstruieren sie ihre Perspektiven. Biographie steht insofern für „Sequenzialisierung“ (Periodisierung) einzelner Handlungen und Erlebnisse, für das ‚richtige‘ Einordnen von Ereignissen und Erlebnissen im Lebensverlauf (Alheit 1985, S. 138f.). Zeitlich spricht Biographie damit einen weiteren Horizont an, den der Lebenszeit, wobei die alltagszeitliche Perspektive jedoch ebenfalls eine Rolle spielt.

Biographie und Alltag stehen zeitlich quer zueinander und sind als komplementäre Konzepte zu sehen (Alheit 1985; Kudera 2000; Voges 1987). Zum einen, da biographische Entwürfe im alltäglichen Handeln umgesetzt und entfaltet werden. Zum anderen muss alltägliches Handeln, der ‚Alltagstrott', durch den biographischen Horizont mit Sinn und lebensweltlicher Perspektive versehen werden. Biographisches Handeln bedeutet für die Individuen, dass sich ihr Blick von unmittelbaren Handlungszwängen löst, sie einen Perspektivwechsel vornehmen, von der alltäglichen Zeit auf die Lebenszeit.

Birgit Geissler und Mechthild Oechsle (1990) betonen, dass Individuen komplexe Handlungskompetenzen besitzen, sich selbst durch das eigene Leben zu bewegen und verschiedene Lebensbereiche durch eigene Strukturierungsleistungen zu vermitteln und aufeinander zu beziehen. Sie sprechen hierbei von einer Fähigkeit der „biographischen Selbststeuerung". Menschen ‚erarbeiten' ihre Biographie in Beziehung zu anderen Menschen und in Auseinandersetzung mit strukturellen Rahmenbedingungen, eigenen Interessen und Möglichkeiten (Dausien 1992, 1996). Biographische Konstruktionen sind immer geschlechtsgebunden, aber nicht geschlechtstypisch (vgl. Dausien 1996). Biographie bezeichnet somit soziale Konstruktionen im Spannungsfeld von Struktur und Handeln, die, bezogen auf die Bedingungen ihrer Herausbildung und in ihren konkreten Formen, an einen je spezifischen historisch-gesellschaftlichen und räumlichen Kontext gebunden sind (vgl. Fischer/Kohli 1987).

Bezogen auf mein Interesse an der Wahl von Arbeitsformen erlaubt das Konzept Biographie demnach, auf subjektive (Be)Deutungen und Interpretationen von Arbeit und Arbeitsformen zu fokussieren. Ebenso können damit konkretes Handeln von Menschen im gesamten Alltags- und Lebenszusammenhang sowie individuelle Entscheidungsprozesse in ihrer sozialen, räumlichen und strukturellen Einbettung rekonstruiert werden. Das theoretische Konzept der Biographie ist somit eine Möglichkeit, den in Kapitel 2.3.5 zusammengefassten komplexen Anforderungen gerecht zu werden.

Wie man sich die Herstellung des Konstrukts Biographie im Handeln von Menschen vorstellen kann und wie sich das Konzept Biographie auf die Betrachtung der Wahl von Arbeitsformen übertragen lässt, möchte ich im Folgenden genauer darstellen.

2.4.1 Die Wahl von Arbeitsformen als Ergebnis eines biographischen Prozesses

Ich gehe davon aus, dass die Art und Weise, wie Menschen tätig werden, als aktive biographische Leistung gesehen werden kann. Die Art, die Form und der Umfang der aktuellen Arbeitsform eines Menschen kann so als sichtbares Ergebnis eines in spezifische Kontexte eingebundenen und in einer charakteristischen Geschichte situierten biographischen Prozesses interpretiert werden. Im Verlauf von biographischen Prozessen erhalten Arbeitsformen erst ihre je spezifische subjektive Bedeutung.

Hinter dieser Annahme steht zum einen die Erkenntnis, dass Arbeit, sowohl im Sinne von Erwerbsarbeit als auch anderen Formen von Arbeit, eine zentrale Bedeutung für Biographien von Individuen hat (Alheit/Dausien 1985, 1990; Dausien 1996). Peter Alheit und Bettina Dausien (1985, S. 258ff.) betonen, dass nicht die Arbeit ‚an sich', das heißt die konkrete Arbeitssituation, das Wesentliche ist, was Arbeit zur zentralen Kategorie biographischer Konstruktionen macht, sondern entscheidend und damit Bedeutung konstituierend ist die individuelle Auseinandersetzung mit dem eigenen Arbeiten, die zugleich Arbeit an der eigenen Identität ist (vgl. Dausien 1996, S. 75). Das bedeutet, dass der Bezug auf Arbeit ein wesentliches Element bei biographischen Thematisierungen von Menschen ist.

Zum anderen stützen sich meine Annahmen darauf, dass biographisches Handeln in bestimmten Lebenssituationen besonders relevant wird, wobei gerade mit diesen Situationen oftmals Entscheidungsprozesse über das eigene ökonomische Handeln einhergehen. Es können mannigfache Ereignisse unterschieden werden, aufgrund derer Menschen sich und ihr bisheriges Leben verstärkt in Beziehung zur Gesellschaft, ihrem Lebensumfeld und dessen Rahmenbedingungen setzen müssen, die also zu biographischen Thematisierungen führen (Hoerning 1987). Unter Umständen können solche Ereignisse sogar zu Wendepunkten im Leben werden. Als besonders relevant gelten so genannte Statuspassagen: Übergänge von einer Lebensphase in eine andere, wie z.B. der Eintritt in das Berufsleben nach der Ausbildung, der Renteneintritt oder eine Mutterschaft bzw. Vaterschaft. Diese Übergänge sind in gewisser Weise institutionalisiert, sozusagen im Verlauf des Lebens „erwartbar". Für sie gibt es so etwas wie normative Verlaufsmuster. Daneben können auch andere besondere Erfahrungen, Veränderungen und Brüche im Leben, wie Arbeitsstellenwechsel, schwere Krankheiten oder wirtschaftliche Krisen, Ereignisse darstellen, die zu biographischen Thematisierungen führen (Hoerning 1987, S. 241ff.).

Um erklären zu können, warum Menschen sich im Rahmen von biographischen Prozessen für eine bestimmte Arbeitsform entscheiden, ist das Verständnis von Herstellungsprozessen biographischer Konstruktionen unerlässlich. Diese sind, wie Bettina Dausien (1999, S. 238) erklärt, äußerst komplex:

> „Eine Biographie wird (...) hergestellt, durch abstrakte und konkrete gesellschaftliche Vor-Bilder; durch Erwartungen aus dem sozialen Nahbereich und institutionalisierte Erwartungsfahrpläne, die sozial und kulturell erheblich variieren; durch strukturelle „Weichenstellungen“, die sich als konkrete materielle, rechtliche und soziale Restriktionen des individuellen Handlungsspielraums rekonstruieren lassen; schließlich durch die reflexive Leistung der Subjekte selbst, ohne deren biographische Arbeit weder soziales Handeln denkbar wäre, noch soziale Strukturen reproduziert werden könnten. Auf allen Ebenen spielt die Positionierung im Geschlechterverhältnis eine Rolle.“

Dausien hebt damit die Bedeutung von strukturellen Rahmenbedingungen, gesellschaftlichen Erwartungen sowie den Einfluss der sozialen Eingebundenheit als Gelegenheitsstrukturen oder Restriktionen des biographischen Handelns hervor. Desgleichen unterstreicht sie die Bedeutung von individuellen Prozessen der aktiven Auseinandersetzung und Verarbeitung von Erfahrungen, Erwartungen und Strukturen. Dies bezeichnet sie mit dem Begriff „biographische Arbeit“ (vgl. auch Fischer-Rosenthal 1999). Die biographische Perspektive erweitert somit das Konzept der sozialen und strukturellen Eingebundenheit von ökonomischem Handeln um den Aspekt der biographischen Einbettung (vgl. Kontos 2000).

2.4.2 Auseinandersetzung mit strukturellen Rahmenbedingungen und biographischen Ressourcen

Menschen sind bei der Herstellung ihrer Biographien immer in konkrete Kontexte eingebunden: Ihre Handlungen erfolgen vor dem Hintergrund bestimmter Anforderungen und Bedingungen in einem räumlich, zeitlich, sozial, ökonomisch und kulturell strukturierten Rahmen, der ihnen Möglichkeiten eröffnet, sie aber auch einschränkt (Alheit 1992; Dausien 1996; auch Giddens 1988a). Wie die theoretische Diskussion in Kapitel 2.3 gezeigt hat, stecken nicht nur verschiedene strukturelle Rahmenbedingungen auf einer Makroebene, wie zum Beispiel die regionale Branchenstruktur, der lokale Arbeitsmarkt oder gesetzliche Regelungen sowie geschlechtsspezifische Rollenbilder die Handlungsspielräume für individuelles ökonomisches Handeln ab. Auch auf der Mikroebene des Individuums definieren individuelle

Handlungsressourcen die individuellen Handlungsmöglichkeiten. Zu nennen sind hier beispielsweise bisherige Arbeitserfahrungen, der Zugang zu finanziellen Ressourcen oder die Möglichkeit des Rückgriffs auf soziale Netzwerke. Geschlecht durchzieht hierbei als eine zentrale Strukturkategorie der gesellschaftlichen Wirklichkeit - neben sozialem Status, Alter oder Ethnizität - alle strukturellen Rahmenbedingungen (Dausien 1996, S. 579ff.). Das heißt, in die genannten Mikro- und Makrostrukturen sind, wie im Kapitel 2.3 dargestellt, auf unterschiedliche Weise geschlechtspezifische Aspekte eingeschrieben. Als Beispiele können hier geschlechtsspezifische Strukturen des Arbeitsmarktes oder Vorstellungen über das Erwerbsarbeiten von Vätern oder Müttern dienen. Strukturelle Rahmenbedingungen erlangen jedoch erst im Prozess der individuellen Auseinandersetzung und Aneignung, also vermittelt über die subjektive Wahrnehmung und Interpretation, Bedeutung.

In der Biographieforschung wird in diesem Zusammenhang auf die Bedeutung von biographischen Erfahrungen und das darauf aufbauende Wissen als biographische Ressourcen verwiesen (Hoerning 1989). Geschlechts-, alters- und klassenspezifische Lebenssituationen generieren bestimmte Erfahrungen, individuelle Orientierungen und Deutungssysteme, die dann spezifische biographische Ressourcen darstellen. Biographische Erfahrungen haben einen doppelten Charakter. Sie können einerseits direkt Handlungsressourcen für Entscheidungen sein, andererseits als Ressourcen wirken, die gesellschaftliches Ansehen und Anerkennung steigern (Hoerning 1989, S. 148). Wichtig ist, dass die Wirkung biographischer Ressourcen ambivalent und uneindeutig ist. Denn nicht jede Erfahrung wird individuell gleich interpretiert und ist gleichermaßen gesellschaftlich verwertbar (vgl. Hoerning 1989, S. 155). Bedeutend ist darüber hinaus der Aspekt der Selbstreflexivität von biographischen Ressourcen. Erfahrungen wirken für Individuen sozialisierend (vgl. Kontos 2000, S. 49).

Da Menschen ihre Erfahrungen nur in sozialen Räumen und an Orten machen, die ihnen zugänglich sind und nur in Situationen, die sie tatsächlich erleben, sind die Möglichkeiten Erfahrungen zu machen, individuell unterschiedlich und abhängig von sozio-historischen und räumlichen Bedingungen (vgl. Alheit/Hoerning 1989, S. 12f.). Geographische Kontexte, soziale Herkunft, Schulbildung, berufliche Ausbildung, Familienstatus und Geschlecht sowie andere makro- und mikrostrukturelle Rahmenbedingungen wirken auch in diesem Zusammenhang nicht als objektive Variablen, die Handeln in der einen oder anderen Weise beeinflussen. Wirksam werden sie nur in der Weise, wie sich Frauen und Männer „mit ihren Erfahrungen, Ansprüchen und Ressourcen auf die ungleich verteilten Optionen und Handlungsspielräume im Lebensverlauf beziehen.“ (Heinz 2000, S. 166).

Biographische Erfahrungen sind so immer auch durch die eigene Positionierung im gesellschaftlichen Geschlechterverhältnis gekennzeichnet (Dausien 1998, S. 267). In einer zweigeschlechtlich strukturierten Gesellschaft wie der deutschen müssen Menschen sich geschlechtlich positionieren, das bedeutet, sie konstruieren sich selbst in ihren Biographien als „weibliche" oder „männliche" Menschen (vgl. auch Dausien 1996, S. 579ff., 2000). Wie ich in Kapitel 2.3.4 in Bezug auf die geographische Lebenslaufforschung schon dargestellt habe, eröffnen regional unterschiedliche Strukturen, unterschiedliche kulturelle Traditionen und Erfahrungen an unterschiedlichen Orten unterschiedliche Entwicklungsperspektiven für Individuen (vgl. Bertram/Henning 1996; Bertram/Bayer/Bauereiß 1993; Böckmann-Schewe/Kulke/Röhrig 1994). Anknüpfend an Benno Werlen (1997) kann davon ausgegangen werden, dass ungleiche geographische Kontexte bei Arbeitsformentscheidungen nur in ihrer subjektiv interpretierten Weise relevant werden, indem im konkreten Handeln darauf Bezug genommen wird.

Bei aktuellen ökonomischen Entscheidungen greifen Menschen im Rahmen von biographischen Prozessen auf ihre bisherigen Erfahrungen, individuellen Orientierungen und Deutungssysteme zurück. Es ist eine Eigenart biographischer Erfahrungsaufschichtung, dass große Teile der Erfahrungen, die in konkreten Situationen gemacht und biographisch organisiert werden, zum „biographischen Hintergrundwissen" (Alheit 1992, S. 31) absinken. Das heißt, sie kommen im praktischen Handeln zum Tragen, ohne jeweils reflektiert zu werden oder auch nur zugänglich zu sein. Ein Teil der potentiellen Handlungsmöglichkeiten und Orientierungen besteht folglich nur als intuitives Wissen. Das biographische Hintergrundwissen beinhaltet unter Umständen auch solche Erfahrungen, die nicht zur Biographie passen, die widersprüchlich oder widerständig sind, in bestimmten Lebenssituationen keinen Sinn geben oder die Aspekte „ungelebten Lebens" (Alheit 1996; Zacher 1984) beinhalten (im Sinne von nicht realisierten oder versperrten Handlungsmöglichkeiten und ungeplanten Ereignissen, wie zum Beispiel eine nicht realisierte Existenzgründung oder eine ungewollte Schwangerschaft). Gerade solche Erfahrungen stellen „latente Potentiale" (Apitzsch 1996, S. 137) für Veränderung und Erweiterung der individuellen Handlungsmöglichkeiten dar, indem zu einem anderen Zeitpunkt auf sie zurückgriffen werden kann. Wenn Menschen sich in biographischen Prozessen auf ihr Hintergrundwissen beziehen, verknüpfen sie es selektiv mit aktuellen Anforderungen und Erfahrungen (Alheit 1992). Mit der biographischen Perspektive wird nicht nur betrachtet, wie Ressourcen individuell angeeignet werden, sondern auch wie und ob sie bei aktuellen Arbeitsformentscheidungen relevant werden. Die Rekonstruktion biographischer Erfahrungen kann daher verständlich machen, warum Menschen manchmal ihre potentiell vorhandenen Ressourcen in Entscheidungssituationen nicht nutzen können.

2.4.3 Handlungsleitende Orientierungen in biographischen Prozessen

Birgit Geissler und Mechthild Oechsle (1996) weisen in diesem Zusammenhang unter anderem auf den Einfluss der subjektiven Bedeutung von unterschiedlichen Lebensbereichen im Leben eines Menschen hin und fokussieren so auf die Bedeutung von Erwerbsorientierung, Familienorientierung oder Partnerorientierung für biographisches Handeln. Die subjektive Relevanz von Erwerbsarbeit, Partnerbeziehung oder Familie kann jeweils sehr unterschiedlich sein. Es gibt also nicht die eine Familien- oder Erwerbsorientierung von Frauen, sondern eine Vielzahl von unterschiedlichen Familien-, Erwerbs- und anderen Orientierungen, die jeweils unterschiedliche Erwerbsentscheidungen zur Folge haben (vgl. Kapitel 2.3.1). Geissler und Oechlse erweitern damit das Verständnis für die Vielfältigkeit von Lebensplanungen von Frauen (und Männern), die Heterogenität von individuellen Einstellungen und Orientierungen in Bezug auf die Gestaltung und Kombination von unterschiedlichen Lebensbereichen und deren Zusammenhang mit individuellen Arbeitsformentscheidungen.

Die Herausbildung differenzierter handlungsleitender Orientierungen sehen sie als „Ergebnis eines längeren biographischen Prozesses, (...) der durch das Zusammenspiel von Kontextbedingungen und biographischem Handeln bestimmt ist.“ (Oechsle 1995, S. 20f.) Birgit Geissler und Mechthild Oechsle (1996, S. 55) gehen davon aus, dass Frauen (und Männer) mittels aktiver Konstruktion von handlungsleitenden Orientierungen individuelle Handlungsbezüge zu gesellschaftlichen Anforderungen und strukturellen Kontextbedingungen herstellen. Sie heben die Wichtigkeit der kategorialen Ausdifferenzierung verschiedener Handlungsorientierungen in Bezug auf unterschiedliche Lebensbereiche hervor (Geissler/Oechsle 1996, S. 49).

So betonen sie, angesichts der Vielfalt von Lebensformen in unserer Gesellschaft, die Notwendigkeit der Differenzierung von Partnerorientierungen und Familienorientierungen (Geissler/Oechsle 1996, S. 63ff.). Während mit der Familienorientierung die subjektive Bedeutung eines Kinderwunsches, der Sinn von Kindern, die Einstellungen zu Erziehung sowie der Umgang mit Kindern, die subjektive Relevanz von Hausarbeit und die Vorstellungen über Familienleben angesprochen sind, ist mit Partnerorientierung das Verhältnis von Individuen zu Liebe und die Bedeutung, die Partnerschaft und Ehe in ihrem Leben haben, gemeint.

In der Erwerbsarbeitsorientierung drückt sich die subjektive Relevanz der Erwerbsarbeit für ein Individuum aus (Geissler/Oechsle 1996, S. 60). Damit geht es einerseits darum, welche Interessen und Bedürfnisse mit Erwerbsarbeit verbunden sind und andererseits darum, inwieweit Erwerbsarbeit handlungsleitende Macht für konkrete alltägliche Entscheidungen sowie für zukunftsbezogenes biographisches Handeln in diesem Bereich besitzt. Hervorgehoben werden so folgende Aspekte, die bei Erwerbsentscheidungen von Frauen (und Männern) eine Rolle spielen können: die identitätsstiftende und alltagsstrukturierende Funktion von Erwerbsarbeit, die Bedeutung von sozialer Anerkennung und von Kontakten durch Erwerbsarbeit sowie die subjektive Einschätzung der Notwendigkeit der eigenen Existenzsicherung durch Erwerbsarbeit. Wichtig ist, dass Erwerbsarbeit für verschiedene Frauen (und Männer) ganz Unterschiedliches bedeuten kann. Denn sie gewichten und beziehen die verschiedenen Dimensionen von Erwerbsarbeit jeweils in spezifischer Weise aufeinander (Geissler/Oechsle 1996, S. 62). Mechthild Oechsle (1995) betont, dass die Phase der ersten Berufstätigkeit vor der Familiengründung für Frauen eine besondere Bedeutung hinsichtlich der Reflexion über das Verhältnis von Beruf und Familie, die geschlechtsspezifische Arbeitsteilung und den eigenen Bezug zu Erwerbsarbeit haben.

> „Erwerbsarbeit gewinnt ihre alltägliche wie biographische Bedeutung also nicht nur im Kontext der Anforderungen des Berufs, sie wird ganz wesentlich bestimmt durch die Selbstdefinition als Frau, von der Verortung im Geschlechterverhältnis (Braemer/Oechsle 1993), von der Bedeutung der Lebensbereiche Beziehung und Familie sowie von der Einschätzung der eigenen Handlungsmöglichkeiten." (Oechsle 1995, S. 20f.)

Mit ihrem soziologischen Blick blenden Birgit Geissler und Mechthild Oechlse bei ihrer Konzeption leider aus, dass aufgrund der gesellschaftlichen und zum Teil institutionell verankerten räumlichen Trennung gesellschaftlicher Sphären und deren enge Verknüpfung mit Geschlechterkonstruktionen mit dem subjektiven Bezug auf Erwerbsarbeit, Hausarbeit, Familie und Partnerschaft auch immer Auseinandersetzungen mit verschiedenen räumlichen Vorstellungen verbunden sind (vgl. Ahrentzen 1997; Domosh/Seager 2001). Denn zum einen ist die ideologische Gegenüberstellung von ‚privaten Räumen der Reproduktion' und ‚öffentlichen Räumen der Politik und Erwerbsarbeit' mit der gesellschaftlichen Konstruktion dieser Orte als ‚weibliche' bzw. ‚männliche' verbunden. Räumen werden somit nicht nur bestimmte Funktionen zugewiesen, sondern an Räume knüpfen sich auch bestimmte Handlungs- und Verhaltenserwartungen, mit denen sich Frauen und Männer in ihrem Handeln auseinandersetzen müssen (vgl. Scheller 1997, S. 86ff.). Zum anderen sind, wie an anderer Stelle schon erwähnt, auch mit gesellschaftlichen Vorstellungen über die richtige Kinderbetreuung, Mütterlichkeit oder Väterlichkeit sowie Partnerschaften Raumvorstellungen verbunden. Subjektive Raumkonstruktionen spielen demnach, so meine Annahme, eine nicht zu unterschätzende Rolle im ökonomischen Handeln von Frauen und Männern (vgl. Löw 2001). In diesem Zusammenhang verweist auch Barbara Keddi (2003, S. 81) auf die Bedeutung der Ausbildung von individuellen Ortsbindungen und raumbezogener Identität als wichtige Aspekte biographischen Handelns. Da Arbeitsformentscheidungen neben der Auseinandersetzung mit individuellen und gesellschaftlichen Raumkonstruktionen in vielen Fällen auch mit Entscheidungen über die eigene räumliche Mobilität verbunden sind, erscheint es mir in Bezug auf die Untersuchung ökonomischer Entscheidungen sinnvoll, ergänzend zu Erwerbs-, Familien- und Partnerorientierungen auch Raumorientierungen zu differenzieren.

Handlungsleitende Orientierungen sind nicht statisch zu denken, sondern können sich während des Lebensverlaufs und je nach Kontext verändern. Auslöser solcher Veränderungen sind meist Statuspassagen und biographische Ereignisse (vgl. Oechsle 1995; Geissler 1998a; Geissler/Oechsle 1996; auch Crompton/Harris 1999). Die verschiedenen handlungsleitenden Orientierungen stehen in einer komplexen Wechselbeziehung zueinander. So verlaufen zum Beispiel die Partnerbeziehung und Entscheidungen darüber, ob und wann eine Familie gegründet wird, welche Lebensform gewählt wird, parallel zu Entscheidungen darüber, ob, wie viel und wie jemand erwerbstätig wird. Die Wahl von Erwerbsformen wie z.B. eine Vollzeiterwerbstätigkeit, eine Teilzeitarbeit, eine berufliche Selbstständigkeit, aber auch eine Erwerbsunterbrechung oder die Wahl der Arbeitsform ‚ganztags Hausfrau und Mutter' kann aus dieser Perspektive als eine aktive Leistung von Individuen gesehen werden, mit denen sie für sich biographische Kontinuität herstellen. Die jeweiligen Arbeitsformen sind dann „als an die jeweilige Lebensphase angepasste Erwerbsformen zu verstehen." (Geissler 1998b, S. 147).

Diese Perspektive, die den subjektiven Bezug zu Arbeit und Arbeitsformen in den Vordergrund stellt, macht es erforderlich, auch die Kriterien zur Unterscheidung von Arbeitsformen zu überdenken. Die in arbeitsmarktpolitischen Debatten verwendeten formalen Kriterien zur Unterscheidung von Arbeitsformen (siehe Kapitel 2.1) greifen für eine biographietheoretische Betrachtung von Arbeitsformentscheidungen zu kurz. Die Differenzierung von Arbeitsformen muss sich vielmehr daran orientieren, welche Dimensionen von (Erwerbs)Arbeitsformen für Individuen handlungsrelevant werden, welche Bedeutung Arbeit für sie hat. Sicherlich können auch aus der subjektiven Perspektive eher formale Kriterien relevant für die Entscheidung für eine Arbeitsform sein, wie die Höhe des Einkommens, die Sicherheit des Arbeitsplatzes, die Legalität der Arbeit, die sozialrechtliche Absicherung, der Arbeitsort oder die Arbeitszeit. Doch diese Dimensionen von Arbeitsformen sind um Kriterien zu ergänzen, die den sinnhaften Bezug berücksichtigen, den Individuen zu ihrem ökonomischen Handeln herstellen. Wichtige Dimensionen von Arbeitsformen sind hierbei:

- inhaltliche Aspekte der konkreten Arbeit, wie zum Beispiel berufliche Inhalte, die Qualität und das Anspruchsniveau der Arbeit;
- symbolische Aspekte von Arbeit bzw. Arbeitsorten, wie die soziale Anerkennung oder das Prestige, die mit einer Arbeit oder einem Arbeitsort verbunden sind;
- die in der Organisationsform der Arbeit verankerte Möglichkeit zur Autonomie, Selbstverwirklichung und Selbstbestimmung und
- soziale Aspekte wie die Möglichkeit zur Kommunikation und zu sozialen Kontakten.

Die Differenzierung dieser Dimensionen ist insbesondere für die empirische Betrachtung von ökonomischen Entscheidungsprozessen wichtig (vgl. Kapitel 4.2).

Mit der Konzeption der Herausbildung von individuellen Orientierungen in der aktiven Auseinandersetzung mit Kontextbedingungen, eröffnet die biographietheoretische Perspektive die Möglichkeit, das Wie des Einflusses von strukturellen Rahmenbedingungen auf Präferenzbildungsprozesse und konkretes Handeln zu beleuchten. In den Blick rücken damit die Komplexität des Bildungsprozesses von individuellen Orientierungen und deren Heterogenität sowie die Bedeutung von Identitätsbildungsprozessen, der subjektiven Wahrnehmung und Interpretationen von Geschlechterverhältnissen, von eigenen Handlungsspielräumen, Handlungspotentialen und Ressourcen bei ökonomischen Entscheidungsprozessen.

Biographische Konstruktionen zeigen somit, welche Rahmenbedingungen und normativen Leitvorstellungen wie für Menschen relevant werden. Damit eröffnet sich durch die biographietheoretische Betrachtung von ökonomischem Handeln der Blick auf den individuellen Umgang mit ökonomischen und gesellschaftlichen Veränderungen.

2.4.4 Die Dynamik von biographischen Prozessen

Wie die obigen Abschnitte gezeigt haben, entsteht Biographie im wechselseitigen Verhältnis von strukturellen Rahmenbedingungen und individuellen Konstruktionen (Dausien 1996, S. 567ff.) (siehe Abbildung 4). Die lebenszeitliche Perspektive von Biographie zeigt hierbei die Dynamik dieses Wechselverhältnisses. Denn vor dem Hintergrund neuer subjektiver Erfahrungen und sich wandelnder Lebensbedingungen ändern sich auch die individuellen Konstruktionen von Menschen (Dausien 1996, S. 574).

Auf diese Weise ist es möglich, die Persistenz oder Veränderung von Handlungsmustern in individuellen Lebensgeschichten zu thematisieren, sozusagen die Geschichte hinter aktuellen Handlungen zu rekonstruieren. Evident wird dadurch, wie Individuen im Verlauf ihres Lebens Handlungsmustern folgen, Handlungsspielräume ausnutzen oder selbst welche schaffen (Dausien 1996, S. 587). Die Reproduktion, Veränderung oder Neuproduktion von strukturellen Rahmenbedingungen in individuellen Konstruktionen wird so erkennbar.

Aktuelles ökonomisches Handeln wird aus biographietheoretischer Sicht nicht als isolierter Ist-Zustand betrachtet, sondern eingebunden in eine Vorgeschichte, in aktuelle Anforderungen und in eine Zukunftsplanung (vgl. Fischer-Rosenthal/Rosenthal 1997a, S. 411), aber auch in Prozesse des regionalen, sozialen und ökonomischen Wandels. Bei jeder aktuellen Arbeitsformentscheidung spielen folglich sowohl die bisherigen Erfahrungen und Entscheidungen eine Rolle, als auch die aktuelle Situation, in der die Entscheidung getroffen wird, und zukünftige Ziele.

Diese Sicht verändert den Blick auf Motivationen, die der Wahl von Arbeitsformen zugrunde liegen: Statt ausschließlich Ziele zu betrachten, die mit dem ökonomischen Handeln erreicht werden sollen, liegt hier der Fokus verstärkt auf den Gründen, die zu einem Entscheidungsbedarf führten.

So betont Matthias Michailow (1997, S. 157) am Beispiel der Entscheidung zur beruflichen Selbstständigkeit, dass eine aktuelle Erwerbsarbeitsformentscheidung aus der Sicht eines Individuums

> „als eine unter mehreren, in typischer Weise vorstrukturierten Gelegenheiten (...), Erwerbszwecke gemäß spezifischer Vorstellungen von der Verwertbarkeit eigener Arbeitskraftpotentiale und der Nutzung sozialer, finanzieller, beruflicher etc. Ressourcen zu verfolgen [aufgefasst werden kann]. Wie sie in der beruflichen Selbstständigkeit zum Einsatz gebracht werden, hängt eng mit der Ausrichtung der mit dem Erwerb verfolgten Zwecke zusammen. Gegenüber der Auffassung, dass eine ökonomische Kosten-

> Nutzen-Rationalität primär oder sogar ausschließlich das betriebliche und unternehmerische Handeln leitet, rücken Vorstellungen des Erwerbsstrebens, die eng mit dem Lebensentwurf bzw. der Lebenskonzeption verknüpft sind, damit stärker in den Vordergrund der Betrachtung.“ (Michailow 1997, S. 157)

Michailow (1997) verweist in Hinblick auf die Existenzgründungsentscheidungen der von ihm untersuchten Personen darauf, dass nicht unbedingt klar formulierte Ziele, wie zum Beispiel ökonomischer Erfolg, sondern vielmehr aktuelle oder vergangene Situationen die Handlungen von Individuen leiten. Er hebt die Bedeutung der von Alfred Schütz (1974, S. 115ff.) stammenden Unterscheidung von „Weil-Motiven“ und „Um-zu-Motiven“ hervor.

> „Bei „Weil-Motiven“ ist die Motivlage von der Genese einer spezifischen Einstellung bei der Verfolgung von Erwerbszwecken geprägt, also hauptsächlich vom Herkunftsmilieu, von der beruflichen Sozialisation, von der Bildungs- und Erwerbsbiographie. „Um-zu-Motive“ sind in die Zukunft gerichtet und beziehen sich auf das Interesse, welche Ziele und Nutzungspotentiale mit der Verselbstständigung angestrebt werden.“ (Michailow 1997, S. 150).

Aktuelle Erwerbsarbeitsformentscheidungen bzw. deren Motivationen werden hiermit als biographisch eingebettete Lernprozesse gesehen (vgl. auch Kontos 2003; Hoerning 2000). Durch die biographische Perspektive wird die Entstehung der Motivation der aktuellen Arbeitsformentscheidung in den Rahmen eines Berufsfindungsprozesses gestellt, der die Biographie über längere Zeiträume begleitet. In den Blick rücken damit einerseits Erfahrungen und Lernprozesse, die zur Entstehung der Motivation der aktuellen Arbeitsformentscheidung führten und andererseits Lernprozesse, die mit früheren Arbeitsformentscheidungen und Formen von Arbeit zusammenhängen (Kontos 2003, S. 114).

> „Motivationsentstehung ist dabei als ein komplexer dynamischer Prozess zu betrachten, der aus Erfahrungen erwächst und daher aus Motivationssequenzen besteht. Die Trennung von Motiven in Um-zu- und Weil-Motive (...) gibt diese dynamische prozessuale Struktur wieder.“ (Kontos 2003, S. 114f.)

Abb. 4: Die Herstellung von Biographie im Handeln von Menschen

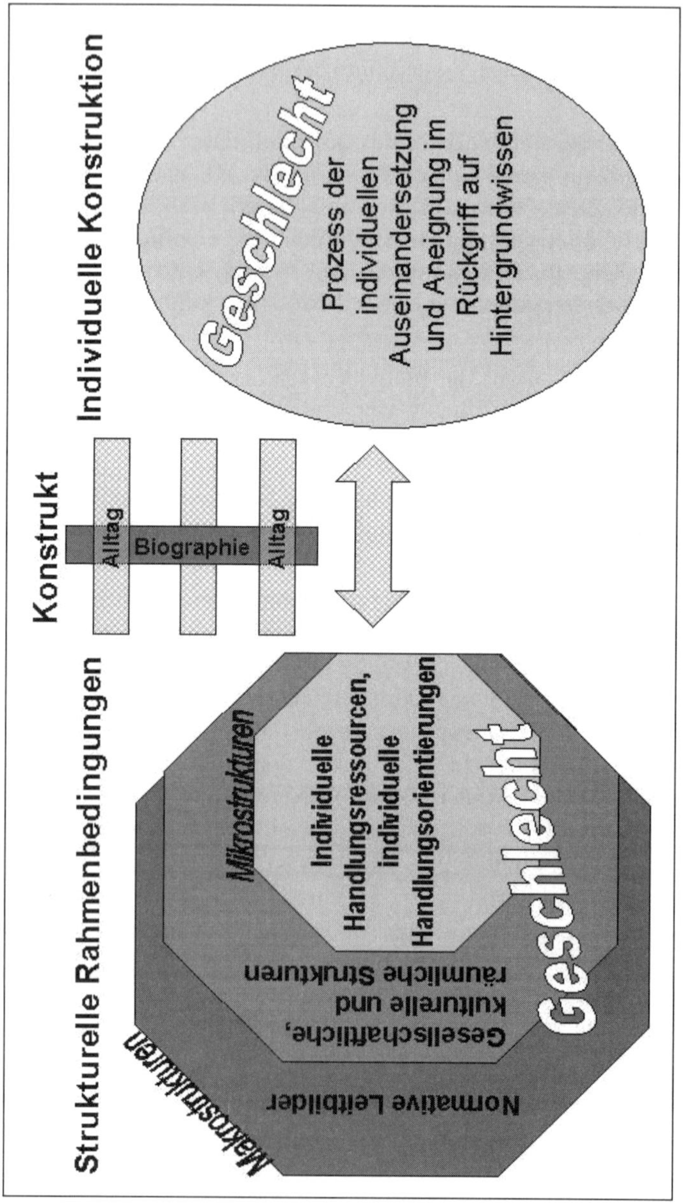

Quelle: Schier/von Streit (2004, S. 27)

Aktuelles individuelles Handeln, hier die Entscheidung für eine bestimmte Arbeitsform, wird mit der biographischen Perspektive im Gesamtkontext des Lebens, aber auch im Gesamtkontext der Entwicklung von strukturellen Rahmenbedingungen situiert. Die Handlungsspielräume bei anstehenden ökonomischen Entscheidungen sind somit nicht nur durch die jeweiligen aktuellen makro- und mikrostrukturellen Kontextbedingungen strukturiert, sondern sie sind auch durch biographische Ressourcen, die Entwicklung von individuellen Orientierungen und Deutungssystemen geprägt. So wird verständlich, warum vergleichbare berufliche Ausgangsbedingungen im Zusammenspiel mit den jeweiligen biographischen Erfahrungen, der Wahrnehmung und Bewertung der eigenen Handlungsmöglichkeiten zu recht verschiedenen Arbeitsbiographien und Arbeitsformentscheidungen führen können (vgl. Geissler/Oechsle 1990).

Bestimmte Arbeitsformen können in Biographien in spezifischer Weise verankert sein. Gemeint ist damit, dass eine Arbeitsform innerhalb einer individuellen Biographie eine bestimmte subjektive Funktion bzw. einen subjektiven Nutzen erfüllen kann (vgl. Hodenius 1997b; Wohlrab-Sahr 1993; Brose/Wohlrab-Sahr/Corsten 1993). So zeigen Hans-Georg Brose, Monika Wohlrab-Sahr und Michael Corsten (1993; auch Wohlrab-Sahr 1993) am Beispiel von Zeitarbeitern und Zeitarbeiterinnen, dass der „Einbau" von Zeitarbeit in Lebensverläufe zum Beispiel dem Ausdruck eines bestimmten Lebensstils, der eigenen Identität oder als Übergang und Baustein zur Realisierung zukünftiger Ziele dienen kann. Monika Wohlrab-Sahr (1993, S. 346) betont ferner die „reflexive Funktion", die Zeitarbeit für die meisten der von ihr untersuchten Biographien von Zeitarbeiterinnen hat[36]. Sie sieht deshalb, ähnlich wie Geissler (1998b), die Wahl dieser Arbeitsform in „einem spezifischen Passungsverhältnis zwischen ihrer biographischen Situation [der Zeitarbeiterinnen] und dieser Form der Beschäftigung" (Wohlrab-Sahr 1993, S. 347) begründet.

Kurz zusammengefasst: Das Konzept Biographie ermöglicht in mehrerer Hinsicht einen umfassenden und komplexen Zugang zur Betrachtung von Arbeitsformentscheidungen. Der biographische Ansatz ist explizit historisch. Der Konstitutionsprozess einer aktuellen Arbeitsformentscheidung rückt so in den Mittelpunkt der Analyse. Die biographische Perspektive fokussiert hierbei sowohl auf die Entwicklung von individuellen Orientierungen, Motiven, Ressourcen und deren Handlungsrelevanz als auch auf die

36 Reflexive Phasen im Lebensverlauf sind Phasen, in denen bisherige und zukünftige Lebenswege sowie das eigene Selbstverständnis überdacht werden (Wohlrab-Sahr 1993, S. 346).

Bedeutung von strukturellen Rahmenbedingungen bei Erwerbsentscheidungen. Damit wird Rechnung getragen, dass Arbeitsformentscheidungen eine bestimmte Geschichte haben, Motive und handlungsleitende Orientierungen prozessual entstehen und grundsätzlich veränderbar sind. Die Dynamik von Arbeitsformentscheidungen wird sichtbar. Das Verständnis von Biographie als sozialem Konstrukt ermöglicht es, je spezifische individuelle Interpretationen und Umgangsweisen mit strukturellen Rahmenbedingungen, deren Veränderungen, aber auch deren Kontextgebundenheit in den Blick zu nehmen. Mit dem Konzept Biographie kann sowohl die Rolle von unterschiedlichen geographischen Kontexten, als auch die Bedeutung von gesellschaftlichen und subjektiven Raumkonstruktionen bei der Wahl von Arbeitsformen rekonstruiert werden. Die spezifische Perspektive beschränkt sich nicht auf die Betrachtung des ökonomischen Bereichs, sondern sie nimmt die Interdependenz aller Lebensbereiche in den Blick.

2.5 Präzisierung der Fragestellung

Meine Untersuchung liegt, so könnte man sagen, auf der Schnittstelle zwischen Sozial-, Wirtschafts- und Kulturgeographie. Denn zum einen geht es mir am Beispiel von Erwerbsentscheidungen von in der Modebranche tätigen Frauen um die Erklärung von Prozessen ökonomischen Handelns vor dem Hintergrund des in den letzten Jahrzehnten stattfindenden sozialen, ökonomischen und politischen Wandels. Zum anderen möchte ich das ökonomische Handeln der Frauen verstehen, indem ich nach der Bedeutung des Arbeitens in einer bestimmten Arbeitsform an einem bestimmten Arbeitsort frage. Das Augenmerk liegt hierbei auf den unterschiedlichen Bedeutungssystemen und Subjektpositionen, die das Arbeiten von Menschen strukturieren. Es geht darum zu rekonstruieren, welche Deutungen relevant werden, wie mit alternativen oder konkurrierenden Deutungen umgegangen wird, wie Konflikte und Widersprüche von Menschen in ihrem Handeln verarbeitet werden. Diese Aspekte, so meine These, sind in ökonomischen Entscheidungsprozessen eng miteinander verknüpft.

Im Blickpunkt dieser Arbeit steht somit die Frage nach dem warum und wie der Entscheidung von in der Modebranche tätigen Frauen für oder gegen eine Arbeitsform im Rahmen der jeweils relevanten strukturellen Rahmenbedingungen und innerhalb ihres Lebenszusammenhangs. Mir geht es damit in erster Linie nicht um die Auswirkungen von atypischen Erwerbsformen auf den Alltag und das Arbeiten von Menschen, sondern mich interessiert:

- Welche Motivationen, Ziele und Handlungsorientierungen leiten Erwerbsentscheidungen, so dass einer bestimmter Erwerbsform, z.B. einer Teilzeitarbeit, der Vorzug gegenüber einer anderen Arbeitsform gegeben wird?
- Inwiefern erlangen strukturelle Rahmenbedingungen bei Entscheidungen für oder gegen eine Arbeitsform Relevanz?
- Wie werden individuelle Ressourcen bei Entscheidungen relevant und wo liegen Grenzen der Gestaltung des eigenen ökonomischen Handelns?
- Wie deuten und bewerten Menschen selbst das Arbeiten in Arbeitsformen, wie geringfügiger Beschäftigung, Teilzeit- oder Vollzeitarbeit als Angestellte, in einer selbständigen Tätigkeit oder in informeller Arbeit für ihre eigene Lebensgestaltung?
- In welcher Weise werden Geschlechterkonstruktionen relevant?
- Und schlussendlich: In welcher Form werden Geographien von Arbeitsformentscheidungen sichtbar?

Damit stehen der Prozess der Wahl für oder gegen eine Arbeitsform, der Fluss der Entscheidungen und Ereignisse, die komplexen Kontexte, in die individuelle Entscheidungen eingebunden sind, und die individuelle Bewertung von Arbeitsformen im Zentrum meiner Untersuchung. Besonders wichtig ist mir durch den konsequenten Einbezug von Geschlecht und der Kontextualisierung des Handelns, Gleichzeitigkeiten und Widersprüchen von möglichen Gründen und Handlungsentscheidungen sowie der Heterogenität und Pluralität von Lebensformen und Lebensentwürfen Raum zu geben.

Mittels des Konzepts der Biographie versuche ich bewusst, die Wahl von Arbeitsformen im Zusammenhang aller Lebensbereiche von Personen zu analysieren und damit einen Vorschlag zur Analyse des Zusammenhangs von Geschlecht und Arbeit darzulegen, der meiner Meinung nach der feministischen Forderung nach Überwindung von dichotomen Analysekonzepten entspricht.

3 Methodische Herangehensweisen

Der Fokus dieser Arbeit auf ökonomische Entscheidungsprozesse ist ein doppelter. Das Augenmerk liegt einerseits auf Individuen und ihrem konkreten ökonomischen Handeln im Lebensverlauf. Andererseits geht es jedoch auch darum, wie strukturelle Rahmenbedingungen und das Arbeiten in einer bestimmten Arbeitsform subjektiv wahrgenommen und interpretiert werden. Erforderlich sind insofern methodische Herangehensweisen, die es ermöglichen sich vielfältigen Lebensrealitäten, komplexen und dynamischen sozialen und biographischen Konstruktionsprozessen ‚offen' anzunähern und sie zu rekonstruieren, ohne Zusammenhänge zwischen sozioökonomischen Lagen und bestimmten Arbeitsformentscheidungen a priori anzunehmen. In Frage kommen insbesondere qualitative Verfahren der rekonstruktiven Sozialforschung (vgl. Bohnsack 2000; Flick 2000; Flick/Kardoff/Steinke 2000; Lamnek 1995), die es erlauben konkrete Entscheidungssituationen und -kontexte zu erfassen und Bedeutungszuschreibungen und Sinngebungsprozesse von Handelnden in der Auseinandersetzung mit Strukturen nachzuzeichnen. Biographische Erzählungen stellen eine Möglichkeit dar, sich Entscheidungsprozessen auf diese Weise anzunähern.

3.1 Erzählte Lebensgeschichten: narrationstheoretische Grundlagen

Biographieforschung ist nicht nur ein sozialwissenschaftlicher Theorieansatz (vgl. Kapitel 2.4), sondern ebenso ein empirischer Forschungsansatz, der „einen Zugang zur sozialen Wirklichkeit [eröffnet], bei dem die Individualität des Akteurs berücksichtigt bleibt und diese Individualität sozial verursacht und strukturiert gedacht wird." (Lamnek 1995, S. 329 f.). Dass Biographien ‚gemacht' werden, und es vor allem in bestimmten Situationen, bei denen Menschen sich und ihr bisheriges Leben in Beziehung zur Gesellschaft, ihrem Lebensumfeld und dessen Rahmenbedingungen setzen müssen, verstärkt zu biographischen Thematisierungen kommt (Hoerning 1987), lässt sich methodisch in Erzählungen der Lebensgeschichte nutzen. Dort verknüpfen sich vergangenes Erleben und heutiges Leben (Dausien 2001).

> „Given that biographies are not only constructed through individuals, but also constituted through the reality and objective factors, we will not only gain access to the experience and views of the concerned social groups, but

> also to the ways in which that macro factors impact on biographies. Through the biographical method it can be analysed how individuals [are] acting within the complexity of structural-objective factors." (Apitzsch/Kontos/Kreide 2001, S. 25)

Biographische Erzählungen geben nicht nur über biographische Ereignisse und Erfahrungen der Erzählenden Auskunft (Repräsentation sozialer Wirklichkeit), sondern das Erzählen kann auch als kommunikative Praxis gesehen werden, durch die Erzählende ihre individuell-biographische und ihre gemeinsame soziale Wirklichkeit interpretieren und konstruieren (Dausien 2001, S. 58). Wichtig ist hierbei, dass Erzählen bestimmten kommunikativen Strukturen und Regeln sozialer Gemeinschaften unterliegt. Innerhalb dieser kommunikativen Strukturen und Regeln besitzen Erzählende Handlungsspielräume, um ihre je eigenen Geschichten zu konstruieren (vgl. Schütze 1983, 1984; Rosenthal 1995; Dausien 2001). Lebensgeschichten bieten somit als sprachliche Formen einer „Als-ob-Handlung" (Alheit 1990, S. 15) einen rekonstruktiven Zugang zu strukturellen und inhaltlichen Aspekten von eigenerlebten Erfahrungen und Entscheidungssituationen. Sowohl die Inhalte (‚was') einer Lebensgeschichte als auch die Art der narrativen Präsentation (‚wie') sind nicht beliebig, sondern an den biographischen Wissensvorrat der Erzählenden gebunden. Sie sind Ergebnis biographischer Strukturen der Erfahrungsverarbeitung (Dausien 2001, S. 59).

Für biographische Erzählungen sind ferner zwei zeitliche Perspektiven konstitutiv. Menschen erzählen ihre Lebensgeschichte vom heutigen Standpunkt aus. Das heißt, ihre gegenwärtige Lebenssituation bestimmt den Rückblick auf Entscheidungen und Ereignisse in der Vergangenheit. Erzählungen von Lebensgeschichten unterscheiden sich demnach, je nachdem ob eine Interviewpartnerin zum Zeitpunkt ihrer Erzählung mit ihrer Arbeits- und Lebenssituation zufrieden oder unzufrieden ist und sie womöglich über Veränderungen in ihrem Leben nachdenkt.

Wolfram Fischer-Rosenthal und Gabriele Rosenthal (1997a, S. 419) betonen, dass „erzählte Lebensgeschichten (...) immer sowohl auf das *heutige Leben mit der Vergangenheit* wie auch auf *das damalige Erleben dieser vergangenen Ereignisse*" [Hervorhebungen M.S.] verweisen. Die narrative Struktur von Erzählungen bedingt, dass Erzählende vergangene Ereignisse sequentiell darstellen, zugleich eine Haltung zu sich selbst einnehmen und sich in einer konkreten sozialen Umwelt positionieren müssen. Biographische Erzählungen sind demnach eng mit Identitätsbildungsprozessen verbunden. Erzählungen besitzen auf diese Weise eine spezifische ‚Grammatik'. Diese ermöglicht es, die angesprochenen sozialen Konstruktionsprozesse anhand von transkribierten Lebensgeschichten zu rekonstruieren (siehe Kapitel 3.2.3).

Biographisch-narrative Interviews, die als Methode zur Erhebung und Analyse von biographischen Prozessen maßgeblich von Fritz Schütze (1983, 1984) entwickelt wurden, machen es möglich, situierte Handlungsabläufe und Handlungskontexte sowie deren individuell-biographische Geschichte nachzuzeichnen. Darüber hinaus können verschiedene Aspekte von Entscheidungsprozessen, deren subjektive Bewertung, die Entwicklung von individuellen Handlungsorientierungen und die Aufschichtung von biographischen Ressourcen in ihrer zeitlichen und räumlichen Kontextualität rekonstruiert werden[37]. Ökonomische Entscheidungsprozesse werden so aus der Binnensicht der handelnden Person betrachtet. Hierbei wird nicht der Anspruch erhoben, diese so abzubilden wie sie ‚wirklich' gewesen und faktisch abgelaufen sind, sondern wie sie subjektiv als relevante Ereignisse in der Vergangenheit erlebt und aus der heutigen Sicht erinnert und bewertet werden. Auf diese Weise wird erkennbar, wie strukturelle Rahmenbedingungen in individuelle Biographien eingeschrieben sind und in bestimmten Handlungssituationen relevant werden. Die biographische Herangehensweise erlaubt es, durch die Rekonstruktion konkreter Erfahrungen von Individuen mit ihrer gesellschaftlichen Umwelt, den Prozess der wechselseitigen Konstitution zwischen Gesellschaft und Individuum in den Blick zu nehmen (Fischer-Rosenthal/Rosenthal 1997a, S. 412). Arbeitsformentscheidungen können folglich eingebettet in ihren Konstitutionsprozess analysiert werden.

3.2 Auswahl des Samples und Ablauf der empirischen Untersuchung

Biographisch-narrative Interviews mit 33 Frauen[38] in München, die in der Modebranche tätig sind, bilden den methodischen Hauptzugang meiner empirischen Untersuchung. Anders als in den meisten Studien, die sich mit der Wahl von Arbeitsformen auseinandersetzen, ist mein Sample damit nicht

37 Zur Geschichte der Biographischen Methode siehe Lamnek (1995, S. 330-340); Fischer-Rosenthal (1990); Fischer/Kohli (1987); zur Verwendung der Methode in der Geographie vgl. Hafner (2003); Pütz (2004); Jarvis (1999), zur Verwendung der Methode in der Geschlechterforschung siehe Dausien (1994).

38 Alle Namen der Interviewpartnerinnen und der von ihnen namentlich genannten Personen wurden zur Wahrung der Anonymität verändert. Auch die Namen von Unternehmen wurden geändert, wenn die Wahrung der Anonymität der Interviewpartnerin ansonsten nicht gewährleistet wäre bzw. die Nennung des Unternehmens für die Untersuchung nicht von Belang ist.

durch eine bestimmte Arbeitsform und Haushaltssituation strukturiert[39]. Vielmehr habe ich bewusst Frauen mit möglichst unterschiedlichen aktuellen Arbeits- und Lebensformen innerhalb eines Berufsfeldes (die Modebranche, siehe Kapitel 4.1), das sich in den letzten drei Jahrzehnten stark verändert[40], in meine Untersuchung einbezogen (siehe Tabelle 1).

Natürlich ist es bei ökonomischen Entscheidungen möglich, sich von einer Branche weg zu bewegen und branchenfremd tätig zu werden. Dies ist, wie Born (1994, S. 221) zeigt, gerade bei Schneiderinnen überdurchschnittlich häufig der Fall. Doch gerade die Spezifik von Berufsfeldern und Branchen sowie deren Veränderungen haben großen Einfluss auf individuelle Arbeitsformentscheidungen (vgl. Crompton/Harris 1998b; Krüger/Born 1991; Born 1994, 2000, siehe Kapitel 4.1). Um die Auseinandersetzung mit dem branchenstrukturellen Wandel fokussieren zu können, bestand die Notwendigkeit, das ‚Feld' einzugrenzen. Dies war der Grund dafür, nur Interviewpartnerinnen ins Sample aufzunehmen, die noch im Bekleidungssektor tätig sind. Damit setze ich implizit ein gewisses Interesse meiner Interviewpartnerinnen voraus, in ihrem Beruf tätig zu sein. Wie dieses Interesse sich individuell manifestiert, bleibt jeweils zu rekonstruieren[41].

Um unterschiedliche Ausgangsbedingungen des ökonomischen Handelns und deren Bedeutung für aktuelle Erwerbsentscheidungen verfolgen zu können, achtete ich auf eine möglichst große Streuung des Alters meiner Interviewpartnerinnen.

Ich führte sowohl mit Frauen biographische Interviews, die die Boomzeiten der Modebranche in Deutschland miterlebt haben, als auch mit solchen, die ihre Entscheidung für die Bekleidungsbranche zu einem Zeitpunkt getroffen haben, als in der Branche massiv Arbeitsplätze abgebaut wurden (vgl. Kapitel 4.1).

---

39 So konzentrieren sich Untersuchungen über Erwerbsentscheidungen auf in Teilzeit arbeitende, verheiratete Mütter (vgl. z.B. Pfau-Effinger 2000a, Eckart 1990) und meist ohne explizite Beachtung der Lebensform auf beruflich Selbstständige (z.B. Hodenius/Michailow 1995, Kontos 2003, Pütz 2004, Apitzsch/Kontos/Kreide 2001), auf Zeitarbeiterinnen (z.B. Wohlrab-Sahr 1993) oder geringfügig Beschäftigte.

40 Bis auf drei haben alle meine Interviewpartnerinnen eine in der Regel dreijährige Lehre als Schneiderin absolviert.

41 In den einzelnen Lebensgeschichten der interviewten Frauen kommen jedoch durchaus Phasen vor, in denen sich Interviewpartnerinnen entschieden oder sich damit auseinandergesetzt haben, eine Tätigkeit außerhalb ihres Berufsfeldes aufzunehmen. An diesen Beispielen lassen sich sowohl Gründe und Kontexte rekonstruieren, die zur Orientierung weg von der Branche als auch für die Rückkehr bzw. das Bleiben in der Branche ausschlaggebend waren.

Tabelle 1: Liste der biographisch-narrativen Interviews

Code-name	Geb.	Höchste berufliche Ausbildung	Aktuelle Lebens-situation	Arbeitsbereich	Aktuelle Arbeitsform	Datum
Frau Brauer	1938	Schneiderin	2 erwachsene Kinder, lebt mit Ehemann	Zwischenmeis-terin, Bereich Walk u. Loden	Selbständig mit eigener Werkstatt (3 Angestellte)	6.3.2002
Frau Yerin	1942	Buchhalterin, Angelernte Näherin	Lebt mit ihrer Schwester	Industrie, Lagerverkauf	Ganztags angestellt	6.2.2002
Frau Glücks-bauer	1943	Angelernte Näherin	2mal geschieden allein erziehend, lebt mit ihrem erwachsenen Sohn	Zwischenmeis-terin Bereich Schnitt	Selbständig mit Werkstatt zu Hause	25.2.2002
Frau Rasch	1948	Schneider-meisterin	1 erwachsene Tochter, allein erziehend, geschieden, lebt alleine	Industrie Bereich Schnitt	Ganztägig an-gestellt	14.3.2003
Frau Zorn	1948	Schneider-meisterin Schnittdirekt-rice	1 erwachsene Tochter, allein erziehend, lebt alleine	Haute Couture, Handwerk; Änderungs-schneiderin in Modehaus	Selbständig mit Werkstatt zu Hause; geringfügig tätig	28.3.2003
Frau Durst	1948	Bankkauffrau, Bereich Bekleidung mithelfende Angehörige	2 erwachsene Kinder, 2mal Witwe, lebt alleine	Kleinindustrie	Heimarbeiterin	24.1.2002
Frau Nusser	1949	Bekleidungs-technikerin	1 erwachsene Tochter, allein erziehend, geschieden, lebt mit Partner	Industrie, Lobbyarbeit, Qualitätsmanag ement	Ganztags angestellt	15.3.2002
Frau Ulzig	1950	Schnittdirekt-rice	Kinderlos, lebt alleine	Änderungs-schneiderei, Schnittgradie-rung	Selbstständig/ freiberuflich	26.2.2003

Frau Maier	1952	Schnittdirekt-rice	Lebt mit Ehemann und dessen Sohn	Gehobene Damenmode, eigene Kollektion	Selbstständig mit Ladengeschäft (Partnerin, Angestellte)	10.3.20
Frau Fraschle	1952	Damen-schneiderin	Kinderlos, lebt mit Ehemann	Industrie, Musteratelier Gruppenleiterin	ganztags angestellt	13.3.20
Frau Laske-Appel	1952	Schneider-meisterin	Kinderlos, lebt mit Ehemann	Handwerk	Selbstständig mit Werkstatt zu Hause	4.4.200
Frau Früh	1954	Schneider-meisterin Schnittdirekt-rice	Lebt (noch) mit Ehemann und ihren 2 Kindern	Schnittbereich, Lehre	Freiberuflich/ selbstständig mit Werkstatt zu Hause	12.2.20
Frau Samer	1955	Damen-schneiderin	Kinderlos, lebt mit ihrer Mutter	Industrie: Akkord, jetzt Vertrieb	Ganztags angestellt	25.3.20
Frau Hauser	1956	Schneider-meisterin Schnittdirekt-rice	Kinderlos, lebt alleine	Verkauf	Angestellt in Teilzeit	4.4.200
Frau Thale	1957	Diplomdesig-nerin Schnitt-direktrice	Kinderlos, lebt alleine	Modedesign	Selbstständig z.T. zu Hause/ freiberuflich	7.4.200
Frau Westig-Ellmann	1961	Schneider-meisterin	Geschieden, 1 Kind, lebt mit Schwester	Industrie	Ganztags angestellt	16.4.20
Frau Korff	1961	Schnittdirekt-rice Schneider-meisterin	Lebt mit 1 Kind	Theaterproduk-tionen, Design	selbstständig mit Werkstatt zu Hause	31.3.20
Frau Braig	1961	Gewandmeist-erin	Lebt mit 1 Kind und Partner	Theater und Oper	Teilzeit angestellt	25.4.20
Frau Musack-Schwan	1961	Schneider-meisterin Schnittdirekt-rice	Lebt mit 2 Kindern und Ehemann	Meisterin im Handwerk	Teilzeit angestellt	11.4.20
Frau Wall	1962	Schnittdirekt-rice, Image Consultant	Lebt mit 2 Kindern, Ehemann u. Au-Pair	Modeschau, Imageberatung	Freiberuflich tätig mit Büro zu Hause	17.3.20

Frau Matschke	1962	Damen-schneiderin	Lebt mit Sohn, allein erziehend, geschieden	z.T. Branchenfremd angestellt, Handwerk	Selbstständig Ladengeschäft u. Teilzeit angestellt	1.4.2003
Frau Ebersbach	1962	Schneider-meisterin Schnittdirekt-rice	Kinderlos, lebt mit Ehemann	Lange Chefdesignerin, jetzt Corporate Assecoires	Selbstständig mit Büro zu Hause	20.3.2003
Frau Marin - Aspe	1963	Bekleidungs-technikerin	Lebt mit 2 Kindern und Ehemann	Qualitätsmana-gement, Bera-tungsprojekte, Lehre	Freiberuflich, Teilzeit angestellt	10.4.2002
Frau Darbak	1963	Schneider-meisterin	Lebt mit 2 Kindern und Ehemann	Änderungs-schneiderin	Selbstständig mit Werkstatt zu Hause	24.3.2000
Frau Müller-Kroll	1965	Schneider-meisterin Kunststicker-meisterin	Kinderlos, lebt mit Ehemann	Handwerk, Textilkunst	Selbstständig mit Ladenge-schäft	25.3.2003
Frau Niebur	1966	Damen-schneiderin	Lebt mit 2 Kindern und Ehemann	Änderun-gen/Industrie	Heimarbeiterin, selbstständig mit eigener Werkstatt	5.3.2002
Frau Pauzig	1967	Damen-schneiderin	Lebt mit 2 Kindern und Partner	Eigene Kinder-kollektion	Selbstständig mit eigenem Ladengeschäft	19.6.2000
Frau Baum-kirchner	1968	Schneider-meisterin	Kinderlos, geschieden, Lebt mit 2. Ehemann	Handwerk (Abend- und Brautmode), Projekte für Werbung, Film, Theater	Selbstständig mit Ladenge-schäft, mehrere Angestellte	19.3.2003
Frau Pallas	1969	Schnittdirekt-rice, Schnei-dermeisterin	Lebt mit Kind und Partner	Stylistin beim Fernsehen	Geringfügig/ informell tätig, Elternzeit	28.2.2003
Frau Kuliczi	1973	Diplomdesig-nerin	Kinderlos, lebt alleine	Design	z.Zt. arbeitslos, informell tätig	7.7.2000
Frau Eggenau	1974	Schnittdirekt-rice	Kinderlos, lebt mit Ehemann	Industrie, Pro-duktionsorgani-sation, Lehre	freiberuflich	7.2.2003

Frau Semiric	1975	Damen-schneiderin, z.zt. berufsbe-gleitend Meis-terschule	z.zt. schwanger, lebt mit Ehemann	Industrie Musteratelier	Ganztags angestellt	7.7.200
Frau Grün	1977	Damen-schneiderin	Kinderlos, lebt alleine	Abteilungsleite-rin Änderungs-schneiderei	Ganztags angestellt	26.3.20

Mit dieser Strukturierung meines Untersuchungssamples nehme ich ernst, dass aktuelle Arbeitsformentscheidungen als eine Alternative aus mehreren Möglichkeiten gesehen werden müssen. Anstatt vom Endergebnis gleicher Arbeitsformen auszugehen und damit bestimmte sozioökonomische Lagen zu konstruieren, die zu dieser bestimmten Arbeitsform und keiner anderen führen, betrachte ich die Geschichte subjektiver Entscheidungswege innerhalb sich ändernder beruflicher Arbeitsmärkte und Lebenssituationen, die zu ‚offenen' Ergebnissen, also zu der einen oder der anderen Arbeitsform führen. Damit eröffnet sich der Blick auf soziale und raumzeitliche Kontexte ökonomischer Entscheidungsprozesse sowie auf subjektive Gründe und Motive, die gegen die Wahl einer bestimmten Arbeitsform und für eine andere sprechen.

Als Untersuchungsort bot sich München an. Dafür sprachen neben forschungspraktischen Gründen vor allem die spezifische Bedeutung Münchens als deutscher Modestandort und der daraus resultierende, vielfältige berufsspezifische lokale Arbeitsmarkt (siehe Kapitel 4.1). Obwohl ein Vergleich der Lebensgeschichten von Männern und Frauen für die Frage nach der Rolle von Geschlecht bei ökonomischen Entscheidungsprozessen sicherlich neue und spannende Erkenntnisse bringen würde, standen vor allem Gründe der Machbarkeit dem Einbezug von Männern in das Sample entgegen (so u.a. die Dominanz von Frauen im Berufsfeld Bekleidung, der Umfang der zu führenden Interviews, der Aufwand bei der biographischen Fallrekonstruktion[42]).

42 Dausien (1996, S. 546 ff., 2001) verweist auf die Geschlechtsgebundenheit von Biographien.

Abb. 5: Suche nach Interviewpartnerinnen über die Fachzeitschrift Rundschau

kauft. Während Väter häufiger mal die Krawatte im Schrank lassen, um vermeintlich jünger zu wirken, haben die Söhne den Anzug entdeckt und schmücken sich öfter mal mit einer Krawatte.

Forschungsprojekt: Suche Frauen

Im Rahmen eines Forschungsprojekts an der Universität München über den Wandel von Arbeitsformen in den letzten Jahrzehnten suche ich Kontakt zu Frauen, die in der Bekleidungsbranche tätig sind, im Raum Oberbayern eine Ausbildung zur Schneiderin (Industrie oder Handwerk) absolviert haben und bereit sind, mir ihre Lebensgeschichte zu erzählen. Sie sollten derzeit im Bereich Bekleidung tätig sein, egal ob stundenweise, Teilzeit oder ganztägig, freiberuflich oder angestellt. Auch wenn Sie Ihre Tätigkeit eine Zeit lang unterbrochen oder in einem anderen Bereich gearbeitet haben, ist Ihre Lebensgeschichte für mein Projekt interessant.

Ich möchte ausdrücklich darauf hinweisen, dass ich alle Angaben vertraulich behandeln und die Privatsphäre respektieren werde. Weitere Fragen zu meinem Forschungsprojekt und genauere Informationen zum Ablauf und Inhalt der Gespräche beantworte ich gerne telefonisch oder schriftlich. Ich würde mich über zahlreiche Anrufe, e-mails oder Briefe freuen.

Kontakt: Michaela Schier, Seminar für Sozialwissenschaftliche Geographie, Ludwig-Maximilian-Universität München, Luisenstraße 37, 80333 München, Telefon 0 89/28 92 26 68, Fax -/28 92 28 04, e-mail: michaela.schier@ssg.geo.uni-muenchen.de

Kulmbach: Altmeisterehrung

Die Kontaktaufnahme zu potentiellen Interviewpartnerinnen lief auf verschiedenen Wegen: In einer Fachzeitschrift des handwerklich orientierten Bekleidungssektors wurde ein Suchaufruf[43] veröffentlicht (siehe Abbildung 5) und in einem Münchner Fachgeschäft für Modezeitschriften ein ähnlicher Suchaufruf ausgehängt. Über den Verteiler der Deutschen Meisterschule für Mode und an Schneiderinnen, die bei der Handwerkskammer Oberbayern und München eingetragen sind, wurde ein Aufruf zur Mitarbeit am Forschungsprojekt versandt. Ferner entwickelten sich über die Mund zu Mund Propagan-

43 Leider wurde der Text des Suchaufrufs von der Redaktion der Zeitschrift folgendermaßen verändert: aus „suche ich Kontakt *zu Frauen im Raum München*, die in der Bekleidungsbranche tätig sind, eine Ausbildung zur Schneiderin (industriell oder handwerklich) absolviert haben" wurde „suche ich Kontakt zu Frauen, die in der Bekleidungsbranche tätig sind, *im Raum Oberbayern eine Ausbildung zur Schneiderin* (Industrie oder Handwerk) absolviert haben". Dies hatte zur Folge, dass ich viele Frauen, die sich auf diesen Ausruf meldeten, abweisen musste, weil sie inzwischen nicht mehr im Raum München leben oder arbeiten und deshalb nicht ins Sample ‚gepasst' haben.

da und durch die Vermittlung von Gesprächspartnerinnen und ExpertInnen weitere Kontakte zu Gesprächspartnerinnen.

In den meisten Fällen meldeten sich interessierte Frauen bei mir via Telefon, Fax oder Email. Nur in einigen Fällen ergriff ich selbst die Initiative und sprach in der Modebranche Tätige direkt auf ihre Mitarbeit bei meiner Untersuchung an. In einem ersten telefonischen Gespräch wurden, unter Beachtung der oben genannten Kriterien, Gesprächspartnerinnen ausgewählt, Fragen zum Ablauf der geplanten Zusammenarbeit sowie zum Forschungsvorhaben geklärt und ein Termin für das biographische Interview vereinbart. Durch dieses kombinierte Verfahren der Kontaktaufnahme konnte die Vielfalt der Arbeits- und Lebenssituationen, der Gesprächspartnerinnen vergrößert werden, die in das Sample aufgenommen wurden. Die Bereitschaft für zeitaufwendige Interviews war so eher gegeben.

Zur Einstimmung der Interviewpartnerinnen und zu meiner leichteren Orientierung während der biographischen Interviews sowie zur besseren zeitlichen und räumlichen Kontextualisierung der Lebensgeschichten bei der späteren Auswertung verwendete ich zusätzlich so genannte Lebensverlaufskalender (Bird/Born/Erzberger 2000, siehe Kapitel 3.2.1). Dieser Kalender, dessen Bearbeitung bis zum Gesprächstermin ebenfalls im oben angesprochenen Telefongespräch vereinbart wurde, wurde den Frauen mit einer ausführlichen Anleitung, einem schon ausgefüllten Beispiel und Buntstiften vorab zugeschickt.

Die biographischen Gespräche mit den Interviewpartnerinnen fanden im Verlauf der Jahre 2000, 2002 und 2003 meist in deren Arbeits- und/oder Wohnräumen, in vier Fällen auch in meinem Büro am Geographischen Institut an der TU München statt. Die Gespräche dauerten jeweils zwischen einer und fünf Stunden.

Um biographisch-narrative Interviews im Sinne der Fragestellung ‚erfolgreich' führen und interpretieren zu können, sind ein breites thematisches Hintergrundwissen und fundierte Kenntnisse von denkbaren, wichtigen Kontexten notwendig. Aus diesem Grund nutzte ich folgende weitere Informationsquellen: Ich führte Interviews mit Experten und Expertinnen. Ich erkundigte mich nach Entwicklungen der Arbeitsbedingungen und der Nutzung verschiedener Arbeitsformen in den unterschiedlichen Bereichen des Modesektors in Deutschland im allgemeinen und in München im besonderen. Wir sprachen über die Ausbildungssituation und beruflichen Aussichten im Bekleidungssektor sowie über die Handhabung von institutionellen Regelungen des Heimarbeitsgesetzes, der Gewerbe- und Handwerksordnung im Bereich Bekleidung in München. Darüber hinaus wertete ich statistisches Sekundärmaterial zum Vorkommen verschiedener Arbeitsformen im Bekleidungssektor auf nationaler und regionaler Ebene aus. Umfangreiche Literaturrecherchen, vor allem zu den Themen Entwicklung der Produktion und des Arbeitens in der deutschen und Münchner Modebranche sowie über den Zusammenhang zwischen strukturellen Rahmenbedingungen und der Erwerbsbeteiligung von Frauen, bildeten eine weitere wichtige Säule der Untersuchung.

Um meine Einblicke in die Modebranche zu vergrößern und ein Gefühl für diverse Branchenkulturen zu erhalten, nahm ich zusätzlich im Verlauf der Untersuchung an verschiedenen Modeschauen teil, besichtigte unterschiedliche Betriebe des handwerklichen und industriellen Sektors, war Gast bei einem Ausbildungskurs zur Meisterprüfung der Münchner Innung, führte informelle Gespräche mit BetriebsleiterInnen, GeschäftsführerInnen und anderen Akteuren der Branche und initiierte eine Gruppendiskussion mit ehemaligen Auszubildenden und Ausbildnerinnen des Ateliers La Silhouette[44] in München.

Die empirische Untersuchung basiert damit auf verschiedenem Daten-Material. Die Nutzung von Lebensverlaufskalendern sowie die Aufnahme und Auswertung der biographisch-narrativen Interviews möchte ich im Folgenden näher vorstellen.

3.2.1 Lebensverlaufskalender

Für die meisten Personen ist es sehr schwierig, beim Erzählen ihrer Lebensgeschichte Ereignisse, die zum Teil lange zurückliegen, klar zu datieren. Jahresangaben sind jedoch für die Rekonstruktion individueller ökonomischer Entscheidungsprozesse im Rahmen des ökonomischen und gesellschaftlichen Wandels wichtige Hinweise. Direktes Fragen nach Jahresangaben wirkt bei Gesprächen sehr hemmend für den Erzählfluss (vgl. Rosenthal 1995, S. 194f.).

Ich suchte deshalb nach einem Instrument, das den Überblick und die zeitliche Einordnung des ökonomischen Handelns sowie wichtiger Ereignisse im Leben meiner Interviewpartnerinnen schaffen konnte und gleichzeitig das offene Erzählen der Lebensgeschichte unterstützte. Schriftliche Lebensläufe, ähnlich wie bei einer Bewerbung, hätten zwar einen Überblick über Statio-

44 Das Atelier La Silhouette ist ein Ausbildungsbetrieb des Damenmaßschneiderhandwerks, den der Verein ‚Junge Frauen und Beruf' in München betreibt. Durch zwölf Jugendhilfeplätze erhalten dort benachteiligte Mädchen und junge Frauen die Chance, den Beruf der Damenschneiderin zu erlernen. Die Ausbildung wird zusätzlich pädagogisch betreut.

nen im Leben gegeben, die Mehrdimensionalität des Lebens, Überlagerungen von verschiedenen Stationen und Tätigkeitsbereichen wären jedoch verloren gegangen.

Inspiriert durch Lebensverlaufskalender, wie sie Katherine Bird, Claudia Born und Christian Erzberger (2000) in ihrem Forschungsprojekt „Berufe im weiblichen Lebenslauf und sozialer Wandel" entwickelten und benutzten, entwarf ich einen ähnlichen, an meine Fragestellung angepassten, Kalender inklusive einer ausführlichen Anleitung. Lebensverlaufskalender bauen auf einer bildhaften Rekonstruktion des gelebten Lebens auf (Bird/ Born/Erzberger 2000, S. 22). Indem die Interviewpartnerinnen zuerst leicht erinnerbare Daten (z.B. Geburten, Scheidung, Gesellen- oder Meisterprüfung) eintragen, wird für sie das Zuordnen von Ereignissen zu Daten einfacher, denn Erinnerungen brauchen häufig Anfangspunkte, von denen aus man sich leichter an Ereignisse vor oder nach diesen erinnert (vgl. Bird/Born/Erzberger 2000, S. 9 f.).

Die Kalender bestehen zum einen aus einer horizontalen Zeitachse (Jahreszahlen), die das Eintragen von Ereignissen, anderen wichtigen Informationen sowie der Dauer von Tätigkeiten mit der Genauigkeit von einem halben Jahr ermöglicht. Aufgrund der großen Altersspanne meines Samples, entwarf ich zwei verschiedene Kalender, wobei der eine, für ältere Interviewpartnerinnen, einen Zeitraum von 1950 bis 2003 umfasste, der andere, für die Jüngeren, den Zeitraum von 1977 bis 2003 abdeckte und damit wesentlich handlicher (DIN A3 Format) war.

Zum anderen besteht der Kalender aus einer vertikalen Ereignisachse. Es wurden folgende fünf Lebensbereiche unterschieden: Ausbildung, Erwerbstätigkeit, sonstige Tätigkeiten, Haushalt, Familie und Kinder sowie Wohnen. Diese Bereiche wurden weiter in verschiedene inhaltliche und räumliche Kategorien unterteilt (siehe Abbildung 6), wobei im Bereich Erwerbstätigkeit sowohl formelle als auch informelle Arbeitsformen aufgeführt wurden. Die Kategorien sollten ein möglichst differenziertes Einzeichnen der eigenen Arbeits- und Lebenssituation ermöglichen. Gleichzeitigkeiten, Überschneidungen und das Nebeneinander unterschiedlicher Tätigkeiten und Lebenssituationen konnten so ebenso visualisiert werden, wie Veränderungen der Wohnform und Ortswechsel.

Nur zwei meiner Interviewpartnerinnen fanden keine Zeit die Kalender auszufüllen. Viele Frauen, vor allem diejenigen, die ein bewegtes Arbeitsleben mit vielen Veränderungen hinter sich haben, kommentierten das Arbeiten mit den Kalendern als „interessant", „erhellend" oder mit „jetzt sieht man, dass man schon viel gemacht hat in seinem Leben".

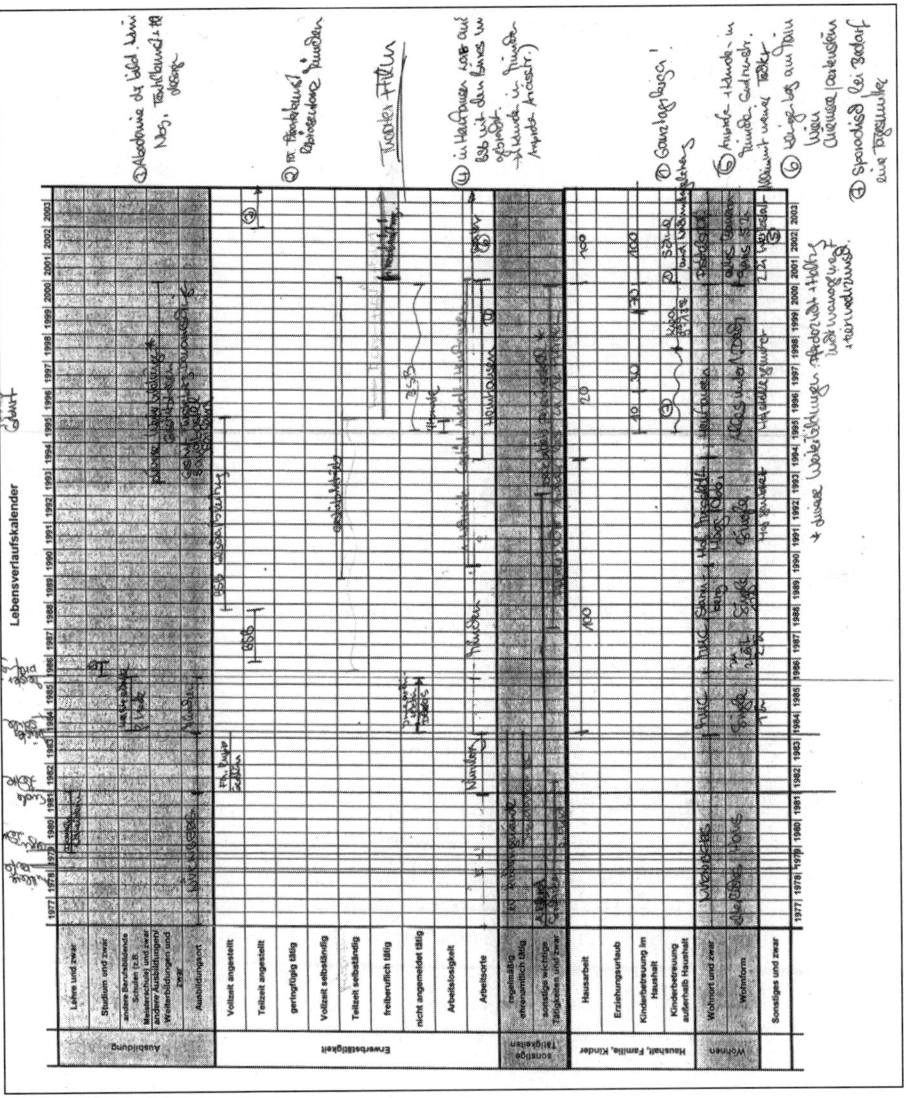

Abb. 6: Von einer Interviewpartnerin bearbeiteter Lebensverlaufskalender

Für meine Gesprächspartnerinnen lag nach dem Ausfüllen der Lebensverlaufskalender ihr „Leben als Bild“ (Bird/Born/Erzberger 2000, S. 22) vor ihnen, das sie - wie erhofft - auf das Erzählen ihrer Lebensgeschichte einstimmte und zu ausführlichem Erzählen animierte. Bei unseren Treffen erzählten sie jedoch nicht chronologisch auf Grundlage der Kalender, sondern im Fluss ihrer Erinnerungen. Während der Erzählung ihrer Lebensgeschichten griff nur die eine oder andere der Gesprächspartnerinnen nach dem Kalender, um sich kurz eines Datums zu versichern.

Die Kalender dienten vor allem mir selbst zur besseren Orientierung während der Gespräche, teilweise um konkreter nachfragen zu können, manchmal auch, um Erzählungen über Phasen und Ereignisse im Leben zu erbitten, die die Frauen in ihren Eingangserzählungen ausgespart hatten. In einigen Fällen kam es vor, dass Interviewpartnerinnen „vergessen“ hatten, bestimmte Phasen und Stationen, die sich im Verlauf der Gespräche als bedeutsam erwiesen, in die Kalender einzutragen. Solche ‚vergessenen’ Stationen zeigten sich in den Fallrekonstruktionen meist als grundlegende biographische Ereignisse in ihrem Leben.

Die Lebensverlaufskalender dienten bei der Auswertung der narrativen Interviews als Hilfsmittel bei den Fallrekonstruktionen, vor allem bei der Zusammenstellung der biographischen Daten sowie der zeitlichen und räumlichen Kontextualisierung einzelner Lebensabschnitte und ökonomischer Entscheidungen (vgl. Kapitel 3.2.3).

3.2.2 Biographisch-narrative Interviews

Bei den vereinbarten Gesprächsterminen galt es die Interviewpartnerinnen zu längeren Erzählungen zu motivieren. Sie sollten in einen möglichst ausführlichen Erinnerungs- und Erzählstrom gleiten (Fischer-Rosenthal/ Rosenthal 1997a, S. 413), denn für eine Analyse von Handlungsprozessen und Erfahrungen eignen sich insbesondere narrative Textpassagen. Diese stehen nach Fritz Schütze (1983) dem faktischen Handeln und dessen Orientierungsstrukturen am nächsten. Es sind demnach vor allem narrative Sequenzen in Gesprächen, die die Rekonstruktion von ökonomischen Entscheidungsprozessen sowie der Entwicklung von hierbei wichtigen Handlungsorientierungen und Deutungsmustern ermöglichen.

Nach einer kurzen Vorstellung meinerseits, der Klärung allgemeiner Fragen zum Forschungsprojekt und einem ersten Kennenlern-Gespräch über die aktuelle Arbeitssituation, bat ich meine Interviewpartnerinnen mit folgender Aufforderung[45] um die Erzählung ihrer Lebensgeschichten:

> „Mich interessiert welche Formen von Arbeit Menschen in ihrem Leben wählen (also z.B. als Angestellte in Teilzeit oder ganztägig Beschäftigte, als Selbstständige, in Schwarzarbeit oder geringfügig Beschäftigte usw.) und wie diese Wahl in ihren Alltag und andere Rahmenbedingungen eingebunden ist (z.B. Bedingungen an ihrem Wohnort, Veränderungen auf dem Arbeitsmarkt, in ihrem Berufsfeld). Um dies besser verstehen zu können, möchte ich Sie bitten, mir zunächst ihre Lebensgeschichte zu erzählen, alles was ihnen einfällt. Vielleicht fangen Sie damit an wie es gekommen ist, dass Sie Schneiderin geworden sind und erzählen dann so über die Jahre bis zum heutigen Tag, alles was ihnen einfällt, was wichtig war."

Indem ich meinen Interviewpartnerinnen vorschlug mit ihrer Berufswahl zu beginnen, setzte ich im Hinblick auf meine Fragestellung, bewusst einen zeitlichen Anfangspunkt, der vor der Lebensphase lag, die mich hauptsächlich interessierte - nämlich die Phase des eigenen ökonomischen Handelns auf dem Arbeitsmarkt. Der Grund hierfür war, dass autonom gestaltete Erzählungen, wie Gabriele Rosenthal (1995, S. 197) ausführt, im Verlauf zunehmend dichter werden und sich verstärkt an subjektiv relevanten Aspekten des Lebens orientieren.

Die Interviewpartnerinnen präsentierten nach der Erzählaufforderung unterschiedlich ausführlich ihre Lebensgeschichten (zwischen 5 bis 63 Minuten). Auffallend war, dass einige der Frauen, die sich als beruflich erfolgreich darstellten, ihre Lebensgeschichten kaum erzählerisch ausbauten, sondern sehr sachlich und kurz schilderten. Erst in späteren Phasen des Gespräches gestalteten auch sie ihre Erzählungen aus. Nur in wenigen Fällen hatten Interviewpartnerinnen zuerst Probleme, ins Erzählen zu kommen. Sie waren sich unsicher, ob das, was sie zu erzählen begannen, auch wirklich interessant für mich wäre. In den meisten Fällen hing diese Unsicherheit mit ihrer Verwunderung zusammen, dass sich überhaupt jemand für Schneiderinnen bzw. das Arbeiten im Bekleidungssektor interessiert und darüber eine Forschungsarbeit schreibt. Doch auch in diesen Fällen konnten die Interviewpartnerinnen nach einer Ermunterung meinerseits, dass „mich alles interessiert, was für Sie relevant ist", in einen Erzählstrom gleiten. Ich hörte den Erzählungen aufmerksam zu, motivierte die Frauen zu weiterem Erzählen, wenn sie ins Stocken kamen und machte mir Notizen über Aspekte und Stationen, zu denen ich später nachfragen wollte.

---

45 Einen genaueren Überblick über die Phasen von narrativen Interviews geben Schütze (1983); Rosenthal (1995, S. 186-207); Fischer-Rosenthal/Rosenthal (1997a, S. 414-418); Bohnsack (2000, S. 106-122).

Erst nachdem die Interviewpartnerinnen durch eine Pause, durch Bemerkungen wie, „Das war es eigentlich soweit“ oder ähnliches das Ende ihrer Eingangserzählungen anzeigten, nutzte ich meine notierten Stichpunkte. Ich ermunterte sie systematisch, dem Lebensverlauf folgend, zu weiteren ausführlicheren Erzählungen über Aspekte in ihren Darstellungen, die mir unklar geblieben waren, sowie insbesondere über Phasen und Momente in ihrem Leben, an denen es irgendwelche Veränderungen gegeben hatte. Es erwies sich als besonders positiv, dass gerade solche Momente in Lebensverläufen, in besonderem Maße zu biographischen Thematisierungen herausfordern. Denn Fragen in der Form von „Können Sie mir noch etwas mehr darüber erzählen, wie es kam, dass Sie sich dann selbstständig gemacht haben?“ oder „Wie kam es, dass Sie gerade nach München gekommen sind?“ regten zu detaillierten Erzählungen dieser Entscheidungsprozesse an, so dass sich viele direkte Fragen erübrigten, die in einer anschließenden zweiten Nachfragerunde vorgesehen waren[46].

Die zweite Nachfragephase zielte darauf ab, systematisch Themenkomplexe anzusprechen, die im Rahmen der Fragestellung interessierten. Ich fragte nach der Bewertung der eigenen aktuellen Arbeitssituation, nach Situationen, in denen die Frauen etwas ganz anderes machen oder anders arbeiten wollten, danach, welche eigenen Zukunftschancen im Bekleidungssektor gesehen werden und ob Alternativen auf dem branchenfremden Arbeitsmarkt bestanden bzw. bestehen. Ich erkundigte mich nach Wünschen, die eigene Arbeitszeit zu reduzieren oder auszuweiten, eine selbstständige bzw. abhängige Tätigkeit auszuüben, danach, welche Orte bei der Suche nach einer neuen Arbeitsstelle überhaupt in Frage kamen und ob auch eine Tätigkeit im Ausland interessierte. Ich fragte danach, ob und welche gesetzlichen Regelungen die Erwerbsentscheidungen beeinflusst haben, inwiefern das Einkommen im Vordergrund ökonomischer Entscheidungen stand und steht und wie das Finanzielle innerhalb des eigenen Haushalts organisiert war und ist. Ich bat darum, mir zu erläutern, welche Bedeutung München für das eigene Leben und als Modestadt für das eigene Arbeiten hatte und hat. Ich fragte danach, wie die Interviewpartnerinnen selbst den Strukturwandel der Branche wahrnehmen und inwiefern dieser Bedeutung für ihr Arbeiten hatte und hat. Des Weiteren interessierte mich allgemein die Bewältigung der Organisation des Alltags sowie die Art und Weise der Kom-

46 Direkte Fragen, wie sie in Leitfadeninterviews verwendet werden, erzeugen im Unterschied zu erzählgenerierenden Fragen eher Argumentationen und Beschreibungen, die aus der gegenwärtigen Perspektive der Gesprächspartnerin resultieren. Sie geben Hinweise auf die eigene Verortung, die Position der Interviewpartnerin in Bezug auf das Thema (vgl. Dausien 2001).

bination von Verantwortungsbereichen in verschiedenen Lebensphasen, die Einstellung des sozialen Umfelds zur Erwerbsarbeit der Gesprächspartnerinnen sowie die Arbeitsteilung im Haushalt und bei der Kinderbetreuung. Darüber hinaus unterhielt ich mich mit meinen Interviewpartnerinnen einerseits über das Arbeiten in einer von Frauen dominierten Branche und andererseits über das Erwerbsarbeiten als Mutter. Rückblickend auf die gesamte erzählte Lebensgeschichte fragte ich nach Personen, die besonders wichtig waren.

In vielen Gesprächssituationen baute sich eine Nähe auf, die einige Interviewpartnerinnen veranlasste, auch heikle Themenbereiche (z.B. Selbstmord des Bruders, sexuelle Belästigung am Arbeitsplatz, traumatische Partnerbeziehungen, Krankheitsgeschichten) anzusprechen. Solche Situationen stellten mich immer wieder vor die Herausforderung, den ‚richtigen' Umgang zu finden. In den meisten Fällen reagierte ich durch vorsichtiges, aber gezieltes Nachfragen. In allen Fällen bestätigte sich, dass die Gesprächspartnerinnen sich dadurch in ihren Erfahrungen ernst genommen fühlten und durchaus bereit waren, mehr über diese schwierigen Erfahrungen und Ereignisse zu erzählen (vgl. Rosenthal 1995, S. 173-185). Diese heiklen Themenbereiche erwiesen sich in den rekonstruktiven Fallanalyse meist als besonders relevant für das ökonomische Handeln der Interviewpartnerinnen.

Zum Abschluss des Interviews erkundigte ich mich bei meinen Gesprächspartnerinnen, wie es ihnen während des Gespräches ergangen wäre und ob es noch etwas gäbe, was bisher noch nicht angesprochen wurde und sie noch erzählen wollten. Diese Gelegenheit, sich ‚hinaus zu erzählen', nahmen viele Gesprächspartnerinnen wahr. Einige zeigten sich erstaunt darüber, dass sie so viel zu erzählen hatten.

Unmittelbar nach den Interviews notierte ich in einem Forschungstagebuch erste Eindrücke, die Gesprächssituation, den Verlauf des Gespräches und Gedanken zu den Geschichten, die mir erzählt wurden. Alle biographisch-narrativen Interviews wurden mit dem Einverständnis der Gesprächspartnerinnen auf Tonband aufgenommen, 25 der geführten Interviews wurden später vollständig transkribiert[47]. Fünf nicht transkribierte Interviews wur-

47 Die Interviews mit drei Interviewpartnerinnen türkischer Herkunft gingen aufgrund der Bedeutung ihrer Migrationserfahrungen und ihres ‚anderen' kulturellen Hintergrunds bei ihrem ökonomischen Handeln nicht weiter in diese Untersuchung ein (vgl. zum Zusammenhang von Kultur und ökonomischem Handeln die Untersuchung von Pütz (2004) über Berliner Unternehmer türkischer Herkunft). Nur ein Teil der Interviews wurde von mir selbst transkribiert, den größeren Teil der Transkriptionen führte Isabella Schwinn als studentische Hilfskraft durch.

den durch ausführliche Protokolle der biographischen Daten und wichtiger Passagen schriftlich aufbereitet.

3.2.3 Biographische Fallrekonstruktionen

Aufgrund der Spezifik von erzählten Lebensgeschichten (siehe Kapitel 3.1) gilt nach Gabriele Rosenthal (1995, S. 208) für die Auswertung biographisch-narrativer Interviews sowohl das „Prinzip der Offenheit" als auch ein „Verbot der Gestaltzerstörung". Das heißt, methodisch bedarf es einer sequentiellen Analyse der gesamten Erzählung, wobei folgende Prinzipien zu beachten sind (vgl. Rosenthal 1995, S. 208-226; Fischer-Rosenthal/ Rosenthal 1997b, S. 147-157)[48]:

- Beide für die Präsentation einer Lebensgeschichte konstituierenden Ebenen der erlebten und der erzählten Lebensgeschichte müssen zunächst getrennt durch abduktives Vorgehen[49] rekonstruiert werden.
- Sowohl die temporale wie auch die thematische Struktur von erlebter und erzählter Lebensgeschichte muss sequentiell analysiert werden. Die Rekonstruktion der erlebten Lebensgeschichte gibt Hinweise auf die chronologische Aufschichtung der biographischen Erlebnisse in der erlebten Zeit und die biographische Bedeutung dieser Erlebnisse zur damaligen Zeit. Rekonstruiert werden somit biographische Orientierungsstrukturen, die sich im Verlauf der Sozialisation herausgebildet haben, sowie ihre Persistenz und Veränderungen im Verlauf der Lebensgeschichte. Die Rekonstruktion der erzählten Lebensgeschichte gibt hingegen Aufschluss darüber, in welchen Sequenzen sich die Selbstpräsentation der Erzählerin gestaltet und welche Bedeutung die Erlebnisse heute für die Erzählerin haben. Rekonstruiert werden somit die temporalen und inhaltlichen Verknüpfungen in Erzählungen, die biographische Gesamtsicht und Gesamtevaluationen (Fischer-Rosenthal/Rosenthal 1997b, S. 149f.).

---

48 Rosenthal (1995) verknüpft bei ihrem Verfahren der biographischen Fallrekonstruktion textanalytische Verfahren von Fritz Schütze (1983) mit der thematischen Feldanalyse und Prinzipien der hermeneutischen Fallrekonstruktion in der strukturalen Hermeneutik.

49 Beim Verfahren der Abduktion werden nach Durchsicht des empirischen Materials zuerst alle möglichen Lesarten formuliert. In einem nächsten Schritt werden dann Folge-Phänomene deduziert. Phänomene werden hier also, aufgrund ihrer strukturellen Zusammengehörigkeit, in der funktionalen Bedeutsamkeit für den Gesamtzusammenhang eines Falles gesehen (vgl. Rosenthal 1995, S. 211ff.).

- Das Prinzip der anschließenden Kontrastierung der erzählten und erlebten Lebensgeschichte dient der ‚Auswertungsinternen Textkritik', um interpretative Fehlschlüsse zu vermeiden.

Was das ökonomische Handeln einer Erzählerin prägt, was zu einer spezifischen ökonomischen Entscheidung in ihrem Lebensverlauf führte und welche Bedeutung diese Entscheidung damals für sie hatte, ist demnach nur durch die Rekonstruktion der temporalen Abfolge der biographischen Ereignisse in ihrem Lebensverlauf erkennbar. Gleichzeitig lässt sich die biographische Relevanz einer ökonomischen Entscheidung für eine Gesprächspartnerin nur einschätzen, wenn darauf geachtet wird, wie diese in ihre konkrete Lebensgeschichte, also in die vorangehenden und darauf folgenden biographischen Ereignisse eingebettet ist. Wichtig ist hierbei, dass keine Kategorien gebildet werden, sondern die funktionale Bedeutung des Ereignisses innerhalb einer Lebensgeschichte beachtet wird.

Zum konkreten Vorgehen bei der Auswertung der biographisch-narrativen Interviews:

Alle transkribierten sowie nicht transkribierten narrativen Interviews wurden im Rahmen von Globalauswertungen so aufbereitet, dass jeweils ein Überblick über biographische Daten, relevante Ereignisse, prägnante Aussagen und Passagen sowie charakteristische Zusammenhänge des ökonomischen Handelns der Gesprächspartnerin möglich wurde (vgl. Flick 2000, S. 215ff.). Aus der Gesamtheit der geführten Interviews wurden auf dieser Grundlage nach den Prinzipien des theoretischen Samplings[50] zwölf nach Alter, Haushaltsform, beruflicher Orientierung, aktueller Arbeitsform und Art der Entscheidung für den Beruf möglichst konträre Fälle für genauere biographische Fallrekonstruktionen ausgewählt (siehe markierte Fälle in Tabelle 1).

Die Auswertungen dieser zwölf Interviews basieren auf mehreren aufeinander folgenden Arbeitsschritten (vgl. Rosenthal 1995, S. 208-226; Fischer-Rosenthal/Rosenthal 1997b, S. 147-157). Die Informationen aus den Globalauswertungen aller narrativen Interviews waren hierbei für mich als Kontextwissen wichtig.

In einem ersten Arbeitsschritt filterte ich zunächst alle biographischen Daten und Ereignisse aus den transkribierten Texten und ordnete sie entspre-

50 Bei einem theoretischen Sampling werden „Entscheidungen über die Auswahl und Zusammensetzung des empirischen Materials im Prozess der Datenerhebung und -auswertung gefällt" (Flick 2000, S. 81). Die Strategie der theoretisch begründeten schrittweisen Auswahl haben Barney Glaser und Anselm Strauss (1998) im Rahmen ihrer „Grounded Theory" Ende der 1960er Jahre entwickelt.

chend ihrer Chronologie in der Lebensgeschichte (erlebte Lebensgeschichte). Ich nahm hierbei die Lebensverlaufskalender zur Hilfe. So entstand eine Kurzbiographie. Zu jeder dieser Daten entwarf ich mögliche Prognosen über deren Bedeutung für den weiteren Verlauf der Lebensgeschichte (z.B. was eine gescheiterte Meisterprüfung für die weitere Biographie bedeutet). Damit rekonstruierte ich den Kontext, in dem ein Ereignis stand, sowie die damaligen Handlungsmöglichkeiten der Erzählerin. Durch das sequentielle Vorgehen blieben wahrscheinliche Lesarten übrig. Das Ergebnis dieses ersten Arbeitsschrittes diente vor allem als wichtige Kontrastfolie für den zweiten Arbeitsschritt.

Beim zweiten Arbeitsschritt ging es darum zu rekonstruieren, welche biographischen Daten von den Erzählerinnen ausgebaut wurden (erzählte Lebensgeschichte), sowie wann und wie sie warum einzelne Themen und Ereignisse präsentierten (z.B. in welchem Zusammenhang wurde über die gescheiterte Meisterprüfung berichtet). Zu diesem Zweck gliederte ich unter Beibehaltung der zeitlichen Reihenfolge der Erzählung die transkribierte Eingangserzählung in ihre thematischen und textlichen Segmente und interpretierte wiederum, ähnlich dem ersten Arbeitsschritt, Segment für Segment. Analysiert wird in diesem Schritt die Art und die Funktion der Darstellung und damit das Präsentationsinteresse, das eine Interviewpartnerin mit der Erzählung eines Themas verbindet. Auf diese Weise wird die gegenwärtige Bedeutung von Situationen und ökonomischen Entscheidungsprozessen herausgearbeitet sowie das ‚Motto', unter dem eine Lebenserzählung steht.

Der darauf folgende dritte Arbeitsschritt diente sodann der Rekonstruktion der Bedeutung von Erfahrungen und Erlebnissen zur Zeit ihres Geschehens für die Erzählerin. Zu diesem Zweck kontrastierte ich die einzelnen biographischen Daten mit den Erzählungen und subjektiven Deutungen der Interviewpartnerinnen.

In einem vierten Schritt stellte ich die bisher einzeln rekonstruierten Ebenen der narrativen Präsentationen gegenüber und zeichnete somit ein Gesamtbild der Bedeutung von Erfahrungen und des ökonomischen Handelns einer Erzählerin unter Beachtung von zwei zeitlichen Perspektiven.

In einem fünften Arbeitsschritt wurden für jeden Fall folgende Aspekte herausgearbeitet und zusammengefasst:

- Das Motto der Selbstpräsentation;
- Handlungsmuster, Handlungsmotivationen und Ziele, die das individuelle Handeln steuern;

- Individuelle Ressourcen und ihre Kontextualisierung;
- Subjektive Handlungsorientierungen in Bezug auf Familie, Erwerbsarbeit, Beruf, Partnerschaft und Raum;
- Die subjektive Bedeutung der aktuellen Arbeitsform;
- Die Relevanz von Genderkonstruktionen in der Erzählung sowie
- Geographien des Arbeitens.

Bei der Betrachtung der Relevanz von Genderkonstruktionen und von Geographien des Arbeitens reflektierte ich, inwiefern und wie Geschlecht und räumliche Aspekte in den Erzählungen direkt thematisiert, auf Geschlechter- und Raumkonstruktionen explizit oder implizit Bezug genommen wurde sowie welche Bedeutung Gender und Raum für das ökonomische Handeln der Interviewpartnerinnen hatten (vgl. Dausien 2001).

Durch diese fünf Arbeitsschritte wurden für zwölf Lebensgeschichten zunächst fallintern Linien und Zusammenhänge individueller Arbeitsformentscheidungen nachgezeichnet. Erst im Anschluss daran verglich ich die zwölf Fallstudien, wobei ich insbesondere auf Unterschiede, Ähnlichkeiten und Muster individueller ökonomischer Entscheidungswege achtete, ohne jedoch eine Typologisierung anzustreben. Ich betrachtete und analysierte so die empirischen Ergebnisse auf einem anderen Abstraktionsniveau. Ergebnis dieses Schrittes war die Herausarbeitung von unterschiedlich charakterisierten Entscheidungswegen für Arbeitsformen (vgl. Kapitel 4.3).

3.3 Die Darstellung der empirischen Ergebnisse

Für die folgende Darstellung der empirischen Ergebnisse habe ich je nach Abschnitt des Textes verschiedene Daten genutzt. Dies schlägt sich auch in der Art der Darstellung nieder.

Der Überblick über die Entwicklung der Arbeits- und Produktionsbedingungen im handwerklichen und industriellen Bekleidungssektor in Kapitel 4.1 basiert auf den Experten- und Expertinneninterviews, den Literaturrecherchen und der Auswertung von statistischem Sekundärmaterial. Der Blick von außen auf Entwicklungen und Strukturen prägt die Perspektive. Fachbegriffe, wissenschaftliche Sprache, Zahlen und Diagramme bestimmen den Stil dieses Abschnitts.

Die Darstellung der Arbeitsformentscheidungen der Gesprächspartnerinnen in Kapitel 4.2 stützt sich auf die narrativen Interviews. Als Grundlage dienten vor allem die Texte, die ich im Verlauf der einzelnen Arbeitsschritte der rekonstruktiven Fallanalysen anfertigte. Die Globalauswertungen aller Interviews, Informationen aus ExpertInnengesprächen und Literaturrecherchen nutzte ich hierbei, um Kontextwissen zu ergänzen. Für die detaillierte Betrachtung von Arbeitsformentscheidungen in den Kapiteln 4.2.1 bis 4.2.3 habe ich exemplarisch sechs der zwölf Fälle ausgewählt, da sich mit ihnen wichtige Zusammenhänge besonders gut zeigen lassen. Der Abschnitt über die verschiedenen Ebenen der Geographie des Arbeitens (Kapitel 4.2.4) sowie die Charakterisierung von ökonomischen Entscheidungsprozessen am Schluss des Empirieteils (Kapitel 4.3), basieren jedoch wieder auf allen zwölf Fallrekonstruktionen. Die Sprache und der Blick auf ökonomisches Handeln beginnen sich damit zu Beginn des Kapitels 4.2 zu verändern. In weiten Teilen der Abschnitte 4.2.1 bis 4.2.3 bestimmen Erzählungen und die Erzählerinnen selbst den Stil und die ‚Binnensicht' der Gesprächspartnerinnen die Perspektive auf ökonomisches Handeln. Unterbrochen und ergänzt werden diese erzählenden Passagen von zusammenfassenden Analysen auf höherem Abstraktionsniveau, in denen Erzählungen, meine analytischen Reflektionen, Kontext- und theoretisches Hintergrundwissen zusammenfließen. Die Beschreibungen der sechs Fallbeispiele werden außerdem durch drei Textkästen ergänzt, in denen spezifisches Kontextwissen dargestellt wird. Diese Zusammenstellungen basieren weitgehend auf Literaturrecherchen.

4 ArbeitStoff: Wie sich Frauen in der Modebranche für verschiedene Arbeitsformen entscheiden

Menschen entscheiden sich für eine Arbeitsform immer eingebunden in konkrete Lebens- und Arbeitskontexte, wobei sie sich und ihr Leben in Beziehung zu ihrem Lebensumfeld, zu sozialen, räumlichen und institutionellen Rahmenbedingungen setzen müssen. Die Wahl einer Arbeitsform ist somit das Ergebnis eines biographischen Prozesses. Dies ist die Ausgangsthese, die ich in Kapitel 2.4.1 formuliert habe.

Am Fallbeispiel von Frauen in der Modebranche untersuche ich nun, wie diese sich für bestimmte Arbeitsformen entscheiden. Zur Analyse ihres ökonomischen Handelns nutze ich das Konzept Biographie. Folgende Fragen sollen damit beantwortet werden: Was bewegt meine Interviewpartnerinnen dazu, sich für eine bestimmte Arbeitsform aus einer Zahl von Alternativen zu entscheiden? Welche Ressourcen können sie hierbei wie einsetzen? Wie schlagen sich strukturelle Rahmenbedingungen, wie zum Beispiel der Strukturwandel der Modebranche, in ihrem ökonomischen Handeln nieder und wie gehen sie damit um? In welcher Weise zeigen sich geschlechtsspezifische und räumliche Faktoren bei ökonomischen Entscheidungen als handlungsrelevant? Schließlich geht es darum: Welchen Erkenntnisgewinn bringt es, Arbeitsformentscheidungen als biographische Prozesse zu betrachten?

Bevor ich mich den Zusammenhängen individueller ökonomischer Handlungsentscheidungen von Frauen innerhalb des Arbeitsfeldes Mode zuwende, möchte ich mit einer Darstellung der Arbeitsbedingungen, -strukturen und Entwicklungen der Modebranche den Rahmen aufspannen, in dem Arbeitsformentscheidungen von Menschen getroffen werden, die in dieser Branche arbeiten.

Die Arbeit in der Modebranche hat zwar in den letzten Jahrzehnten in Deutschland an Renommee verloren, doch Bekleidungsberufe sind immer noch insbesondere bei Frauen beliebt. Dementsprechend ist die Branche, bezogen auf die Geschlechterstrukturen, durch einen Anteil von etwa 80 Prozent Frauen sowohl an allen im Berufsfeld Bekleidung Ausgebildeten als auch an allen Beschäftigten der Branche geprägt.

Warum die Modebranche von Frauen dominiert ist, dafür gibt es unterschiedliche Erklärungsversuche. Argumentiert wird einerseits mit der Nähe zur Hausarbeit und der Nutzung eines spezifischen weiblichen Arbeitsvermögens. Andererseits wird der hohe Anteil von Frauen im Berufsfeld Bekleidung damit begründet, dass gerade dieses Berufsfeld die Möglichkeit der Nutzung von vielfältigen Arbeitsformen bietet und deshalb als gut mit einer Familie vereinbar gilt.

Blickt man genauer auf die deutsche Modebranche, hier verstanden als Branche der handwerklichen und industriellen Herstellung von Bekleidung[51] und damit verbundener Berufsfelder, bietet sie potentiell die gesamte Bandbreite der möglichen Arbeitsformen. Zwar dominiert die Beschäftigung in Normalarbeitsverhältnissen, aber neben einem hohen Anteil an Selbstständigen und freiberuflich Tätigen ist sowohl die Beschäftigung in Heimarbeit, Teilzeitarbeit, geringfügige Beschäftigung und - wenn auch in Deutschland im geringem Maße - informelle Arbeit möglich.

Die Struktur der Branche, die Arbeitsmarktbedingungen und die Möglichkeiten der Nutzung von verschiedenen Arbeitsformen haben sich in den Jahren seit dem Zweiten Weltkrieg aufgrund von Umstrukturierung und Flexibilisierung der Produktion grundlegend verändert. Diese Veränderungen der Arbeitsmarktbedingungen in der Modebranche werde ich im Folgenden im Kapitel 4.1 nachzeichnen. Den Entwicklungen und der jeweiligen Bedeutung des Modestandorts München schenke ich hierbei als gemeinsamer räumlicher Kontext des Arbeitens und Lebens meiner Interviewpartnerinnen extra Aufmerksamkeit.

4.1 Der Wandel der Modebranche seit dem Zweiten Weltkrieg

Der industrielle und handwerkliche Bekleidungssektor war nach dem Zweiten Weltkrieg ein bedeutender, boomender Wirtschaftszweig in Deutschland, der eine Vielzahl von Arbeitsplätzen bot. Seit den 1970er Jahren ist die Branche von tiefgehenden Umstrukturierungsprozessen, damit einhergehendem wirtschaftlichem Bedeutungsverlust, veränderten Arbeitsbedingungen und Qualifikationsanforderungen sowie massivem Arbeitsplatzabbau betroffen. Vor allem die Entwicklung der Bekleidungsindustrie bestimmt das Bild. Studien über die Entwicklung der Arbeitssituation im Bekleidungshandwerk und in Änderungsschneidereien gibt es kaum. Im Fol-

51 Streng genommen müsste hier von Bekleidungswirtschaft oder Bekleidungsgewerbe und damit verwandten Berufsfeldern die Rede sein: Die Studie bezieht sich nicht nur auf Menschen, die in der Herstellung von modischer Bekleidung tätig sind, sondern befragt wurden auch solche, die in Änderungsschneidereien Röcke und Hosen ändern oder Muster für Unterwäsche entwerfen und anfertigen. Einbezogen wurden außerdem Frauen, die nicht direkt im Bereich der Herstellung, sondern vielmehr als Stylistinnen bei Modeschauen oder in der Ausbildung und Weiterbildung tätig sind.

genden soll ein kurzer Überblick über die Entwicklungen des Bekleidungssektors und ihre Auswirkungen auf den Arbeitsmarkt und das spezifische Angebot an Arbeitsformen gegeben werden.

4.1.1 Der Wiederaufbau des (zivilen) Bekleidungssektors nach dem Zweiten Weltkrieg bis 1955

Nachdem am Ende des Zweiten Weltkrieges die Produktion und Beschäftigung im Bekleidungssektor zusammengebrochen war, herrschte eine enorme Nachfrage nach Bekleidung. In den westlichen Besatzungszonen und der späteren Bundesrepublik setzte ein Gründungsboom ein. Schon bestehende Firmen wurden wiedereröffnet. Da viele der bisherigen Zentren der Herstellung von Bekleidung nun in der Sowjetischen Besatzungszone bzw. in Polen lagen, kam es in dieser Zeit zu einer regionalen Umstrukturierung der Branche. Während die Bekleidungsherstellung vor dem Krieg sehr stark auf wenige Standorte konzentriert war - z.B. die Damenoberbekleidungsherstellung in Berlin um den Hausvogteiplatz (Westphal 1992) -, streuten die Standorte nun weit mehr. Trotzdem kam es zu gehäuften Neuansiedlungen im Umkreis bereits bekannter Standorte des Bekleidungsgewerbes, wie in Oberfranken, Mönchengladbach, bei Herford in Westfalen und im Umfeld der Großstädte Hamburg, Stuttgart, München und Frankfurt sowie im Raum Düsseldorf und im Ruhrgebiet. Dort konnten die Betriebe auf bestehende Infrastrukturen und auf Erwerbsarbeit suchende Frauen mit Branchenerfahrung als Arbeitskräfte zurückgreifen. Es war in dieser Zeit des Wiederaufbaus, in der die Bedeutung Münchens als Standort der Modebranche innerhalb Deutschlands enorm an Bedeutung gewann und sich das Image Münchens als Modestadt zu entwickeln begann. So gab es in der Zeit zwischen 1945 bis 1950 in München 1.998 Neugründungen im Bekleidungsgewerbe, die 6.382 Arbeitsplätze boten[52]. Ebenso kam es in kleineren Städten und in Regionen, in denen es bislang kein Bekleidungsgewerbe gab, zur Ansiedlung von Bekleidungsherstellern (Döring 1992, S. 307 ff.).

Auch die Produktionsstruktur und -organisation veränderte sich. Der breite Durchbruch der industriellen, fordistischen Bekleidungsfertigung, seit den

52 Unter Bekleidungsgewerbe werden sowohl Handwerks- als auch industrielle Betriebe statistisch zusammengefasst. Dazu zählen neben der Herstellung von Oberbekleidung und Wäsche zum Beispiel auch die Herstellung von Hüten und Mützen, von Bekleidungszubehör, die Matratzenherstellung, die Kürschnerei und andere Hilfsgewerbe der Kleider- und Wäschehersteller. 73 % der Betriebe und Beschäftigten waren im Jahr 1950 in der Herstellung von Oberbekleidung tätig (Statistisches Amt der Landeshauptstadt München 1954, S. 100).

1950er Jahren nun auch in der Oberbekleidungsherstellung, und das fast vollständige Verschwinden der Produktion durch Hausindustrielle und HeimarbeiterInnen nach dem Zweiten Weltkrieg ist zum großen Teil als Folge nationalsozialistischer Wirtschafts- und Arisierungspolitik zu sehen[53].

Wichtig für den Durchbruch der industriellen Fertigung war auch die steigende Akzeptanz von Fertigbekleidung in der Bevölkerung. Der Konsum von Konfektionsware nahm in den 1950er Jahren rasant zu. Ende der 1950er stieg vor allem der Wunsch nach modischer Kleidung. Die Zahl der Frauen, die selbst schneiderten, nahm ab. Davon profitierten die Hersteller von Damenoberbekleidung (Heidenreich 1990). Zwischen 1950 und 1957 stieg die Nettoproduktion in der Bekleidungsindustrie um durchschnittlich 13,5 % pro Jahr (Döring 1992, S. 313).

In Bezug auf die angebotenen Beschäftigungsmöglichkeiten bedeutete dies eine Abnahme und Verdrängung von Arbeitsplätzen in hausindustriellen Betrieben, größeren Schneiderwerkstätten und in Heimarbeit auf Nischen. Die Nutzung von HeimarbeiterInnen in größerem Maße blieb nur in wenigen Regionen bestehen, so zum Beispiel in Franken. Dafür entstanden in größerer Zahl gewerbliche Arbeitsplätze in den Bekleidungsunternehmen, die nun zur Eigenfertigung übergingen (Döring 1992, S. 310). Es waren vor allem Arbeitsplätze für junge, un- und angelernte Frauen, deren Interesse an einer Erwerbstätigkeit damals stieg. Der Anteil der Frauen an den Gesamtbeschäftigten betrug in den 1950er Jahren durchgehend über 80 %, nur in der Bügelei und im Zuschnitt dominierten Männer in den ausführenden Abteilungen. Der Bedarf an qualifiziertem, handwerklich ausgebildetem Personal war zu dieser Zeit noch gering (Flick 1974 zit. n. Lutum 1987, S. 106). Rationalisierung und Automatisierung der Produktion, der Einsatz von starren Fließbändern und Spezialnähmaschinen, die kleinteilige Zergliederung einzelner Fertigungsschritte, die Produktion in großen Serien und Vollzeitarbeit im Akkord mit häufig sehr langen Arbeitszeiten und Samstagsarbeit prägten das

53 Die Herstellung von Oberbekleidung war vor dem Zweiten Weltkrieg stark in der Hand von jüdischen Unternehmern und vorrangig im Verlagssystem organisiert. In der Betriebszentrale waren das Management, der Vertrieb und bestimmte Vorgänge der Arbeitsvorbereitung angesiedelt. Die eigentliche Produktion funktionierte über die Auftragsvergabe an Schneiderwerkstätten, so genannte Zwischenmeister. Während des Zweiten Weltkrieges wurde die Herstellung von Oberbekleidung im Verlagssystem weitgehend zerstört bzw. in die Herstellung von Wehrmachtsbedarf umgewandelt. Die massenweise Herstellung von Uniformen stellt damit den Beginn der tayloristischen Produktion von Bekleidung dar (Döring 1992, S. 148 ff.; Westphal 1992).

Arbeiten in den neuen Konfektionsfabriken. Parallel gab es weiterhin die Vergabe von Teilen der Fertigung an Zwischenmeister und HeimarbeiterInnen.

1955 arbeiteten in Westdeutschland in 3.490 industriellen Bekleidungsbetrieben[54] rund 290.700 Beschäftigte (mit HeimarbeiterInnen) (siehe Abbildung 7), fast die Hälfte davon in der Herstellung von Oberbekleidung (Döring 1992, S. 318/319). Damit war die Zahl der Beschäftigten seit 1950 um 55 % gestiegen. In der Branche dominierten zahlenmäßig bis 1954 noch Kleinbetriebe mit bis zu 49 Beschäftigten.

Zunächst florierte in der ersten Nachkriegszeit auch das Maßschneiderhandwerk. Es entstanden, insbesondere in München, so genannte Modesalons, und zahlreiche Haute-Couture-Modeschauen fanden statt (Epp 2001). Doch in den folgenden Jahren drängten die Konfektionsbetriebe die Maßschneidereien immer mehr zurück. So verringerte sich die Zahl der Betriebe des Damenschneiderhandwerks in der Bundesrepublik von 78.350 im Jahr 1949 auf 54.157 im Jahr 1956 (Lutum 1987, S. 109). Vor allem gelernte Herrenschneider wechselten in die Industrie auf mittlere Führungspositionen, zum Beispiel als Gruppenleiter (Döring 1992, S. 315). Das Handwerk, insbesondere die Damenschneiderei, behielt jedoch eine wichtige Bedeutung bei der Ausbildung und Qualifizierung in den Bekleidungsberufen: Denn in der Industrie existierten bis 1971 nur so genannte Anlernberufe mit maximal eineinhalb Jahren Ausbildung (z.B. zur Kleidernäherin).

In München gab es 1946 im Bekleidungsgewerbe insgesamt 3.313 Betriebe mit 13.359 Beschäftigten, 1950 waren es dann 4.998 Betriebe mit 17.766 Beschäftigten[55]. Der Großteil der Betriebe (87 %) hatte weniger als fünf Beschäftigte, fast 60 % waren Einpersonenbetriebe und nur 40 Betriebe hatten mehr als 50 Beschäftigte. 2.974 der Unternehmen waren in die Handwerksrolle eingetragene Maßschneidereien (Statistisches Amt der Landeshauptstadt München 1954). In München gab es darüber hinaus zwei renommierte Schulen, die Weiterbildungen anboten, zum einen die Deutsche Meisterschule für Mode und zum anderen die Fachschule für Mode- und Schnitttechnik M. Müller und Sohn.

54 Diese Angabe bezieht sich auf industrielle Betriebe ab 10 Beschäftigte.

55 Die Zahlen beruhen auf einer Arbeitsstättenzählung im Handwerk und der Industrie.

4.1.2 Die Boomphase der Industrie und der Bedeutungsverlust des Handwerks: 1955 bis 1970

Die Branche boomte und wuchs nach Beschäftigten, Produktion und Betrieben unvermindert bis 1966, nur im Jahr 1958 gab es eine Textilkrise. Das Wachstum der Bekleidungsindustrie lag bis 1966 über dem Durchschnitt der Gesamtindustrie (Breitenacher 1975). Die Zahl der Beschäftigten in der Bekleidungsindustrie erhöhte sich bis 1966 auf 406.402 und erreichte damit ihren Höhepunkt (siehe Abbildung 7). Gegenüber 1955 stellte dies eine neuerliche Zunahme von 40 % dar. Die Umsätze stiegen in diesem Zeitraum von 5,3 Milliarden DM auf 12,5 Milliarden DM, um ca. 137 %. Im Jahr 1966 wurde die Zahl von 5.775 Bekleidungsunternehmen erreicht (Döring 1992, S. 318ff.).

Abb. 7: Entwicklung der Beschäftigten im Bekleidungssektor in Westdeutschland von 1950 bis 2003

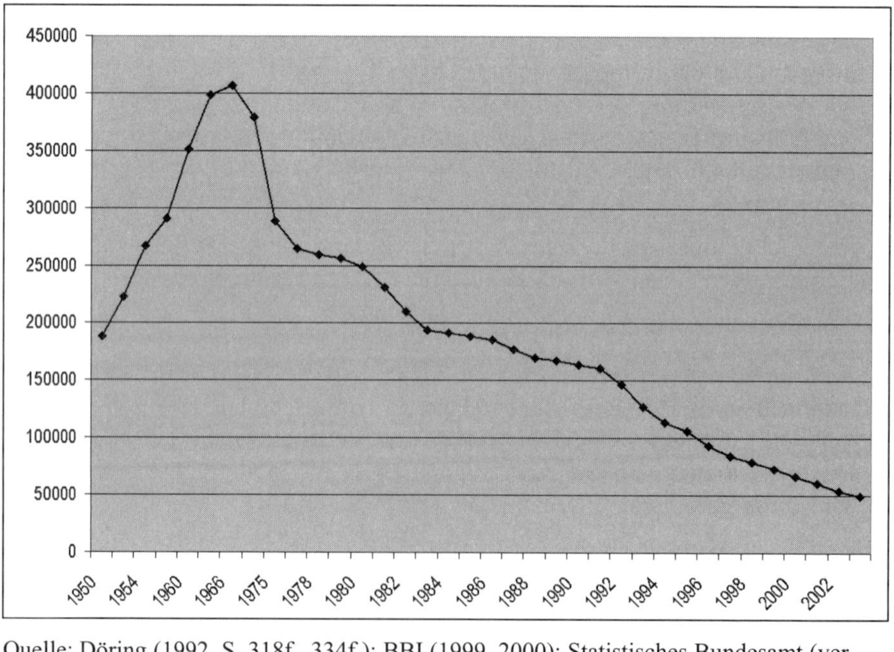

Quelle: Döring (1992, S. 318f., 334f.); BBI (1999, 2000); Statistisches Bundesamt (verschiedene Jahre): Produzierendes Gewerbe, Eigene Darstellung

Bereits Mitte der 1950er Jahre gab es einen Mangel an Arbeitskräften. Besonders Frauen, die als un- und angelernte Näherinnen arbeiten wollten, waren kaum noch in den städtischen Regionen zu finden, denn für sie bot sich die Erwerbstätigkeit in anderen Industriebranchen mit zum Teil attraktiveren Arbeits- und Lohnbedingungen an. Aufgrund dieser regionalen Arbeitskräfteknappheit begannen die Bekleidungsunternehmen Teile ihrer Produktion vermehrt in ländliche Regionen zu verlegen. Vor allem in strukturschwachen Regionen, die für andere Industrien weniger interessant waren und wo die Ansiedlung zum Teil durch regionale Wirtschaftsförderung unterstützt wurde, errichteten sie Zweigbetriebe oder reine Nähereien (Breitenacher 1975). Für manche Frauen jener Regionen stellte dies erstmals eine Möglichkeit dar, in der Industrie erwerbstätig zu werden. Viele waren aufgrund familiärer Verpflichtungen ortsgebunden. Die Dezentralisierung der Produktionsstätten brachte auch eine Umverteilung der Arbeitsplätze zwischen den Regionen mit sich. So gewann vor allem Bayern Arbeitsplätze hinzu, während Nordrhein-Westfalen an Bedeutung verlor.

Der Bedarf an Arbeitskräften blieb hoch. Mit Beginn der Vollbeschäftigung Anfang der 1960er Jahre in Westdeutschland griffen die Unternehmen schließlich, zusätzlich zur Verlagerung in ländliche Gebiete, auf ausländische Arbeitskräfte zurück. Die Zahl der ausländischen Beschäftigten stieg von 18.200 im Jahr 1963 auf 28.600 im Jahr 1968, wovon 1968 ca. 78 % Frauen waren. Ausländische Beschäftigte stellten 1968 einen Anteil von 8 % der insgesamt 366.600 Beschäftigten in der Bekleidungsindustrie (BBI zit. n. Beese/Schneider 2001, S. 72). Bis 1973 stieg der Anteil auf 16,6 % (Döring 1992, S. 328).

Auch auf HeimarbeiterInnen[56] wurde bei Engpässen verstärkt zurückgegriffen. Allerdings kann man nicht von einer Rückkehr zum früheren Verlagswesen sprechen. Der Anteil der HeimarbeiterInnen an allen Betriebsbeschäftigten lag Ende der 1950er Jahre über 10 %, hielt sich auf diesem Niveau bis 1966 (Döring 1992, S. 316) und konzentrierte sich zu 38 % in Bayern. Nur an einigen traditionellen Standorten der Bekleidungsindustrie war die Beschäftigung von HeimarbeiterInnen Ende der 1950er Jahre noch als fester Teil der Produktionsorganisation bedeutend, so zum Beispiel in Berlin, Herford, Bielefeld und Aschaffenburg. Nachdem 1966 die Branche

56 Die HeimarbeiterInnen waren häufig gelernte SchneiderInnen. Der Anteil von Frauen an allen HeimarbeiterInnen im Bekleidungsgewerbe stieg von 87,6 % (1964) auf 92,3 % im Jahr 1973 (Breitenacher 1975, S. 88). Die Vergabe und Entlohnung von Aufträgen an HeimarbeiterInnen ist in Deutschland über das Heimarbeitsgesetz geregelt. Zur Diskussion und Entwicklung der Heimarbeit im deutschen Bekleidungssektor siehe Schier/Baylina (2002).

in Schwierigkeit geriet, nahm vor allem der Anteil an HeimarbeiterInnen ab und betrug 1970 unter 8 % der Gesamtbeschäftigten (siehe Abbildung 9).

Der Anteil von verheirateten Frauen in der Bekleidungsindustrie war inzwischen stark gestiegen, so dass Doppelbelastung zum Thema von gewerkschaftlichen Auseinandersetzungen in den Jahren 1963/64 wurde. Die Gewerkschaft Textil-Bekleidung setzte sich folglich für die Einführung der Teilzeitarbeit in den Betrieben ein, um verheiratete Frauen zu entlasten.

Erst 1965 wurde die Wochenarbeitszeit von 43 Stunden auf 41 Stunden gekürzt, 1970 dann auf 40 Stunden. Durch den stark arbeitsteiligen Produktionsprozess wurden hauptsächlich Arbeitsplätze in der Fließbandfertigung angeboten, wobei Bügeln, Zuschnitt und Nähen nach Akkord bezahlt wurden. Finanziell lohnte sich also weder Ausbildung noch Qualität bei der Arbeit. Nur die Schnelligkeit zählte (Heidenreich 1990, S. 185). Man arbeitete auch an Samstagen, Überstunden waren keine Seltenheit. Nur verheiratete Frauen hatten damals Anspruch auf einen freien Samstag im Monat, den so genannten Hausarbeitstag (Beese/Schneider 2001, S. 105).

Schon ab Mitte der 1960er Jahre standen die Unternehmen jedoch wieder vor Rekrutierungsproblemen, denn immer weniger Arbeitskräfte im Inland waren bereit, auf die Arbeitsbedingungen und niedrigen Löhne in der Bekleidungsindustrie einzugehen. So begann um 1967 die Verlagerung ins Ausland und damit die Internationalisierung der Produktion. Zuerst verlegten die Unternehmen Tochterbetriebe ins europäische Ausland und griffen auf die passive Lohnveredelung - die Vergabe von Fertigungsaufträgen an ausländische Produktionsbetriebe - zurück. Gleichzeitig stiegen Bekleidungsimporte aus dem Ausland und erhöhten den Druck auf die heimische Industrie. Ab 1966 begann langsam der Abbau von inländischen Arbeitsplätzen, vorrangig in der Produktion. Insbesondere die von Frauen dominierten, niedrig qualifizierten Produktionsarbeitsplätze fielen weg. Der damit beginnende massive Beschäftigungsabbau vollzog sich vor dem Hintergrund der Vollbeschäftigung in Deutschland lange Zeit im Stillen und unbeachtet von der Öffentlichkeit (Heidenreich 1990, S. 199). Viele der ArbeiterInnen, die ihre Arbeitsstelle in der Bekleidungsindustrie verloren, konnten damals noch in andere Industriezweige wechseln.

Das Handwerk verlor ab 1955 weiter rapide an Bedeutung, denn die Bekleidungsnachfrage veränderte sich. Die Akzeptanz der Bekleidung ‚von der Stange' wuchs auch in gehobeneren KäuferInnenschichten. Zwischen 1956 und 1963 ging die Zahl der Herrenschneiderbetriebe um 35 % zurück, bei den Damenschneiderbetrieben waren die Verluste sogar noch höher (siehe Abbildung 8). Viele der im Handwerk ausgebildeten Beschäftigten wanderten in die boomende Bekleidungsindustrie ab und wurden als qualifizierte Arbeitskräfte immer mehr geschätzt (Beese/Schneider 2001, S. 68). In den bestehenden selbstständigen Betrieben kam es in der Folge zu einer Überalterung. Für die Ausübung einer Selbstständigkeit im Schneiderhandwerk ist die Eintragung in die Handwerksrolle und damit die erfolgreiche Ablegung einer Meisterprüfung Voraussetzung. Die Zahl der in der Bundesrepublik abgelegten Meisterprüfungen im Damenschneiderhandwerk sank jedoch von 1.312 im Jahr 1954 auf 408 im Jahr 1970 (Lutum 1987, S. 109). Damit fehlte es schon damals an MeisterInnen-Nachwuchs.

Abb. 8: Betriebe und Beschäftigte im Bekleidungshandwerk in Westdeutschland von1956 bis 1994[57]

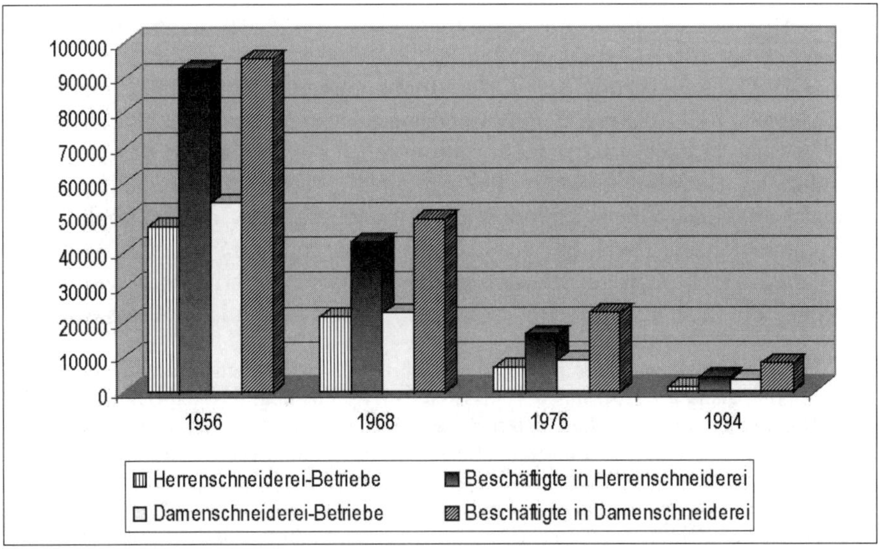

Quelle: Statistisches Bundesamt (verschiedene Jahre): Handwerkszählung, Eigene Darstellung

57 Die letzte Handwerkszählung fand 1995 statt. Die nächste Zählung wird es nach Auskunft des Statistischen Bundesamtes erst im Jahr 2009 geben. Andere Statistiken zum Bekleidungshandwerk beruhen auf den Eintragungen in die Handwerksrolle und sind nicht mit der Handwerkszählung zu vergleichen. Anders als in der Handwerkzählung wird dort nur die Zahl der Betriebe für das Damen- und Herrenschneiderhandwerk zusammen ausgewiesen. Im Jahr 2001 gab es nach der Betriebsstatistik des Zentralverbands des Deutschen Handwerks 4.498 Betriebe des Damen- und Herrenmaßschneiderhandwerks in Westdeutschland.

4.1.3 Große Veränderungen in der Modebranche: 1970 bis 1990

Die von Klein- und Mittelbetrieben geprägte deutsche Bekleidungsindustrie war zu Beginn der 1970er Jahre noch die umsatzstärkste aller europäischen Bekleidungsindustrien (BBI zit. nach Beese/Schneider 2001, S. 111). Doch durch Konsumveränderungen und Importe[58], vor allem aus West- und Südeuropa, bald immer mehr aus Ostasien (vor allem Hongkong, Taiwan und Südkorea), stieg der Konkurrenz- und Flexibilisierungsdruck enorm. Die Verlagerungen der Produktion ins Ausland beschleunigten sich (vgl. Fröbel/Heinrichs/Kreye 1977). Bis 1973 hielten die Verlagerungen in strukturschwache inländische Regionen an, dann wurden im Zuge der Internationalisierung auch inländische Zweigwerke im ländlichen Raum wieder geschlossen. Der Ölschock 1973 und die darauf folgende Rezession traf inländische Unternehmen wegen des Preisanstiegs von Rohmaterialien und dem Absinken der Kaufkraft zusätzlich. Gleichzeitig wurden die Importbestimmungen für Konsumgüter weiter liberalisiert (Beese/Schneider 2001, S. 114). Die Erneuerung des Welttextilabkommens 1974 bis 1995 verlangsamte zwar die Dynamik der Auslandsverlagerungen und Nutzung der passiven Lohnveredelung durch Einfuhrquoten für verschiedene Fasern, doch zahlreiche Betriebe konnten den Entwicklungen nicht standhalten. Zunächst meldeten überwiegend Kleinbetriebe Konkurs an, vielfach Zwischenmeister, die durch die Produktionsverlagerung nun weniger Aufträge erhielten. Doch auch gut situierte mittelständische Unternehmen, vor allem solche, die sich auf Wäsche, Schürzen, Arbeitsbekleidung, Hemden und

58 Die Importe stiegen 1971 bis 1974 jährlich um 25 %. Ein beträchtlicher Anteil der Importe stammte dabei aus der passiven Lohnveredelung, das heißt es waren „Eigenimporte“ der deutschen Unternehmen (Breitenacher 1975, S. 147ff.). Die starke Nutzung der passiven Lohnveredelung ist ein spezifisches Charakteristikum der bundesdeutschen Bekleidungsindustrie. In anderen europäischen Ländern griff man hingegen wesentlich stärker auf untertariflich bezahlte MitarbeiterInnen in kleinen (Handwerks)Betrieben zurück (Heidenreich 1990, S. 200). Dies, die ‚Zerschlagung' des Verlagswesens während des Nationalsozialismus, die starke Regulierung der Handwerksberufe und das Fehlen von illegalen MigrantInnen erklärt auch, warum es in Deutschland nicht zu einer Entwicklung von Sweat Shops und damit der Nutzung von informell arbeitenden Menschen im großen Stil kam, wie in den Niederlanden, Frankreich, Italien oder den USA (vgl. Raes 1999; Morokvasic/Waldinger/Phizacklea 1990; Morokvasic 1991). Deutsche Unternehmen profitieren jedoch durchaus von der Nutzung informeller Arbeitsstrukturen und schlechter Arbeitsbedingungen in Zulieferbetrieben im Ausland (vgl. Südwind e.V. 1997; Musiolek 1997). Die Nutzung informeller Arbeit im Inland konzentriert sich auf selbstständige Gründer, Einzelpersonen oder kleinere Firmen, die Teile ihrer Fertigung in Schwarzarbeit abwickeln. Die Vergabe von Aufträgen von Unternehmen an illegal beschäftigte HeimarbeiterInnen gibt es nur in Einzelfällen.

ähnliches spezialisiert hatten, bekamen Probleme. Die Produktion dieser sehr standardisierten Ware ließ sich leicht verlagern und stellte anfangs die Basis der Produktion in den Billiglohnländern dar. Gefährdet waren auch Oberbekleidungshersteller des niedrigen und mittleren Preisniveaus. Gewinner des Strukturwandels waren Unternehmen mit einem Jahresumsatz über 13 Millionen Euro, die sich auf die Herstellung von qualitativ hochwertiger Oberbekleidung spezialisiert hatten (Beese/Schneider 2001, S. 122). Die Zahl der Betriebe in Westdeutschland sank von 1970 bis 1990 von 5.163 auf 2.074[59]. Diese Entwicklung zeigte sich auch in München: Die Zahl der Betriebe des Bekleidungsgewerbes schrumpfte dort von 105 Betrieben mit 8.516 Beschäftigten (1971) auf nur noch 20 Betriebe mit 2.298 Beschäftigten im Jahr 1991[60]. Damit kam es zu einem starken Konzentrations- und Spezialisierungsprozess im Bekleidungssektor.

Die Bundesregierung stand in den 1970er Jahren dem Aufbau von Bekleidungsindustrien in Entwicklungsländern positiv gegenüber und unterstützte so den Ausbau der „Neuen Internationalen Arbeitsteilung“ und den Strukturwandel der inländischen Bekleidungsindustrie (Fröbel/Heinrichs/Kreye 1977). Der Beschäftigungsabbau im Inland wurde von der Regierung als notwendiges Übel gesehen. Die Branche galt trotz einer großen Zahl von Beschäftigten arbeitsmarktpolitisch nicht als zukunftsträchtig, da sie vor allem niedrig qualifizierte Arbeitsplätze für Frauen bot. Die damalige SPD-Regierung strebte hingegen die Ausweitung von Qualifizierung und Bildung an (Fröbel/Heinrichs/Kreye 1977, S. 195ff.). Anders als zum Beispiel für die Stahlindustrie gab es für die Bekleidungsindustrie auch in den 1980er Jahren keine sektorspezifischen Beihilfeprogramme etwa zur Finanzierung von Sozialplänen oder andere staatliche Hilfen zur Strukturanpassung (Figge/Quack 1990, S. 88ff.).

Die Zahl der inländischen Beschäftigten schrumpfte in der Folge von 1970 bis 1990, trotz steigender Umsätze, um 57 % und lag im Jahr 1990 bei 164.023 (siehe Abbildung 7). Die Schwerpunkte des Arbeitsplatzabbaus lagen in den Jahren 1970 bis 1975 und zwischen 1980 und 1985. Der Beschäftigungsabbau betraf hauptsächlich Frauen, da vorzugsweise die von Frauen stark besetzten Produktionsabteilungen ins Ausland verlagert wurden (Figge/Quack 1990, S. 76ff.). Der Anteil von Frauen an allen Beschäftigten

---

59 Die Zahlen beziehen sich für das Jahr 1970 auf Betriebe ab 10 Beschäftigte, für das Jahr 1990 hingegen nur auf Betriebe mit 20 und mehr Beschäftigte (Statistisches Bundesamt (verschiedene Jahre): Produzierendes Gewerbe).

60 Die Zahlen beziehen sich für das Jahr 1971 auf Betriebe ab 10 Beschäftigte, für das Jahr 1991 hingegen nur auf Betriebe mit 20 und mehr Beschäftigte (Statistisches Amt der Landeshauptstadt München 1972, 1992).

im Bekleidungssektor verringerte sich dadurch auf unter 80 %. Auch ausländische Beschäftigte, die 1973 16,6 % aller Beschäftigten erreichten, waren besonders vom Arbeitsplatzabbau betroffen. Ihr Anteil sank bis 1990 auf 8,9 %. Wiederum waren Frauen verstärkt betroffen (Döring 1992, S. 462; Konle-Seidl 1992, S. 26).

Der Strukturwandel der Bekleidungsindustrie seit Anfang der 1970er Jahre, der mit der Konzentration auf qualitativ höherwertige Ware sowie die Fertigung für Nischenmärkte einher ging, hatte weitere tief greifende Veränderungen bei der Produktionsorganisation sowie dem Bedarf und den Anforderungen an Arbeitskräfte zur Folge. Die Bedeutung der Arbeit an Fließbändern und im Akkord nahm ab. Die häufigeren Wechsel der Kollektionen führten zu vermehrten Musterungen und Wechsel in den Fertigungsabläufen. Dies zog die Notwendigkeit der schnelleren Umrüstung der Maschinen und mehr Arbeitsgänge pro Person nach sich. Der Zeit- und Leistungsdruck für die Beschäftigten in den Nähereien erhöhte sich enorm. Gleichzeitig stieg die Bedeutung der Musterabteilungen und anderer vorbereitender und kreativer Abteilungen. Teilweise entstanden Abteilungen neu, vor allem im Bereich der Organisation und Überwachung der Auslandsproduktionen. Die Bedeutungsabnahme der Fertigung an sich zeigte sich an dem seit Mitte der 1970er Jahre kontinuierlich abnehmenden Anteil der ArbeiterInnen an den Gesamtbeschäftigten.

Durch die Umstellung der Produktionsabläufe auf kleinere Serien erhöhte sich zum einen der Bedarf an qualifizierten und flexiblen Beschäftigten in der Fertigung. In diesem Zusammenhang wurde 1971 eine dreijährige Stufenausbildung zur BekleidungsschneiderIn eingeführt (Heidenreich 1990, S. 187). Seit 1976 schlug sich dies in einem steigenden Anteil von ausgebildeten Fachkräften in der Bekleidungsindustrie nieder (Heidenreich 1990). Vor allem in der Modellabteilung, in der Herstellung von Lagebildern und der Arbeitsvorbereitung stieg der Anteil von hoch qualifizierten Beschäftigten (Adler/Breitenacher 1984). Allerdings sank die Zahl der Auszubildenden im Bekleidungsgewerbe von 1980 bis 1990 um 56 %, und die Zahl der angebotenen Ausbildungsplätze überstieg bald die Nachfrage nach Ausbildungsstellen (Konle-Seidl 1992, S. 25). Es deutete sich hiermit ein Nachwuchsproblem an.

Durch die verstärkte Auslandsfertigung stieg zum anderen auch der Bedarf an BekleidungstechnikerInnen, die die Fertigung im Ausland organisieren, betreuen und überwachen. Die Bereitschaft zur räumlichen Mobilität, Managementfähigkeiten, interkulturelle Kompetenzen und Sprachkenntnisse haben dadurch als Qualifikationen von Beschäftigten an Bedeutung gewonnen.

Ab 1985 veränderte sich mit der Einführung neuer computergesteuerter Rationalisierungsmöglichkeiten vor allem die Arbeit in der Verwaltung, Disposition und Logistik, aber auch im Design- und Schnittbereich grundlegend. So sind im Bereich Schnitt Kenntnisse in der digitalen Schnittaufstellung seit den 1990er Jahren selbstverständliche Qualifikationsanforderungen an Beschäftigte geworden.

Auch in den 1980er Jahren arbeitete ein großer Teil der Beschäftigten noch regelmäßig am Samstag. Die Wochenarbeitszeit wurde jedoch 1989 auf 39 Wochenstunden weiter reduziert. Im Hinblick auf die Verdienste der ArbeiterInnen rangierte die Bekleidungsindustrie Ende der 1990er Jahre auf dem vorletzten Platz aller Industriezweige. Innerhalb der Bekleidungsindustrie waren die durchschnittlichen Bruttoverdienste von Frauen in allen Leistungsgruppen niedriger als die der Männer (Figge/Quack 1990, S. 98).

Der allgemeine Trend zur Pluralisierung von Arbeitsformen ab den 1970er Jahren spiegelt sich in der Nutzung von Arbeitsformen in der Bekleidungsindustrie wieder. So vergrößerte sich die Zahl der Arbeitsverhältnisse mit befristeten Arbeitsverträgen, der Teilzeitarbeitsverhältnisse und der geringfügigen Beschäftigung. Vor allem der Anteil von Befristungen bei Neueinstellungen ist ab Mitte der 1980er Jahre stark gestiegen. Die Beschäftigung in Teilzeit nahm von 1976 bis 1982 zu, stagnierte jedoch dann und lag 1990 bei 10,6 % aller Beschäftigten (Konle-Seidl 1992, S. 30ff.). Auch in der Bekleidungsindustrie ist Teilzeitarbeit eine Arbeitsform, die zu 98 % von Frauen ausgeübt wird (Figge/Quack 1990, S. 104ff.). Die Nutzung von atypischen Arbeitsformen in der inländischen Bekleidungsindustrie ist jedoch nicht überproportional hoch, denn die Flexibilität der Produktion baut vorrangig auf die Lohnveredelung im Ausland.

Die Zahl der HeimarbeiterInnen sank von 1970 bis 1980 um weitere 50 % und auch im folgenden Jahrzehnt ging die Bedeutung der Vergabe von Aufträgen an HeimarbeiterInnen weiter zurück[61] (siehe Abbildung 9). Die alte Generation der HeimarbeiterInnen, SchneidermeisterInnen, StickerInnen etc. starb aus. Der Anteil der HeimarbeiterInnen an allen Beschäftigten im Bekleidungssektor betrug 1980 nur mehr 5,6 %.

---

61 Der Rückgang kann nicht genau quantifiziert werden, denn seit 1982 wird die Herstellung von Heimtextilien in Heimarbeit statistisch nicht mehr dem Textilsektor zugerechnet, sondern dem Bekleidungsgewerbe. Es kam deshalb zu einem scheinbaren, kurzfristigen Anstieg der Heimarbeitsverhältnisse zu Beginn der 1980er Jahre (siehe Abbildung 9). Der Abbau von Heimarbeitsverhältnissen setzte sich jedoch auch nach 1982 fort. Alle Daten zur Heimarbeit beziehen sich auf die vom BMWA im Bundesarbeitsblatt (verschiedene Jahre) veröffentlichten.

Abb. 9: HeimarbeiterInnen im Textil- und Bekleidungssektor in Deutschland von 1957 bis 2002

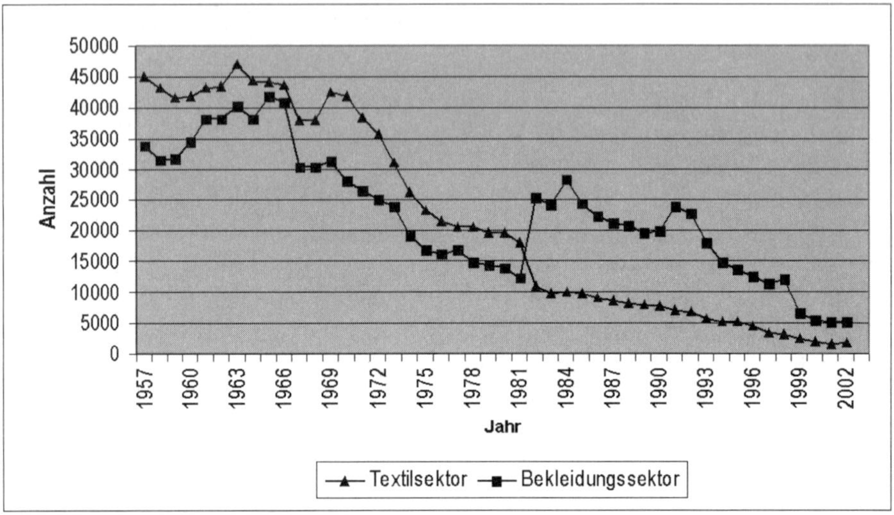

Quelle: BMWA (verschiedene Jahre): Bundesarbeitsblatt[62], Eigene Darstellung

In den 1980er Jahren stieg aufgrund der stärkeren Nutzung der Vergabe von Aufträgen in der Bekleidungsindustrie zunächst auch die Bedeutung der inländischen Zwischenmeister, also größerer Handwerksbetriebe, die als Lohnfertiger fungieren (siehe Abbildung 10). Dies schlug sich in einer im Vergleich zu den 1970er Jahren steigenden Selbstständigenquote in den 1980er Jahren nieder (Adler/Breitenacher 1984).

1986 gab es nach Angaben des damaligen Vorsitzenden des Verbandes für das Lohngewerbe in Bayern, Herrn Netsch, allein in den beiden für die Lohnkonfektion bedeutendsten Standorte Nordrhein-Westfalen und Bayern über 500 im Verband organisierte Betriebe mit circa 16.000 Beschäftigten.

---

62 Die Zahl der HeimarbeiterInnen ist den Heimarbeitslisten entnommen, die das BMWA aufgrund freiwilliger Meldungen der Heimarbeit vergebenden Betriebe erstellt. Personen mit mehr als einem Heimarbeitsverhältnis werden doppelt gezählt. Um die Änderung der statistischen Grundlage nachvollziehbar zu machen, wird in dieser Abbildung die Entwicklung der Zahl der HeimarbeiterInnen im Textilsektor ebenso dargestellt (siehe Fußnote 60).

Abb. 10: Zwischenmeisterbetrieb in München: Nähen von Jacken

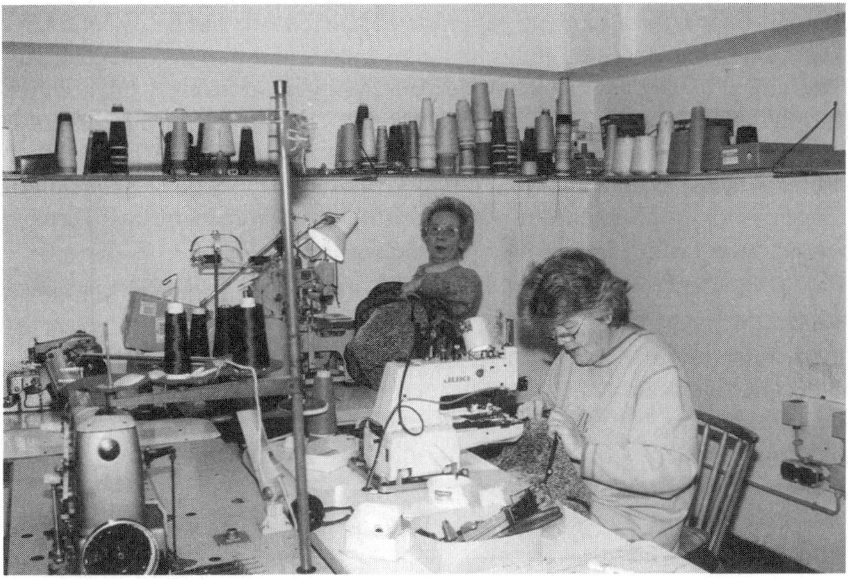

Foto: Michaela Schier

Die Bedeutung von selbstständigen Maßschneiderbetrieben nahm jedoch weiter ab (siehe Abbildung 8). Der Anteil von Frauen an den Selbstständigen des Textil- und Bekleidungsgewerbes lag 1987 bei 41 % (Figge/Quack 1990, S. 110)[63]. Die Dominanz von Einpersonen-Selbstständigen und von Kleinstbetrieben mit bis zu vier Personen ist für diesen Sektor des Bekleidungsgewerbes charakteristisch (Figge/Quack 1990, S. 108).

Seit den 1970er Jahren ist hingegen ein Wachstum von selbstständigen Betrieben des handwerksähnlichen Bekleidungsgewerbes, also so genannten Änderungs- oder Flickschneidereien in Westdeutschland sichtbar. Auch bei diesem Sektor dominieren Ein-Personen-Betriebe und Kleinstbetriebe mit nur wenigen Beschäftigten. Wahrscheinlich ist, dass viele der vorher in der Industrie Beschäftigten sich nach ihrer Kündigung als ÄnderungsschneiderInnen selbstständig machten, viele wechselten auch in den ebenfalls wachsenden Sektor der Bekleidungsreinigung bzw. des Bekleidungseinzelhandels.

63 Die Daten werden im Mikrozensus nur für das Textil- und Bekleidungsgewerbe zusammen ausgewiesen.

4.1.4 Die Situation seit den 1990er Jahren bis 2004

Die Situation in der Bekleidungsindustrie ist seit 1991 durch sinkende Umsätze[64], weiteren Beschäftigungsabbau im Inland und durch gestiegene Anforderungen an die Qualifikation der Beschäftigten gekennzeichnet. Durch die anhaltende Tendenz der Verlagerung bzw. Vergabe von Produktionsschritten ins Ausland veränderte sich der Charakter der in Deutschland verbleibenden Unternehmensteile: Die Produktionsfunktionen nahmen zugunsten von Organisationsaufgaben ab. Eine unternehmensinterne Tertiärisierung fand statt.

Mit der Wiedervereinigung Deutschlands, der Öffnung neuer Märkte in Mitteleuropa und der weiteren Liberalisierung des Warenverkehrs nahm die Auftragsvergabe ins Ausland nach 1990 rasant zu und konzentrierte sich immer mehr auf Mittel- und Osteuropa. Die Auslagerung von Produktionsschritten im In- und Ausland dehnte sich über die eigentliche Fertigung hinaus, auch auf den Zuschnitt, die Arbeitsvorbereitung und das Bügeln aus (Adler/Breitenacher 1995).

Die Tendenz der Auslagerung nach Mittel- und Osteuropa wurde durch drei politische Maßnahmen weiter begünstigt: 1995 wurde das Welttextilabkommen in die allgemeinen handelspolitischen Richtlinien der World Trade Organisation (WTO) überführt. 1997 wurden alle Zölle zwischen den EU-Ländern und den osteuropäischen Staaten abgebaut und 1998 alle Quoten im Passiven Lohnveredelungsverkehr aufgehoben. Seit Mitte der 1990er Jahre verfolgen Unternehmen der Bekleidungsindustrie mit den Auslandsverlagerungen der Produktion nicht mehr nur das Ziel der Senkung der Lohnkosten. Vielmehr überwiegt inzwischen das Interesse an der Erschließung neuer Absatzmärkte. Die Inlandsfertigung machte Anfang der 2000er Jahre nur noch ca. 5 % bis 10 % der gesamten Produktion aus[65].

Im Zuge dieser Entwicklungen schrumpfte die Zahl der Betriebe von 1990 bis 2003 von 2.074 auf 461[66]. Von den Schließungen waren fast ausschließlich Tochterunternehmen und Betriebsstätten der Großunternehmen, v.a. in ländlichen Regionen betroffen, die ihre Produktion bis auf Restbestände ins Ausland verlagerten (Beese/Schneider 2001, S. 179). Doch auch die Zahl der Zwischenmeisterbetriebe sank von 1994 bis 1999 bundesweit um 27 %

64 Bis 1991 stieg der Umsatz der Bekleidungsindustrie in Westdeutschland. Danach sank der Umsatz allerdings sehr kräftig, zwischen 1991 und 1996 um 30 % (Riesch 1998, S. 139).

65 Interview mit Herrn Ulrich Adler, ifo-Institut München, vom 24.5.2000.

66 Statistisches Bundesamt (verschiedene Jahre): Produzierendes Gewerbe.

(IG Metall Hauptvorstand zit. n. Beese/Schneider 2001, S. 181). 2001 gab es nach Angaben des damaligen Vorsitzenden des Verbandes für das Lohngewerbe in Bayern, Herrn Netsch, in Nordrhein-Westfalen und Bayern nur mehr 130 im Verband organisierte Betriebe[67]. In Bayern konzentrieren sich die Zwischenmeisterbetriebe in strukturschwachen Regionen nahe der tschechischen Grenze. In Oberbayern gibt es nur mehr vereinzelt Betriebe, die Lohnaufträge übernehmen - meist die Fertigung von Musterstücken, die so genannte Verdoppelung von Kollektionen oder den Zuschnitt von Musterteilen.

Andererseits ermöglichte die vereinfachte Vergabe von Fördermittel für Existenzgründer und der verstärkte Einsatz neuer Technologien nach 1995 die Neugründung zahlreicher Kleinunternehmen, die sich Nischenmärkte suchten (Pohl/Grüßen 1999). Der Börsengang vieler größerer Unternehmen und das Zustandekommen von internationalen Fusionen stellen neue Entwicklungen seit Ende der 1990er Jahre dar.

Die Zahl der Beschäftigten sank in der westdeutschen Bekleidungsindustrie von 1990 bis 2003 von 164.023 auf 46.040 Beschäftigte. Sie verringerte sich also neuerlich um 70 % (siehe Abbildung 7)![68] Sowohl die Betriebe als auch die Beschäftigten konzentrieren sich regional auf nur drei Regionen. So kamen 1999 31 % aller Beschäftigten aus Bayern, 25 % aus Baden Württemberg und 22 % aus Nordrhein-Westfalen (BBI 2000). In den zehn Kreisen und kreisfreien Städten, Aschaffenburg, Miltenberg, Herford, Borken, Bielefeld, Steinfurt, Reutlingen, Hof, Gütersloh und München konzentrierten sich 1990 21 % aller Beschäftigten der Bekleidungsindustrie (Jäger/Rechfort/Tücking 1997, S. 46)[69].

Auch viele Münchner Firmen mussten - verstärkt seit 1995 - Insolvenz anmelden und aufgeben. So schrumpfte die Zahl der Beschäftigten von 1991 auf 2001 um 60 % auf 930 Beschäftigte, die sich auf sieben Betriebe verteilten[70].

---

67 Verbindliche statistische Angaben über die Unternehmen des Lohngewerbes in Deutschland gibt es nicht, da sie in den amtlichen Statistiken nicht gesondert ausgewiesen werden.

68 Der Beschäftigungsabbau in der ostdeutschen Bekleidungsindustrie nach der Wiedervereinigung entwickelte sich wesentlich rasanter (vgl. Bast-Haider 1997).

69 Für spätere Jahre wurde die Ausweisung der regionalen Verteilung der Beschäftigten in der amtlichen Statistik eingestellt.

70 Die Zahlen beziehen sich nur auf Betriebe mit mehr als 20 Beschäftigten. Betriebe mit weniger Beschäftigten tauchen statistisch deshalb als ‚Verlust' auf, auch wenn sie womöglich nicht geschlossen wurden, sondern inzwischen nur weniger Beschäftigte haben (Statistisches Amt der Landeshauptstadt München 1992, 2002).

Der Übergang zur Just-in-Time Produktion brachte im Verlauf der 1990er Jahre die Beschleunigung der Produktionsabläufe, die Flexibilisierung von Arbeitszeiten und die Saisonalisierung der gewerblichen Arbeit mit sich. Seit Beginn der 1990er Jahre registrierte die Gewerkschaft Textil-Bekleidung eine Zunahme geringfügiger Beschäftigungsverhältnisse und der Saisonarbeit (Beese/Schneider 2001, S. 183). Die Zahl der HeimarbeiterInnen reduzierte sich jedoch von 1990 bis 2000 um 72 % auf 5.560 Beschäftigte in dieser Arbeitsform[71] (siehe Abbildung 9). Heimarbeit spielt inzwischen hauptsächlich für kleinere Design- oder Handwerksbetriebe und den Bekleidungseinzelhandel eine Rolle.

Die Personalstruktur in den Hauptsitzen der Unternehmen der Bekleidungsindustrie hat sich weiter verändert. Die Beschäftigten sind im Durchschnitt älter, der Anteil von Frauen in der Branche ist auf rund 60 %, der der Arbeiter auf 55 % gesunken. Die Arbeitsplätze in der Produktion wurden weitgehend abgebaut, im Bereich der Logistik und Kontrolle sind hingegen einige neue hinzugekommen. Die Musterabteilungen haben inzwischen starken Experimentiercharakter. Insbesondere der Bedarf an DesignerInnen[72] und MitarbeiterInnen mit hohem technologischen Know-How ist stark gestiegen. Dies schlägt sich auch im Angebot an neuen Ausbildungsrichtungen und Studiengängen nieder. Einige Unternehmen wie z.B. S. Oliver sind Ende der 1990er Jahre dazu übergegangen, in Zusammenarbeit mit Modeschulen eigene Ausbildungsmodule anzubieten[73]. Im gewerblichen Bereich ist die Zahl der Lehrlinge in Bekleidungsberufen mit 2.964 im Jahr 1999 verglichen mit der Zahl im Jahr 1985 (13.302) zwar erheblich gesunken, sie weist jedoch seit Ende der 1990er Jahre wieder eine steigende Tendenz auf (BBI 2000).

Der Bedarf an so genannten ReisetechnikerInnen, also Personal für die Produktionsüberwachung, die Kontrolle von Arbeitsabläufen vor Ort und die Sicherung der Qualitätsanforderungen bei der Produktion im Ausland hat sich stark erhöht. Für 2001 wurde in einer Untersuchung der Fachhochschule Niederrhein in Zusammenarbeit mit dem Bundesverband Beklei-

---

71 Durch die Veränderungen des Gesetzes über die geringfügige Beschäftigung im Jahr 1999 fiel die Zahl der HeimarbeiterInnen im Bekleidungssektor in einem Jahr um 50 %! Für viele Frauen stellte die Beschäftigung in Heimarbeit ein zusätzliches Einkommen dar. Dies wurde jedoch durch die Gesetzesänderung unrentabel.

72 Wegen der engen Vernetzung von Design und Vertrieb arbeiten deutsche Bekleidungshersteller überwiegend mit fest angestellten DesignerInnen. Interview mit der damaligen Geschäftsführerin des Verbandes Deutscher Mode- und Textildesigner, Frau Nora Kühner am 21.3.2001.

73 Interview mit der Leiterin des Ausbildungsmoduls von S. Oliver, Frau Baldin-Erbe an der Modeschule AMD in München am 10.4.2002.

dungsindustrie e.V. ein Bedarf von 3.125 Fach- und Führungskräften ermittelt, vor allem im Bereich der ModenäherInnen, ModeschneiderInnen und bei DiplomingenieurInnen (FH) Bekleidungstechnik mit Schwerpunkt Fertigung. Wichtige Merkmale von Beschäftigten sind daher: EDV- und Fremdsprachenkenntnisse, eine hohe räumliche Mobilität und die Bereitschaft zu häufigen Auslandsreisen (BBI 2000, S. 22ff.). Die Absolvierung einer Schneiderlehre gilt immer noch als eine wichtige Basis. Die Bekleidungsindustrie bietet demnach durchaus einige Beschäftigungschancen vor allem in den Bereichen der Kollektionserstellung, der Produktionsorganisation und Qualitätskontrolle.

Der Bereich des handwerksähnlichen Bekleidungsgewerbes (Änderungsschneidereien) gewinnt seit Anfang der 1990er Jahre in Westdeutschland beständig an Bedeutung. So stieg die Betriebszahl von 1992 bis 2003 um 10,6 %. 2003 belegten Änderungsschneidereien damit den fünften Rang der handwerksähnlichen Berufe in Deutschland (ZDH: Statistik Betriebe). Das handwerksähnliche Bekleidungsgewerbe ist von Ein-Personen-Existenzgründungen (1997, 82,6 % aller Betriebe) dominiert und mit einem hohen Frauenanteil (über 81 %) gekennzeichnet. Bei einer großen Zahl dieser Existenzgründungen kann davon ausgegangen werden, dass es sich um Zuerwerbsbetriebe handelt. Das heißt, die Betriebe sind oftmals von vornherein nicht auf eine finanzielle Existenzsicherung und eine Vollzeittätigkeit angelegt, sondern funktionieren auf der Basis von Teilzeit bzw. flexibler Zeiteinteilung. Der durchschnittliche Umsatz der meisten dieser Betriebe reicht kaum für den Lebensunterhalt einer Person (7.700 Euro Umsatz/Betrieb) (Müller/Rudolph 1998).

Im Bereich des Maßschneiderhandwerks kam es im Verlauf der 1990er Jahre zu einem weiteren Rückgang der Zahl der Betriebe. Insbesondere die allgemein wirtschaftlich angespannte Lage der Jahre 2001 bis 2003 führte zu einem rasanten Anstieg der Betriebsschließungen bei Damen- und Herrenschneidereien. So gab es in Deutschland im Jahr 2003 insgesamt nur mehr 5.496 Betriebe des Bekleidungshandwerks (ZDH: Statistik Betriebe). In vielen Regionen Deutschlands gibt es inzwischen keinen einzigen Maßschneiderbetrieb mehr. Die Ausbildung im Schneiderhandwerk ist weiter rückläufig. Gab es 1997 noch 2.297 Ausbildungsverhältnisse, waren es 2003 nur mehr 1.523, wobei der Anteil der Lehrlinge im Damenschneiderhandwerk 90 % beträgt (ZDH: Statistik Bildung). Auch im Bekleidungshandwerk kam es verstärkt zu Spezialisierungen und der Nutzung von Nischen, insbesondere im Bereich von Theater- und Filmproduktionen, Kostümverleihen und der Abend-, Braut- oder Trachtenmode (siehe Abbildung 11).

Abb. 11: Herstellung von Maßanzügen in München

Foto: Michaela Schier

Von dieser Tendenz profitierte speziell das Maßschneiderhandwerk in München. Obwohl sich auch in München die Zahl der Maßschneidereien von 1991 bis 2001 um 34 % auf 278 Betriebe reduzierte, ist München heute der Standort in Deutschland mit den meisten Maßschneidereien, der größten Schneiderinnung und ist Sitz des Deutschen Modeinstitutes München, einer Präsentationsplattform der deutschen Maßschneiderelite[74] (siehe Abbildung 12). München hat mit seinen inzwischen drei Modeschulen auch bei der Aus- und Weiterbildung in Modeberufen eine wichtige Funktion innerhalb Deutschlands.

---

74 Interview mit der Oberinnungsmeisterin für das Maßschneiderhandwerk, Frau Löffelmann, am 11.1.2001 und Statistisches Amt der Landeshauptstadt München (1992, 2002).

Abb. 12: Modeschau des Deutschen Modeinstitutes München e.V.

Foto: Michaela Schier

Am 1. Januar 2004 haben sich durch das Inkrafttreten der Neuordnung des Handwerks die Bedingungen für eine Selbstständigkeit im Bekleidungshandwerk grundlegend geändert. Auch für die Gründung einer Maßschneiderei ist nun keine Meisterprüfung mehr erforderlich (Pressemitteilung des Zentralverbands des Deutschen Handwerks vom 6.1.2004). Welche Auswirkungen dies auf die Entwicklung der Modebranche haben wird, ist bisher nicht abzusehen.

4.2 Arbeitsformentscheidungen in Lebensgeschichten von Frauen in der Modebranche

Der strukturelle Wandel der Modebranche spiegelt sich auch in den Lebensgeschichten meiner Interviewpartnerinnen wider. Wie sich die makrostrukturellen Veränderungen in den Biographien zeigen, stelle ich im Folgenden zuerst im Überblick dar. Danach wende ich mich der detaillierten Betrachtung von individuellen (Erwerbs)Arbeitsformentscheidungen zu.

Der wirtschaftliche Bedeutungsverlust der Bekleidungsbranche ging mit einer Entwertung des Berufsbildes der SchneiderIn einher[75]. Als die Bekleidungsindustrie in Westdeutschland boomte bzw. die Krise des industriellen Sektors noch nicht so deutlich sichtbar war, galt eine Schneiderlehre noch als eine sinnvolle Ausbildung für Mädchen und war gesellschaftlich breit akzeptiert. Diese Akzeptanz der Ausbildung zur Schneiderin verringerte sich jedoch in den 1980er Jahren. Höhere Schulabschlüsse und andere Berufsausbildungen, wie zum Beispiel Bürokauffrau, wurden damals gesellschaftlich akzeptabler. Viele der jüngeren befragten Frauen stießen bei ihrer Entscheidung für dieses Berufsfeld deshalb auf Unverständnis.

Der Wandel des berufsspezifischen Arbeitsmarktes schlug sich zunächst in einem regional unterschiedlichen Lehrstellenmangel und veränderten Ausbildungsbedingungen nieder. Neben der Ausbildung in handwerklichen und industriellen Betrieben nahm die rein schulische Ausbildung in überbetrieblichen Maßnahmen zu, die keine finanzielle Entschädigung und wenig praktische Erfahrungen bieten. Durch die schwierige Arbeitsmarktsituation ergaben sich für viele Frauen auch Probleme, Mindestanforderungen an Gesellenzeiten oder Industriepraktika zu erfüllen, die für Weiterbildungen notwendig sind. Ebenso wurde es insgesamt immer schwieriger, passende Arbeitsstellen zu finden. Allerdings zeigte sich hierbei, dass sich die Entwicklungen und das Angebot an Arbeitsformen innerhalb der industriellen und handwerklichen Bekleidungsbranche sektorspezifisch unterscheiden. Der Handlungsspielraum der Gesprächspartnerinnen bei ihren Arbeitsformentscheidungen wurde demzufolge durch ihre individuellen Berufsorientierungen in Richtung Handwerk oder Industrie wesentlich geprägt.

---

75 Born, Krüger und Lorenz-Meyer (1996) haben für ihr Sample herausgefunden, dass 1960 die Ausbildung zur Damenschneiderin noch unter den ersten 10 der beliebtesten Ausbildungsberufe von Frauen war. 1970 lag die Ausbildung dann an 13. Stelle. Während die Ausbildung zur Bekleidungsfertigerin im Jahr 1980 noch Platz 19 belegte, befand sich die Ausbildung zur Damenschneiderin nur mehr an 26. Stelle der Beliebtheitsskala.

Der Bedeutungsverlust des Handwerks und der strukturelle und technologische Wandel der Bekleidungsindustrie stellt an die Interviewpartnerinnen veränderte Anforderungen. Chancen im handwerklichen Sektor tätig zu sein, gibt es heute beinahe ausschließlich als Selbstständige oder freiberuflich Tätige. In diesem Sektor erhöhte sich besonders die Notwendigkeit, sich zu spezialisieren und sich eine Marktnische zu suchen. Im industriellen Bereich erhöhten sich vor allem die Ansprüche an die eigenen Qualifikationen. Eine Tätigkeit ohne Ausbildung oder als Angelernte, wie sie zu Boomzeiten der Bekleidungsindustrie durchaus üblich war, ist kaum noch möglich. Die Tätigkeitsbereiche in den Betrieben haben sich komplett verändert, viele der befragten Frauen wurden in andere Abteilungen versetzt. Etliche wurden in ihrem Lebensverlauf mit Kurzarbeit, Sozialplänen, Betriebsschließungen und Kündigungen konfrontiert. Gestiegen ist in diesem Sektor besonders der Anspruch an höhere Berufsabschlüsse, danach sich ständig weiter zu bilden, sich neue Technologien und Arbeitsweisen anzueignen sowie die Erfordernis der Bereitschaft zu Auslandstätigkeiten und wechselnden Arbeitsorten.

Etwas, was sich nicht geändert hat, ist die niedrige Bezahlung in der Bekleidungsbranche, die eine eigenständige Existenzsicherung schwierig macht. Viele der Gesprächspartnerinnen sind deshalb immer wieder von finanziellen Engpässen betroffen oder finanziell von ihren Partnern abhängig, die in der Regel mehr verdienen. Hiermit ist ein weiterer Aspekt angesprochen, der neben dem branchenstrukturellen Wandel und der sich verändernden Arbeitsmarktsituation für das ökonomische Handeln der Gesprächspartnerinnen wichtig ist: die soziale Eingebundenheit in die Herkunftsfamilie, den Freundeskreis und in Partnerschaften.

Um genauer erklären und deuten zu können, wie sich Frauen innerhalb des Arbeitsfeldes Mode für verschiedene Arbeitsformen entscheiden, betrachte ich im Folgenden am Beispiel der Lebensgeschichten von sechs Frauen jeweils einzelne Aspekte von biographischen Prozessen der Arbeitsformenwahl. Es liegt in der Natur von biographischen Prozessen, dass sich die Darstellung der Ergebnisse hierbei nicht auf den Aspekt reduzieren lässt, der in einem Abschnitt jeweils besonders thematisiert wird. Nur die fallspezifische Gesamtsicht macht ein Verständnis der vorgestellten Zusammenhänge möglich.

In den ersten beiden Fallbeispielen, den Lebensgeschichten von Frau Pallas und Frau Matschke, nehme ich vor allem die Dynamik von Arbeitsformentscheidungen, also das Wechselverhältnis von Gründen und Zielen in den Blick (vgl. Kapitel 4.2.1). Der kontrastive Vergleich der Arbeitsformentscheidungen, die die beiden Frauen zum Zeitpunkt der Gründung ihrer Familien treffen, gibt erste Hinweise auf den Erkenntnisgewinn einer differenzierten Betrachtung von scheinbar gleichen Arbeitsformentscheidungen.

Daran anschließend widme ich mich am Beispiel der Lebensgeschichte von Frau Grün der Aufschichtung biographischer Ressourcen und der Kontextabhängigkeit ihrer Inwertsetzung bei ökonomischen Entscheidungen (vgl. Kapitel 4.2.2).

Diesen Abschnitt abschließend, wende ich mich der Frage zu, wie strukturelle Rahmenbedingungen auf individueller Ebene Handlungsrelevanz entfalten. Ich stelle drei Fallbeispiele vor und rekonstruiere in den Lebensgeschichten von Frau Ulzig, Frau Früh und Frau Nusser jeweils fallspezifisch, wie jede der Frauen sich mittels subjektiver Konstruktionsprozesse mit den für sie relevanten Rahmenbedingungen auseinandersetzt (vgl. Kapitel 4.2.3). Obwohl die Kontexte, in denen Arbeitsformentscheidungen getroffen werden, immer situativ unterschiedlich ein ganzes Bündel von verschiedenen strukturellen Rahmenbedingungen kennzeichnen und in den Biographien der Interviewpartnerinnen stets in ihrer Gesamtheit wirksam sind, möchte ich trotzdem die individuellen Auseinandersetzungen mit zwei Arten von Strukturen herausstellen, die in der wissenschaftlichen Diskussion um die spezifische Erwerbsbeteiligung von Frauen (und Männern) im Vordergrund stehen. Dies sind zum einen die Frage nach der Relevanz von Branchen- und Arbeitsmarktkrisen und zum anderen nach der Bedeutung von kulturell und institutionell verankerten Geschlechterkonstruktionen für individuelle ökonomische Entscheidungen.

Der Darstellung der sechs Fallstudien folgt jeweils ein Zwischenfazit. Für das leichtere Verständnis werden die Fallstudien außerdem durch drei Textkästen ergänzt, in denen ich spezifisches Kontextwissen zu den folgenden Themen zusammengefasst habe: zu dominierenden kulturellen Leitbildern von Familie und Erwerbstätigkeit, über kulturelle Vorstellungen zur Müttererwerbstätigkeit und Kinderbetreuung, und zum gesellschaftlichen Wandel der Vorstellungen von der ‚richtigen' Arbeitsform für Frauen in Westdeutschland.

Nach der Rekonstruktion von Arbeitsformentscheidungen in individuellen Lebensgeschichten erörtere ich in einem weiteren Schritt die Bedeutung räumlicher Aspekte bei ökonomischen Entscheidungen (vgl. Kapitel 4.2.4).

4.2.1 Die Dynamik von Weil- und Um-zu-Motiven

Der Komplexität, der Entwicklung und dem Wandel von Motivationen wird in Studien über Erwerbsentscheidungen bisher wenig Aufmerksamkeit geschenkt. Der Fokus von Untersuchungen liegt meist auf den Zielen des ökonomischen Handelns (vgl. Kontos 2003). Erfahrungen, die ökonomischen Entscheidungen vorausgegangen sind, und als Gründe häufig hinter diesen stehen, werden kaum in Untersuchungen thematisiert. Wie in Kapitel 2.4.4 dargestellt, betonen biographietheoretische Arbeiten die Entstehung von Motivationen eingebettet in spezifische Lebensgeschichten. Motivationen erhalten nach diesem Verständnis ihre jeweils charakteristische Ausformung im Rahmen biographischer Konstruktionen.

Ich möchte im Folgenden am Beispiel der Gegenüberstellung der Lebensgeschichten von Frau Pallas und Frau Matschke die spezifischen Potentiale einer biographietheoretischen Betrachtung von Motivationen bei Arbeitsformentscheidungen aufzeigen. Hierzu werde ich in einem ersten Schritt die prozessuale Dynamik von Weil- und Um-zu-Motiven fallspezifisch rekonstruieren und die wichtigsten Charakteristika der Arbeitsformentscheidungen des individuellen Falles zusammenfassen. In einem zweiten Schritt stelle ich dann die beiden Fälle gegenüber.

Frau Pallas ist 34 Jahre alt und im Jahr 1994 für eine Weiterbildung nach München gezogen, Frau Matschke hingegen ist in München geboren und 41 Jahre alt. Beide haben eine Ausbildung als Damenschneiderin absolviert. Während Frau Matschke gleich nach ihrer Lehre als freiberufliche Schneiderin zu arbeiten begann, hat Frau Pallas nach ihrer Lehre zuerst ein fachfernes Studium und danach Weiterbildungen zur Schnittdirektrice und Schneidermeisterin absolviert, bevor sie als angestellte Stylistin ganztägig erwerbstätig wurde. Beide Frauen sind Mütter. Beide haben im Zusammenhang mit der Geburt ihrer Kinder ihre Arbeitsform verändert. Frau Pallas Tochter war zum Zeitpunkt des Interviews ein Jahr alt, Frau Matschkes Sohn 12 Jahre. Während Frau Matschke schon seit Jahren geschieden ist und ihren Sohn alleine erzieht, ist Frau Pallas verheiratet und lebt mit ihrem Mann und ihrer Tochter zusammen.

4.2.1.1 Fallbeispiel 1 Frau Pallas erzählt: „Ich konnte nichts vorweisen, damals. Jetzt bin ich eine gemachte Frau...“

Frau Pallas wächst in einer Familie auf, die durch traditionelle Geschlechterbilder (siehe Textkasten 1) und durch die hohen Erwartungen geprägt ist, die der Vater an seine Kinder hat. Ihr Vater verbindet besonders mit dem hochbegabten „Sohn der Familie“ - Frau Pallas zwei Jahre älterem Bruder - große Hoffnungen. Dieser soll ein „richtiger Mann“ werden, auf den der Vater stolz sein kann. Einer der studiert hat, der sein Vaterland verteidigt, der Fußball spielt und für schnelle Autos schwärmt. In Bezug auf Frau Pallas, die Tochter des Hauses, scheinen die Vorstellungen ihres Vaters weniger deutlich gewesen zu sein. Gut ausgebildet sollte sie allerdings auch sein.

Es gibt wenig, womit Frau Pallas in ihrer Kindheit die Aufmerksamkeit anderer auf sich ziehen kann. Ihre Schulleistungen sind eher schlecht. Sie empfindet sich als nichts Besonderes. Ihre Eltern sind weder wohlhabend, noch unternehmen sie mit ihren Kindern größere Reisen. Frau Pallas fühlt sich wie ein Mauerblümchen – unbeachtet - und steht im Schatten ihres hochbegabten Bruders. Als sie von ihren Eltern wie ihr Bruder auf das Gymnasium geschickt wird, leidet sie besonders unter dem großen Leistungsdruck, den ständigen schulischen Misserfolgen und dem Gefühl, Außenseiterin in der Klasse zu sein. Sie beginnt die Erzählung ihrer Lebensgeschichte deshalb mit der Schilderung der Fehlentscheidung ihrer Eltern über ihre schulische Laufbahn:

> „Also bei mir fing´s an, dass meine Eltern unbedingt meinten, ich müsste aufs Gymnasium. Ich hab einen hochbegabten Bruder, und der ist dann mit einem Klacks natürlich aufs Gymnasium gekommen, hatte null Probleme. Und ich war das Gegenteil. Ich war nicht talentiert dafür und meine Eltern haben mich durchs Gymnasium durchgeprügelt mit viel Heulen, Würgen und Hängen. Es war also grauenvoll auf gut Deutsch.“

Die Mutter ist diejenige, zu der Frau Pallas in ihrer Kindheit eine positivere Beziehung hat. Sie bringt ihr auch irgendwann das Nähen nahe. Frau Pallas beginnt bald für sich selbst zu nähen. Auf diese Weise entdeckt sie in der 7. oder 8. Klasse, dass sie über ihre selbst gefertigte Kleidung in der Schule eher Anerkennung findet als über ihre Schulleistungen.

> „Ich hab halt immer gerne genäht. Also mit Kleidung hab ich's immer irgendwie gehabt. Weil ich war sozusagen in der Klasse, in der Schule, durch meine schlechten Schulleistungen immer der Verlierer. (...) Also ich hatte da nie so großartigen Anschluss. Und irgendwann war so ein Moment, da

kam ich dann mit irgendwas in die Schule und sah irgendwie anders aus als die anderen. Und dann hab ich irgendwie gemerkt, dass ich durch Kleidung Anerkennung bekomme. Und dann hab ich halt angefangen zu nähen und merkte einfach, dass ich durchs Nähen irgendwie auf andere Art und Weise diese schulische Sache umgehen kann und mir Anerkennung verschaffen kann.“

Gefördert durch ihre Mutter, die „Gott sei Dank“ erkennt, dass ihre Tochter Erfolgserlebnisse für eine positive Entwicklung braucht, erhält Frau Pallas während ihrer Schulzeit die Gelegenheit verschiedene kurze Berufspraktika zu besuchen. Dies ermöglicht ihr unter anderem in die Arbeit einer exklusiven Maßschneiderei hineinzuschnuppern. Für Frau Pallas ist dies eine sehr positive Erfahrung.

Abb. 13: Arbeitsbiographie Frau Pallas

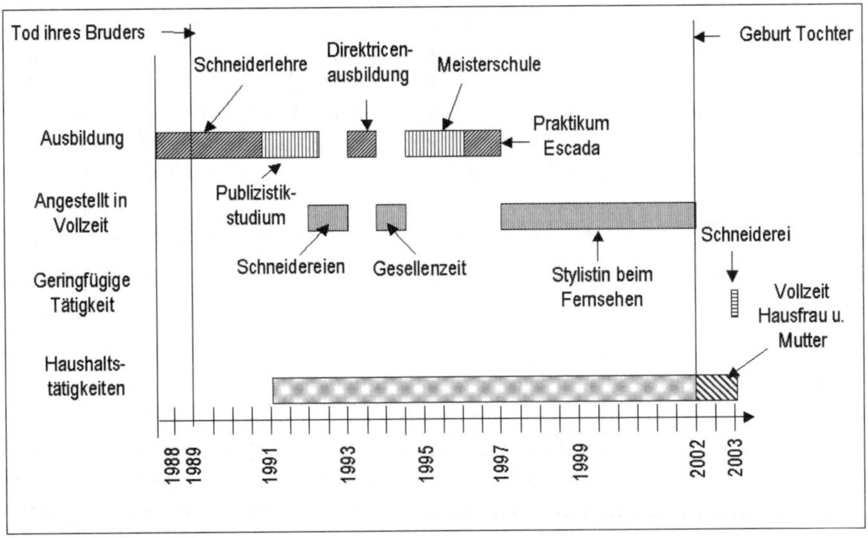

Quelle: Eigene Darstellung

Damals setzt sie sich in den Kopf, nach dem Abitur eine Ausbildung zur Damenschneiderin zu machen. In dieser Ausbildung sieht sie für sich den „einzigen Strohhalm“, um „aus dem Bassin“ herauszukommen, in dem sie schwimmt. Obwohl in erster Linie ihr Vater von dieser Idee nicht begeistert ist, unterstützt ihre Mutter sie in ihren Bestrebungen eine Lehrstelle zu suchen und diesen Berufsweg zu gehen. Ende der 1980er Jahre ist die Lehrstellensituation allgemein sehr angespannt - besonders im Bereich der Schneiderei. Es gibt weder in der sauerländischen Kleinstadt, in der Frau Pallas zu dieser Zeit lebt, noch in den umliegenden größeren Städten, Betriebe, die ihr einen Ausbildungsplatz anbieten. Schließlich findet sie eine Möglichkeit in einer überbetrieblichen Maßnahme an ihrem Wohnort ihre Lehre zu beginnen.

Ihre Lehrzeit beginnt sehr positiv. Sie fühlt sich wohl in der neuen Klassengemeinschaft und auch ihre schulischen Leistungen sind sehr gut. Doch dann kommen zwei Ereignisse zusammen, die die Situation für Frau Pallas verändern: Ihr Bruder nimmt sich kurz nach Beginn ihrer Lehre das Leben. Dadurch wandelt sich ihr Verhältnis zu ihren Eltern grundlegend.

> „Mein Bruder hat sich das Leben genommen. Das kam dann noch erschwerend hinzu irgendwann. Weil dann... na ja, er war halt sehr begabt... Er war mit seinen ganzen Gedanken einfach zu weit für diese Erde. (...) Er war musisch sehr begabt. Er hat auch Sachen entwickelt, die wurden auf der Musikmesse in Frankfurt vorgestellt als Neuerung, als Weltneuheit. Also er hat ganz tolle Sachen gemacht. Und der war einfach, sagen wir so, zu intelligent für diese Welt. Der hat sich mit 22 das Leben genommen, da war ich 20. Da haben dann auch meine Eltern gemerkt, ab diesem Zeitpunkt: ‚Sieh zu, dass das Kind irgendwas macht, Hauptsache sie macht irgendetwas und ist glücklich!' Also da wurden meine Eltern dann etwas relaxter, als sie festgestellt haben, noch mal jemanden drängen, kann man irgendwie nicht."

Seit diesem Zeitpunkt genießt sie mehr Aufmerksamkeit von ihren Eltern. Doch sie ist nun die einzige, die den hohen Erwartungen ihrer Eltern noch nachkommen kann. Frau Pallas soll ‚etwas Gescheites werden'.

Kurz darauf erfährt Frau Pallas, dass an ihrem Herkunftsort die überbetriebliche Maßnahme aufgrund zu geringer Teilnehmerzahl nicht fortgeführt werden kann. Allerdings erhält sie die Möglichkeit ihre Ausbildung in einer 30 km entfernten Kleinstadt in Westfalen weiterzuführen. Daraufhin beginnt sie täglich dorthin zu pendeln. Doch dort ist vieles anders. Die neue Ausbildungsstelle liegt in einer Stadt, die im Vergleich zu ihrem „gutbürgerlichen" Herkunftsort, eine „Ausländerstadt" ist. Sie erlebt „einen Kulturschock". In ihrer neuen Klasse dominieren Mädchen aus unteren sozialen Schichten mit geringer Schulbildung. Wie schon zu ihrer Gymnasialzeit, findet sie sich in einer Außenseiterposition wieder. Sie erlebt, dass sie aufgrund ihrer anderen sozialen Herkunft in diesem Umfeld keine - ihr so wichtige - soziale Anerkennung finden kann.

> „Ich war in so einer Schule, da waren so ganz einfache Mädels, die so furchtbar ordinär waren. Die sind sogar in der Mittagspause in den Sexshop gegangen und solche Sachen. Also ganz grauenvoll und haben immer nur so geredet [prollige Stimme]: ‚Ey hör mal Alte, kannste mal…', also es war vom Milieu her grauenvoll. (...) Es war ein irrer Konkurrenzkampf unter den Leuten. Und ich kam halt, durch meine ganze Ausdrucksweise merkte man schon gleich, dass ich aus nem anderen sozialen Umfeld komme. Und deshalb war ich sofort der Buhmann. Also, weil ich nicht immer ‚scheiße' gesagt hab und nicht ‚Arschloch' und nicht, weiß ich nicht was, war ich gleich der Buhmann dieser Klasse. Und ich hab da einfach auch nicht diese Anerkennung gefunden. Und ich wollte dann auch nicht, weil das war mir alles, das war mir alles zu viel. Es gefiel mir da alles, also vom Umfeld her, nicht und es war halt die Entscheidung, ich muss studieren, dass ich da rauskomme."

Dieses Mal grenzt auch sie sich ab. An einer Zugehörigkeit zu diesem Prestige mindernden Milieu hat sie kein Interesse. Obwohl sie ihre Gesellinnenprüfung mit sehr guten Leistungen abschließt, ist die Vorstellung weiterhin mit diesem Milieu zu tun zu haben, für sie ein schrecklicher Gedanke. Frau Pallas beginnt, sich beruflich neu zu orientieren.

> „Also während der Lehre zeichnete sich ab, dass ich a) begabt bin, b) wusste ich, ich möchte nie wieder in diese Sparte, zu diesen Menschen, zu diesen ordinären Menschen. Weil ich hab gedacht, alle Leute sind so. Weil die waren furchtbar."

Sie entwickelt die Idee, etwas im Bereich Medien oder Fernsehen machen zu wollen und bewirbt sich auf Vorschlag ihrer Mutter relativ unbedarft und wenig informiert für einen Studienplatz der Publizistik.

Im letzten Nachrückverfahren erhält sie einen Studienplatz in Münster. Doch schon bald zeigt sich, dass sie mit dem Studium nicht zurecht kommt. Einerseits hat sie Schwierigkeiten mit den vagen, unverbindlichen Strukturen an der Universität und den abstrakten Leistungen, die von ihr verlangt werden. Andererseits fühlt sie sich auch mit den Leuten bei ihrem Studium nicht wohl.

> „Nach ein paar Vorlesungen stelle ich also fest, (...) dass ich genau dasselbe Problem hab, wie im Gymnasium. Dass es einfach für mich nicht lernbar ist, so was und auch nicht nachvollziehbar. Und dann waren auch die ersten Hausarbeiten. Und dann musste ich mich mit Kommilitonen treffen, und dann dachte ich: ‚Was reden die alle? Was reden die, und wie reden die?', und ich wusste, die haben alle noch nie gearbeitet. Na ja, und dann hab ich festgestellt nach ein paar Wochen, dass ich das auch nicht schaffe."

Wieder erlebt sie sich als Außenseiterin und als nicht geeignet für abstraktes Lernen. Sie hat das Gefühl „vom Regen in die Traufe gekommen zu sein". Nach kurzer Zeit beschließt sie ihr Studium aufzugeben. Obwohl ihre ersten Studienleistungen gut benotet werden, scheut sie einen ihrer Meinung nach zum Scheitern verurteilten Weg. Sie stellt sich neuerlich die Frage: „Wie weiter?"

Frau Pallas greift in der Folge auf ihre Schneiderinnenausbildung zurück. Sie sucht sich eine Vollzeitangestelltenstelle als Schneiderin. Dies verheimlicht sie vorerst ihren Eltern, damit diese ihr Scheitern beim Studium nicht gleich mitbekommen. Sie formuliert in dieser Zeit auch das Ziel, eine Weiterbildung als Schnittdirektrice bei der renommierten Schule Müller und Sohn in Düsseldorf zu besuchen.

Auch diesmal macht Frau Pallas negative Erfahrungen mit der Schneiderei. Sie hat die Stelle ohne schriftliche Lohnvereinbarung angenommen und wird von ihrer Chefin finanziell ausgebeutet. Frau Pallas ist beruflich noch unerfahren und schafft es nicht, sich gegen die Kritik an ihren Arbeitsleistungen zu wehren.

> „Aber da bin ich dann auch nicht lange gewesen, weil die auch so.. Mein Gott hab ich da immer geheult! Die hat mich dann ständig zu sich gerufen und rauchte mir eine Zigarette, bläst mir den Zigarettenqualm direkt ins Gesicht und sagt so: ‚Das geht so nicht! Das ist..., viel zu teuer bin ich. Und ich arbeite viel zu langsam. Ja und jetzt nur noch 300 Mark irgendwie!' Also es ging immer weniger dann irgendwo. Und ich hatte ja überhaupt keine Vorstellung. Ich hatte ja überhaupt keine Vergleichsmöglichkeiten. Und deshalb war ich ja auch, ich war total ausgeliefert. Ich war meine ganze Lehrzeit ausgeliefert diesen Menschen, der Freundlichkeit oder der Unfreundlichkeit."

Aus ihrer heutigen Perspektive erkennt sie, dass sie damals ungerechtfertigt dem persönlichen Frust ihrer Chefin ausgesetzt war. Sie hätte sich dies nicht gefallen lassen müssen. Doch zu jener Zeit konnte sie die Situation nur ‚erleiden'.

Sie lässt sich, anders als in ihrer Lehrzeit, durch diese negative Erfahrung jedoch nicht davon abhalten, weiter in ihrem Beruf zu arbeiten. Sie weiß, sie kann ihren Eltern zu Liebe nicht schon wieder ihr Berufsziel ändern. Deshalb hält sie an ihrem Ziel fest, eine Weiterbildung zu machen. Allerdings wechselt sie den Betrieb, als die Arbeitssituation für sie unerträglich wird. In dem neuen Betrieb, in dem sie nun auch einen Vollzeitangestelltenvertrag hat, ist man zufrieden mit ihr.

Sie meint dazu:

> „Dann bin ich zur [Name des Betriebs] gekommen in Münster. Das ist eigentlich ein sehr, sehr schöner Betrieb gewesen. Da hatte ich auch gute Anerkennung, nette Kollegen, gute Arbeit. Da lief eigentlich alles bestens. Also da hab ich aber auch nur kurz gearbeitet.“

Es ist ihr erstes rundum positives Erlebnis in der Arbeitswelt, und trotzdem bleibt sie nicht in diesem Betrieb. Nach circa einem halben Jahr zieht sie nach Düsseldorf um und beginnt dort eine einjährige Direktricenausbildung bei Müller und Sohn. Sie folgt damit einem ‚normalen' Karriereweg in ihrem Berufsfeld.

> „Das war einfach so, das war generell schon in der Lehre so der Tonus: Ja und Müller und Sohn, das war dann die heilige Kuh in Düsseldorf. Und da geht man dann hin. Und da hab ich dann gedacht: ‚Okay, wenn da alle hingehen, dann gehst halt auch hin!' Also, ich bin nur dem Strom hinterher irgendwie [lacht].“

Ihre Mutter bestärkt sie in diesem Weg. Sie hilft Frau Pallas bei der Suche nach einer Weiterbildung und holt für sie Informationen über Finanzierungsmöglichkeiten beim Arbeitsamt ein. Frau Pallas interpretiert die Tatsache, dass das Arbeitsamt ihre Ausbildung zur Schnittdirektrice finanziell unterstützt, positiv als Vertrauensbeweis. Das Arbeitsamt investiert in sie, traut ihr zu, diesen Weg mit Erfolg zu gehen.

Doch auch nach der erfolgreichen Absolvierung der Ausbildung zur Direktrice schafft Frau Pallas den Eintritt in den Arbeitsmarkt nicht. Sie bewirbt sich bei verschiedenen Unternehmen. Doch nachdem zwei, drei Bewerbungen und Vorstellungsgespräche nicht klappen, gibt sie auf. Ihre Stellensuche steht einerseits im Kontext der stark krisenhaften Entwicklung des Bekleidungssektors Anfang der 1990er Jahre. Andererseits kann sie sich nicht gut genug selbst verkaufen. Sie fühlt sich noch nicht reif genug für die ‚richtige' Arbeitsmarktintegration.

Zum wiederholten Male steht bei ihr eine Neuorientierung an. Sie muss sich überlegen, was sie weiter macht. Sie beschließt, die renommierte Deutsche Meisterschule für Mode in München zu besuchen. Damit strebt sie eine erneute Weiterbildung an und hofft über diesen Weg ‚zu reifen', sich zu festigen, genug Selbstbewusstsein aufzubauen, um den Fuß in den Arbeitsmarkt zu bekommen und es endlich zu schaffen. Um in die Deutsche Meisterschule für Mode aufgenommen zu werden, braucht sie jedoch eine offiziell bescheinigte Gesellenzeit. Es ist nicht leicht für sie, diese Zeit zusammenzubekommen, denn es gibt kaum Stellen für Gesellinnen. Aus ihrer heutigen Perspektive bereut sie, dass sie sich die Bescheinigung nicht erkauft hat. Es ist eine schwierige Zeit, in der sie wieder zu Hause bei ihren Eltern wohnt.

Sie beginnt in der Folge bei einer Mädchenbildungsstätte zu arbeiten – nur halbtags und mit geringer Bezahlung. Frau Pallas macht bei dem Nähkurs für Frauen, den sie dort gibt, trotzdem sehr positive Erfahrungen. Die Atmosphäre ist nett und entspannt, ohne viel Druck. Darüber hinaus bekommt sie von ihrer dortigen Chefin ihre Halbtagstätigkeit als Vollzeitarbeitsverhältnis bescheinigt. Dies fasst Frau Pallas als einen neuerlichen Vertrauensbeweis für ihr Vorhaben auf.

> „Das nennt sich Mädchenbildungsstätte. Aber eigentlich sind das normale Frauen in unserem Alter, die dann einfach da das Nähen lernen und mal einen schönen Nachmittag verbringen und Kaffee trinken. Und da hab ich einfach so ein bisschen den Frauen das Nähen beigebracht. Und das hat unheimlich viel Spaß gemacht, da hab ich auch unheimlich viel Anerkennung gekriegt. Das war eigentlich sehr schön. Und die Schwester war total toll, also dafür, dass es eine Nonne war, also super! Also wirklich ganz toll, tolle Frau!“

Nach einiger Zeit werden die Kurse weniger. Frau Pallas beginnt bei einem historischen Kostümverleih in Dortmund zu arbeiten. Die Arbeit dort findet sie interessant und sie kann Neues dazu lernen. Als sie die nötige Gesellenzeit zusammen hat, zieht sie nach München.

Mit ihrer zweijährigen Ausbildung bei der Deutschen Meisterschule für Mode wendet sich für sie das Blatt. Endlich fühlt sie sich, als wäre sie dort angekommen, wo sie hinwollte. Dieser Zeitpunkt stellt einen Wendepunkt in ihrem Leben dar. Die Deutsche Meisterschule für Mode ist für sie ein Ort, an dem sie sich wohl fühlt. Sie merkt schnell, dass man ihr dort Chancen vermittelt. Vor allem die Leiterin der Modeschule fördert sie.

> „Ja und da zeichneten sich dann auch immer so nebenher so kleine Jobs ab, die haben mir immer so kleine Jobs vermittelt. Dadurch bin ich auch wieder durch Empfehlungen weitergekommen und konnte dann einfach auch auf die Art und Weise... Auf die Art und Weise hab ich dann auch meine Stellen gekriegt.“

Für Frau Pallas ist nun spürbar, dass sie das Bein schon halb in der Berufswelt hat. Diese positiven Erfahrungen lassen sie auch ihre neuerlichen Schwierigkeiten mit bestimmten Lernfächern überstehen. Nun beginnt die Zeit, in der sie Stellen und Jobs angeboten bekommt. Sie erfährt, dass ihr Können und Wissen gefragt ist. Sie erhält die Möglichkeit, neben der Schule freiberuflich für eine Zeitschrift Mode-Ideen zu liefern. Nun kann sie zwei

Schienen, die sie schon früher interessierten, verbinden: nämlich Mode und Medien.

Als sie nach ihrer Meisterprüfung bei dem renommierten Unternehmen Escada eine Praktikumsstelle angeboten bekommt, hofft sie, es nun endlich geschafft zu haben und sich in der Berufswelt etablieren zu können.

> „Und dann hab ich halt das Praktikum bei Escada gekriegt, was ja für mich auch ganz Besonders war, bei Escada arbeiten zu dürfen"

Dafür nimmt sie in Kauf, dass die Stelle eine niedrig bezahlte Praktikantenstelle ist, bei der sie viel arbeitet und wenig verdient. Nach ein paar Monaten erhält Frau Pallas - wieder vermittelt durch die Meisterschule für Mode - von einem Fernsehsender eine Leitungsstelle als Stylistin angeboten. Da sie noch die Hoffnung hegt, den Fuß ‚richtig' als Angestellte bei Escada hineinzubekommen, lehnt sie dieses Angebot zunächst ab. Im Nachhinein bereut sie diese verpasste Chance jedoch, denn bei Escada läuft nichts.

> „Weil ich dachte mir, das ist ein gutes [Angebot], also ich hab gedacht, bei Escada, da tut sich was. Also ich hab gedacht, bei Escada, da land ich mal. Das hab ich gedacht."

Nach einem halben Jahr gibt sie schließlich die Hoffnung auf und versucht an dem Angebot des Fernsehsenders anzuknüpfen. Sie startet dort eine Initiativbewerbung und hat Glück. Ihr wird eine Stelle angeboten, allerdings nicht in einer Leitungsposition, sondern eine niedrig qualifizierte Position als Garderobiere. Trotz ihrer Überqualifizierung nimmt sie dieses Angebot an.

Für eine Anfangsstelle, meint sie aus heutiger Sicht, war es okay, als Garderobiere zu arbeiten. Sie hat damit den Einstieg in die Berufswelt geschafft. Die Arbeit beim Fernsehen für das Format einer bekannten Moderatorin ist für sie zunächst wie die Erfüllung eines Traumes. Ihre KollegInnen sind jung, alle arbeiten viel, engagieren sich und setzen sich ein. Sie lernt viele interessante Leute kennen und hat immer wieder Kontakt mit Prominenten. Ihre Arbeitszeiten sind anfangs von mittags bis abends 20 Uhr. Auch Überstunden, spontane Arbeitseinsätze und Arbeit an Samstagen und Sonntagen sind üblich. Für sie ist das lange Zeit kein Problem. Sie hat das Gefühl, gefragt und wichtig zu sein. Jetzt im Nachhinein gesehen, meint sie: Sie hätte sich damals ausbeuten lassen.

Nach etwa zwei Jahren Tätigkeit als Garderobiere beim Fernsehsender verändert sich die Situation für sie neuerlich. Sie hat inzwischen ihren heutigen Mann kennen gelernt, der als Beamter arbeitet. Ihr Freund steht dem privaten Fernsehsender und ihren Arbeitsbedingungen sehr kritisch gegenüber. Es beginnt eine Zeit, in der sie ihre Tätigkeit beim Fernsehsender gegenüber den negativen und abwertenden Bemerkungen ihres Freundes verteidigen muss. Als ihr Freund eine weitere Beziehung in Frage zu stellen beginnt, wird sie aktiv: Sie versucht ihre Arbeitsbedingungen zu verbessern und ‚normale' Arbeitszeiten durchzusetzen.

> „Überstunden in Unmengen und sie bezahlen keine Überstunden. (...) Da kommen viele junge Leute, die haben Elan und Schwung, die wollen alle beim Fernsehen arbeiten. Die arbeiten sich alle halb blöd. Ich hab das auch zwei Jahre gemacht. Dann hab ich meinen Mann oder meinen Freund damals kennen gelernt, der ist ausgeflippt. Der hat gesagt, ob ich bescheuert bin, das zu machen, weil ich am Sonntag, in der Nacht und weiß der Geier und bei Drehs [gearbeitet habe] und dann hat der gesagt: ‚Und wann kriegst dann frei?' (...) Ich hab dann, weil sehr viel massiver Druck auch von zuhause kam, (...) versucht zu regulieren irgendwie, dass es nicht so wild ist und das klappte dann auch irgendwie. Gut, ich bin schon mal öfters eine Stunde länger geblieben oder so. Aber, dass ich jetzt da ständig Samstag, Sonntag rein fahre oder so, (...) letztendlich litt dann auch unsere Beziehung darunter. Dann hab ich auch..., ich hab dann auch plötzlich diesen Abstand bekommen und hab auch gemerkt, dass da nicht immer alles richtig läuft."

Die Tätigkeit als Garderobiere befriedigt sie auf die Dauer nicht mehr. Die Arbeit wird langweilig. Sie fühlt sich unterfordert und eigentlich reif für eine höherwertige Position. Indem sie ihre Kündigung androht, erhält sie 1999 eine stellvertretende Leitungsstelle als Stylistin angeboten, die sie auch wahrnimmt.

> „Daraufhin haben die gesagt: ‚Ja okay, dann werden Sie stellvertretende Stylingleitung.' Und ich hab dann auch eine Moderatorin bekommen zum Betreuen und hab also immer mehr Verantwortung gekriegt und war also dann wirklich bis zum Schluss dann schon auch jemand Wichtiges, hab auch was ausrichten können. Ich hab aber leider nie den Chefsessel gekriegt."

In dieser Zeit, um 2000, zieht sie mit ihrem Freund zusammen. 2001 heiraten sie und Anfang 2002 bringt Frau Pallas ihre Tochter zur Welt. Sie nimmt erst einmal die gesetzliche Elternzeit in Anspruch. Frau Pallas plant zunächst nicht länger als ein halbes Jahr aus ihrem Beruf auszusteigen, doch es kommt anders. Sie hätte zwar eine zeitlich reduzierte Stelle bei dem Fernsehsender bekommen können, jedoch wieder nur unter ihrer Qualifikation als Garderobiere. Doch dies ist nicht wirklich der Grund, warum sie diese Stelle nicht annimmt.

Ausschlaggebend ist eher, dass es sich wieder um eine Tätigkeit bei einer Talkshow bei einem privaten Fernsehsender handelt. Sie begründet ihre

Entscheidung damit, dass dies eine Tätigkeit ist, die für sie nicht mehr in Frage kommt: Es ist eine „schmutzige, schmuddlige“ Arbeit. Da ist man mit Leuten in Kontakt, mit denen sie in ihrer neuen Lebenssituation als Mutter nichts mehr zu tun haben will. Für ihr Kind möchte Frau Pallas eine heile und gesunde Welt, keine Welt mit Prostituierten, Transvestiten, Homosexuellen, Mördern oder Kranken.

> „Und ehrlich gesagt, hatte ich auch keine Lust darauf, weil das ist, auf gut deutsch gesagt, ein Irrenhaus da der Laden. (...) Wenn man in so einer Talksendung arbeitet, dann muss man sich halt den ganzen Tag diesen Scheiß anhören. (...) Also das ist grauenvoll. (...) Also es ist ziemlich viel mit Rumsitzen [verbunden] und halt einfach auch dieses ganze Milieu da mitkriegen. Wir haben da auch bei [Name der Talkshow] dann Aidskranke, Hepatitiskranke, Behinderte, Blinde. Dann haben wir Transsexuelle, dann haben wir, weiß ich nicht, Nutten. So ekelige Leute rannten da schon durch. Das klingt jetzt alles fies irgendwie, aber ich hab jetzt ein Kind. Ich will das jetzt irgendwie nicht mehr. Ich will diesen ekeligen Kram da nicht mehr haben. Da waren so viele Krankheiten. (...) Ich wollte das alles nicht mehr sehen und ich wusste, da will ich nicht mehr arbeiten. Weil das sind halt so Leute, mit denen wir unsere Quote erzielen, mit diesen Extremfiguren, aber die sitzen halt dann auch hinter den Kulissen, und dann muss man sagen: ‚Kann ich Ihnen mal ein neues T-Shirt geben?‘ (...) Um so was musste ich mich dann auch kümmern. Aber ich will mit diesen Leuten nicht mehr!“

In ihrer aktuellen Situation als „Mutter und Stylistin in Elternzeit“ muss sie sich aufgrund der ambivalenten Gefühle, die ein Wiedereinstieg beim Fernsehen für sie mit sich bringt, neu orientieren. Sie beginnt, sich auf verschiedenste Teilzeit-Tätigkeiten zu bewerben. Die Stellen sind alle berufsfremd: Telefonistin, Rezeptionistin, Verkäuferin oder Sekretärin. Die Modebranche meidet sie vor allem aus finanziellen Gründen, aber auch aufgrund von schlechten Arbeitsbedingungen.

Ihr selbst ist es im Moment nicht so wichtig, schnell wieder erwerbstätig zu sein. Sie ist mit ihrer derzeitigen Situation als ‚Mutter und Hausfrau zu Hause‘ ganz glücklich. Sie genießt ihre Vollzeit-Mutter- und Hausfrauenrolle. Viel Befriedigung zieht sie besonders aus folgenden Tätigkeiten: sich um ein schönes behagliches Heim zu kümmern, täglich gutes und frisches Essen auf den Tisch zu bringen, ihren Partner und ihre Tochter zu umsorgen.

> „Ich fand das sehr schön, mal als Mutter da zuhause, mal ein anderes Leben. Es war Leben vor allem. Also nicht immer nur dieser Druck. Weil wir

> hatten ja so einen Druck[76] manchmal. (...) Ähm, ich bin hier jetzt sozusagen das Hausmütterchen, Mutter und Hausfrau heißt das, so schimpft sich das. [lacht] Und das macht mir sehr viel Spaß, muss ich sagen. Und ich geh da auch auf. (...) Ich sorge dafür, dass frisches Essen gekocht wird und gesundes Essen und so und hab eine Haushaltskasse, wo ich dann genau sehen muss, dass es stimmt am Ende des Monats."

Ihr Mann ist die treibende Kraft, der sie drängt sich eine Erwerbstätigkeit zu suchen. Er hat Interesse daran, stundenweise die Betreuung der gemeinsamen Tochter zu übernehmen. Er möchte sein Kind miterziehen können. Doch diese Möglichkeit sieht er nur, wenn sie wieder erwerbstätig ist.

> „Mein Mann sagte immer, ich soll nur arbeiten, wenn's mir auch Spaß macht. Also es geht um Spaß. Er hat keine Lust eine genervte Frau zu ertragen, die dann jeden Abend genervt nach Hause kommt. Das will er nicht und er sagt: ‚Such dir was, was Spaß macht!'"

Im Moment hat Frau Pallas eine Stelle in Aussicht, die ihr ganz gut gefallen würde. Zufällig kam sie mit einer Frau ins Gespräch, die im Erdgeschoß des Hauses eine Schneiderei betreibt. Stundenweise konnte sie für diese Frau nun schon probeweise schwarz arbeiten. Derzeit sind beide am Ausloten eines möglichen geringfügigen Arbeitsverhältnisses. Beide hoffen auf die gesetzliche Neuregelung der Mini-Jobs im April 2003, die den bürokratischen und finanziellen Aufwand für die Arbeitgeberin reduzieren würde.

Die doppelte Suche nach sozialer Anerkennung als Leitmotiv der Arbeitsformenwahl von Frau Pallas

Die Motivationen, die die Ausbildungs- und Erwerbsformentscheidungen von Frau Pallas leiten, haben von Anfang an den Charakter der Suche nach sozialer Anerkennung (vgl. Honneth 1994). Die Entstehung dieses Handlungsmotivs ist in ihrer spezifischen Sozialisation in der Herkunftsfamilie und ihren Erfahrungen während der Schulzeit rekonstruierbar. Sie steht von Beginn an im Schatten ihres hochbegabten Bruders und zwar nicht nur aufgrund seiner besonderen Fähigkeiten, sondern auch aufgrund seines Geschlechts. Das Gefühl keine Anerkennung erhalten zu können, weil ihre Leistungen nicht genügen, setzt sich für sie mit der Fehlentscheidung ihrer Eltern bezüglich ihrer Schullaufbahn fort. Ihre Handlungen treibt in der

---

76 Der Druck könnte sich hier nicht nur auf den Arbeitsstress, sondern auch auf ihre Zwistigkeiten mit ihrem Partner beziehen.

Folgezeit eine doppelte Suche nach Anerkennung - für ihre Leistungen und für das, wer sie selbst ist.

Während ihrer Schulzeit macht sie die biographische Erfahrung, dass sie ihre Fähigkeit zu schneidern nutzen kann, um die Anerkennung ihres sozialen Umfeldes zu gewinnen. Damit schafft sie es zwar, für ihre Leistung bewundert zu werden, zugehörig zur Klassengemeinschaft und als Person anerkannt, fühlt sie sich damit jedoch immer noch nicht. Im weiteren Lebensverlauf bedient sie sich der Erfahrung, dass Bekleidung durch ihren Symbolgehalt Anerkennung bringt und überträgt sie im Prozess ihrer Berufswahl auf den eigenen Berufswunsch, Schneiderin zu werden. Ihre Berufswahl ist somit doppelt motiviert: Einerseits hofft Frau Pallas durch das professionelle Herstellen von Bekleidung weiterhin Anerkennung zu erhalten. Andererseits erwartet sie damit einem Milieu anzugehören, das sie bei ihrem Praktikum in einer Maßschneiderei als „vornehm" kennen gelernt hat.

Hier wird zum ersten Mal die starke Pragmatik deutlich, die ihre beruflichen Entscheidungen prägt. Für ihre Berufswahl sind nicht die Karriereoptionen ihrer zukünftigen Erwerbsarbeit - im Sinne von ökonomischem Erfolg - ausschlaggebend, sondern symbolische Interessen. Der soziale Status, den sie unterschiedlichen (Arbeits- bzw. Ausbildungs)Orten und Milieus zuschreibt, spielt bei ihren ökonomischen Entscheidungen eine wichtige Rolle. Frau Pallas rechnet mit einem Prestigegewinn für ihre Person durch entsprechende Entscheidungen.

Zu Beginn ihrer beruflichen Ausbildung scheint sich diese Absicht zu erfüllen. Der Wechsel des Ausbildungsortes stellt dann jedoch einen Wendepunkt in ihrem Leben dar: Sie erkennt, dass Schneiderei bei weitem nicht immer mit der Noblesse von Haute-Couture-Schneiderei verbunden ist. Die Zugehörigkeit zur Gruppe der SchneiderInnen bringt damit nicht in jedem Fall Ansehen. Zur damaligen Zeit sieht sie keine Möglichkeit, innerhalb dieses sozial einfachen Milieus, den Wünschen ihrer Eltern gerecht zu werden, die von ihr erwarten, dass sie „etwas Gescheites wird". Im Gegenteil: Sie muss damals sogar befürchten, über Zuschreibungseffekte mit „dieser Sparte Menschen" identifiziert zu werden und damit als Person an Status zu verlieren.

Dies motiviert sie, trotz Auszeichnung bei ihrer Abschlussprüfung, sich erst einmal von der Modewelt abzukehren und sich dem Fernsehen zuzuwenden. Fernsehen symbolisiert für sie eine interessante und spannende Welt. Sie sieht in der Tätigkeit beim Fernsehen eine Chance, Ansehen zu gewinnen.

„Also ich wusste jedenfalls, ich möchte mal was machen, was so ‚Oh' [bewundernder Seufzer] ist, so Fernsehen oder so was. Und dann wusste ich aber auch nicht, wie man so Mode und Fernsehen miteinander kombinieren kann. Und dann sagte meine Mutter: ‚Mensch, dann mach doch einfach, studier doch einfach Publizistik. Damit hast du sozusagen auch dieses, kannste bei einer Zeitung arbeiten oder beim Fernsehen oder beim Rundfunk oder so was.' Also, ich wollte irgendwie gerne was mit Mode machen und mit Medien. Keine Ahnung was Publizistik ist auf gut deutsch, null."

Auch an dieser Stelle wird sehr deutlich, dass sie mit ihren Ausbildungsentscheidungen keine klaren ökonomischen Ziele verfolgt, sondern vorrangig symbolische. Ihre damalige Unkenntnis über eine berufliche Verbindung von Mode und Medien führt dazu, dass sie sich vom Bekleidungsbereich komplett abwendet. Sie informiert sich nicht selbst über mögliche Handlungswege, sondern orientiert sich am Vorschlag ihrer Mutter. Obwohl sie sich während ihrer Schulzeit vehement gegen ein Studium ausgesprochen hat, rekonstruiert sie zu diesem Zeitpunkt die Wahl eines Studiums der Publizistik und damit die Zugehörigkeit zum akademischen Milieu als Möglichkeit, mehr kulturelles Kapital zu gewinnen als im Handwerk. Durch die biographische Konstruktion des Studiums als Weg, durch den man etwas wird, und die Universität als Ort, an dem man sich einen Namen machen kann, konstruiert sie neue Handlungsspielräume.

„Also es war schon sehr.. war auch natürlich auch frustrierend irgendwie. Weil man hat gedacht, man fährt da vor und man wird irgendwas. Das war schon schwer."

Ihre Befürchtungen, beim Studium neuerlich zu scheitern, drohen, sie in eine biographische Krise zu stürzen und motivieren sie zu handeln, bevor es soweit kommt. Sie greift dazu auf die positive biographische Erfahrung mit ihren Fähigkeiten zurück, Bekleidung herzustellen, und steuert eine Weiterbildung in ihrem Beruf an. Es wäre deshalb falsch ihre folgenden ganztägigen Beschäftigungsverhältnisse als gescheiterte Versuche zu deuten, als Schneiderin auf dem Arbeitsmarkt Fuß zu fassen. Denn sie plant ihre Tätigkeit in den zwei ‚einfachen' Schneidereien von vorneherein nur als Überbrückung. Die Arbeitsverhältnisse dienen ihr zum einen dafür, die Praxiserfahrung nachzuweisen, die bei ihrer angestrebten Weiterbildung gefordert ist. Zum anderen kann sie sich so in der Zeit bis zum Beginn des Kurses ihren Unterhalt finanzieren.

Mit der Direktricenausbildung greift sie auf einen Karriereweg zurück, der innerhalb ihres Berufsfelds einen „wahrscheinlichen Pfad" (Kohli 1981) darstellt. Wie wenig sie auch bei dieser Entscheidung eigene Karriereziele verfolgt, zeigt sich in der Präsentation ihrer Entscheidung als eine, bei der sie „nur dem Strom“ gefolgt ist. Sie orientiert sich erneut an den Ansichten anderer und an normativen Vorstellungen über Ansehen versprechende Karrierewege in Bekleidungsberufen.

Sie erwartet durch den Besuch einer/s ihrer Meinung nach mit hohem Image belegten Ausbildung(sortes) in Düsseldorf („der heiligen Kuh“) einen Prestigegewinn. Diese symbolischen Erwartungen lassen sich in ihrer Enttäuschung darüber erkennen, dass sich das Renommee der Ausbildung nicht an der Lokalisierung, Ausstattung und Gestaltung des Ausbildungsortes widerspiegelt.

> „Da bin ich auch hingefahren, hab mir das angeschaut, war dann aber auch enttäuscht. (...) In Düsseldorf ist das also die Graf-Adolf-Straße, Hauptverkehrsstraße, nicht unbedingt schön, aber die Kö ist nen Sprung weiter und da haben sie irgendwo im 5. Stock so ein, so ein kleines Zimmerchen. Da kann man sich dann anmelden, also ganz piefig eigentlich. Dafür, dass das Müller und Sohn ist! Und dann haben sie um die Ecke, in einem Hinterhof über einem Metall verarbeitenden Betrieb, haben sie zwei so Klassenräume. Relativ unspektakulär alles! Und da bin ich dann hin, hab mir das alles angeschaut und hab mich dann angemeldet.“

Sie erreicht auch mit dieser Weiterbildung ihr Ziel nicht, jemand Wichtiges zu werden. Ihre Probleme nach ihrer Ausbildung, den Einstieg in den Arbeitsmarkt zu schaffen, präsentiert Frau Pallas in ihrer biographischen Erzählung als Folge ihrer noch nicht gefestigten persönlichen und beruflichen Identität, aber nicht als berufliches Scheitern. Aus ihrer Sicht ist sie für ihre Arbeitsmarktintegration noch nicht reif genug. Indem sie eine weitere Weiterbildung anstrebt, bleibt sie handlungsfähig.

Sehr pragmatisch und eingeschränkt durch das geringe Arbeitsstellenangebot versucht Frau Pallas, die erforderliche Gesellenzeit für die Anmeldung zur Meisterausbildung zu schaffen. Dass sie also in dieser Zeit versucht, möglichst eine ganztägige Stelle als Angestellte zu finden, ist durch die Vorschriften der Meisterausbildung vorgegeben.

Wieder wählt Frau Pallas mit der Meisterausbildung einen ‚normalen’ Karrierepfad in ihrem Berufsfeld. In ihrer Wahl des Ausbildungsortes - in München auf der Deutschen Meisterschule für Mode - zeigt sich abermals: Für ihre Entscheidung ist das kulturelle Kapital ausschlaggebend, das ihrer Meinung nach mit dem Ausbildungsort verbunden ist.

> „Genau, mach ich die Meisterschule und dann.. Das klingt natürlich supertoll: München! Und Meisterschule! Und überhaupt! Und ich hab mir das dann noch vorgestellt, wie ich allen erzähle, dass ich in München lebe und so....(...) Das Besondere an München ist einfach, dass es eine besonders

> schöne Stadt ist und weil ich aus einem Kuhdorf komme, sozusagen. Und ja, weil Deutsche Meisterschule für Mode klingt doch toll einfach, also find ich immer noch irgendwie! Also es klingt so besonders."

Sie erhofft sich sowohl vom Wohnstandort München als auch vom Ausbildungsort, der Deutschen Meisterschule für Mode, besonderen Prestigegewinn. Alternative Ausbildungsorte wie zum Beispiel eine Handwerkskammer oder andere Modeschulen auch in der Nähe ihres Wohnortes verbindet sie ausdrücklich mit negativen Assoziationen. Ihrer Ansicht nach versprechen diese Orte wenig Imagegewinn und sind für sie deshalb nicht interessant.

> „Ich hätte es auch an der Handwerkskammer machen können. Aber diese ganzen Handwerkskammertanten da, das ist ja alles so spießig irgendwie. Und diese Meisterschule, die hatte so.. Da war so ein Flair: da lag Paris, da lag London! Also irgendwie: Ich hab das auch so empfunden."

Anders als bei ihrer letzten Weiterbildung spiegelt sich diesmal der erhoffte Ansehensgewinn auch in der Lage, Ausgestaltung und Atmosphäre ihres Ausbildungsortes, der Deutschen Meisterschule für Mode München, wider. An diesem Ort liegt ihrer Meinung nach der Schlüssel zur großen Modewelt bzw. ihr Schlüssel „es nach oben zu schaffen". Da war die Stimmung nicht so klein kariert und spießig, sondern lebendig, weltoffen und spannend. Die Architektur des Gebäudes spielt in ihrer positiven Deutung eine wichtige Rolle.

> „Und dann hab ich mir gedacht, da musst jetzt mal hin. Und dann bin ich da auch hingefahren und hab mir die Schule angeguckt. Das Gebäude kennen Sie ja sicherlich, ist ja imposant, ein wunderschönes altes Gebäude. Und dann waren die da alle so freundlich und überall waren Zeichnungen und überall Büsten und Schüler, die dauernd durch die Gegend liefen. Da hab ich gedacht: ‚Also hier bist du zuhause! Hier gehörst du hin! Das ist deins! Das ist dein Ziel und da arbeitest du jetzt darauf hin.' Und da musste man dann noch ein Gesellenjahr...und das hab ich mir dann auch mühsam erkauft über schlechte Bezahlung und so weiter, dass ich diese Zeit noch hatte. Und ja, dann bin ich nach München gegangen!"

Sie präsentiert die Deutsche Meisterschule für Mode in ihrer Erzählung als einen Ort, an dem sie sich plötzlich „zu Hause" fühlt und kündigt auf diese Weise ein Ankommen an einem ihrer Ziele an. Für diese Deutung von Frau Pallas sind besonders ihre damaligen Erfahrungen bedeutsam: Sie wird durch Lehrkräfte und die Leiterin der Schule aktiv gefördert und anerkannt. An diese Erfahrungen anknüpfend baut sie genügend Selbstvertrauen in ihr Können auf, um sich selbst den Eintritt in den Arbeitsmarkt zuzutrauen.

Gleichzeitig hat sie an der Deutschen Meisterschule für Mode den Zugang zu einem für den Berufseintritt wichtigen sozialen Netzwerk.

Sie deutet in ihrer Selbstpräsentation in erster Linie die Chance, bei Escada, dem renommierten und bekannten Unternehmen in München, ein Praktikum zu beginnen als Aufwertung ihrer Person. Für viele in der Modebranche gilt eine Tätigkeit bei Escada als ein Sprungbrett in der Karriere nach oben. Niedrige Bezahlung, vertragliche Unsicherheit, lange und hochflexible Arbeitszeiten verlieren vor diesem Hintergrund für Frau Pallas ihre Bedeutung, und zwar so lange, bis absehbar ist, dass mit einer Konsolidierung in diesem Unternehmen wohl doch nicht zu rechnen ist. Wichtig für ihre Entscheidung ist das Vorhandensein eines alternativen, beinahe ebenso Prestige trächtigen, Arbeitsstellenangebots. Zusätzlich besteht aus ihrer Sicht bei dieser Arbeitsstelle eher die Möglichkeit, sich beruflich ‚richtig' zu positionieren und damit ihr zweites Ziel zu erreichen.

Erneut ist es die Welt des Fernsehens, die sie lockt. Zwei Jahre lang (1997 bis 1999) nimmt sie angesichts des Imagegewinns durch die Tätigkeit als angestellte Garderobiere, die langen, hochflexiblen Arbeitszeiten, den großen Arbeitsdruck und die zum Teil unbezahlte Mehrarbeit in Kauf, die auch mit dieser Erwerbstätigkeit verbunden sind. Ihre Angestelltenposition beim Fernsehen ist für sie heute noch ein bedeutender Teil ihrer Identität. Dies ist darin erkennbar, dass sie sich in der Reflexion ihres Lebensverlaufes nicht auf ihre aktuelle Lebens- und Arbeitssituation bezieht, sondern auf die Zeit, in der sie noch als ganztägig angestellte Stylistin beim Fernsehen tätig war.

> „Und wenn ich jetzt rückblickend sagen kann: Ich bin eine gemachte Frau! Ich hab einen wunderbaren Beruf! Ich hab Anerkennung! Ich bin gut in meinem Beruf. Ich kann meinen Beruf. Ich bin ein ganz normaler Arbeitnehmer. Also, besser geht's eigentlich gar nicht! Ich hab eigentlich das gefunden, was ich machen wollte."

Ihre Arbeitsbedingungen werden für sie erst ab dem Zeitpunkt zu einem Problem und damit zum Antrieb für Reflektionen über ihre Arbeitsform, als sie sich auf eine Beziehung mit einem Mann einlässt, der zu solchen Arbeitsbedingungen und Arbeitsweisen sehr kritisch eingestellt ist. Die Haltung ihres Partners zur Arbeitsweise und den Inhalten der privaten Fernsehsender sowie zu den dortigen Arbeitsbedingungen bringt Frau Pallas in eine zwiespältige Situation. Denn sie zieht aus den Inhalten ihrer Tätigkeit (Kontakt mit außergewöhnlichen Personen und Prominenten = selbst wichtig zu sein), aus dem Symbolgehalt des Arbeitsortes (Fernsehen ist bedeutsam = etwas wofür sie bewundert wird) und den Arbeitsweisen ihrer Erwerbstätigkeit (hohe, flexible Arbeitszeit = rund um die Uhr gefragt zu sein) Selbstbewusstsein und positive Identität - eben das Gefühl „nun jemand Wichtiges zu sein". Aber genau diese Punkte kritisiert, verachtet und wertet ihr Partner ab. Frau Pallas ist insofern mit einer Entwertung ihrer biographischen Ressourcen konfrontiert. Sie muss realisieren, dass das kulturelle Kapital, das sie sich durch ihre Tätigkeit beim Fernsehen ihrer Meinung nach aufgebaut hat, in ihrer neuen Lebenssituation keinen Wert besitzt. Diese Erfahrung beeinflusst ihre weiteren Erwerbsentscheidungen massiv.

An dieser Stelle wird sichtbar, wie wichtig es ist, ökonomisches Handeln innerhalb des Gesamtkontextes zu betrachten. Die Arbeitsform als abhängig beschäftigte Stylistin beim Fernsehen wird erst im Zusammenhang mit der Veränderung ihrer Lebenssituation (Eingehen einer Partnerschaft) für sie zum Problem und damit zu einem Grund, daran etwas zu ändern. Vor allem der Arbeitsinhalt, aber auch die damit verbundenen flexiblen und offenen arbeitszeitlichen Anforderungen - das zeitlich entgrenzte Arbeiten – sind es, die zu Krisen führen.

In ihrer biographischen Konstruktion beginnt sie, ‚Fernsehen' als einen nicht akzeptablen Arbeitsort zu deuten. Ihr Freund ist derjenige, der ihr die Augen für Dinge öffnet, die sie bisher nicht gesehen hat und durch den sie mehr „Abstand" von ihrer Arbeit bekommt. Dieser aktive Umdeutungsprozess lässt sich an ihrer folgenden Aussage über die Einstellung ihres Mannes zu ihrer Tätigkeit beim Fernsehen besonders gut erkennen:

> „Also erstmal lehnt er diesen Sender ab. Wir gucken überhaupt kein Fernsehen mehr und ich hab mich auch schon ganz gut an ihn angepasst. Weil er hat eigentlich recht. Weil er sagt, das ist einfach niveaulos, was wir da machen. Das ist Menschen verachtend, und das ist es wirklich. Da werden Menschen vorgeführt, also vor allem in diesen Talksendungen.. Es gibt natürlich auch gute Formate bei [Name des Fernsehsenders], aber dieses Nachmittagsprogramm, wo ich besonders drin war.... Er hat da immer gesagt, das ist menschenverachtend, das ist dumm, das ist Volksverdummung. (...) Was wirklich auch stimmt! Und also mein Mann hat mich da schon sehr geprägt. Weil zum Schluss lief es darauf hinaus, dass ich auch abends nichts mehr erzählt hab. Weil es nur auf Konfrontation ging. Weil er nicht verstehen konnte, wie ich dann mir das Wochenende einen abhetze, weil ich ein rotes Paillettenkleid suche oder so. Er hat dann immer gesagt: ‚Wo ist die Relation? Das ist nicht wichtig!'(...) Und er hat auch im Großen und Ganzen [recht]!"

Frau Pallas entwickelt bis zur Geburt ihrer Tochter eine konformistische Strategie, um Konflikte in der Partnerschaft zu umgehen: Sie ‚normalisiert' ihre Arbeitszeiten (von 9 bis 18 Uhr) und erzählt zu Hause nichts über ihre Erwerbstätigkeit.

Durch ihre Heirat, die Geburt ihrer Tochter, die Wahrnehmung der gesetzlichen Elternzeit und ihre neue Rolle als Mutter ändert sich die Situation für sie abermals. Die Deutung ihres Arbeitsortes ‚Fernsehen' wandelt sich von einem Symbol für eine ‚Welt, die Bewunderung bringt' zu einem ‚Ort, an dem man mit dem Abschaum der Welt in Berührung kommt'. Ihre neue Rolle als verantwortungsbewusste Mutter dient Frau Pallas als Argument, bei ihrer bisherigen Arbeitsstelle nicht mehr einsteigen zu können. Aufgrund der Abwertung ihrer bisherigen Handlungsstrategie - der Nutzung von Prestige bringenden Ausbildungs- und Erwerbsarbeitsorten - verändert sie ihr Handlungsmuster. Hierzu nimmt sie reflexiv auf biographische Ressourcen Bezug. Der Status als Ehefrau und Mutter eröffnet ihr aus ihrer Sicht neue Chancen, soziale Anerkennung zu erhalten. Die Suche nach sozialer Anerkennung bleibt weiterhin handlungsleitend. Doch Frau Pallas greift aufgrund des veränderten Kontextes auf ein anderes Mittel zurück, um dieses Ziel zu erreichen: nämlich ihre Rolle als ‚gute' Hausfrau und Mutter und das Prestige eines ‚heimeligen, perfekten' Zuhauses als Arbeitsort. Dadurch wandelt sich ferner der Rahmen innerhalb dessen ihre Identitätskonstruktion stattfindet.

Da in ihrer derzeitigen Lebenssituation ein von ihr durchaus angedachter Wiedereinstieg in ihren Beruf als Stylistin mit sehr großen Ambivalenzen und hohem Konfliktpotential in der Partnerschaft verbunden ist, entscheidet sie sich für eine Arbeitsform, von der sie sich soziale Anerkennung und Konfliktfreiheit erwartet. Frau Pallas wählt durchaus empathisch die ganztägige Tätigkeit als ‚Mutter und Hausfrau'. Sie bezieht sich damit auf ein traditionelles gesellschaftliches Familienleitbild, das ihre Herkunftsfamilie kennzeichnete (siehe Textkasten 1). Ihre Arbeitsformentscheidung steht demnach nicht mit einem meist zeitlich gedachten Problem der Vereinbarkeit von Familie und Beruf im Zusammenhang. Die Entscheidung zielt vielmehr auf die Vermeidung von Konflikten und auf die Lösung des Dilemmas ab, in dem Frau Pallas durch die Einstellung ihres Partners zu ihrem Arbeitsort steckt. Sie hofft, auf diese Weise von ihrem Mann mehr Anerkennung für ihre Arbeit zu erhalten.

Doch auch diese Arbeitsformentscheidung entpuppt sich als problematisch: Entgegen ihren Erwartungen erhält sie für ihre Tätigkeit als ‚Vollzeit-Mutter und Hausfrau' und ihren Arbeitsort ‚zu Hause' von ihrem Partner und den Freunden nicht die Anerkennung, die sie ersehnt hatte.

> „Und ich hab einen sehr emanzipierten Mann, der hilft in allem mit, hat keine Scham hier Windeln zu wechseln. Also er macht vor nichts Halt eigentlich. Und er sagt auch immer: ‚Jetzt sei nicht so perfekt!', weil ich schon versuche, auch wenn er dann nach Hause kommt, dass dann die Wohnung schön ist. Und dann sagt er immer: ‚Das ist nicht nötig!' Und also er hilft mit allem. Also er ist ein Supermann. Er hilft bei allen mit und hat für alles Verständnis. Und er freut sich auch, wenn es abends mal wieder eine andere Wurst gibt oder wenn mir ein neues Gericht eingefallen ist."

Mit Bemerkungen wie „Jetzt sei nicht so perfekt." und „Das ist nicht nötig." entwertet ihr Partner die von ihr gewählte Arbeitsform. Ausschlaggebend hierfür ist sein im Vergleich zu dem traditionellen Leitbild von Frau Pallas egalitäreres Leitbild von Partnerschaft, Elternschaft und Arbeit. Er legt keinen besonderen Wert auf ein „perfektes heimeliges Nest". Er ist vielmehr der Meinung, dass es für eine Frau, auch wenn sie Mutter ist, wichtig ist, erwerbstätig zu sein und „raus zu kommen", um „ausgeglichen" und „zufrieden" zu sein. Das weitere soziale Umfeld von Frau Pallas konfrontiert sie ebenfalls mit der Vorstellung, dass sie „nur so zwischen den Töpfen" zu Hause keine Möglichkeiten hat, sich selbst zu verwirklichen. Die aktuelle Handlungssituation von Frau Pallas kennzeichnen somit widersprüchliche kulturelle Vorstellungen von ‚Mutter, eines Kleinkindes sein' und ‚Arbeiten' bzw. widersprechende Bewertungen des Arbeitsortes ‚zu Hause'.

Die für sie unverhoffte Abwertung der von ihr gewählten Arbeitsform ‚Vollzeit-Mutter und Hausfrau' und die Aussicht durch die Wiederaufnahme eines Jobs außer Haus wieder mehr soziale Anerkennung zu erhalten, motivieren Frau Pallas, sich um eine stundenweise Erwerbstätigkeit zu kümmern. Dass sie bei ihrer Arbeitsstellensuche plötzlich so geringe Ansprüche an die Prestigeträchtigkeit der Arbeitsstelle bzw. des Arbeitsortes stellt, könnte leicht als Aufgabe einer Karriereorientierung zugunsten einer Familienorientierung fehl interpretiert werden. Die Rekonstruktion ihrer Lebensgeschichte zeigt indessen deutlich, dass eine Karriereorientierung auch bisher nicht ihre Entscheidungen gesteuert hat, sondern die konformistische Suche nach sozialer Anerkennung. Dieses Ziel kann sie in ihrer derzeitigen Lebenssituation durch die Kombination einer inhaltlich unbedenklichen, geringfügigen Beschäftigung zum Beispiel als Schneiderin, Telefonistin oder Sekretärin und ihrer Tätigkeit als ‚Mutter und Hausfrau' am ehesten erreichen. Für Frau Pallas ist das Zuhause ein prestigeträchtiger Arbeitsort. Da das von ihrem sozialen Umfeld aber anders gesehen wird, zieht sie konformistisch die Konsequenz und sucht sich einen gesellschaftlich anerkannten Arbeitsort außer Haus.

Ihre Entscheidung, zukünftig geringfügig als Schneiderin tätig zu werden, hat weder mit einem Streben zu tun, weiterhin in ihrem Beruf zu arbeiten, noch mit der Nähe des Arbeitsortes zu ihrem Wohnort. Im Gegenteil: Die Tatsache, dass sich ihre zukünftige Erwerbsstelle im selben Haus befindet, ist für sie eher belastend. Sie befürchtet, dass sich Erwerbsarbeit und Sorgearbeit dadurch vermischen könnten.

Ihre derzeitige Entscheidung, eine zeitlich reduzierte Erwerbstätigkeit aufzunehmen, ist also durch den spezifischen Kontext ihrer aktuellen Lebenssituation gekennzeichnet. Fünf Aspekte prägen die aktuelle Situation von Frau Pallas: erstens, die normative Vorstellung einer – wenn, dann - nur zeitlich reduzierten Erwerbstätigkeit für Mütter von Kleinkindern; zweitens, die dargestellten widersprüchlichen kulturellen Geschlechterbilder von Elternschaft und Arbeit, die das ‚Vollzeit-Mutter und Hausfrau sein' kontraproduktiv machen; drittens, die - aufgrund der Abneigung ihres Partners für diese Tätigkeit - psychischen Belastungen einer weiteren Erwerbstätigkeit beim Fernsehen; viertens, der Widerspruch zwischen individueller und gesellschaftlicher Bewertung der Arbeitsorte ‚außer Haus' und ‚zu Hause' und fünftens, ihre geringen Aussichten als Stylistin eine andere Stelle als Angestellte[77] zu finden als beim Fernsehen.

Zusammenfassung

> „Und ich musste also immer wieder weitergucken, was ich noch machen kann, damit ich endlich so bei mir bin und auch selbstbewusst war. Ja, so war das."

Soziale Anerkennung fungiert als grundlegendes Medium der Konstitution von Identität und wird in unserer (Arbeits)Gesellschaft wesentlich durch Arbeit vermittelt. Anerkennung ist hierbei von ambivalenter Natur. Denn Anerkennung kann einerseits auf Zugehörigkeit zu einer Gruppe bzw. Wertegemeinschaft basieren, andererseits jedoch auch auf Differenz, indem das Besondere, das, was eine Leistung abhebt von der Masse, honoriert wird (Holtgrewe/Voswinkel 2002).

Die Betrachtung der Ausbildungs- und Arbeitsformentscheidungen von Frau Pallas macht die Bedeutung beider Modi sozialer Anerkennung als

77 Obwohl sie sich durchaus auch mit dem Gedanken einer potentiellen beruflichen Selbstständigkeit auseinandersetzt, stellt diese Arbeitsform für sie bisher keine akzeptable Alternative dar. Die normative Bedeutung, die es für sie hat, zur Gruppe der „normalen Arbeitnehmer" zu gehören, lässt sich beispielsweise an ihrer Reflexion über ihren Lebensverlauf erkennen (siehe Zitat S. 151).

Motivation für ihr ökonomisches Handeln sichtbar. Sowohl ihre Berufswahl, ihre Weiterbildungsentscheidungen als auch ihre späteren Erwerbsentscheidungen können als Elemente eines Identitätsbildungsprozesses interpretiert werden. Die Rekonstruktion der Weil- und Um-zu-Motive zeigt die Dynamik dieses Suchprozesses. Die dominanten Weil-Motive bilden: Erfahrungen des nicht Wahrgenommen zu werden, selbst nichts Besonderes zu sein, die Angst vor bzw. die Erfahrung von Abwertung und Scheitern, die sich durch ihren gesamten bisherigen Lebenslauf verfolgen lassen. Auch ihr Ziel, Anerkennung zu erreichen, bleibt während der gesamten Zeit bestimmend. Positive Erfahrungen wirken nur in wenigen Situationen motivierend. Bei einigen Erwerbsentscheidungen, die als Überbrückung von Zeit bis zum Beginn einer Weiterbildung charakterisiert werden können, sind pragmatische und normative Gründe ausschlaggebend für ihr Handeln. Um ihre Ziele zu erreichen, greift Frau Pallas - bis zum Kennenlernen ihres Partners – auf den Symbolgehalt von Bekleidung und auf Ausbildungs- bzw. Arbeitsorte mit gutem Image zurück. Hieran wird deutlich, dass auch auf der Subjektebene der (Arbeits)Orten zugeschriebene Status relevant für ökonomisches Handeln sein kann[78].

Für die Ausbildungs- und Erwerbsentscheidungen von Frau Pallas hat die zeitliche und finanzielle Dimension von Arbeitsformen lange Zeit kaum Bedeutung, gewichtig ist die symbolische Dimension von Arbeit bzw. Arbeitsorten. Ab einem bestimmten Zeitpunkt im Leben von Frau Pallas verändert sich dies jedoch. Die Rekonstruktion der individuellen Weil- und Um-zu-Motive macht verständlich, wieso: Das Kennenlernen ihres Partners stellt einen bedeutenden Wendepunkt im Leben von Frau Pallas dar. Ihre Tätigkeit bei einem Fernsehsender führt in ihrer neuen Lebenssituation zu Zwiespältigkeiten und Konflikten. Infolgedessen verändert Frau Pallas durch eine aktive Auseinandersetzung mit ihrem bisherigen ökonomischen Handeln ihr Handlungsmuster. Ihre später folgenden Arbeitsformentscheidungen können als Prozess der Auseinandersetzung mit „widersprüchlichen Anerkennungsordnungen" (Holtgrewe et al. 2002, S. 1) mit dem Ziel der Vermeidung von ambivalenten Situationen charakterisiert werden. Frau Pallas nutzt hierzu aktiv und zum Teil relativ pragmatisch unterschiedliche normative Geschlechterordnungen, um ihr Ziel sozialer Anerkennung zu erreichen.

---

78 Während solche ‚subjektiven Standortentscheidungen' von arbeitenden Menschen bisher wenig Aufmerksamkeit erhalten haben, nimmt die Praxis von Unternehmen, symbolträchtige Orte als Standorte zu nutzen und so ihr Image zu prägen, als Teil der Debatte um die „economy of signs and space" (Lash/Urry 1994) breiten Raum ein (vgl. Schröder 1999, S. 52ff.).

Die Relevanz der unterschiedlichen Dimensionen von Arbeitsformen verändert sich hierbei folgendermaßen: Die zeitliche Dimension wird relevanter. Ab der Geburt ihrer Tochter bleibt die individuelle Bedeutung der symbolischen Dimension von Arbeit bzw. Arbeitsorten zwar erhalten, verschiebt sich aber von der Erwerbsarbeit auf die Reproduktionsarbeit. In Bezug auf die Erwerbsarbeitsform wird jedoch die inhaltliche Dimension von Arbeit wichtig.

Dass ökonomisches Handeln immer auch soziales und kulturelles Handeln ist, wurde an vielen Arbeitsformentscheidungen von Frau Pallas offensichtlich. Soziale Anerkennung setzt einen gemeinsamen Bewertungshorizont voraus. Identitätsbildung funktioniert nur im Wechselspiel von Fremd- und Selbstbewertung und somit ausschließlich in Auseinandersetzung mit anderen.

Die biographische Rekonstruktion der spezifischen Lebensgeschichte von Frau Pallas erlaubte die Gründe und Motive ihrer Arbeitsformentscheidungen eingebettet in den Gesamtzusammenhang ihres Lebens und als Lernprozesse zu betrachten. Die „doppelte Suche nach Anerkennung“ konnte als entscheidender Aspekt identifiziert werden, der ihre ökonomischen Entscheidungen „treibt“. Erst auf diese Weise wurde das ökonomische Handeln von Frau Pallas verstehbar.

4.2.1.2 Fallbeispiel 2 Frau Matschke erzählt: „Und wie gesagt, viele Aussteiger und der ihr Weltbild, das war für mich einfach besser und höher, als die, die hier acht Stunden im Büro gearbeitet haben, ...“

Frau Matschke wird 1962 in München geboren. Sie wächst als Einzelkind auf. Ihre Kindheit ist geprägt durch eine sehr nahe und emotionale Beziehung zu ihrem Vater. Mit ihm, der Handwerker ist, bastelt und werkt sie viel und baut so sehr früh einen positiven und leidenschaftlichen Bezug zu handwerklichen Tätigkeiten auf.

> „Der Werkzeugkasten war mein erstes Spielzeug, was ich hatte. Und von daher war ich eigentlich von Anfang an mit in der Werkstatt dabei und mein Vater hat auch Boote repariert. Ich bin Kajak gefahren als Kind und wir haben dann diese Boote mit Glasfibermatten ausgelegt und Harz und diese Sachen gemacht. (...) Und so bin ich einfach in diese Handwerksschiene von Anfang an rein gekommen. Und für mich war das nie eine Frage, dass ich was anderes werde.“

Anders als andere Mädchen damals hat sie dadurch die Möglichkeit, Tätigkeiten auszuprobieren, die Frauen aus ihrer Sicht selten machen - wie zum Beispiel an der Drehbank zu arbeiten. Auch an ihre Spielsachen stellt sie zu jener Zeit andere Ansprüche als Mädchen ihrer Meinung nach sonst tun.

> „Mir haben halt diese Sachen, die es im Kaufhaus gab, nicht gefallen, für Puppen. Das fand ich immer so, so rosa, plüsch, fand ich irgendwie doof. Und dann hatte meine Mutter schon oft genäht für mich als Kind und hatte dann immer so Stoffreste übrig, und da hab ich halt dann schon immer so rumgebastelt und für meine Puppen was genäht."

In einer Erzählsequenz betont Frau Matschke stolz, dass sie schon als Fünfjährige an der Nähmaschine gearbeitet hat und zeigt mir während des Interviews ein Foto davon. Es sind ihre Eltern, die ihr die Leidenschaft für das Handwerk und das Nähen vermitteln. Das handwerkliche Nähen sieht Frau Matschke insofern als für sie seit ihrer Kindheit vorgezeichneten Berufsweg. Die Erzählung ihrer Lebensgeschichte beginnt sie deshalb mit:

> „Also angefangen hat eigentlich meine Schneiderei oder mein Faible für diese Schneiderei, als ich noch Kind war. Also ich hab für meine Puppen damals schon Kleider nähen wollen."

Während ihrer Teenagerzeit in den 1970er Jahren beginnt Frau Matschke für sich Bekleidung zu nähen. Auslöser dafür ist, dass ihr – aufgrund ihrer Schlankheit - die damals sehr Körper betonte Mode zu weit ist. Auch Frau Matschke erntet für ihre selbst genähte Bekleidung Bewunderung von ihren MitschülerInnen in der Realschule.

Das Thema Beruf wird für Frau Matschke kurz vor ihrem Realschulabschluss aktuell. Ihre Eltern beginnen, ihr verschiedene Berufsausbildungen zu empfehlen. Die Vorschläge reichen von einer Tätigkeit in einem Büro oder einer Bank bis zur Ausbildung als Zahntechnikerin. Für ihre Eltern steht die Solidität der Ausbildung im Vordergrund. Frau Matschke selbst kann mit diesen Berufsvorschlägen wenig anfangen.

> „Meine Eltern wollten immer, dass ich in eine Bank gehe, also was Solides, ins Büro. Und ein Büro, also das war für mich der Tod. Also wenn ich ins Büro hätte müssen, ich wäre eingegangen wie eine Primel da."

Nachdem sie den Vorschlägen ihrer Eltern durch die Absolvierung eines Tests über die Eignung zur Ausbildung als Zahntechnikerin genüge getan hat, ergreift sie selbst die Initiative und organisiert sich eine Lehrstelle in einer Haute-Couture-Schneiderei. Obwohl die Maßschneiderei durchaus einmal als „solide" Ausbildung im Sinne ihrer Eltern gegolten hat, ist dies zu Beginn der 1980er Jahren nicht mehr so.

In dieser Zeit, circa ein Jahr vor ihrem Realschulabschluss, lernt sie einen achtzehn Jahre älteren Modefotografen kennen und beginnt mit ihm eine Beziehung. Durch ihren Freund kann sie in die Welt der Modeschauen und Foto-Shootings hineinschnuppern. Sie macht erste Berufserfahrungen als seine Stylistin. Daraufhin absolviert sie selbst eine Ausbildung als Fotomodell und beginnt noch während ihrer Schulzeit als Modell zu jobben.

> „Der hat mir eigentlich so den Schlüssel in die Hand gegeben für die Modewelt, weil der war ja Modefotograf und hat mir also auch die Möglichkeit gegeben als Modell zu arbeiten und die Sachen vorzuführen."

Abb. 14: Arbeitsbiographie Frau Matschke

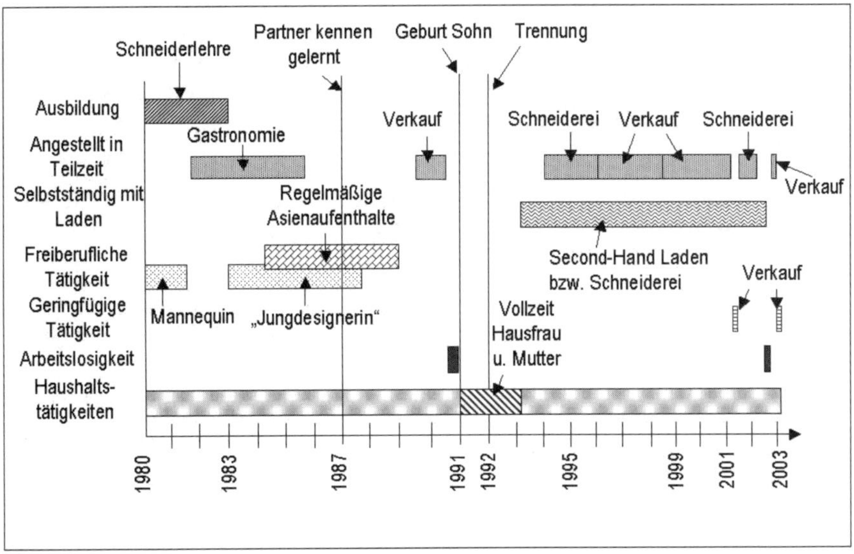

Quelle: Eigene Darstellung

Auch während ihrer Damenschneiderlehre, die sie 1980 beginnt, jobbt sie weiter nebenher als Fotomodell - insgesamt zwei Jahre lang. Über ihre Lehrzeit erzählt sie wenig. Nur, dass sie das Handwerk „von der Pieke auf" lernt und dass sie als Lehrling finanziell ausgebeutet wird. Sie betont das Auseinanderklaffen ihrer geringen Lehrlingsentschädigung und der extrem hohen Preise der exklusiven Kleider, die sie damals herstellt.

> „Wenn ich mir vorstelle, dass ich in meiner Lehrzeit, gut Lehrzeit, das sind keine Herrenjahre, aber... (...) Da hab ich Kleider genäht, eins hat gekostet

22 000 Mark. Da hab ich bekommen 180 Mark. Ich mein gut, Lehrling und Firma, da ist eine große Kluft dazwischen. Aber trotzdem, wenn man sich das mal zusammenrechnet, deshalb sind diese Firmen alle so groß geworden, weil sie alle so kleine dumme Schneider haben, die das machen. Die ihr Herzblut daran hängen und so genügsam sind."

Relativ zu Beginn ihrer dreijährigen Lehre zieht sie bei ihren Eltern aus und in eine Wohngemeinschaft mit Männern und Frauen aus der Fotomodell- und Schauspielszene.

„In dieser WG, in der ich gewohnt hab, eineinhalb Jahre, das waren hauptsächlich Leute, die mindestens zehn Jahre älter waren wie ich. (...) Und die waren natürlich alle schon im Ausland. Und viele Leute, die da aufgetaucht sind in dieser WG, die waren alle selbstständig. Also ich hab die Leute bewundert! Die waren entweder Musiker oder Schauspieler oder da gab´s noch einen Edelsteinhändler, der.. und wie gesagt, viele Aussteiger. Und deren Weltbild, das hat mich einfach fasziniert! Deren ihr Weltbild, das war für mich einfach besser und höher, als von denen, die hier acht Stunden im Büro gearbeitet haben. Die konnten mir einfach nichts erzählen!"

Circa 1982 - sie wohnt inzwischen alleine in einer Wohnung - fängt sie an, neben ihrer Lehre in der Gastronomie in Schwabing zu arbeiten. Sie kann so ganz gut zusätzlich Geld verdienen, aber vor allem kann sie Kontakte knüpfen.

„Als Bedienung..., hab dann natürlich so im Nachtleben alle möglichen Leute kennen gelernt, die mir nützlich waren, um praktisch meine Schneiderei fortzusetzen."

Ihren Job als Modell bei Modeschauen und Foto-Shootings gibt sie irgendwann in dieser Zeit auf. Sie merkt, dass dies doch keine Karriere ist, die sich mit ihrer Person und ihrem Leben vereinbaren lässt.

„Also ich hatte nicht diese Ellbogen-Mentalität drauf, die man dann eigentlich so in dieser Modewelt - Mannequin, Fotomodell - haben muss. Weil man muss einfach knallhart Leute vom Tisch fegen, wenn man den Job will. Und mir hat dann ehrlich gesagt auch das Geld gefehlt, diese Modellkarriere sozusagen fortzusetzen. Weil da hätte man erst mal eine Setkarte gebraucht. Die hat schon 1000 Mark gekostet. Dann hätte man dieses und jenes gebraucht. (...) Also wie gesagt, das Leben als Mannequin ist ganz anders, als wie wenn man jetzt acht Stunden am Tag arbeitet. Also wie gesagt, man muss früh ins Bett gehen, man muss gut aussehen, man darf nicht rauchen, nicht trinken, gar nichts, also das, was ich eigentlich so..."

Nach Abschluss ihrer Lehre entschließt Frau Matschke sich, die sozialen Kontakte, die sie durch ihr Kellnern in der Gastronomie auch zu sehr bekannten Leuten hat, auf freiberuflicher Basis zu nutzen. Sie kombiniert das

Bearbeiten von Schneidereiaufträgen zu Hause in ihrer Küche, bei der Oper, beim Film und bei Theatern mit dem Kellnern in In-Lokalen Schwabings. Zusätzlich übernimmt sie Jobs als Garderobiere, als Stylistin oder macht Geschäftsvertretungen. Frau Matschke ist sich bewusst, dass sie als angestellte Schneidergesellin weit weniger verdienen würde, als mit ihrem ‚Kombi-Modell'. Außerdem könnte sie nicht so viele verschiedene und interessante Aufträge bearbeiten.

> „Und wenn ich jetzt bei einer Firma gearbeitet hätte als Gesellin, dann würde ich bekommen im Monat 800 Mark netto. Davon kann ich mir nichts kaufen. Deswegen hab ich mich nie..., deswegen hab ich nie weiter gearbeitet, als Gesellin, weil ich hab nebenbei mit schwarz nähen und mit meinem Caféjob mehr verdient, nämlich 3000 Mark im Monat, um mir überhaupt mein Leben zu finanzieren."

Als freiberufliche Schneiderin bewegt sie sich allerdings im Graubereich zur Schwarzarbeit. Trotzdem versucht sie, sich als „Freiberufliche" einen eigenen Stil aufzubauen. Sie greift hierzu auf ihre guten Kontakte zu Schwabinger Designern zurück, die in den 1980er Jahren sehr erfolgreich sind. Immer wieder übernimmt sie für deren Boutiquen Aufträge. Die Zeit damals - so betont sie aus ihrer heutigen Sicht - war eine Besondere, in der sich „einfach alles vermischte". Vor allem Schwabing ist geprägt von aufkommenden In-Boutiquen und einer lebhaften Künstlerszene. „Indienreisen" und „Aussteigen" sind die Themen, die das damalige soziale Umfeld von Frau Matschke prägen. Ferner vervielfachten sich die Modetrends in jener Zeit. Asiatische Stoffe und Mode waren in. Der Trend zu Extravaganz, zu Unikaten wurde, beginnend in den 1970er Jahren, verstärkt zum Ausdruck des Zeitgeists.

> „Damals, als ich ausgelernt hab, 1983, da waren natürlich so Firmen, wie ‚Sweet Heart' und ‚Tiger Rose' und ‚Boa Boa', die waren damals halt im Kommen und bei denen hab ich dann eben Praktikum gemacht und da gab´s halt auch noch andere Leute, die so im Showgeschäft waren, wie zum Beispiel Elisabeth Volkmann oder Leo Kretschmer oder Wolfgang Viereck oder zum Beispiel Fassbinder, gab´s ja auch noch oder wie gesagt..., da waren einfach noch andere Zeiten und da war die Mode noch eine tolle Sache. Also jeder lief rum wie ein Papagei! Das waren einfach so die 80er Jahre! Da war alles bunt. Viele Leute sind nach Indien gefahren und haben Stoffe mitgebracht, Ideen und Theorien und so plötzlich vermischte sich das mit all diesen Dingen und wie gesagt, (...) hab dann eben versucht, also so Fuß zu fassen, als freie Schneiderin, als Freiberufliche."

Als sie genug Geld zusammen hat, um sich selbst eine mehrmonatige Reise nach Asien leisten zu können, fährt auch sie zuerst nach Thailand und Malaysia. Dort jobbt sie als Englischlehrerin in einem Sprachinstitut. Darüber hinaus nutzt sie ihren Aufenthalt, um Stoffe zu kaufen.

> „Also das [die Stoffe] war dann einfach so mein Kapital! Damit hab ich dann wieder meine Reise finanziert, hab dann die Sachen nach München geschickt und hatte dann natürlich eine Superauswahl an Stoffen in München, die sie mir dann hier wirklich aus der Hand gerissen haben. Also ich hab dann halt Blusen, Kleider, Kostüme draus genäht und das war dann schon so eine Richtung. (...) Das war echt super! Weil ich hab sozusagen 3000 Mark für die Reise ausgegeben und hab Stoffe mitgebracht und hab für 6000 Mark dann ungefähr Sachen draus gemacht."

In den folgenden fünf Jahren kombiniert sie auf dieselbe Weise monatelange Asienreisen, meist nach Indien, mit ihren Schneidereiprojekten. Sie entwickelt einen eigenen Stil ihrer Produkte und lebt eine Vermischung von Erwerbstätigkeit und einer eigenen Lebensphilosophie. Es gibt keine klaren Grenzen zwischen dem, was ihre Erwerbstätigkeit als freiberufliche Schneiderin ist und ihren anderen Lebensbereichen und Interessen. Alles geht Hand in Hand, ist eng miteinander verwoben. In dieser Zeit prägen häufige Neuanfänge ihr Leben - jeweils nach ihrer Rückkehr nach den Monaten im Ausland, während derer sie ihre Wohnung in München untervermietet:

> „Und hab dann immer wieder neu hier angefangen. Aber ich muss sagen, ich hab das immer wieder auf die Reihe gebracht. Ich hab dann immer gleich die Nähmaschine ausgepackt, meine Stoffe von der Post abgeholt und bin dann wieder zu [Name der In-Boutique] mit einem Koffer voll Klamotten, voll Stoffe. Und die haben mir halt dann die Stoffe abgekauft oder teilweise haben wir von den Stoffen genäht, und ich hab dann anteilmäßig von dem Auftrag Geld bekommen. Und so hab ich mich halt irgendwie fortbewegt."

Als sie jedoch 1987 ihren zukünftigen Mann kennen lernt, der aus Indien stammt, und ihn 1988 heiratet, verändert sich ihr Leben grundlegend. Sie erzählt hierzu:

> „Bis ich dann ´87 meinen Mann kennen gelernt hab, der auch aus Indien kam. Ja und dann wurde alles anders. Dann war ich eigentlich Ehefrau in erster Linie. Ab ´88, da hab ich dann geheiratet, dann sind wir nach Indien gefahren, dann hab ich erst mal gar nicht genäht, weil meine Wohnung einfach voll war, also wir hatten, ich hab in einer 35m²-Wohnung gewohnt. (...) Das war dann die Zeit, wo meine Angestelltenverhältnisse anfingen, weil ich eben dann nicht mehr zuhause arbeiten konnte, (...) und da hab ich dann eben angestellt gearbeitet bei der Firma K. als Verkäuferin, hab dann aber gleichzeitig wieder Propaganda gemacht, dass ich nähe und hab dann

> woanders gearbeitet, aber da hab ich vielleicht, kann man sagen, zehn Stunden in der Woche genäht. Und hab dann gedacht, jetzt lass ich des erst mal ruhen. Jetzt arbeite ich angestellt, verdiene ich auch Geld. Und wie gesagt, ich wollte auch ein Kind haben..“

Bisher hatte sie in ihrer 35 m^2-Wohnung in der Küche genäht. Das ging nun, als sie zu zweit in der Wohnung lebten, nicht mehr. Aufgrund der Enge ihrer Wohnung verlagert Frau Matschke ihre Erwerbstätigkeit nach außerhalb. 1990 fängt sie an, in Teilzeit in einem großen Stoffeinzelhandelsgeschäft als angestellte Verkäuferin zu arbeiten. Ihre Tätigkeit als freiberufliche Schneiderin reduziert Frau Matschke. Zu jener Zeit zeichnet sich ab, dass ihre bisherige Art des Herstellens von Kleinserien nicht mehr weiter funktioniert. Die Boutiquen, in denen sie ihre Ware bisher anbieten konnte, existieren nicht mehr. Der Absatzmarkt ist schwieriger geworden. Für sie selbst wird in dieser Zeit der Wunsch nach einem Kind zum Thema. Damit rückt die angestrebte Familiengründung in den Vordergrund ihrer ökonomischen Entscheidungen.

Es beginnt jedoch auch eine Phase in ihrem Leben, die bald dadurch geprägt ist, dass das Leben mit ihrem Mann nicht so läuft, wie sie sich das vorgestellt hat. Ihre Wohnung bzw. ihr Mann fungiert nach kurzer Zeit als Anlaufstelle für nach Deutschland migrierte Verwandte und Freunde ihres Mannes aus Indien. Frau Matschke hat das Gefühl, in einem Taubenschlag zu wohnen. Sie und ihr Mann sind nur noch am Organisieren und am Lösen von Problemen anderer.

> „Ein halbes Jahr später kam mein Schwager aus Indien, der dann bei uns gewohnt hat, dann wurde es noch enger. Dann bin ich schwanger geworden, dann wurde es noch enger. Nähen ging dann gar nicht mehr.(...) Mittlerweile kamen mehrere Leute aus Indien, die bei uns ein und ausgingen. Es ging zu bei uns wie im Taubenschlag, auf 35 m^2. Ich hab gekocht, geputzt, nur für Inder. Also es waren zum Schluss zehn Leute und es hat mich auch nervlich, körperlich überfordert.“

1991, als sie eine mündliche Zusage für eine andere Stelle hat, kündigt Frau Matschke ihre Teilzeitstelle. Ihr bisheriger Arbeitgeber, der Personal einsparen möchte, hat mit sanftem Druck nachgeholfen. Kurz darauf stellt sie jedoch fest, dass sie schwanger ist. Gleichzeitig ‚platzt' die schon versprochene Stelle. Sie ist arbeitslos und versucht erst gar nicht, sich als Schwangere eine neue Arbeitsstelle zu suchen. Sie beruft sich darauf, dass sie ja nun als schwangere Ehefrau das Recht habe, von ihrem Mann versorgt zu werden.

> „Auf jeden Fall hab ich aber dann keine Arbeit mehr bekommen, weil wer stellt schon eine Schwangere ein? Aber ich muss auch sagen, ich war auch gar nicht traurig darüber, weil ich mir gedacht hab, für was bin ich verheiratet, jetzt bin ich halt schwanger. Fertig. Und hab das dann auch sehr genossen diese Zeit.“

Ihre private Lebenssituation wird immer belastender. Als ihr Schwager nach einer Razzia der Ausländerbehörde in Abschiebehaft kommt, konzentriert sich ihr Mann ihrer Meinung nach nur darauf, eine Abschiebung zu verhindern. Sie selbst fühlt sich von ihm nicht beachtet, vernachlässigt und in der Wohnung überflüssig.

Schließlich flieht sie aus dieser für sie unbefriedigenden Situation und fährt für mehrere Monate zu ihrer Schwiegermutter nach Indien. Sie hofft darauf, dass ihr Mann während ihrer Abwesenheit die anstehenden Probleme lösen kann und er sich nach der Geburt ihres gemeinsamen Kindes wieder mehr um sie und die Partnerschaft kümmern wird. Doch auch nach ihrer Rückkehr und der Geburt ihres Sohnes ändert sich nicht wirklich etwas.

> „Ich hab dann entbunden, bin dann mit meinem Kind wieder in die Wohnung zurück von meinem Mann und meinen Schwägern und des ging aber irgendwie also nur drunter und drüber, bis ich dann gesagt hab: ‚Ich zieh aus! Ich halt das nicht mehr aus auf die Art! Entweder die oder ich!' Aber mein Mann hatte da eine richtige Lawine ins Rollen gebracht. Es gab einen [der kam], dann der andere und jeder hatte Probleme. Der eine suchte einen Job, der andere einen Socken, der andere brauchte eine Krawatte, der ein Hemd, der brauchte eine Frau, der ein Auto. Mein Mann war da und ist für die gerannt. Und ich hab mir halt gedacht: Na ja, wenn ich das Kind hab, dann wird das besser. Aber der war so beschäftigt! Dann hatte er ein Restaurant gehabt, wollte ein Restaurant machen, ein eigenes, also es war einfach überhaupt nicht gut, diese ganze Geschichte.“

Sie übernimmt wieder die Organisation und Arbeit des Haushaltes und nun auch die Betreuung ihres Sohnes. Da sich die Situation für sie weiter verschärft, schaut sie sich nach einer neuen Wohnung in einem anderen Stadtteil um. Mehrmals droht sie ihrem Mann mit Trennung. Immer noch hofft sie, dass er nun reagieren wird. Doch das tut er nicht, und sie zieht schlussendlich mit ihrem 14 Monate alten Sohn aus.

Nachdem sie und ihr Sohn ausgezogen sind, ist sie sich sicher, dass ihr Mann ‚aufwacht', den Ernst der Lage erkennt und sie beide zurückholt. Nur langsam realisiert sie, dass ihr Mann keine Anstrengungen unternimmt, die Trennung zu verhindern und sie sich nun selbst um die finanzielle Existenzsicherung kümmern muss. Es fällt ihr schwer, sich mit ihrer neuen Situation als allein erziehende Mutter abzufinden. Sie hat das Gefühl, sie muss nun alles tun, um ihrem Sohn trotzdem ein Leben zu bieten, wie er es in einer ‚normalen Familie' hätte. Sie ist der Meinung, dass sie verpflichtet ist, ihm Sicherheiten, Regelmäßigkeiten im Alltagsablauf und täglich gewisse Zeiten zu bieten, in denen sie hundertprozentig für ihn da ist.

In der ersten Zeit nach der Trennung greift sie zunächst auf Sozialhilfe zurück, um sich finanziell abzusichern. Der Sozialhilfebezug schränkt sie jedoch in ihren ökonomischen Handlungsmöglichkeiten ein, denn sie kann sich damit nicht selbstständig machen. Doch solange ihr Sohn klein ist und sie Erziehungsgeld erhält, belastet sie das kaum. Sie kann sich finanziell mit der Kombination von Erziehungsgeld und Sozialhilfe gut über Wasser halten und gönnt sich eine, wie sie meint, ihr gesellschaftlich zugestandene Auszeit.

> „Ich hab ja Sozialhilfe bekommen und ich wollte eigentlich auch diese Zeit ausnützen, um mit meinem Sohn zusammen zu sein, weil ich mir gedacht hab, jetzt hab ich schon die Möglichkeit, ich bekomme diesen Erziehungsurlaub und war ja mit ihm in der Zeit auch in Indien, (...) und hab mich eigentlich voll auf die Kindererziehung beschränkt. Hab eigentlich nur für meinen Sohn genäht oder für mich mal was (...) ich war eigentlich nur Hausfrau und Mutter und hab halt das genäht, was in diese Rubrik Hausfrau anfällt, weil ich hab mir auch diese Auszeit gegönnt und hab die mir gegeben."

Irgendwann entdeckt sie, dass neben ihrer Wohnung ein Ladengeschäft frei wird. Darin sieht Frau Matschke ihre Chance, einen eigenen Laden zu eröffnen und wieder selbstständig tätig zu sein. Sie entwickelt die Idee, sich mit einem Kinder-Second-Hand Laden selbstständig zu machen, und eröffnet schließlich ca. 1993 ihr halbtags geöffnetes Ladengeschäft. Die Nebenkosten ihrer Selbstständigkeit sind hoch, doch zunächst kommt sie damit zurecht. Sie beginnt, sich ein Netz von Lieferanten aufzubauen, und knüpft Kontakte zu Leuten die Kinderkleider im Großhandel kiloweise aufkaufen. Ihre Lieferkontakte dienen ihr ebenfalls dazu, Kleider für ihren Sohn zu bekommen. Sobald sie genug Geld hat, lässt sie sich eine Verbindungstür zwischen Ladengeschäft und Wohnung einbauen. So kann sie schneller mal kurz nach ihrem Sohn sehen, wenn er in der Wohnung schläft.

> „War auch so gedacht, dass ich meinen Sohn damit auch mit anziehen kann, also viele Sachen für ihn finde. Jetzt wurde der aber größer, älter und irgendwie sag ich Ihnen ganz ehrlich, war mir das alles zu auf zwei Mark fünfzig ausgerichtet. Weil da verdient man dann an dem T-Shirt zwei Mark, an der Hose 1,40 (...). Ich hab dann ehrlich gesagt..., mit dieser Händlermentalität bin ich irgendwie nicht klargekommen. (...) Und dann hab ich gemerkt, mir fehlt das Nähen. (...) Und hab dann einfach so mein Talent

verschenkt gefühlt. (...) und hab dann gemerkt, vor allem das, was ich wirklich kann, das geht verschütt. Ich hatte vor allen Dingen noch alles da. Ich hatte Maschinen da, die Stepp.. ja genau, das ging dann so weiter: ich hab dann mein kleines Zimmer als Nähzimmer umgewandelt, hab dann gedacht, na ja, so lange niemand im Laden ist, kann ich ja nebenbei noch nähen. Hab dann Kinder-Second-Hand gemacht und nebenbei noch genäht und dann bin ich im Sechseck gesprungen."

Mit ihrer Selbstständigkeit im nun mit der Wohnung verbundenen Ladengeschäft und dem Verkauf von gebrauchter Kinderkleidung stellt sie erneut eine enge Verbindung zwischen ihren verschiedenen Lebensbereichen her. Eine Zeit lang gefällt ihr diese Art von Tätigkeit, doch dann realisiert sie, dass ihr das Schneidern fehlt und sie wieder anspruchsvollere Arbeit machen möchte. Sehr schnell schafft sie es daraufhin, durch ihre vielfältigen Kontakte verschiedenste Schneidereiaufträge zu bekommen. Jedoch nach kurzer Zeit wird ihr bewusst, dass sie nicht mehr, wie früher, in ihrem kleinen Zimmer nähen kann, sondern mehr Raum braucht, um ihre Ideen zu entfalten. Sie beschließt deshalb, ihren Kinder-Second-Hand Laden aufzugeben und sich als Schneiderin selbstständig zu machen.

„Und dann ging das wieder los, dass ich halt doch wieder Kunden bekommen hab. Da rief mich die an und dann rief mich der an (...), meine Freundin, (...) die brauchte mich dann wieder fürs Theater und dann hab ich ein Café eingerichtet. Ich hab auch viel Inneneinrichtung gemacht, (...) und da fühlte ich mich dann wieder in meinem Element und hab dann gemerkt, \`nee, ich muss wieder nähen´ und (...) hab mir gedacht, ich muss mich auch ganz offiziell und legitim als Schneiderin in der Handwerkskammer, und so wie sich das gehört, anmelden, damit ich nicht ständig dieses schlechte Gewissen mit mir mitschleppe, ich könnte entdeckt werden und dann wer weiß, was dann passiert."

Inzwischen ist es ihr wichtig, sich offiziell als Schneiderin in die Handwerksrolle eintragen zu lassen, also nicht mehr als „freiberufliche Schneiderin" im gesetzlichen Graubereich tätig zu sein. Allerdings wird sie dadurch mit Nebenkosten ihrer Selbstständigkeit konfrontiert, die sie stark belasten.

„Dann kam natürlich wieder die Handwerkskammer auf mich zu und die BfA und die Versicherung musste ich abschließen und dann wuchs dieser Berg wieder an Verpflichtungen, der wuchs und wuchs und ich hab dann gemerkt, um diesen Berg klein zu halten, muss ich auch wieder irgendwo angestellt sein. Ich merkte dann auch, dass ich auch wieder raus muss, unter Leute, ich kann nicht nur hier zuhause sitzen und nähen und hab dann wieder angestellt gearbeitet."

Gleichzeitig steigen zu jener Zeit ihre Kinderbetreuungskosten, denn sie entscheidet, ihrem Sohn mit der Unterbringung in einem privaten und kostspieligen Montessori-Kindergarten von Beginn an gute Chancen für seine Entwicklung zu bieten. In der Folge zieht sie die Konsequenzen aus ihren steigenden finanziellen Problemen und beschließt, sich eine Teilzeitstelle als Angestellte zu suchen, um zumindest ihre Sozialversicherungskosten zu reduzieren und mehr Sicherheiten im Falle einer Arbeitslosigkeit zu haben. Daneben hat sie das Bedürfnis, wieder mehr unter Menschen zu kommen. Sie kann sich durchaus vorstellen, an einigen Tagen in der Woche den ganzen Tag auswärts als Angestellte zu arbeiten, dafür an den anderen Tagen zu Hause ihre freiberuflichen Aufträge zu bearbeiten und sich ihren Verpflichtungen ihrem Sohn und ihrem Haushalt gegenüber zu widmen.

> „Ich hab gesagt, ich hab ein Kind und ich kann schon einmal den ganzen Tag weg sein, aber das nicht fünf Tage, sondern höchstens an drei Tagen maximal, dass ich sage, ich komm am Abend erst um sieben nach Hause, zum Beispiel."

In den folgenden neun Jahren (ab 1994) arbeitet sie bei acht verschiedenen Betrieben als Teilzeitkraft bzw. als geringfügig Beschäftigte und kombiniert dies mit ihrer Selbstständigkeit als Schneiderin, der Hausarbeit und der Kinderbetreuung. Je nach ihren vereinbarten Arbeitszeiten organisiert Frau Matschke, die nicht durch Kindergarten- bzw. Schulzeiten abgedeckte Betreuung ihres Sohnes mit befreundeten Nachbarn, ihrer Mutter, der Nutzung einer Mittagsbetreuung bzw. eines Schülerhortes.

Die Organisation ihrer ‚Angestellt-Freiberuflich-Mutter und Hausfrau' - Arrangements verändert sich ständig je nach Bedarf und Alter ihres Sohnes. Sie ändert sich jedoch auch deshalb, weil Frau Matschke nie länger als zweieinhalb Jahre irgendwo angestellt tätig ist, manchmal nur wenige Monate oder Wochen.

Zunächst ist Frau Matschke in Teilzeit bei einer bekannten Münchner Designerin als Schneiderin angestellt. Allerdings muss ihre Chefin nach zwei Jahren ihr Geschäft aus wirtschaftlichen Gründen schließen. Frau Matschke wird gekündigt. Daraufhin arbeitet Frau Matschke zweieinhalb Jahre als Teilzeit-Verkäuferin in einem Fachgeschäft für Seide. Während dieses Arbeitsverhältnisses, in dem es ihr sehr gut gefällt, schult sie ihren Sohn in die Montessori Grundschule ein. Nach einiger Zeit kommt sie auf die Idee, den KundInnen des Geschäftes bei dem sie tätig ist, kleine Näharbeiten anzubieten und schließt mit ihrer damaligen Chefin eine diesbezügliche Vereinbarung. Ihre Kolleginnen beschweren sich jedoch nach einiger Zeit, weil diese das Gefühl haben, sie müssten zusätzliche Arbeit übernehmen, wenn Frau Matschke nicht da ist.

> „Das war ein ganz kleines Geschäft. Das war ein Familienbetrieb. Und ich hab dann auch der Chefin angeboten, für Kunden anzubieten, zu nähen, und zwar nur einfache Sachen, Schals. Also ich hab dann Krawatten genäht. Ich hab dann kleine Tops genäht. (...) Und dann ging aber das los. Ich hab dann ja nur Teilzeit gearbeitet immer in den Geschäften. (...) Aber ich hätte halt den ganzen Tag da sein müssen, um alles abzudecken. Und wie gesagt, die anderen Verkäuferinnen fühlten sich dann..., ja die wollten mich halt wieder loswerden im Prinzip und haben mich dann gemobbt. Und ich bin da eigentlich auch sehr empfindlich und meistens hat´s keine drei Monate gedauert, dann bin ich gegangen oder die haben mir gekündigt“

Als der Unmut ihrer Kolleginnen größer wird, kapituliert sie und kündigt. Daraufhin beginnt sie eine Teilzeit-Anstellung als Verkäuferin in einem Stahlwarengeschäft. Nach zweieinhalb Jahren kündigt sie auch dort. Die Arbeit beginnt, sie zu langweilen. Zu dieser Zeit wechselt ihr Sohn auf die Realschule, wodurch sich ihre finanziellen Belastungen reduzieren, weil sie kein Schulgeld mehr zahlen muss.

Für vier Monate nimmt sie eine geringfügige Beschäftigung als Verkäuferin auf dem Viktualienmarkt an. Doch als es dort zu Eifersuchtszenen mit der Mutter ihres dortigen Chefs kommt, kündigt sie. Abermals muss Frau Matschke sich nach einer Teilzeitangestelltenstelle umschauen, um ihre Nebenkosten niedrig zu halten.

Ab Ende 2001 arbeitet sie in einem exklusiven Bekleidungsfachgeschäft und beginnt, sich auch dort einen eigenen Bereich aufzubauen, indem sie Änderungen anbietet. Wieder ruft sie bei ihren Kolleginnen dadurch Unmut hervor, denn diese müssen die Aufträge annehmen, wenn Frau Matschke selbst nicht da ist. Daraufhin verliert Frau Matschke im März 2002 ihre Stelle.

> „Weil ich war bis März letzten Jahres bei der Firma [Name], wo ich dann eben auch mit den Änderungen angefangen hab und ich war nicht da und die anderen Verkäuferinnen sollten die Änderungen annehmen, konnten es aber nicht und kriegten nichts dafür.... Die haben mir im März gekündigt, wegen zu hoher Lohnkosten, wegen zu wenig Umsatz.“

Nach der wiederholten Erfahrung, bei einem Angestelltenverhältnis Schwierigkeiten zu bekommen, verlagert sie ihre Aufmerksamkeit komplett auf ihre Selbstständigkeit. Sie kann sich mit ihrem eigenen Laden einige Monate über Wasser halten. Doch bald schon wachsen ihr die Nebenkosten von neuem über den Kopf. Schließlich beantragt sie Sozialhilfe. Damit ist sie im August 2002 gezwungen, ihr Ladengeschäft aufzugeben und ihre selbstständige Tätigkeit einzustellen. Grund hierfür sind gesetzliche Regelungen: Der Bezug von Sozialhilfe ist zwar - wenn gewisse Einkommensgrenzen nicht überschritten werden - zusätzlich zu einer abhängigen Beschäftigung möglich. Die Kombination von Sozialhilfe und einer selbstständigen Tätigkeit ist hingegen rechtlich ausgeschlossen. Frau Matschke meldet sich daraufhin beim Arbeitsamt arbeitslos.

Im Jahr 2002 wird die Sozialgesetzgebung in Deutschland verschärft. Insbesondere SozialhilfebezieherInnen sollen verstärkt in den Arbeitsmarkt eingegliedert werden. Frau Matschke erhält deshalb von Arbeits- und Sozialamt Druck, im Rahmen eines so genannten Eingliederungsvertrages eine Stelle auf der Basis des Arbeitslosengeldes anzunehmen. Weil sie keine Alternativen besitzt und ihr in Aussicht gestellt wird, nach einigen Monaten mehr zu verdienen, akzeptiert sie die Stelle als Verkäuferin in einer exklusiven Boutique unter diesen Konditionen. Sie arbeitet dort drei Tage in der Woche von 11 bis 20:45 Uhr. Nach sechs Wochen, in denen sie zu Konditionen ihres Arbeitslosengelds gearbeitet hat, wird ihr jedoch gekündigt. Was sie besonders trifft, ist die Begründung mit der ihr gekündigt wird:

> „Sie [die Chefin] hat gesagt, sie braucht jemand zuverlässigen, der alles sieht. Also wenn die Fenster schmutzig sind, musste ich die Fenster putzen. Wenn kein Kaffee da ist, musste ich einen Kaffee kaufen. Das Waschbecken muss immer pikobello sein. Ich muss immer schauen, dass alles vom Lager da ist. Also ich wusste, was zu tun ist. (...) Ich hatte einen Schlüssel, hab aufgesperrt. Ich hab den Laden dekoriert. Ich hab die Fenster geputzt, Kaffee gekauft, alles gemacht, was man nur machen kann. Ich hab ja selber einen Laden gehabt, ich weiß, was Sache ist! Dann sagt die nach sechs Wochen zu mir: ‚Wir können Sie leider nicht übernehmen, Sie sind zu selbstständig!' Dann hab ich echt nicht mehr gewusst: Warum? Was überhaupt los ist? Ob ich auf den Knien da reinrutschen muss oder was ich...? Wie ich mich überhaupt verhalten soll?“

Sie fühlt sich ausgenutzt, betrogen und schlecht bezahlt, in ihrer Würde verletzt. Mit der Bekleidungssparte möchte sie zu diesem Zeitpunkt nichts mehr zu tun haben, jedenfalls nicht als Angestellte.

Allerdings ist sie weiterhin gezwungen, sich wieder eine Arbeitsstelle zu suchen und beginnt Ende 2002 als geringfügig Beschäftigte bei einem Käsestand auf dem Viktualienmarkt zu arbeiten.

Zu Beginn des Jahres 2003 erfährt sie von der neu geschaffenen Möglichkeit, sich mit einer Ich-AG selbstständig zu machen. Für Frau Matschke klingt diese Fördermöglichkeit äußerst interessant. Sie würde bei einer Ich-

AG-Gründung bis zu drei Jahre lang Zuschüsse erhalten: im ersten Jahr 600 Euro im Monat, im zweiten Jahr 360 Euro und im dritten Jahr 240 Euro. Außerdem könnte sie während der Förderung besonders günstige Konditionen für eine Mitgliedschaft in der gesetzlichen Kranken- und Pflegeversicherung in Anspruch nehmen. Sie fängt an, sich über ihre Chancen der Förderung ihrer Selbstständigkeit näher zu informieren. Frau Matschke erfährt, dass sie die Zuschüsse im Rahmen der Ich-AG nur in Anspruch nehmen kann, wenn sie arbeitslos gemeldet ist.

Daraufhin vereinbart sie mit ihrem Chef beim Käseladen, dass er sie für einen Monat kündigt. Frau Matschke würde damit die Voraussetzungen für die Gründung einer Ich-AG erfüllen. Schließlich kommt es jedoch anders: Frau Matschke wird aufgrund neuer Probleme mit Kolleginnen gekündigt.

Am Tag vor unserem Gespräch hatte Frau Matschke ihren letzten Arbeitstag am Käsestand. Jetzt hofft sie, dass sie eine Ich-AG gründen kann und dieses Mal, die für sie besonders schwierige erste Zeit der Existenzgründung mit Hilfe der gewährten Zuschüsse überwinden kann.

> „Ich meine, es ist jetzt für mich eine Chance, die will ich nutzen. Und ich muss [betont] in den drei Jahren auf die Beine kommen!“

Differenzerfahrungen als ‚Motoren' der Arbeitsformentscheidungen von Frau Matschke

Um die Arbeitsformentscheidungen von Frau Matschke zu verstehen, ist es wichtig ihrer stark positiven Identifikation mit dem Handwerk Aufmerksamkeit zu schenken. Frau Matschke sieht sich als Handwerkerin aus Passion. Wenn sie näht, dann fühlt sie sich: „in meinem Element“. Das Nähen ist etwas, was sie für ihr persönliches Wohlbefinden „braucht“ und was sie deshalb im Rahmen ihrer Erwerbstätigkeit oder für den „Hausfrauengebrauch“ fast durchgehend tut. Der Wunsch nach Selbstverwirklichung als Handwerkerin prägt somit – abgesehen von einem Bedeutungsrückgang in der Phase der Familiengründung - ihre Erwerbsentscheidungen. Dass sie mit ihrem „Faible“ für die Schneiderei auch finanziell ihre Existenz sichern kann, ist für sie notwendig, aber lange Zeit Nebensache.

Ein weiterer wesentlicher Aspekt des ökonomischen Handelns von Frau Matschke ist die unterschiedlich motivierende Wirkung von Differenzerfahrungen in ihrer Biographie. Lange Zeit während ihrer biographischen Erzählung bezieht sich Frau Matschke positiv auf das Anders sein. Ab dem Zeitpunkt der Trennung von ihrem Mann verändert sich dies jedoch. Die Erfahrung von Differenz wirkt zwar bei ihren ökonomischen Entscheidungen immer noch motivierend, das Anders sein empfindet sie nun jedoch als belastend.

Frau Matschke präsentiert sich in ihrer Erzählung schon in ihrer Kindheit als different. Sie macht andere Erfahrungen als andere Mädchen, und sie ist anders als andere: Ihr gefallen andere Puppenkleider. Ihr passt die Einheitsmode der 1970er Jahre nicht, und eine solide Ausbildung zu machen, wie es ihr ihre Eltern vorschlagen, „entspricht ihrer Person nicht“. Sie bewundert hingegen den Lebensstil und die Lebenseinstellung der Schauspieler und Künstler, der „Aussteiger“ und „Lebenskünstler“, mit denen sie durch ihren damaligen Partner und in ihrer WG als 18Jährige in Kontakt kommt. Das Leben dieser Personen unterscheidet sich völlig von dem von Personen, die in Normalarbeitsverhältnissen tätig sind. Gerade das findet Frau Matschke reizvoll. Für sie ist die Arbeitsform Selbstständigkeit schon in einer Zeit sehr positiv konnotiert, in der für sie selbst die Entscheidung, welche Arbeitsform sie zu ihrer Arbeitsmarktintegration nutzen soll, noch lange nicht ansteht. Mit ihrer späteren Entscheidung als „Freiberufliche“ tätig zu sein, bezieht sie sich auf diesen Lebensentwurf, der ihr schon als Jugendliche imponiert.

Das Normale und Solide ist also etwas, was sie für sich zu jener Zeit ablehnt. Es ist etwas, womit sie sich nicht wohl fühlt, worin sie sich nicht sieht. Gesellschaftlichen Normvorstellungen steht sie lange Zeit distanziert gegenüber, auch einem Normalarbeitsverhältnis und einem „normalen“ Leben.

Schon bei ihrer Berufswahl geht sie den Weg, der nicht den Vorstellungen ihrer Eltern und deren Ansprüchen an Solidität entspricht. Die Bedeutung der frühen Differenzerfahrungen als Weil-Motive wird auch bei ihrer Entscheidung deutlich, nach der Lehre freiberuflich als Schneiderin tätig zu werden. Verschiedene weitere Erfahrungen bestärken Frau Matschke darin, diesen anderen Weg zu gehen. Zu nennen sind hier: die Erfahrung bei der Lehre finanziell ausgebeutet zu werden, das Wissen, als angestellte Gesellin weit weniger zu verdienen als bei ihren Jobs in der Gastronomie und ihre Erfahrungen schon während der Lehre immer wieder Schneidereiaufträge durch ihre sozialen Kontakte bekommen zu haben.

Mit ihrer Entscheidung zur Freiberuflichkeit verfolgt sie zwei Ziele: erstens, sich als Jungdesignerin[79] ein eigenes Profil aufzubauen; und zweitens einen Lebensstil zu leben, der durch eine Vermischung und Symbiose von

79 Sie versteht sich selbst eher als künstlerisch tätige Handwerkerin, denn als Jungdesignerin.

Geldverdienen, handwerklich tätig sein und sozialen Kontakten geprägt ist. Auch ihr sportlich-tänzerisches Engagement ist Teil ihrer ‚Lebens-Arbeitssymbiose'.

> „Da hab ich eigentlich immer Sport gemacht, und das hat sich natürlich immer alles verbunden. Ich hab viel getanzt früher, also ich hab indischen Tanz gemacht, hab dadurch immer Kontakt zu Tanzschulen gehabt, die immer Kleider gebraucht haben und da hab ich dann wieder die Seite mit rein gemischt. (...) Für mich war das eine Symbiose von diesen ganzen Dingen. Dadurch, dass ich selber getanzt hab, hab ich gewusst, auf was muss man achten. (...) Also, das war irgendwie immer so ein Ding, das hat sich immer alles so vermischt."

Ihre Erwerbstätigkeit ist eng in ihren gesamten Lebenszusammenhang eingebunden. Sie übernimmt Projekte, wie sie eben kommen. Für Frau Matschke sind damals klare, geregelte Arbeitszeiten, eine formelle Arbeitsform, ein sicheres und kontinuierliches Einkommen und eine sozialrechtliche Absicherung nicht wichtig. Bedeutsam sind in Bezug auf ihre Schneidereiprojekte dagegen sowohl die Inhalte als auch die Organisationsform der Arbeit, die ihr die Selbstverwirklichung als Handwerkerin gestatten. Da Frau Matschke den Anspruch hat, dass ihr ihre jeweilige Job-Kombination ein Leben nach ihren Vorstellungen gestattet, ist auch der finanzielle Aspekt nicht unbedeutend. Eine ‚normale' berufliche Karriere zu machen oder schnell viel Geld zu verdienen, hat sie damals hingegen nicht interessiert.

Zum Zeitpunkt des Kennenlernens ihres Mannes und ihrer Heirat verändert sich einiges in Frau Matschkes Leben: Die Bedeutung ihrer freiberuflichen Tätigkeit als Schneiderin und das damit verbundene Streben nach ‚Selbstverwirklichung als Handwerkerin' tritt in den Hintergrund. Dies steht zum einen im Zusammenhang mit der veränderten Nachfrage nach ihren Produkten und der größeren Konkurrenz im Bekleidungssektor der 1990er Jahre. Auch die Möglichkeiten von Frau Matschke, zu Hause zu produzieren, haben sich gewandelt. Zum anderen treten für Frau Matschke aufgrund ihrer veränderten Lebenssituation neue Ziele in den Vordergrund ihres ökonomischen Handelns: nämlich die Legalisierung ihrer Arbeitsform[80] und der

80 Inwiefern der subjektive Relevanzgewinn dieses Aspektes im Zusammenhang mit Regelungen des Ausländergesetzes steht, darüber gibt die Erzählung von Frau Matschke wenig Hinweise. Binationale Ehen stehen in den Augen vieler Ausländerämter in Deutschland häufig unter dem Verdacht, potentiell ‚Scheinehen' zu sein und zur Sicherung von Aufenthaltsrechten zu dienen. Besonders der Nachweis eines geregelten und Existenz sichernden Einkommens des deutschen Ehepartners gilt als Voraussetzung für die Gewährung von Aufenthaltsrechten des nicht-deutschen Partners.

Wunsch nach einem Kind. Der subjektive (vorübergehende) Bedeutungsverlust ihrer freiberuflichen Tätigkeit als Schneiderin zum Zeitpunkt ihrer Heirat lässt sich als Veränderung des subjektiven Sinnbezugs zu verschiedenen Lebensbereichen rekonstruieren. Stand für Frau Matschke bisher der Wunsch nach Selbstverwirklichung als Handwerkerin im Mittelpunkt, tritt nun der Wunsch der Selbstverwirklichung durch Familiengründung in den Vordergrund ihres ökonomischen Handelns[81].

In der Zeit nach der Eheschließung gewinnen für Frau Matschke deshalb die finanzielle Dimension und die Organisationsform von Arbeit bei ihrer Entscheidung an Bedeutung, in Teilzeit als Verkäuferin erwerbstätig zu sein. In Teilzeit als Verkäuferin in einem Stoffeinzelhandel zu arbeiten, hat für sie - wie jobben in der Gastronomie - einerseits die Funktion, Kontakte zu neuen AuftraggeberInnen zu knüpfen, andererseits die pragmatische Funktion, die finanzielle Existenz bis zur Familiengründung zu sichern.

Während Frau Matschke sich bisher in ihrem Lebensverlauf von Normvorstellungen über Erwerbstätigkeit (Normalarbeitsverhältnis mit geregelten Arbeitszeiten und Strukturen) und Lebensgestaltung (z.b. geregelte Alltagsabläufe) distanziert, wandelt sich auch dies mit ihrer veränderten Lebenssituation. Sie bezieht sich nun durchaus positiv auf gesellschaftliche Normvorstellungen über Familie, Ehe und geschlechtsspezifische Arbeitsteilung im Haushalt. Am Beispiel ihres Umgangs mit ihrer Arbeitslosigkeit in der Schwangerschaft wird dieser ‚qualitative' Wandel der Handlungsrelevanz von kulturellen Leitbildern sehr deutlich. Sie bezieht sich damals auf ihr Recht als Ehefrau und Schwangere, von ihrem Mann versorgt zu werden (siehe Textkasten 1). Außerdem antizipiert sie eine Erwerbsunterbrechung nach der Geburt des Kindes, indem sie sich auf Leitbilder von Kindeswohl und Familienleben bezieht, die die Konzentration der Mutter auf die Sorgearbeit zumindest in den ersten drei Lebensjahres des Kindes implizieren (siehe Textkasten 2). Vor diesem Hintergrund wird verständlich, warum sie keinen Versuch unternimmt, während ihrer Schwangerschaft und nach der Geburt ihres Kindes weiterhin erwerbstätig zu sein. Sie konzentriert sich stattdessen in den ersten Jahren nach der Geburt ihres Sohnes auf die Übernahme der Reproduktionsarbeit und Sorgearbeit (Arbeitsform: ‚Vollzeit-Mutter und Hausfrau').

---

81 Geissler (1998a, S. 121) sieht diese subjektiv unterschiedliche Gewichtung von Erwerbstätigkeit und Familie je nach Lebensphase für Frauen mit „doppelter Lebensplanung" als typisch an. Denn für diese Frauen steht die – nicht nur zeitliche - Vereinbarung von Familie und Beruf im Vordergrund ihres Handelns.

Frau Matschke steigt in die berufliche Selbstständigkeit wieder ein, als ihr Sohn circa drei Jahre alt ist. Ihr Wiedereinstieg ‚passt' somit zu den vorgestellten Leitbildern, auf die sie sich bezieht und kann als Teil einer „doppelten Lebensplanung" gesehen werden, bei der nicht nur die Erwerbsunterbrechung bei Familiengründung, sondern auch der Wiedereinstieg in die Erwerbstätigkeit antizipiert wird (vgl. Geissler 1998a, S. 121). Der Wunsch der Selbstverwirklichung als Handwerkerin tritt damit gleichwertig neben den Wunsch der Selbstverwirklichung als Mutter. Warum sie ihre freiberufliche Tätigkeit als Schneiderin trotz großer finanzieller Probleme beständig weiterverfolgt, lässt sich durch die weiterhin große Bedeutung des Ziels der Selbstverwirklichung als Handwerkerin erklären. Die inhaltliche und organisatorische Dimension der Selbstständigkeit ermöglicht Frau Matschke eine Rückkehr zu ihrer ‚Lebens-Arbeitssymbiose'.

Allerdings erlangt der veränderte Lebenskontext von Frau Matschke - inzwischen allein erziehende Mutter - bei ihren weiteren Arbeitsformentscheidungen Einfluss. Die Trennung von ihrem Mann kann als eine von ihr unintendierte Folge ihres Handelns interpretiert werden. Obwohl Frau Matschke den ersten Schritt getan hat und ausgezogen ist, hat sie damit eigentlich die Rettung der Partnerschaft beabsichtigt.

> „Er hat halt gedacht, ich [betont] muss wieder kommen, aber das hab ich dann.. Ich hatte ehrlich gesagt gar keine Zeit dazu. Ich hatte ein Kind. Ich musste schauen, dass ich hier Geld verdiene. Ich musste schauen, dass ich meine Wohnung halten kann, dass ich mein Geschäft wieder aufbauen kann. Ich habe die Türen aufgelassen! Aber er hat sich einfach nicht darum gekümmert. Das ging bis heute so und dadurch haben wir uns scheiden lassen. Wir haben zwar heute ein super Verhältnis, aber wir sind halt getrennt."

Die biographische Auseinandersetzung mit den unintendierten Folgen ihres Handelns die zur Ausbildung neuer handlungsleitender Motive führt, prägt das ökonomische Handeln von Frau Matschke bis heute. Zu einem wichtigen Weil-Motiv wird für sie, dass sie ihrem Sohn kein Leben in einer „normalen Familie" - im Sinne eines Zusammenlebens mit Vater und Mutter - bieten kann. Das Ziel ihrem Sohn, trotz seines Aufwachsens in ‚keiner richtigen' Familie, alles bieten zu können, was er ihrer Meinung nach in einer „normalen Familie" bekommen würde, leitet ihr Handeln. Frau Matschke verbindet mit einem Leben in einer Normalfamilie Folgendes: die finanzielle Sicherheit durch eineinhalb Einkommen der Eltern, Zeiten in denen den Kindern täglich durch die Mutter uneingeschränkte Aufmerksamkeit geschenkt wird, geregelte und klar strukturierte Tagesabläufe mit gemeinsamen, warmen Mittagsessen und eine immer ordentliche und aufgeräumte Wohnung.

> „Also erstens Mal, ja, also gesellschaftliche [Erwartungen] in erster Linie. (...) und natürlich auch die Erwartungen an mich selbst, die ich hab: Miete zu bezahlen, Essen auf den Tisch zu kriegen, in Urlaub zu fahren und einfach die.. wie eine ganz normale Familie, wo eben auch ein Mann da ist, der eben jeden Monat sein Geld reinbringt. Ich müsste ja das auch dazuverdienen! Und es wird halt einfach von mir erwartet, auch von der Gesellschaft wird das erwartet, dass ich acht Stunden am Tag arbeite. Dass ich eine gute Mutter bin und eine Hausfrau. Und dass die Wohnung geputzt ist. Und dass ich einfach, wie soll ich sagen, in der Gesellschaft bin und ganz normal bin. Aber das ist nicht immer einfach, das alles abzudecken. Manchmal ist es halt echt so, dass ich sag, ich geb mir zwar wirklich Mühe, aber ich schaff's einfach nicht!"

Von Anfang an bringt Frau Matschke ihre eigene Orientierung an der Normalfamilie in eine zwiespältige Situation. Das Leitbild der Normalfamilie baut - wie oben beschrieben - auf der geschlechtspezifischen Aufteilung von Erwerbsarbeit und Sorgearbeit zwischen zwei Erwachsenen auf. Als Einzelperson kann sie deshalb ihren eigenen Zielen nicht gerecht werden. Diese ihrem Ziel inhärente Paradoxie drückt sich auf der Subjektebene in Frau Matschkes kontinuierlichem Gefühl aus, weder ihrer Rolle als Mutter und Hausfrau noch der als Ernährerin der Familie gerecht zu werden.

Vor diesem Hintergrund wird verständlich, warum für Frau Matschke die Dimensionen der finanziellen Absicherung, der räumlichen Trennung von Erwerbsarbeit und Sorgearbeit und geregelte Arbeitszeiten bei ihren künftigen Arbeitsformentscheidungen an Bedeutung gewinnen.

Die Wahl der Selbstständigkeit als Arbeitsform für ihren Wiedereinstieg ist somit in Bezug auf ihr zusätzliches Handlungsziel - ihrem Sohn ‚normale' Lebensbedingungen zu bieten - nicht zielführend und zwar in mehrerlei Hinsicht: Um sich mit einem Ladengeschäft als Selbstständige etablieren zu können, braucht Frau Matschke eine gewisse Anlaufzeit. In dieser Zeit bringen sie die Nebenkosten einer offiziellen Selbstständigkeit (z.B. Sozialversicherungsbeiträge, Handwerkskammerbeiträge) wiederholt an ihre finanziellen Grenzen. Ihr Status als allein Erziehende wirkt sich hier handlungsbegrenzend aus. Frau Matschke kann ihr Einkommen nicht wie andere selbstständige Mütter mit dem ihres Mannes kombinieren. Darüber hinaus ist es ihr nicht möglich, die Vorteile einer Familienversicherung oder den Status als geringfügig verdienende Ehefrau steuerlich zu nutzen und so die Nebenkosten ihrer Selbstständigkeit gering zu halten. Nur die Aufnahme einer abhängigen Beschäftigung neben ihrer Selbstständigkeit bewirkt, dass sich ihre Kosten reduzieren. Wieder wie früher durch eine Erwerbstätigkeit im gesetzlichen Graubereich Kosten zu sparen, also informell tätig zu sein, ist für sie durch die größere Sichtbarkeit ihres Arbeitens in einem Ladengeschäft nicht mehr denkbar.

> „Rein von der Bedeutung bedeutete mir mein Laden mehr, aber das andere [abhängige Beschäftigung] musste [betont] ich noch zusätzlich machen, weil sonst hätte ich mich privat versichern lassen müssen, hätte keine Rente bekommen, keine Arbeitslosenversicherung. Das musste ich ja irgendwie zur Sicherheit. Aus Verantwortung meinem Sohn gegenüber musste ich mich anstellen lassen! (...) Na ja, ich hab mich dann schon immer mehr rein gefunden und fand das auch nicht so übel alles. Aber es hat mich halt gelangweilt."

Ihre Entscheidung, zusätzlich zu ihrer beruflichen Selbstständigkeit in Teilzeit angestellt tätig zu sein, erscheint in erster Linie strategisch motiviert, mit dem Ziel ihre finanzielle Absicherung zu erhöhen. Darüber hinaus hat Frau Matschke inzwischen die Erfahrung gemacht, dass aufgrund ihrer veränderten Lebenssituation die permanente Vermischung von Lebensbereichen - das Hin und Her und Gleichzeitige von Mutter, Hausfrau und erwerbstätig sein - anstrengend sein kann. Einerseits hat für sie zwar eine Erwerbstätigkeit quasi zu Hause den Vorteil vor Ort zu sein, wenn ihr Sohn sie braucht. Andererseits fühlt sie sich fortwährend zwischen Erwerbsarbeit und Sorgearbeit zerrissen. Ferner hat sie das Gefühl, dass ihr zu Hause „die Decke auf den Kopf fällt".

> „Es ist also so husch, husch oft und ich hab halt..., ich bin halt dafür da, den ganzen Tag. Manche Mütter sind nicht da. Aber die kommen dann abends nach Hause und haben dann nichts mehr zu tun. Die sind halt dann hundertprozentig da für ihr Kind. Aber ich hab halt vielleicht ein Schild am Laden ‚Bitte klingeln!' Aber dann steh ich irgendwie parat. Ich steh mit einem Fuß im Laden und ich steh mit einem Fuß hier. Und wie gesagt, das ist ein Vorteil, aber auch irgendwie ein Nachteil in manchen Dingen."

Die Entscheidung von Frau Matschke eine Selbstständigkeit quasi zu Hause mit einem Teilzeitangestelltenverhältnis außerhalb zu kombinieren, ist so zudem durch das Interesse motiviert, ihre Lebensbereiche räumlich zu entzerren und ihre Kommunikationsmöglichkeiten zu vergrößern.

Auch die inhaltliche Dimension der Arbeit ist für die Wahl ihrer ersten Teilzeitangestelltenverhältnisse durchaus gewichtig. Frau Matschke entscheidet sich für Beschäftigungsverhältnisse, die ihr Chancen eröffnen, ihren Beruf auszuüben bzw. Aufträge zu akquirieren. Dass diese Teilzeitangestelltenverhältnisse meist nur von kurzer Dauer sind, präsentiert sie in ihrer biographischen Konstruktion im Zusammenhang mit Konflikten: Diese resultieren aus widersprüchlichen Arbeitszeitanforderungen zwischen ihrer abhängigen Beschäftigung in Betrieben des Bekleidungssektors und ihrer Verantwortung als Mutter. Frau Matschkes Interpretation - dass es bei ihren Tätigkeiten als Angestellte im Bekleidungssektor nicht zu Problemen gekommen wäre, wenn sie ganztags beschäftigt gewesen wäre - führen dazu, dass sie sich Teilzeitangestelltenverhältnisse außerhalb des Bekleidungssektors zuwendet.

> „Ja, ich hab dann einfach gemerkt, also entweder muss ich ganz bei den Firmen arbeiten oder gar nicht. Oder ich muss nebenbei ganz was anderes machen. Und das hat dann meistens eigentlich geklappt, wenn´s ne ganz andere Branche war. Wobei mich das dann meistens irgendwann gelangweilt hat. Weil ich gemerkt hab, das ist nicht meins! Ich mach das nur der Versicherung wegen oder nur deswegen, dass ich ein regelmäßiges Einkommen hab. Aber ich war einfach unzufrieden damit und so ging das also einfach immer hin und her."

Doch auch ihre Arbeitsverhältnisse außerhalb des Bekleidungssektors sind meist nur von kurzer Dauer. Ihre Unzufriedenheit mit den Arbeitsinhalten, die sie auf die Dauer als „langweilig" empfindet, motivieren sie dazu, sich nach neuen Möglichkeiten umzuschauen, wie sie ihre Ziele erreichen kann.

Dass ihre Probleme bei abhängigen Beschäftigungsverhältnissen im Bekleidungssektor eventuell daraus resultieren könnten, dass sie abhängige Beschäftigungsverhältnisse für ihre Selbstständigkeit nutzt - also in einer Unverträglichkeit ihres eigenen Handelns mit der Arbeitsformkultur des Angestelltseins begründet liegt -, dies sieht sie selbst nicht. Erst nach erneuten negativen Erfahrungen als Angestellte in Betrieben des Bekleidungssektors kommt sie in ihrer Erzählung über ihre Erwerbstätigkeit in abhängigen Beschäftigungsverhältnissen zu dem Schluss:

> „Also ich sag´s Ihnen, ich bin nicht geschaffen für diese Angestelltenjobs. Also ich weiß nicht, ob ich da..., ich weiß nicht, was an mir ist, dass mich die Leute immer als Zielscheibe benutzen. Vielleicht bin ich zu naiv. Vielleicht mach ich zuviel am Anfang. Ich müsste vielleicht da härter sein und sagen: ‚Nee, das mach ich nicht. Ich bin nur Verkäuferin.' Dann würden sie mich vielleicht anders behandeln. Aber dadurch, dass ich selber ein Geschäft hab, wissen Sie, leer ich halt auch mal einen Abfalleimer aus. Und wenn man mich dann beschuldigt, ich würde Rechnungen verschwinden lassen, verstehen Sie! Dann sag ich: ‚Gut, dann lass ich das halt.' Aber ich seh das halt einfach. Das sind dann so Dinge, ich müsste mich dann selbst binden, festbinden, damit ich diese Dinge nicht mach, die mir nicht zustehen. Aber na ja, so war das halt wie gesagt."

Sie deutet einen Teil ihrer eigenen Person, nämlich Selbstverantwortlichkeit, als unvereinbar mit den Anforderungen einer abhängigen Beschäftigung. Sie hätte ihr Ziel, ihrem Sohn finanzielle Sicherheit zu bieten, in einer abhängigen Beschäftigung nur erreichen können, wenn sie sich verstellt hätte. Aus der Sicht von Frau Matschke verliert abhängige Beschäftigung den Status einer Arbeitsform, die zur Erreichung eigener Ziele nutzbar ist. Die Arbeitsformen, die für sie derzeit in Frage kommen, sind die Sorgearbeit und, damit kombiniert, die berufliche Selbstständigkeit.

In der Gründung einer Ich-AG sieht sie nun eine Chance, über ihre berufliche Selbstständigkeit ihrem Sohn zumindest eine langfristige finanzielle Sicherheit zu bieten.

> „Und jetzt bin ich eigentlich an dem Punkt angelangt, wo ich mir sage: ‚Okay, ich versuch das jetzt mit der Ich-AG.' Und werde halt den ganzen Tag hier zuhause arbeiten und muss mir halt diese Freiräume schaffen. Ich muss halt einfach mal abends weggehen oder muss zwischendurch mal weggehen, weil mir sonst die Decke auf den Kopf fällt, wenn ich den ganzen Tag zuhause bin."

Die Vorstellung, in Zukunft wieder ganztägig ihrer Selbstständigkeit quasi zu Hause nachzugehen und damit aufgrund der räumlichen Nähe wieder eine ständige Vermischung ihrer Lebensbereiche und weniger sozialen Austausch zu haben, sieht sie als Probleme mit denen sie jetzt einen neuen Umgang finden muss.

Ihre aktuellen ökonomischen Entscheidungen trifft Frau Matschke in einem Spannungsfeld, in dem sie versucht drei Ziele - ihrem Sohn ein Aufwachsen, wie in einer Normalfamilie zu gewährleisten, die eigene Selbstverwirklichung als Handwerkerin sowie als Mutter – miteinander zu vereinbaren.

Zusammenfassung

> „Also ich sag´s Ihnen, ich bin nicht geschaffen für diese Angestelltenjobs."

Die Betrachtung der Arbeitsformentscheidungen von Frau Matschke zeigt die Entwicklung und Bedeutung eines spezifischen Handwerkerinnen- und Selbstständigen-Habitus für ihr ökonomisches Handeln. Außerdem konnten als grundlegende Weil-Motive Differenzerfahrungen rekonstruiert werden, die als ‚Motoren' ihrer Erwerbsentscheidungen fungieren. Wichtig ist hierbei, den Wandel ihres Handlungsbezugs zu gesellschaftlichen Normvorstellungen zu beachten: Grenzt sich Frau Matschke zunächst gegen Normvorstellungen ab (v.a. Erwerbstätigkeit), strebt sie später danach, Leitbilder zu erfüllen (v.a. Familie). Dieser veränderte Handlungsbezug führt im Laufe ihres Lebens zu Widersprüchen und paradoxen Anforderungen, mit denen

Frau Matschke bei ihren Arbeitsformentscheidungen konfrontiert ist. Dieser Wandel – so zeigte die Rekonstruktion der Weil- und Um-zu-Motive – ist damit verbunden, dass Frau Matschke ihre Lebensbereiche zum Zeitpunkt ihrer Ehe anders gewichtet und sie sich neue Handlungsziele setzt.

Frau Matschke verfolgt bei ihren Ausbildungs- und ersten Erwerbsentscheidungen in erster Linie das Ziel, sich als Handwerkerin zu verwirklichen. Hinter diesem Ziel stehen ihre Vorstellungen eines bestimmten Lebenskünstler-Lebensstils. Dies mündet in die biographische Konstruktion einer Arbeitsform, die durch eine weitgehende, auch räumliche Vermischung und Verschränkung von Erwerbstätigkeit und anderen Lebensbereichen sowie offene Strukturen und Arbeitszeiten gekennzeichnet ist. Diese Arbeitsform kann als ‚Arbeits-Lebenssymbiose' bezeichnet werden.

Nachdem sie geheiratet hat, erscheint es Frau Matschke vorübergehend nicht mehr so wichtig sich als Handwerkerin zu verwirklichen. Ein neues Ziel tritt in den Vordergrund: die Selbstverwirklichung durch Familiengründung. Ihre Antizipation der Familiengründung und Erwerbsunterbrechung nach der Geburt des Kindes schlägt sich darin nieder, dass sie ihr ökonomisches Handeln verändert. Für Frau Matschke wird es wichtiger, ihre Erwerbstätigkeit und die Sorgearbeit räumlich zu trennen. Ebenso gewinnen finanzielle Aspekte für sie an Relevanz. Dies führt schließlich dazu, dass sie sich entschließt, als Angestellte in Teilzeit tätig zu werden.

Im Zuge der biographischen Reflexion über die von ihr nicht intendierte Trennung und ihre Lebenssituation als allein erziehende Mutter entwickelt Frau Matschke im weiteren Lebensverlauf das Ziel, ihrem Sohn ein Aufwachsen wie in einer Normalfamilie zu ermöglichen. Sie reproduziert hiermit Normvorstellungen, die ihrem bisherigen Lebens- und Arbeitsstil fundamental entgegenstehen. Wichtige Elemente ihres neuen Handlungsziels sind: der Anspruch, ihrem Sohn geregelte und klare Tagesablaufstrukturen, täglich Zeiten der ungeteilten Aufmerksamkeit und finanzielle Sicherheit zu bieten. Dies erklärt, warum Frau Matschke damals bei ihren Erwerbsentscheidungen mehr Wert auf eine räumliche Trennung von Erwerbsarbeit und Sorgearbeit, geregelte Arbeitszeiten, klare Arbeitsstrukturen und die finanzielle Dimension von Arbeit legt.

Das alles führt schließlich zur Entscheidung, ihre Selbstständigkeit mit Teilzeitangestelltenverhältnissen zu kombinieren. Ihr Handwerkerinnen- und Selbstständigen-Habitus ist allerdings dafür ausschlaggebend, dass es bei ihren Beschäftigungsverhältnissen als Angestellte immer wieder zu Konflikten kommt. Indem Frau Matschke diese Konflikte so interpretiert als wäre sie nicht die richtige Person, um angestellt tätig zu sein, schränkt sie selbst die Möglichkeiten ihres ökonomischen Handelns ein.

Die biographietheoretische Rekonstruktion von Erwerbsentscheidungen erweitert den Blick auf den Zusammenhang von individuellen Handlungsentscheidungen und strukturellen Rahmenbedingungen um einen wesentlichen Aspekt: Die Rekonstruktion der Bedeutung von Um-zu- und Weil-Motiven bei den Arbeitsformentscheidungen von Frau Matschke nach der Trennung von ihrem Mann zeigt, dass nicht nur die leichter sichtbaren objektiven Strukturen der Haushaltsform allein erziehende Mutter zu Problemen ökonomischen Handelns führen, sondern auch subjektive Handlungsorientierungen im Sinne von Mikrostrukturen belangvoll sein können.

4.2.1.3 Die doppelte Kontextualität von Arbeitsformentscheidungen

Motivationen und Ziele ökonomischen Handelns stehen nicht für allemal fest. Im Verlauf des Lebens von Personen verändern sich vielmehr sowohl Motivationen, die subjektive Wahrnehmung von Problemlagen als auch die persönlichen Vorstellungen darüber, wie eigene Ziele verwirklicht werden können. Ausschlaggebend hierfür sind neue Erfahrungen, Veränderungen der Lebenssituation, der Wandel der Rahmenbedingungen oder soziale Aushandlungsprozesse, die im Rahmen biographischer Prozesse bearbeitet werden. Aufgrund dieser Dynamik führen Entscheidungen situationsspezifisch zu unterschiedlichen Ergebnissen, im Sinne von Arbeitsformen.

Solche Entwicklungsprozesse wurden in den beiden Fallbeispielen ausführlich rekonstruiert. Arbeitsformentscheidungen sind somit kontingente Ergebnisse dynamischer Prozesse individuellen biographischen Handelns. Erst die Rekonstruktion von Weil- und Um-zu-Motiven im Gesamtkontext kann zeigen, auf welche Dimensionen von Arbeitsformen das Handlungsinteresse bei Erwerbsentscheidungen zielt.

In beiden Fällen konnten sowohl Weil-Motive als auch Um-zu-Motive als handlungsleitend rekonstruiert werden, die sich wie ein roter Faden durch das ökonomische Handeln im Lebensverlauf der zwei Frauen ziehen.

Frau Pallas präsentiert ihre Arbeitsformentscheidungen als Auseinandersetzung mit Erfahrungen der Abwertung und Missachtung, Frau Matschke rekonstruiert Differenzerfahrungen als wesentliche Weil-Motive, die ihr ökonomisches Handeln im Lebensverlauf leiten. Als lebensbegleitende Ziele konnten die Suche nach sozialer Anerkennung im Fall von Frau Pallas und das Streben nach Selbstverwirklichung als Handwerkerin im Beispiel von Frau Matschke rekonstruiert werden. Anhand beider Fallbeispiele wurde erkennbar, dass diese lebensbegleitenden Motive kontextspezifisch für die beiden Frauen an Bedeutung verlieren bzw. phasenweise in den Hintergrund treten, während neue lebensbegleitende Motive hinzutreten können. Zwischen den verschiedenen Zielsetzungen können dadurch Ambivalenzen entstehen, wie im Fallbeispiel von Frau Matschke gezeigt wurde. Neben diesen langfristigen lebensbegleitenden Motiven erlangen darüber hinaus in bestimmten Kontexten durchaus auch kurzfristigere Ziele Bedeutung, so im Fallbeispiel von Frau Pallas die ‚Überbrückung von Zeit'.

Die lebensbegeleitenden Ziele stecken den äußeren Rahmen ab, in dem situative Entscheidungen getroffen werden. Ökonomische Entscheidungen werden nicht gegen diese Ziele getroffen, auch wenn sich die eine oder andere Entscheidung im nachhinein als nicht zielführend herausstellt und durch neuerliche biographische Entscheidungsprozesse korrigiert werden muss. Es werden also bei Entscheidungen zwei zeitliche Ebenen relevant: die biographische und die situative. Die lebensbegleitenden Ziele müssen situativ in konkrete Arbeitsformentscheidungen umgesetzt werden. Dazu werden mögliche Optionen, die der situative Handlungskontext bietet, ausgelotet. Nicht immer sind, wie am Beispiel von Frau Pallas dargestellt wurde, Arbeitsformwechsel die Folge von Entscheidungen. Auch innerhalb bestehender Arbeitsformen können Handlungsspielräume genutzt werden (Arbeitszeit normalisieren, zu Hause nicht über Erwerbsarbeit sprechen). An diesem Punkt wird deutlich, wie notwendig eine analytische Differenzierung unterschiedlicher Dimensionen von Arbeitsformen ist (siehe Kapitel 2.4.3). Die Rekonstruktion der biographischen Entscheidungsprozesse kann sichtbar machen, wie sich Menschen bei ihren ökonomischen Entscheidungen auf welche Dimensionen von Arbeitsformen beziehen.

Menschen treibt bei ihrer Entscheidung für eine Arbeitsform meist nicht ein konkretes Ziel. Vielmehr verfolgen sie bei ihren Entscheidungen ein komplexes Bündel von Zielen, die sie in der Auseinandersetzung mit Erfahrungen in ihrem Lebensverlauf entwickeln. Diese müssen ihnen selbst nicht bewusst sein. Manchmal werden sie erst in der biographischen Rekonstruktion sichtbar. Nicht nur der situative Kontext, sondern auch der biographische Kontext ist demnach von wesentlicher Bedeutung bei ökonomischen Entscheidungen. Das Verständnis von ökonomischen Entscheidungen als biographisch eingebettet erweitert das Verständnis von ökonomischem Handeln und eröffnet einen differenzierten Blick auf scheinbar gleiche Arbeitsformentscheidungen, die zu ihnen führenden Interessenslagen und verfolgten Ziele.

Der Vergleich der Arbeitsformentscheidungen von Frau Matschke und Frau Pallas im Zusammenhang der Familiengründung zeigt:

Sowohl Frau Matschke als auch Frau Pallas entscheiden sich zum Zeitpunkt der Geburt ihrer Kinder zunächst für eine Erwerbsunterbrechung. Beide nutzen vorübergehend die Arbeitsform ‚Vollzeit-Mutter und Hausfrau'. Bei ihrem späteren Wiedereinstieg arbeiten sie in anderen Arbeitsformen als vor der Geburt ihrer Kinder. Die Gründe und Ziele, die hinter diesen scheinbar gleich motivierten Entscheidungen stehen, unterscheiden sich jedoch in wesentlichen Punkten.

- Frau Pallas Entscheidung für die Arbeitsform ‚Vollzeit-Mutter und Hausfrau' kann nicht abgelöst davon gesehen werden, dass ihre vorhergehende Arbeitsform als angestellte Stylistin in Vollzeit für sie mit Problemen belastet war. Frau Pallas hatte schon vor der Geburt ihres Kindes ein Vereinbarkeitsproblem. Dieses stand jedoch nicht im Zusammenhang mit einer Mutterschaft und war auch kein zeitliches, sondern eins von (Be)Wertungen von Tätigkeiten, Arbeitsorten und flexiblen Arbeitszeiten. Ihre Mutterschaft deutet Frau Pallas deshalb als eine Chance, eine bisher konflikthafte Lebenssituation zu verändern. Die Wahl der Arbeitsform ‚Vollzeit-Mutter und Hausfrau' erscheint in ihrer biographischen Konstruktion als vorerst brauchbarer Weg, ihr Ziel soziale Anerkennung zu erreichen. Sie macht allerdings die Erfahrung, dass ihre Arbeitsformentscheidung doch nicht ‚erfolgreich' ist. Daraufhin verfolgt sie mit ihrem Wiedereinstieg in die Erwerbstätigkeit dieses Ziel weiter. Die Arbeitsform ‚Hausfrau und Mutter' bleibt subjektiv die bedeutsamere. Aufgrund ihrer traditionellen Familienorientierung sieht sie in ihrer Mutterschaft etwas, was sie zur ‚richtigen' Frau macht und ihr Ansehen bringt. Bei der Wahl einer geringfügigen Beschäftigung als Erwerbsarbeitsform dominiert das pragmatische Interesse an einer Erwerbsarbeit, die inhaltlich keine Konflikte und dafür wieder mehr Anerkennung von ihrem sozialen Umfeld bringt. Die Reduktion der Erwerbsarbeitszeit steht hierbei im Rahmen ihrer Familienorientierung.
- Frau Matschkes Entscheidung für die Arbeitsform ‚Vollzeit-Mutter und Hausfrau' ist hingegen ein wesentlicher Bestandteil ihres schon vor der Geburt des Kindes entwickelten Zieles der Selbstverwirklichung als Mutter. Das Ziel der Selbstverwirklichung als Handwerkerin verliert vorübergehend an subjektiver Bedeutung. Frau Matschke sieht in ihrer Mutterschaft eine Quelle von Lebenssinn.

> Das ‚Vollzeit-Mutter und Hausfrau sein' ermöglicht ihr während der Kleinkindphase die nötige Auszeit von anderen Verpflichtungen, um aus dieser Quelle zu schöpfen. Mit ihrem Wiedereinstieg in ihre berufliche Selbstständigkeit nach dieser Phase setzt sie ihr Ziel der Selbstverwirklichung fort: Neben die Selbstverwirklichung als Mutter tritt wieder die Selbstverwirklichung als Handwerkerin. Ihr Wiedereinstieg in die berufliche Selbstständigkeit steht jedoch im Rahmen einer biographischen Erfahrung (Trennung), die nicht zu ihrem Lebensentwurf passt. Ihre Lebenssituation als allein erziehende Mutter ist für sie widersprüchlich, denn bei ihren Vorstellungen, wie sie ihr Ziel der Selbstverwirklichung als Mutter erreichen kann, orientiert sie sich an dem Konstrukt der Normalfamilie. Ihre ökonomischen Entscheidungen zielen deshalb in erster Linie darauf, diese Ambivalenzen zu lösen. Die Kombination von Teilzeit-Angestelltenverhältnissen und beruflicher Selbstständigkeit erscheint als sinnvoller Weg, geregelte Arbeitsstrukturen und Arbeitszeiten mit finanzieller Sicherheit zu verbinden. Nur mit ihrem Ladengeschäft selbstständig zu sein, bringt für sie nicht nur finanzielle Probleme mit sich.

In den beiden Fallbeispielen sind die Entscheidungen zur Erwerbsunterbrechung, die Wahl der Arbeitsform ‚Vollzeit-Mutter und Hausfrau' und die Bestimmung der Arbeitsform für den Wiedereinstieg in die Erwerbstätigkeit grundsätzlich anders in die Lebensgeschichten eingebettet. Die scheinbar gleichen Entscheidungen im Zusammenhang mit der Familiengründung bieten deshalb unterschiedliche Grundlagen für weitere ökonomische Entscheidungen. Der Ausstieg der beiden Frauen aus der Erwerbstätigkeit ist unterschiedlich motiviert und bezieht sich jeweils auf andere Dimensionen der Arbeitsform ‚Vollzeit-Mutter und Hausfrau'. Während Frau Pallas das Interesse an sozialem Status, also die symbolische Dimension, und die Konfliktfreiheit der Arbeitsinhalte motivieren, diese Arbeitsform zu wählen, stehen für Frau Matschke die Möglichkeit der Selbstbestimmung und die individuellen Spielräume für ihre persönliche Entwicklung im Vordergrund der Wahl. Auch beim Wiedereinstieg in die Erwerbstätigkeit sind es nicht wie oben dargestellt primär das Interesse der zeitlichen Vereinbarkeit bzw. das Interesse an flexibler Arbeitseinteilung, die im Vordergrund der Wahl für eine geringfügige Beschäftigung im Fall von Frau Pallas bzw. der Wahl einer selbstständigen Existenzgründung im Fall von Frau Matschke stehen. Differenzierend wirken dabei die subjektiven Handlungsbezüge in Bezug auf den eigenen Beruf und die Erwerbstätigkeit, Mutterschaft und Sorgearbeit. Der Vergleich der ähnlichen Arbeitsformentscheidungen der beiden Frauen zum Zeitpunkt ihrer Familiengründung zeigt: Auch bei scheinbar gleichen Interessenslagen ist eine differenzierte und kontextuelle Betrachtung von Arbeitsformentscheidungen notwendig. In beiden Fallbeispielen wurde die Handlungsrelevanz institutionell und kulturell verankerter Geschlechterkonstruktionen deutlich, die für die Betreuung in der Kleinkindphase eine Erwerbsunterbrechung nahe legen (siehe Abschnitt 4.2.3).

4.2.2 Biographische Ressourcen und die Kontextabhängigkeit ihrer Inwertsetzung

Das Haben oder Nicht haben von unterschiedlichen Ressourcen wie Wissen, ökonomisches, soziales oder kulturelles Kapital ist sicherlich ein einflussreicher Faktor bei ökonomischen Entscheidungsprozessen (siehe Kapitel 2.3.2). Das Vorhandensein bestimmter Ressourcen, so die Annahme ressourcentheoretischer Ansätze, macht die Entscheidung für bestimmte Arbeitsformen, z.B. die Selbstständigkeit, wahrscheinlicher. Im theoretischen Teil dieser Arbeit wurde als Manko dieser Ansätze herausgearbeitet, dass das Wie und Ob der Relevanz bestimmter Ressourcen bei ökonomischen Entscheidungen bisher weitgehend im Dunkeln bleiben. Mit ressourcentheoretischen Ansätzen ist nicht erklärbar, warum vorhandene Ressourcen manchmal genutzt und manchmal nicht genutzt werden (können) oder warum sich Menschen mit gleicher oder ähnlicher Ressourcenausstattung in dem einen Fall für eine selbstständige Erwerbstätigkeit, im anderen Fall jedoch für eine abhängige Beschäftigung entscheiden.

Bei der Betrachtung von Arbeitsformentscheidungen ist es deshalb wichtig, so meine Annahme, den Aspekt der individuellen Wahrnehmung von Ressourcen und deren kontextuelle Inwertsetzung im biographischen Handeln in Analysen einzubeziehen (siehe Kapitel 2.4.2). Am Beispiel der Lebensgeschichte von Frau Grün, 26 Jahre alt, werde ich im Folgenden herausarbeiten, welche Bedeutung ihre individuellen Ressourcen bei ihren ökonomischen Entscheidungen haben und inwiefern die Inwertsetzung ihrer Ressourcen kontextabhängig ist. Es geht also darum, ob und wie Frau Grün selbst ihre sozialen, kulturellen oder ökonomischen Ressourcen und biographischen Erfahrungen wahrnimmt, wie sie sie interpretiert und für Entscheidungen nutzen kann.

4.2.2.1 Fallbeispiel 3 Frau Grün erzählt: „Flexibel sein, (...) das hätte ich mir zu dem Zeitpunkt überhaupt nicht vorstellen können, weil ich da irgendwie voll so Heimat gebunden war“

Frau Grün wird im Jahr 1977 als älteste Tochter eines selbstständigen Malermeisters und einer Arzthelferin in Speyer geboren. Als Kind hält sie sich sehr häufig bei ihrer Großmutter auf, die Schneiderin ist. Von frühester Kindheit an kommt sie so in Berührung mit der Schneiderei und handwerklichen Tätigkeiten. Infolgedessen entwickelt sie einen sehr positiven und stark emotionalen Bezug zu beiden Bereichen. Während sie mit ihrer Großmutter und ihrem Vater seinerzeit sehr viel Positives verbindet und in ihnen ihre Hauptbezugspersonen sieht, beschreibt sie ihr damaliges Verhältnis zu ihrer Mutter und ihrem Bruder als sehr konflikthaft.

Diese schwierige Familien-Konstellation belastet sie vor allem als 16Jährige während ihrer Schulzeit auf dem Gymnasium. Zu dieser Zeit muss ihr Vater seinen Malerbetrieb wegen Zahlungsunfähigkeit aufgeben. Ihm bleibt nichts anderes übrig als eine Arbeitsstelle in München anzunehmen. Aus diesem Grund ist er nur mehr an Wochenenden zu Hause. Frau Grün leidet sehr unter der Abwesenheit ihres Vaters. Sie fühlt sich nicht nur von ihrem Vater verlassen, sondern auch am Gymnasium immer weniger wohl.

> „Ich war da so richtig auch deprimiert, weil ich irgendwie so innerlich gefühlt hab, also das ist nix für mich, (...) was zu studieren, (...) sondern dass ich schon Lust hab, was Praktisches zu machen. Ja mit meinen Händen irgendwie, also dass ich was erschaffen kann selbst. Das war irgendwie ganz wichtig für mich. Ja und auch, dass es mir Spaß macht. Und ich mein, so für Mode und so hab ich mich schon immer interessiert, durch meine Oma auch, weil die auch Schneiderin ist. Da hab ich ja auch als Kind schon rumgewerkelt und gebastelt und hab mir selber Sachen geschneidert und so. Und hab gedacht, ich muss Schneiderin lernen, weil das macht mir wirklich richtig Spaß.“

Sie hätte gerne schon in der 10. Klasse die Schule abgebrochen und eine Schneiderinnenlehre begonnen, doch ihre Eltern sind dagegen. Frau Grün soll noch die restlichen drei Jahre bis zum Abitur durchhalten. Mit ihrem Wunsch, beruflich etwas Praktisches lernen und etwas mit ihren Händen machen zu wollen, ist sie auch in den Augen ihrer auf akademische Berufe hin orientierten MitschülerInnen eine Exotin. Sie erhält weder Verständnis noch soziale Anerkennung für ihren Berufswunsch.

In der Folge wird sie immer unglücklicher und ihr Wunsch, eine handwerkliche Ausbildung zu machen, immer stärker. Frau Grün beginnt dennoch keine offene Konfrontation mit ihren Eltern. Ihr Handlungsmuster ist eher durch ein ‚stilles' aber bestimmtes Agieren und Schaffen von ‚leisen' Tatsachen geprägt. Als sie bei einer öffentlichen Modeschau der Berufsfachschule für Schneiderei zuschaut, meldet sie sich heimlich bei der Berufsfachschule an. Ihren Eltern eröffnet sie schließlich mit der Zusage für eine Lehrstelle in der Tasche, dass sie die Schule nach der 12. Klasse abbrechen wird. Diese sind davon zwar nicht begeistert, akzeptieren jedoch ihre Eigeninitiative als Zeichen ihres starken Willens, diesen Beruf zu erlernen. Daraufhin beginnt sie mit Erreichen ihrer Fachhochschulreife eine schulische Berufsausbildung an der Berufsfachschule für Damenschneiderei. Frau Grün fühlt sich von Anfang an in ihrer Entscheidung für diese Ausbildung, durch den Spaß den sie dabei hat, bestätigt.

Frau Grün hat damals keinerlei Augenmerk darauf gerichtet, dass es an ihrem Herkunftsort Ende der 1990er Jahre im Bereich der Schneiderei keine betrieblichen Lehrstellen mehr gibt. Für ihre Ausbildung an der Berufsfachschule erhält sie keine Lehrlingsvergütung. Auch die allgemeine Arbeitsmarktsituation im Bereich der Schneiderei ist vor Ort sehr schlecht. Aus ihrer heutigen Sicht denkt sie, dass sie mit ihrem Ausbildungswunsch in dieser Hinsicht ziemlich blauäugig war.

> „Ich wollte es halt unbedingt machen und hab mich so blind irgendwie.. da hab ich nicht so nachgedacht, was dann mal ist, wenn ich die Gesellenprüfung abgeschlossen hab und so..."

Folgenreich ist zu jener Zeit der Druck, den ihr akademisch orientierter Freundeskreis wegen ihrer handwerklichen Berufswahl auf sie ausübt. Für ihr soziales Umfeld ist Schneiderin zu lernen genauso brotlos, zukunftslos und „verrückt", wie Künstlerin zu werden. Besonders ihr damaliger Partner setzt sie massiv unter Druck, doch lieber „etwas Gescheites", eben einen „richtigen Beruf" zu lernen.

> „Also ich hab damals einen Freund gehabt und mit dem ist es halt dann nicht so sehr gut gelaufen. Weil der fand das eigentlich auch nicht gut, dass ich eine Lehre als Schneiderin..., weil für die war das irgendwie ein Beruf, wo man niemals was verdienen kann und wo einfach... Ach, ich soll mir doch was Richtiges suchen, im Büro oder so. Was für mich überhaupt nicht in Frage gekommen wär! Und der hat mich dann auch ziemlich... Ich kann das gar nicht beschreiben. Der hat mich dann auch ziemlich fertig gemacht."

Abb. 15: Arbeitsbiographie Frau Grün

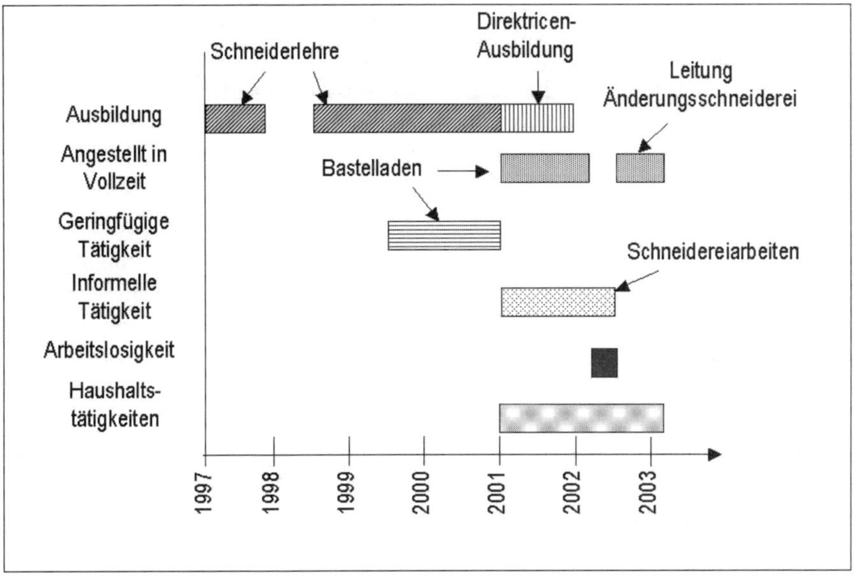

Quelle: Eigene Darstellung

Die ständigen Angriffe und negativen Äußerungen über ihre berufliche Ausbildung kratzen ernsthaft an ihrem Selbstwertgefühl als 18Jährige. Als Jugendliche noch wenig in ihrer eigenen Person gefestigt, beginnt sie in einer Zeit, die für sie insgesamt schwierig ist, diese Nicht-Wertschätzung ihres Berufes auf ihre eigene Person zu übertragen. Die Erfahrung ,mein Beruf ist nichts wert' wird für sie damals zu einer Erfahrung des selbst nicht anerkannt Werdens, des ,ich bin nichts wert'. Gegen die Angriffe und die Abwertung ihrer Berufswahl wehrt sie sich erneut nicht offensiv, sondern sie zieht sich in sich zurück. Sie lebt ihre psychischen Probleme in einer Magersucht aus. Über diese Zeit und ihre Empfindungen erzählt sie:

> „Also ich hab halt echt null Selbstvertrauen mehr gehabt, also ich hab mich richtig wertlos gefühlt. Ich hab richtig Angst vor Menschen gehabt. Das hört sich vielleicht jetzt voll komisch an, aber das kann man irgendwie gar nicht so nachempfinden. Aber ich hab richtig Angst gehabt, wenn mich jemand angesprochen hat, (...) und es war einfach wie..., wie kann man das beschreiben? Ja, das Gefühl, das war irgendwie so stark und ich [war] so richtig schüchtern (...) und niemand kommt an mich ran und so."

Frau Grün rutscht zu jener Zeit in eine „negative Verlaufskurve“ (Schütze 1981) und verliert damit ihre Handlungsfähigkeit. Im Folgenden muss sie ihre Lehre wegen ihrer Krankheit ein halbes Jahr unterbrechen. Im Krankenhaus erhält sie psychische Betreuung, Hilfe ihr Selbstwertgefühl wieder aufzubauen und sich aus der Krise herauszuarbeiten. Die Gelegenheit im geschützten Raum des Krankenhauses, über das eigene Leben und ihre Probleme nachzudenken, und die Unterstützung einer Freundin helfen ihr, ihre Essstörungen zu überwinden. Sie beendet die belastende Partnerschaft und setzt ihre Lehre fort.

> „Hab dann meine Lehre weitermachen können. Also, das war dann gar kein Problem. Und das hat mir dann noch mehr Antrieb gegeben. Also noch mehr, dass ich´s allen zeigen will, dass das halt eine gute Wahl war und dass man damit trotzdem was erreichen kann, auch wenn jeder darauf rumgehackt hat: ‚Ah, das ist ein blöder Beruf! Lern was Richtiges!’ und so, also meine Eltern nicht, aber so der Freundeskreis.“

Das Krankenhaus ist für sie auch ein Ort, an dem sie lernt, dass sie mit Demütigungen und Missachtung anders umgehen muss als bisher, um gesund und handlungsfähig zu bleiben. Die Krisen-Erfahrung wird für sie zu einer wertvollen biographischen Ressource: Indem sie ein Handlungsmuster ‚denen werde ich es schon zeigen’ entwickelt, wehrt sie sich gegen eine neuerliche Übernahme des Musters ‚ich bin nichts wert’. Ihre folgenden Erwerbsentscheidungen haben insofern den Charakter von widerständigem Handeln. Frau Grün deutet Missachtung um: War Verachtung und Geringschätzung bisher etwas, was sie als Abwertung erlebte und was sie handlungsunfähig werden ließ, so wird Missachtung für sie nun zu einem Handlungsantrieb, der sie im weiteren biographischen Verlauf auch Dinge angehen lässt, die sie selbst als „gewagt“ empfindet[82].

Neben ihrer Ausbildung in der Berufsfachschule beginnt Frau Grün an schulfreien Samstagen als geringfügig Beschäftigte in einem Bastelladen in ihrem Wohnviertel zu arbeiten, um ein bisschen eigenes Geld zu verdienen. Sie gibt dort Nähkurse und hilft im Verkauf. Doch der Job tut ihr auch in Bezug auf ihre Krankheit gut.

---

82 An dieser Stelle möchte ich ausdrücklich betonen, dass diese Interpretation von ‚Missachtung’ als positiver Handlungsantrieb nur in der konkreten Rekonstruktion der individuellen Lebensgeschichte von Frau Grün Sinn macht. Es soll hiermit in keiner Weise angedeutet werden, dass sich Missachtung als Instrument nutzen ließe, um auch in anderen Fällen Handeln zu initiieren. Es lassen sich mit Sicherheit Fälle finden, in denen ‚Missachtung’ schlussendlich in einer bleibenden „negativen Verlaufskurve“ (Schütze 1981, 1984) endet.

> „Wie ich angefangen hab im Bastelladen - da muss man ja auch auf die Leute zugehen, da muss man ja mit ihnen sprechen - da hab ich richtig gemerkt, wie ich mit jedem Tag, sag ich mal, oder mit jedem Mal gemerkt hab, wie ich mir auch wieder mehr zugetraut hab. (...) ‚Oh super!' hab ich dann gedacht, ‚Ich bin ja doch nicht so blöd!' (...) und: ‚Ich kann ja doch was und ich schaff das schon!' und so."

Ende 2000 schließt sie ihre Lehre mit sehr gutem Erfolg ab und ist hoch motiviert, nun richtig in ihren Beruf einzusteigen. In dieser Zeit lernt Frau Grün ihren neuen Partner kennen. Ihre Mutter und ihr Bruder ziehen zu ihrem Vater nach München um. Ihr Bruder beginnt in München zu studieren.

Obwohl ihre Eltern sie ermuntern mit nach München umzuziehen und sich dort um eine Stelle umzuschauen, beschließt Frau Grün in Speyer zu bleiben und zieht mit ihrem damals neuen Partner zusammen. Ihren Geburtsort, ihre Großeltern, ihren neuen Partner und ihren Freundeskreis zu verlassen, kann sie sich zu diesem Zeitpunkt auf keinen Fall vorstellen.

Sie beginnt nach einer Arbeitsmöglichkeit für ihren Berufseinstieg zu suchen. Nach einiger Zeit stellt sie jedoch fest, dass die lokale Arbeitsmarktssituation keine Möglichkeiten bietet, ihren Beruf auszuüben. In der rheinland-pfälzischen Mittelstadt existieren keine Maßschneidereien oder andere potentielle Arbeitsstellen für Schneiderinnen mehr. Es gibt nur ein paar Änderungsschneidereien, bei denen es kaum Chancen auf eine Vollzeitanstellung gibt. Die einzige Möglichkeit wäre eine geringfügige Anstellung gewesen. Da sie nun finanziell von ihren Eltern unabhängig sein möchte, ist eine geringfügige Beschäftigung für sie keine Option. Daraufhin bewirbt sie sich in den umliegenden Städten. Als sie endlich eine für sie reizvolle Arbeitsmöglichkeit findet - eine Vollzeittätigkeit an einem Theater in Mannheim - lehnt sie ein Stellenangebot ab. Zeitgleich hat Frau Grün von der Besitzerin des Bastelladens, bei dem sie während ihrer Berufsausbildung gejobbt hat, das Angebot erhalten, dort in Vollzeit als Angestellte einzusteigen. Trotz ihrer starken Motivation nun ihren Traumberuf Schneiderin endlich auszuüben, nimmt sie die fachfremde Stelle an.

Ihre Entscheidung hat mit ihrer Krankheit zu tun: Frau Grün ist immer noch psychisch labil. Im Zusammenhang damit ist ihr Bedürfnis, jegliche Art von Unsicherheit und Unvorsehbarkeit zu vermeiden, sehr groß. Ein bekanntes räumliches und soziales Umfeld ist für sie zu jener Zeit notwendig, um ihre psychische Verfassung zu stabilisieren und wieder sie selbst zu werden. Eine starke Ortsbindung oder, wie Frau Grün selbst es ausdrückt, eine „Heimatverbundenheit" kennzeichnet ihr ökonomisches Handeln. Die Stelle beim Theater in Mannheim wäre hingegen zeitlich befristet gewesen. Frau Grün hätte damit rechnen müssen, an unterschiedlichen Arbeitsorten in Deutschland eingesetzt zu werden.

> „Genau und das hätte ich mir zu dem Zeitpunkt überhaupt nicht vorstellen können, weil ich da irgendwie voll so Heimat gebunden war. Also ich wollte meine Freundinnen nicht verlassen, ich wollte.. Ja, mit meinem Freund dachte ich: ‚Super, dass das jetzt so schön klappt!' Meine Oma wohnt noch dort. Das hätte ich mir überhaupt nicht vorstellen können, dass ich, also zu dem Zeitpunkt, dass ich das einfach alles mal hinter mir lass, und dass ich mal wo hingehe, alleine vielleicht noch. Das war für mich unvorstellbar [betont]!"

Weil sie sich nach ihrer massiven Essstörung immer noch psychisch labil fühlt, kann sie ihre biographischen Ressourcen nicht nutzen, um sich auch außerhalb von Speyer nach einer Arbeitsstelle umzuschauen.

Anfangs macht ihr die berufsfremde Tätigkeit im Bastelladen sogar Freude. An den Samstagen hat sie genug Zeit nebenher eine Weiterbildung zur Schnittdirektrice in Frankfurt zu machen. Darüber hinaus übernimmt Frau Grün in Schwarzarbeit Nähaufträge für Freunde und Bekannte. Indem Frau Grün ihre formelle Erwerbstätigkeit in Vollzeit mit einer informellen Tätigkeit und einer Weiterbildung im Bereich der Schneiderei kombiniert, schafft sie Folgendes: Sie kann in einer Situation, in der sie auf dem formellen lokalen Arbeitsmarkt keine Möglichkeiten sieht, in ihrem Beruf zu arbeiten, trotzdem einen Fuß in ihrem Beruf behalten. Darüber hinaus erweitert sie ihre fachlichen Kenntnisse und finanziert ihr eigenes Leben. Mit der Zeit ergibt sich für sie die Chance, immer mehr Funktionen in dem Bastelladen zu übernehmen.

> „Und der ihre Tochter ist dann krank geworden. Dann hat sie wenig Zeit gehabt und hat dann gemeint, ob ich da nicht Lust hab, also den Laden praktisch selbstständig zu führen und so. Und da hab ich dann gedacht, warum nicht? (...) Das hab ich dann so ein halbes, dreiviertel Jahr gemacht."

Nach etwas mehr als einem Jahr merkt sie, dass ihr ihre Erwerbssituation und ihre private Lebenssituation wieder Probleme machen. Sie hat inzwischen die Schnittausbildung erfolgreich abgeschlossen und damit eine weitere Stufe des beruflichen Karriereweges erreicht. Doch noch immer hat sie den Einstieg in den beruflichen Arbeitsmarkt nicht geschafft. Ihr Bedürfnis, in ihrem Beruf erwerbstätig zu sein, wird wieder stärker. Gleichzeitig wird es ihr abermals bewusst, dass ihr soziales Umfeld ihre Erwerbstätigkeit in dem Bastelladen nicht wertschätzt und als „keine Arbeit" abtut.

> „Also damals, wo ich dann so unzufrieden geworden bin, wo ich mich dann auch so unerfüllt [gefühlt habe]. Also das war auch so, dass dann, also mei-

ne ganzen Freunde und so. Also mein Freund und dem seine Schwester war oder ist eine Freundin von mir. Die hat im Büro gearbeitet und klar, die haben mehr Geld verdient auch wie ich jetzt. Weil das war ja noch ein kleiner Laden. Ich mein gut, es hat mich, also nicht, dass es jetzt um das Geld gegangen wäre, aber es hat mich.. Aber so wie die das alles dargestellt haben, das hat mich dann schon irgendwann gestört."

Sie beginnt sich zu ärgern, dass ihre Bekannten und Freunde annehmen, sie würde die Nähaufträge, die sie für diese übernimmt und abends bei sich zu Hause erledigt, als Gefälligkeit und ohne Bezahlung machen. Wegen der Informalität, also der Organisationsform der Arbeit, und dem Arbeitsort - bei ihr zu Hause - fällt es Frau Grün sehr schwer, für ihre beruflichen Fähigkeiten die Anerkennung als Arbeitsleistung und damit die Bezahlung einzufordern. Aufgrund dieser biographischen Erfahrung entscheidet sie sich zu einem späteren Zeitpunkt in ihrem Leben gegen eine Selbstständigkeit als Änderungsschneiderin, die sie nur in ihrer Wohnung verwirklichen hätte können.

„Dann hab ich gedacht, jetzt hab ich drei Jahre lang so eine Ausbildung gemacht und dann nebenher samstags noch diese Schnitttechnikerschule in Frankfurt und das kann nicht sein, dass ich das dann jetzt da so verplemper und da so festsitze. Also ich hab mich richtig [gefühlt], so wie (...): Ich will zwar weitergehen, aber ich komm einfach nicht weiter. Wie wenn ich auf der Stelle steh! Und das hat mich total wahnsinnig gemacht! Also ich bin dann auch richtig unzufrieden geworden. Und dann hab ich eine Zeit lang mit dem Gedanken gespielt, mich selbstständig zu machen."

Ihr Gefühl, in ihrem Leben auf der Stelle zu treten und ihre Ausbildung nicht in Wert zu setzen, sondern zu vergeuden, spiegelt ihr Nachdenken über ein bisher „ungelebtes Leben" (Zacher 1984) wider, das sie motiviert, sich neu zu orientieren. Sie bezieht sich hierbei auf eine verpasste Chance in ihrem Leben, nämlich eine Möglichkeit (Angebot bei einem Theater in Mannheim), in ihrem Beruf tätig zu werden, nicht genutzt zu haben.

Die Stellensituation vor Ort ist immer noch schwierig. Bestärkt aus ihrer Erfahrung, den Bastelladen quasi selbstständig geführt zu haben, überlegt Frau Grün zunächst, sich als Änderungsschneiderin selbstständig zu machen.

Auch der Bastelladen läuft aufgrund der allgemeinen Wirtschaftskrise immer schlechter. Schließlich wird Frau Grün im Frühjahr 2002 dort gekündigt. Nun muss sie sich beruflich neu orientieren. Obwohl sie selbst schon einige Zeit unzufrieden mit der Arbeit im Bastelladen ist und sich schon mit dem Gedanken gespielt hat, dort aufzuhören, trifft sie die Kündigung tief. Für Frau Grün ist es ein neuerlicher Schlag gegen ihr Selbstwertgefühl. Sie muss stark dagegen ankämpfen, die Kündigung als ein persönliches Scheitern zu werten und wieder magersüchtig zu werden.

> „Dann war ich zwei Monate arbeitslos. Also ich war richtig fertig! Also da hab ich mich richtig scheiße, wenn ich das mal so sagen darf, gefühlt. Weil das war dann so blöd, weil ich dann in dem Moment gedacht hab, dass alle recht gehabt haben: ‚Ah, hättest du doch was Richtiges gelernt!' Wenn die dann abends..., auch mein Freund dann von der Arbeit heimgekommen ist und von der Arbeit erzählt hat, dann hab ich mich richtig mies gefühlt und hab mir gedacht: ‚Das kann ja wohl nicht sein!' (...) Da war's dann schon kurze Zeit wieder da, wo ich mir dann gedacht hab: ‚Nee, du kannst jetzt nicht wieder anfangen, nichts zu essen, nur weil du jetzt.. sonst schaffst du das überhaupt nicht! Und du braucht jetzt Deine Energie, um was Neues zu finden!'"

Es gelingt Frau Grün schließlich, die Kündigung positiv, als „nötigen Tritt" zu interpretieren und handlungsfähig zu bleiben. Sie beginnt, sich beim Arbeitsamt und anderen öffentlichen Stellen über potentielle Arbeitsstellen, aber insbesondere auch über Existenzgründungsmöglichkeiten zu informieren. Allerdings macht sie die Erfahrung, dass sich diese Ämter nicht darum kümmern, sie wieder in ihren Beruf zu bringen. Das Arbeitsamt bietet ihr nur eine Umschulung an, woraufhin Frau Grün begreift, dass ihr Beruf auf dem lokalen Arbeitsmarkt keinen Wert hat.

Im Verlauf ihres weiteren ökonomischen Handelns beginnt sie auf ein Wissen zurückzugreifen, das sie früher nicht nutzen konnte.

> „Auf der anderen Seite hab ich auch gewusst, ich muss irgendwann in eine größere Stadt oder sowas gehen, wenn ich irgendwas in meinem Bereich machen will, weil es bei uns einfach nichts gab."

Ihr Partner ist damals gegen eine Selbstständigkeit. Ihre Initiative unterstützt er in keiner Weise. Auch ihr Vater rät ihr von einer Selbstständigkeit ab - insbesondere in Speyer und in der wirtschaftlich schlechten Zeit. Er ermutigt sie vielmehr, sich auf Stellen außerhalb von Speyer zu bewerben. Sie selbst gibt ihre Idee, sich selbstständig zu machen, nicht gleich auf. Es gibt eben auch Dinge, die sie daran reizen. Doch hier wird neuerlich ihr krankheitsbedingt immer noch großes Bedürfnis nach Sicherheit, Geborgenheit und Unterstützung durch ihr soziales Umfeld einflussreich.

> „Mein Papa war dann irgendwie so die treibende Kraft, der gesagt hat: ‚Mach´s nicht und so, und nicht in Speyer, weil das wird sich nicht lohnen in Speyer. Bewirb dich lieber irgendwo. So jetzt in der wirtschaftlichen Lage, da siehst du wie der Bastelladen den Bach runtergegangen ist, weil kei-

ner mehr gekommen ist. So was kannst du dann immer irgendwann noch machen, aber jetzt!' Ich mein ich hab dann..., also ich bin immer..., ich denk, ich muss mein eigenes Ding durchziehen. (...) Also das war dann alles schon ziemlich viel irgendwie, wo ich gedacht hab, na ja, das ist doch recht viel, was man investieren muss. Und wenn's dann nicht läuft, dann steh ich da ganz alleine. Und dadurch, dass ich dann auch nicht so die Unterstützung gekriegt hab von meinem damaligen Freund und.. (...) Da hab ich mir gedacht, wenn dann wirklich was ist, dann sind meine Eltern nicht in der Nähe. Ja, und dann hab ich gedacht, es schadet ja nichts, wenn man mal ein paar Bewerbungen schreibt."

In ihrer Partnerschaft beginnen die Probleme immer offener zu Tage zu treten. Seit sie mit ihrem Freund zusammen wohnt, übernimmt sie die meiste Haushaltsarbeit. Jetzt im Nachhinein bemerkt sie, dass es sie auch genervt hat, dass ihr Freund sich so wenig in den Haushalt eingebracht hat.

„Also er hat fast.. also bei ihm war's immer so: Das war ja kein richtiger Beruf, was ich gemacht hab. Also das war immer bei ihm so… Es ist komisch, gell, ich hab immer nur so Typen angezogen! [lacht] Das war irgendwie für ihn nix. Der hat gedacht: ‚Die steht den ganzen Tag nur in dem Laden.' Wobei ich sagen muss, das war auch sehr anstrengend! Weil ich war meistens alleine in dem Laden gestanden und wenn da viel los war! (...) Er war immer recht faul und so. Er hat ja gedacht, er arbeitet den ganzen Tag und er arbeitet ja richtig. Und da kann ich nicht noch von ihm verlangen, wenn er abends heimkommt, dass er noch was macht und so. Und das hat mich schon ziemlich angenervt! Also wir haben da auch oft Streit gehabt, weil ich ja auch ziemlich ausgelastet war."

Frau Grün fühlt sich inzwischen psychisch stabiler. Die negativen und abwertenden Einstellungen ihres Freundes zu ihrer Erwerbstätigkeit motivieren sie, sich von ihm und ihrem Herkunftsort emotional zu lösen. Im Verlauf dieses Prozesses beginnt sie, sich über die Themen ‚Heiraten' und ‚Kinder haben' Gedanken zu machen. Sie setzt sich so mit ihrer Partner- und Familienorientierung auseinander.

Frau Grün ist inzwischen mit Mitte zwanzig in einem Alter, in dem sie häufig mit Familiengründungen in ihrem sozialen Umfeld konfrontiert wird. Auch sie muss sich überlegen, was sie selbst über eine Ehe und eigene Kinder denkt. In ihren Erzählungen zeigt sich: Frau Grün sieht das Scheitern ihrer Partnerschaft zur Zeit der Kündigung im Bastelladen auch darin begründet, dass es ihr so wichtig ist in ihrem Beruf zu arbeiten. Sie ist nicht bereit, ihren Partner zu heiraten und Kinder zu bekommen.

„Es ist dann auch nicht mehr so gut gelaufen in unserer Beziehung. Also ich glaub das lag dann vielleicht auch an mir. Weil ich so unzufrieden geworden bin und weil ich vielleicht auch..., meine anderen Freundinnen, die haben dann irgendwann geheiratet, haben Kinder gekriegt und so. Und da war ich überhaupt nicht - vielleicht auch, weil ich noch nicht den richtigen Partner dazu hatte - bereit dazu oder hab mir das gar nicht vorstellen können. Und weil ich auch irgendwie richtig Lust hab, zu arbeiten und selbstständig mein Geld zu verdienen. Und dann hab ich dann irgendwann gedacht, jetzt bewerbe ich mich mal. (...) Da war´s mir dann schon so, wenn ich so zwei Jahre zurückgedacht hab, wo ich so Heimat gebunden war, wo ich unbedingt dort bleiben wollte, weil ich mir gar nichts anderes vorstellen konnte, hab ich mich schon soweit entwickelt, dass ich mir nichts gedacht hab, dass ich dachte: Ich bin frei! Ich hab noch keine Kinder! Ich kann überall auf der Welt hingehen! Ich muss die Chance jetzt endlich ergreifen!"

Sie setzt sich vor allem mit ihrer bisherigen Partnerorientierung auseinander: Bisher war sie der Meinung, dass es eine Partnerschaft notwendig macht, an einem Ort zu bleiben. Aufgrund der veränderten Lebenssituation und ihren zwischenzeitlichen Erfahrungen beginnt sie anders darüber zu denken: Nicht eine Partnerschaft verlangt es an einem Ort zu bleiben, sondern nur das Kinder haben. Sie nimmt sich damit als „ungebundene Person" wahr, die in ihrer Ortswahl frei ist. Auf diese Weise erweitert sie ihren Handlungsspielraum für ihre folgenden ökonomischen Entscheidungen.

Als ihr auch eine Freundin gut zuredet, ihre sozialen Kontakte in München und die dortige bessere Arbeitsmarktsituation zu nutzen, wagt sie es: Frau Grün beginnt sich gezielt und ohne dass es ihr Partner direkt mitbekommt, in München zu bewerben. Sie interessiert sich für alle möglichen Stellen im Bereich der Bekleidungsherstellung. Nach kurzer Zeit bekommt Frau Grün erste Einladungen für Vorstellungsgespräche in München.

Sie scheint beinahe verzweifelt, dass sie die erste Stelle, die ihr in einem Musteratelier eines industriellen Bekleidungsbetriebes angeboten wird, ablehnen muss. Sie kann sich diese Tätigkeit für sich nicht vorstellen. Der Druck, den sie selbst spürt, ist sehr hoch: Nun wo sie es wagt, für eine Arbeitsstelle auch einen Wohnortwechsel in Kauf zu nehmen, möchte sie damit erfolgreich sein und schnell eine Stelle finden. Ihre Selbstzweifel sind immer noch latent präsent. Frau Grün bewirbt sich in dieser Zeit auch auf eine Stelle, für die sie offensichtlich nicht qualifiziert genug ist. Es werden eine Meisterprüfung und Erfahrungen in Personalführung erwartet. Sie ist selbst erstaunt, dass sie zu einem Vorstellungsgespräch eingeladen wird und nicht gleich eine Absage erhält.

Als sie dann die Zusage bekommt, die Leitung der Änderungsabteilung in einem großen Münchner Modehaus und damit die Personalverantwortung für 16 Mitarbeiterinnen zu übernehmen, kann sie es selbst kaum glauben.

Doch der Vertrauensvorschuss, der ihr durch die Stellenzusage gegeben wird, bestärkt sie, keinen Rückzieher zu machen.

Während der Einarbeitungszeit bei ihrer neuen Stelle muss Frau Grün sich zunächst wieder gegen Stimmen wehren, die ihr die Arbeit nicht zutrauen. Doch dieses Mal lässt sie sich dadurch nicht beirren und setzt sich offensiv für bessere Bedingungen ein. Sie greift auf ihre biographische Krisenerfahrung, das daraus entwickelte widerständige Handlungsmuster und auf ihr Vertrauen zu ihrem Chef zurück.

> „Die Abteilungsleiterin dort, die ist dann in Rente gegangen und die war von vornherein gegen mich. Also weil ich halt noch so jung bin! Das hab ich bestimmt drei oder viermal am Tag zu hören gekriegt: ‚Sie schaffen das nicht, Sie sind zu jung. Sie schaffen das nicht!' Und das hat mich dann richtig fertig gemacht. Weil wenn man das den ganzen Tag zu hören kriegt...! (...) Und bin dann da zu meinem Chef hin und hab gesagt: ‚Also, so kann ich das nicht, mich einarbeiten lassen. (...) Was kann man dagegen machen?' Und der hat dann in Regensburg angerufen. Also da gibt´s auch noch eine Filiale (...) und die dort Geschäftsleiterin ist, die ist auch noch ziemlich jung, (...) hat auch in meinem Alter in der Schneiderei angefangen und bei der war ich dann für drei Wochen. (...) Das war richtig schön! (...) Die hat mich dann eingearbeitet und das hat mir dann wieder richtig Spaß gemacht."

Bei der für sie mutigen Entscheidung, die Stelle - für die sie weder große Berufserfahrung noch Personalführungskompetenzen mitbringt - anzutreten, profitiert sie darüber hinaus von ihren familiären Kontakten in München. So wohnt sie anfangs nach ihrem Umzug bei ihren Eltern, bekommt jedoch binnen kurzem durch einen Arbeitskontakt ihrer Mutter eine eigene Wohnung vermittelt. Die Nähe zu ihren Eltern gibt Frau Grün ferner ein Gefühl der Sicherheit. Sie weiß, dass sie auf deren Unterstützung zurückgreifen könnte, wenn es nötig wäre. Besonders das berufliche Wissen und die Erfahrungen mit Betriebs- und Personalführung ihres Vaters nutzt Frau Grün, um ihre eigenen fehlenden Ressourcen auszugleichen.

Um ihre geringe Berufserfahrung zu kompensieren, greift Frau Grün als Abteilungsleiterin auch auf das Wissen ihrer viel erfahreneren Mitarbeiterinnen zurück. Durch einen eigenen Führungsstil nutzt sie ihre Mitarbeiterinnen als Lehrerinnen. Frau Grün profitiert dabei von dem großen Altersunterschied zu ihren Mitarbeiterinnen, die ihr ‚als Kücken' gerne helfen. Darüber hinaus hat keine ihrer Mitarbeiterinnen selbst Ambitionen Abteilungsleiterin zu werden.

> „Ich mein, das ist ein ziemlich altes Haus in München, also die sind alle schon [älter], ich glaub, ich bin die jüngste von den Vollzeitangestellten.

> Die sind dann ab 50 aufwärts oder so. Ich glaub, da hat man auch ziemlich viele Vorteile irgendwie, weil da wird man schon auch ziemlich behütet und ich kann alles fragen, was ich Lust hab und jeder erklärt mir alles."

Zur Zeit des Interviews arbeitet Frau Grün seit knapp einem dreiviertel Jahr als vollzeitbeschäftigte Abteilungsleiterin der Schneiderei. Über ihre aktuelle Arbeitssituation sagt sie:

> „Ich bin jetzt richtig glücklich, dass ich angestellt bin. Ich hab einen unbefristeten Anstellungsvertrag und ich glaub, was Besseres hätte mir gar nicht passieren können in der heutigen Situation. Bei so einer riesigen Firma..., die gibt´s ja europaweit! Ich hab Aufstiegsmöglichkeiten!"

Für sie haben sich neue Perspektiven aufgetan. Das Unternehmen, bei dem sie tätig ist, bietet ihr die Möglichkeit, sich in verschiedensten Bereichen weiterzubilden (z.B. im Verkauf, in Wirtschaft und Betriebsführung). Das sind Chancen, die sie richtiggehend in sich ‚aufsaugt'. Sie beginnt über neue Wege nachzudenken, die sie in Zukunft gehen könnte.

Zusammenfassung

Die biographietheoretische Betrachtung der ökonomischen Entscheidungsprozesse von Frau Grün zeigt: Sie eignet sich zu einem frühen Zeitpunkt in ihrem Leben eine positive Disposition für eine handwerkliche Ausbildung an. Sie kann dieses kulturelle Kapital damals, Ende der 1990er Jahre, jedoch wenig nutzen. Erstens gilt eine Ausbildung zur Schneiderin gesellschaftlich als nicht erstrebenswert. Zweitens wird ihre Entscheidung für einen handwerklichen Beruf von ihrem akademisch orientierten sozialen Umfeld durch Nicht-Anerkennung sanktioniert. Frau Grün verliert schließlich ihre Handlungsfähigkeit und wird krank.

Diese Krisen-Erfahrung wird für Frau Grün im weiteren Lebensverlauf zu einer wichtigen biographischen Ressource, die ihre Handlungsmöglichkeiten erheblich beeinflusst. Im Wesentlichen eignet sie sich dadurch die Fähigkeit an, Abwertung als Motivation für widerständiges Handeln zu deuten. Sie traut sich infolgedessen ökonomische Entscheidungen zu, die ihr selbst als gewagt erscheinen (Abteilungsleitung mit Personalführung). Allerdings versinkt diese Erfahrung vorerst mehr oder weniger vollständig als biographisches Hintergrundwissen. Frau Grün kann auf diese Fähigkeit erst zu einem späteren Zeitpunkt in ihrem Leben zurückgreifen. Vorerst wirkt die Krankheit noch nach. Frau Grün kämpft mit ihrer psychischen Instabilität.

In diesem Kontext kann Frau Grün ihren sehr guten Abschluss der Lehre und ihre weiterhin hohe berufliche Motivation nicht ökonomisch erfolgreich umsetzen. Ebenso gelingt es ihr nicht, ihre engen sozialen Kontakte nach München und damit den erleichterten Zugang zu einem lokalen Arbeitsmarkt zu nutzen, der mehr berufliche Chancen verspricht als ihr Herkunftsort. Die Stabilisierung ihrer psychisch labilen Verfassung steht für sie subjektiv im Vordergrund. Sie interpretiert damals deshalb einen Ortswechsel als für sich nicht möglich. Frau Grün greift damit auf die identitätsstabilisierende Funktion von „Heimat" als einen „Ort des leichten Handelns" zurück (Boesch 1983 zit. n. Weichhart 1992, S. 32) [83]. Die Ortsbindung von Frau Grün beruht sowohl auf physisch-räumlichen Aspekten, aber auch auf sozialen Aspekten. Genauso wie sie in der Umgebung bleiben möchte, die ihr bekannt ist und wo sie sich auskennt, möchte sie auch ihr soziales Umfeld und ihren neuen Partner nicht verlassen. Geschlechtsspezifische Konstruktionen über das ‚selbstverständliche Zusammenleben an einem Ort mit dem Partner' spielen für Frau Grün eine wichtige Rolle und kennzeichnen die Konstruktion ihrer „Heimatverbundenheit".

Ihre Entscheidung, eine beruflich gute Chance abzulehnen und dafür eine weniger gute fachfremde Tätigkeit an einem ihr schon bekannten Arbeitsort wahrzunehmen, lässt sich so als Nutzung einer individuellen Ressource für die Stabilisierung der eigenen Identität und zur Wiederherstellung der vollen Handlungsfähigkeit deuten. Ihre Vollzeittätigkeit im Bastelladen ist insofern Teil eines Heilungsprozesses. Die Kombination ihrer Arbeitsformen zu jener Zeit - fachfremde formelle, berufliche informelle Tätigkeit und Weiterbildung - kann als ein „spezifisches Passungsverhältnis" mit ihrer damaligen biographischen Situation gesehen werden (vgl. Wohlrab-Sahr 1993). Die fachfremde Erwerbstätigkeit erlaubt Frau Grün nicht nur ihre Fähigkeit wieder zu erlangen, mit sozialen Kontakten umzugehen, sondern auch Erfahrungen zu sammeln, wie man ein Geschäft selbstständig führt. Betrachtet man die Gesamtheit ihrer ökonomischen Tätigkeiten, so wird erkennbar, dass Frau Grün nicht nur die formelle Erwerbstätigkeit nutzt, um weitere Ressourcen aufzubauen. Durch ihre informelle Tätigkeit eignet sie sich Berufserfahrung an und lernt, sich für eigene Interessen einzusetzen.

Erst zu einem Zeitpunkt, als ihr Selbstvertrauen wieder gestärkt ist, sie sich alles in allem stabilisiert hat, kann Frau Grün auf ihre familiären Kontakte nach München zurückgreifen, die einen erleichterten Zugang zu einem besseren lokalen Arbeitsmarkt versprechen. Wichtig ist, dass ihr parallel dazu

---

83 Zu Identität und Ortsbindung siehe auch Reinhardt (1999); Weichhart (1990).

Schwierigkeiten in ihrer Partnerschaft bewusst werden und sie insgesamt mit ihrer aktuellen Lebens- und Arbeitssituation unzufrieden wird. In einem Umdeutungsprozess verliert für Frau Grün ihre bisher starke räumliche und soziale Ortsbindung an Bedeutung. Ihr näheres soziales Umfeld wirkt hierbei unterschiedlich: Einerseits wird sie von ihrer Familie und einem Teil ihres Freundeskreises in ihrem Beschluss bestärkt, sich für Arbeitsstellen außerhalb ihres Herkunftsortes zu bewerben. Andererseits traut ihr insbesondere ihr Partner diesen Schritt nicht zu. In dieser Hinsicht müsste ihre Partnerschaft als soziales Umfeld eher bremsend wirken. Im spezifischen biographischen Zusammenhang ist jedoch das Gegenteil der Fall: Frau Grüns biographische Ressource eines widerständigen Handlungsmusters - ihr ‚gesunder Trotz' - bestärken ihre Handlungsmotivation und ihren Mut, auch außerhalb ihres Herkunftsortes zu arbeiten.

Für ihre Initiative, sich selbstständig zu machen, fehlte ihr hingegen jegliche soziale Unterstützung und finanzielles Kapital. Darüber hinaus sprachen auch verschiedene biographische Ressourcen gegen die Selbstständigkeit als Änderungsschneiderin, vor allem wenn sie ihr Gewerbe bei sich zu Hause betreiben würde.

4.2.2.2 Die Situiertheit von Ressourcen

> „Also, der Schritt in die Selbstständigkeit war genau richtig. Vielleicht auch zu dem Zeitpunkt jetzt erst richtig. Weil man hat immer zu mir gesagt, so von meinem Naturell her: ‚Warum machst dich nicht selbstständig?' Aber ich hatte nie eine Idee dazu, wie? (...) Und scheinbar musste das dann (erst) dieser Schritt sein (...), um das zu finden, wo du dich selbstständig machst. Also es verzahnt sich alles und es ist nichts umsonst gewesen in all der Zeit." (Frau Ebersbach)

Am Beispiel der Rekonstruktion der Arbeitsformentscheidungen von Frau Grün wurden sowohl Aufschichtungs- als auch Entwertungsprozesse von individuellen Ressourcen und ihr Einfluss auf ökonomische Entscheidungen sichtbar.

Die subjektive Bedeutung, die Ressourcen bei Arbeitsformentscheidungen jeweils erlangen, ist situativ verschieden und abhängig von ihrer Einbettung in den Lebenskontext. Ressourcen eröffnen nicht per se Möglichkeiten, sondern erlangen erst in bestimmten situativen und biographischen Kontexten und auf unterschiedliche Weise Handlungsrelevanz. Subjektiv gesehen werden ökonomische Entscheidungen, wie zum Beispiel ein Umzug für eine neue Arbeitsstelle oder eine berufliche Selbstständigkeit, somit erst zu bestimmten Zeitpunkten und manchmal auch erst an bestimmten Orten oder in bestimmten lokalen Kontexten ‚richtig' und ‚möglich', auch wenn die dafür förderlichen Ressourcen schon früher vorhanden waren.

Der Rückgriff auf ‚versunkene' biographische Ressourcen wurde als besonders bedeutsam für Arbeitsformentscheidungen herausgearbeitet. Biographische ‚Umwege' können sich damit in der biographischen Rekonstruktion durchaus als lohnend oder sogar notwendig für späteres ökonomisches Handeln entpuppen. Mit Entwertungsprozessen oder der Nicht-Inwertsetzung einer vorhandenen Ressource zu einem Zeitpunkt ist nicht der endgültige Verlust dieser Ressource verbunden. Auf sie kann zu anderen Zeitpunkten und in anderen Kontexten als biographische Ressource zurückgegriffen und Handlungsspielräume dadurch erweitert werden.

Die Bedeutung von Ressourcen kann sich im Laufe des biographischen Prozesses verändern. Selbst Erfahrungen wie zum Beispiel eine schwere Krankheit im Fallbeispiel von Frau Grün, die auf den ersten Blick handlungsrestringierend erscheinen, können unter Umständen als biographische Ressourcen der Erweiterung der Handlungsmöglichkeiten dienen und schlussendlich handlungsmotivierend wirken (vgl. Kontos 2000). Die subjektive Handlungsrelevanz von sozialen Ressourcen – so wurde am Beispiel der Lebensgeschichte von Frau Grün deutlich - kann sich durch die Interaktion mit biographischen Ressourcen verändern. Im Fall von Frau Grün verkehrt sich die handlungshemmende Wirkung ihrer Partnerschaft ins Gegenteil. Die subjektive Handlungsrelevanz von sozialen Kontakten kann demnach nicht ausschließlich über deren Stärke bestimmt werden, wie dies Granovetter (1995) mit seiner Unterscheidung von „strong ties" und „weak ties" in Bezug auf den Fluss von Informationen versucht, sondern muss zunächst im biographischen Zusammenhang rekonstruiert werden.

Am Fallbeispiel von Frau Grün konnte auch die von Bourdieu (1983) beschriebene Möglichkeit nachgezeichnet werden, fehlende eigene Ressourcen durch die Umwandlung von Kapitalarten zu kompensieren. Sichtbar wurde, wie Frau Grün mit dem Antritt ihrer Stelle als Abteilungsleiterin beginnt, sich fehlendes berufliches Wissen und fehlende Erfahrungen mit Betriebs- und Personalführung durch die Nutzung ihrer unterschiedlichen sozialen Kontakte anzueignen.

Der biographietheoretische Blick auf die Bedeutung von Ressourcen bei Arbeitsformentscheidungen erbringt mehrere Erkenntnisse. So macht die biographische Rekonstruktion sichtbar, ob und wie Ressourcen eingesetzt werden, warum sie manchmal aber auch nicht verwertbar sind und was sie subjektiv bedeuten. Im Fallbeispiel von Frau Grün wurde so verstehbar, warum sie ihre auch früher vorhandenen sozialen Ressourcen in München erst zu einem ganz bestimmten Zeitpunkt in ihrem Leben für ihre Arbeitstellensuche nutzen kann. Darüber hinaus bietet die biographische Rekonstruktion die Möglichkeit, das differenzierte Zusammenwirken von sozialen Ressourcen und biographischen Ressourcen, den Rückgriff auf aufgeschichtete Wissensbestände und ihre Handlungsrelevanz in bestimmten Situationen nachzuvollziehen.

Um die Bedeutung von individuellen Ressourcen bei Arbeitsformentscheidungen einschätzen zu können, ist es demnach notwendig, die Situiertheit von Ressourcen in individuellen Biographien einzubeziehen und eine ‚entkörperte' Betrachtung von außen aufzugeben[84].

4.2.3 Die handlungsleitende Wirkung von makrostrukturellen Rahmenbedingungen

Nachdem im vorigen Abschnitt die Kontextabhängigkeit der Inwertsetzung von individuellen Ressourcen behandelt und auf deren Situiertheit hingewiesen wurde, stehen im Folgenden subjektive Verarbeitungsprozesse und Handlungsstrategien im Umgang mit makrostrukturellen Rahmenbedingungen im Blickpunkt. Wie im Kapitel 2.3.3 dargestellt, leiten, ermöglichen und begrenzen Makrostrukturen, also übergeordnete gesellschaftliche, kulturelle und räumliche Strukturen sowie normative Leitbilder (z.b. regionale Branchenstrukturen, lokale Arbeitsmärkte, gesetzliche Regelungen, geschlechtsspezifische Rollenbilder und Berufskulturen) in vielfältiger Weise die Handlungsmöglichkeiten von Menschen. Allerdings determinieren sie diese nicht, sondern Menschen setzen sich aktiv mit diesen Strukturen auseinander, reproduzieren sie in ihrem Handeln. Menschen sind aber auch fähig, kreativ mit Strukturen umzugehen und sie auf diese Weise zu verändern oder neue zu produzieren (vgl. Giddens 1988a). Als Manko bisheriger Ansätze sehe ich, dass die Entwicklung von individuellen Handlungsbezügen zwar meist proklamiert wird, diese selbst jedoch nicht thematisiert werden. Doch nur wenn das Wie des individuellen Umgangs mit makrostrukturellen Rahmenbedingungen in den Blick genommen wird, werden Differenzen in Handlungszusammenhängen verstehbar.

84 Ich lehne mich hier an den von Donna Haraway (1995) geprägten Begriff „Situiertes Wissen" und ihre Gedanken an, die sie im Rahmen ihrer Kritik am wissenschaftlichen Objektivitätsbegriff veröffentlicht hat.

Im Folgenden möchte ich drei Fälle gegenüber stellen, die ähnliche Eckdaten haben und sich gut für einen minimal kontrastiven Vergleich eignen. Frau Früh (49), Frau Nusser (53) und Frau Ulzig (53) gehören derselben Generation an. Alle drei haben Mittlere Reife, machen eine Damenschneiderinnenausbildung, darauf folgend zuerst ein Industriepraktikum und dann eine Weiterbildung im Bereich Bekleidung, bevor sie in Vollzeit in einem Industrieunternehmen tätig werden. Alle drei Frauen absolvieren ihre Lehre in einer Zeit, in der die Bekleidungsindustrie noch als wachsende und wichtige Branche in Westdeutschland gilt. Die Interviewpartnerinnen sind im Verlauf ihres Lebens durch ihre Tätigkeit im industriellen Sektor wiederholt mit dem branchenstrukturellen Wandel konfrontiert - zum Beispiel in Form von Betriebsschließungen oder Fusionen. Die Arbeitsmarktssituation verschärft sich, die Technologisierung bestimmter Arbeitsabläufe setzt ein und Management- und Kontrollfunktionen erlangen im Produktionsprozess größere Bedeutung.

Nur Frau Nusser arbeitet auch heute noch in einer ganztägigen, abhängigen Beschäftigung. Frau Ulzig und Frau Früh kombinieren beide verschiedene Formen von beruflicher Selbstständigkeit. Zwei der Frauen sind im Verlauf ihres Lebens durchgängig erwerbstätig, nur Frau Früh ist in kurzen Phasen ihres Lebens nicht erwerbstätig. Zwei der Frauen, Frau Früh und Frau Nusser, heiraten und bekommen Kinder. Auch für Frau Ulzig war eine Heirat und Kinder, als sie 25 Jahre alt war, mal ein Thema. Doch sie hat sich damals dagegen entschieden.

Am Beispiel der Lebensgeschichten der drei Frauen werde ich herausarbeiten, welche strukturellen Rahmenbedingungen und Leitbilder in ihren biographischen Erzählungen relevant werden. Darüber hinaus betrachte ich deren situationsspezifische Wirkung. Ich untersuche also, inwieweit sich meine Interviewpartnerinnen an den spezifischen Rahmenbedingungen orientieren, inwiefern diese ihre Handlungsmöglichkeiten erweitern oder einschränken. Der Kernpunkt der Betrachtung in diesem Abschnitt ist das Handeln meiner Interviewpartnerinnen im Umgang mit den strukturellen Rahmenbedingungen. Wie interpretieren sie diese, welche Schlüsse ziehen sie, wie handeln sie? Inwiefern verfolgen sie Handlungsmuster, reproduzieren sie die strukturellen Vorgaben oder nutzen und erweitern ihre Handlungsspielräume, indem sie Strukturen umdeuten oder widerständig handeln?

4.2.3.1 Fallbeispiel 4 Frau Früh erzählt: „Ich war eigentlich in erster Linie Mutter...“

Frau Früh wird 1954 als ältestes Kind eines Automechanikers und einer Hausfrau in einer stark textilindustriell geprägten Kleinstadt auf der Schwäbischen Alb geboren. Ihre beiden Geschwister sind sechs und acht Jahre jünger als sie. Frau Früh erlebt sowohl ihre Mutter als auch ihre Großmutter als Ganztags-Hausfrauen, die sie sehr verwöhnen. Sie wächst damit in einem handwerklich und stark durch das gesellschaftliche Leitbild der Hausfrauenehe geprägten Milieu auf. In diesem dominierenden Leitbild der 1950er Jahre ist der private Raum als Sphäre der Frau kulturell verankert. Die Erwerbstätigkeit von verheirateten Frauen und Müttern gilt als Ausnahme und wird nur geduldet, wenn die häuslichen Pflichten nicht vernachlässigt werden (siehe Textkasten 1).

Als Frau Früh 15 Jahre alt ist, kurz vor ihrem Realschulabschluss, sterben schnell hintereinander sowohl ihre Großmutter als auch ihre Mutter. Damit verändert sich ihr Leben grundlegend. In einer Phase, in der es in ihrem Leben um die Berufsfindung geht, gibt es andere, ganz praktische Dinge, die im Vordergrund stehen. Ihre berufliche Ausbildung steht kurze Zeit auf der Kippe, denn der Alltag der vierköpfigen Familie muss zuerst wieder funktionieren.

> „Mein Vater war zwar schon immer dafür, dass seine Kinder eine Ausbildung machen. Damals hieß es natürlich, also ich heiße Veronika mit Vornamen, ‚Die Veronika, die muss ja jetzt den Haushalt machen’, ja es war so. ‚Du stehst jetzt da mit zwei kleinen Kindern und die Veronika, die muss dir den Haushalt machen’, aber das wollte mein Vater nicht. Mein Vater hat Wert darauf gelegt, dass alle drei Kinder eine Ausbildung machen.“

Nur für kurze Zeit nach dem Tod ihrer Mutter übernimmt eine weibliche Verwandte von Frau Früh die Haushaltsführung. Dann muss Frau Früh die Verantwortung dafür übernehmen. Die Arbeit im Haushalt gilt lokal nur unbezahlt und in Verbindung mit Ehe oder Verwandtschaft als legitim. Bezahlte Haushaltshilfe ist in ihrem Herkunftsort Anfang der 1970er Jahre, als die lokale Textilindustrie boomte, keine kulturell akzeptierte Erwerbstätigkeit für Frauen („Frauen gingen Nähen“).

Auf die Übernahme der Hausfrauen- und Mutterrolle war Frau Früh damals nicht vorbereitet. Bis zum Tod ihrer Mutter und ihrer Großmutter hatte sie das Privileg, dass ihr kaum Haushaltsaufgaben übertragen wurden.

Textkasten 1

Kulturelle Leitbilder von Familie und Erwerbstätigkeit in Westdeutschland

Das in dieser Untersuchung als ‚traditionell' bezeichnete Leitbild der Geschlechterverhältnisse entstand mit der Entwicklung der bürgerlichen Gesellschaft im Laufe des 19. Jahrhunderts und kann als spezifisch für Westdeutschland gesehen werden. Gekennzeichnet ist es durch die ‚Domestizierung von Frauen', die auf einer strukturellen, räumlichen und zeitlichen Trennung gesellschaftlicher Sphären und deren geschlechtshierarchischen Zuweisung basiert (Ahrentzen 1997). Eng damit verbunden war die Konstruktion von typischen Geschlechtscharakteren im Sinne der Zuweisung von bestimmten Tätigkeiten und Eigenschaften an Männer und Frauen (Hausen 1976). Frauen werden hierbei mit dem privaten Raum, dem zu Hause, Familie und Reproduktionsarbeit, Männer hingegen mit dem öffentlichen Raum, Politik, Beruf und Erwerbsarbeit assoziiert.

Als ideale Haushaltsform galt die ‚Hausfrauenehe'. In Westdeutschland konnte sich dieses Modell in der Wirtschaftswunderzeit der 1950er Jahre gesellschaftlich breiter durchsetzen. Männern obliegt innerhalb der Hausfrauenehe die Verantwortung für die finanzielle Existenzsicherung der Familie, dementsprechend erhalten sie eine höhere Bezahlung als ‚Familienlohn'. Die Existenzsicherung und soziale Absicherung von Frauen ist damit im Rahmen einer Versorgerehe an die von Männern (Ehemann, Vater) gebunden konzipiert. Die Erwerbstätigkeit von verheirateten Frauen und Müttern gilt im Leitbild Hausfrauenehe als Ausnahme in Zeiten ökonomischer Notwendigkeit. Sie wird nur geduldet, wenn die häuslichen und ehelichen Pflichten von der dafür zuständigen Frau nicht vernachlässigt werden. Hingegen war für ledige, kinderlose Frauen eine Erwerbstätigkeit bis zur Ehe durchaus vorgesehen (vgl. von Oertzen 1999).

In der Folge eines kulturellen Wandels und einer damit einher gehenden verstärkten Erwerbsorientierung von verheirateten Frauen hat das Leitbild der Hausfrauenehe im Laufe der 1960er und 1970er Jahre an normativer Kraft verloren. Die gesellschaftliche Legitimation und damit soziale Anerkennung des Nur-Hausfrau und Mutter seins schwand bis auf sehr kurze Phasen nach der Geburt eines Kindes. Eine zeitlich reduzierte Arbeitsmarktintegration von verheirateten Frauen und Müttern in Form einer geringfügigen Beschäftigung oder Teilzeitarbeit wurde institutionalisiert (vgl. von Oertzen 1999). Nach und nach wurde so eine Erwerbstätigkeit von Frauen, die mit der Familie vereinbar ist, immer weiter auch auf Phasen der aktiven Mutterschaft ausgeweitet. Eine qualifizierte Berufsausbildung und Erwerbsarbeit wurden für die meisten Frauen zum ‚normalen' Bestandteil ihrer Lebensplanungen neben der Familie, was mit dem Begriff des „doppelten Lebensentwurfs" beschrieben wird (vgl. Beck-Gernsheim 1983; Geissler/Oechsle 1990).

An der traditionellen Zuweisung der Verantwortung für Familie und Reproduktionsarbeit an Frauen änderte sich jedoch nichts, weshalb von einer Modernisierung der Versorgerehe zu einem „Vereinbarkeitsmodell der Versorgerehe“ gesprochen wird (vgl. Pfau-Effinger/Geissler 1992).

Frauen waren lange auch juristisch in allen öffentlichen und privaten Belangen Männern untergeordnet (vgl. Jurczyk 2001, S. 13-14). Die Hausfrauenehe wurde als Leitbild schon im Jahr 1900 im Bürgerlichen Gesetzbuch verankert. Durch das Ehegesetz von 1957 wurde der Passus nicht wesentlich geändert. Erst durch die Eherechtsreform 1977 wurde der entsprechende Passus aufgehoben (vgl. Helwig 1997). Die meisten wohlfahrtsstaatlichen und steuerlichen Regelungen in Westdeutschland beziehen sich jedoch immer noch in zentralen Punkten auf das Leitbild der Versorgerehe.

> „Ich hab nie [betont] zuhause arbeiten müssen, meine Mutter war nicht berufstätig, ich war viel bei meiner Großmutter, die hat mich abgöttisch verwöhnt, muss ich sagen. Ich hab weder kochen können, noch hab ich jemals schon.. mein Zimmer hab ich auch schon mal sauber machen müssen, aber ich hab nie gebügelt, gewaschen, nichts musste ich machen, war also total verwöhnt eigentlich und dann waren wir vier halt dann, also wir drei mit dem Vater, dann allein und ja, jeder hat halt dann seinen Part übernommen und ja, so war das halt dann.“

Mit dem Tod ihrer beiden weiblichen Bezugspersonen wird sie jäh in die Realität des Frau-seins versetzt. Sie erlebt den Verlust von gleich zwei ihr nahe stehenden weiblichen Bezugspersonen, die für den Haushalt gesorgt haben und damals für sie immer vor Ort zu Hause waren, wenn sie sie gebraucht hat. Obwohl sie vielleicht gerade in dieser schweren Zeit jemanden bedurft hätte, sind sie und ihre Geschwister plötzlich „allein“. Spätestens mit dem Tod ihrer Mutter als sie selbst mit der gesellschaftlichen Erwartung konfrontiert wird, als älteste Tochter „dem Vater den Haushalt zu führen“, muss sie sich mit den geschlechterkulturellen Leitbildern auseinandersetzen, die in ihrem sozialen Umfeld in Bezug auf Reproduktions- und Erwerbsarbeit von Frauen vorherrschend sind.

Sie selbst akzeptiert und reproduziert als Jugendliche die traditionelle Zuweisung weiblicher Verantwortungsbereiche: Sie übernimmt als 15Jährige für vier Jahre „so wie eine Frau“ einen Großteil der Hausarbeit und die Verantwortung für die Erziehung ihrer - neun und sieben Jahre alten - Geschwister. Obwohl sie erlebt, dass ihr Vater Teile der Hausarbeit und Kindererziehung übernimmt, deutet sie sein Engagement als „vorübergehend“ und „nur aus der Not geboren“. Ihr Leiden unter dem „allein sein“ nach dem Tod ihrer Mutter verstärkt ihre Identifikation mit den traditionellen

Vorstellungen. Genauso übernimmt sie die Einstellung, ihre Erwerbstätigkeit sei ihren familiären Pflichten nachgeordnet.

Der Ablauf ihrer Berufswahl zeigt: Traditionelle Geschlechterbilder sind für Frau Frühs gesamtes ökonomisches Handeln wirkungsmächtig. Außerdem akzeptiert sie, dass ihr Leben zu jenem Zeitpunkt fremdgesteuert ist. Gleichzeitig mit der Übernahme der Reproduktionsarbeit wird sie als Schulabgängerin damit konfrontiert, dass von ihr - nicht nur von ihrem Vater - die Absolvierung einer beruflichen Ausbildung erwartet wird. Damals gehörte eine berufliche Ausbildung für Mädchen schon zur gesellschaftlichen Normalität. Dies spiegelt sich darin wieder, dass 80 % der Frauen der Geburtskohorte 1949-51 eine Berufsausbildung absolviert haben (Blossfeld 1991, S. 10).

Frau Früh wählt ihren Beruf nach pragmatischen Kriterien aus. Ihr Vater übt durch seine Kontakte und seinen handwerklichen Horizont hierbei einen großen Einfluss auf sie aus. Wie sie Schneiderin geworden ist, erscheint Frau Früh aus ihrer heutigen Sicht selbst „ganz komisch", denn ihre eigenen Interessen und Wünsche haben keine Rolle gespielt.

> „[Da] hat mein Vater gesagt, ‚Komm wir gehen jetzt mal zur Berufsberatung. Zieh aber dein Kleid an, das du schon selber genäht hast!' Und dann hat der bei der Berufsberatung gesagt, ‚Das ist klar, wenn sie jetzt schon so ein Kleid näht, dann wird sie Schneiderin!' [lacht] Das war die Berufsberatung und so bin ich halt dann Schneiderin geworden. (...) Dass ich diese Stelle bekommen hab, ich mein, mein Vater kannte den, ich hab die Stelle bekommen. (...) Das war alles irgendwie so, so einfach, das lief einfach so. (...) Ich weiß auch nicht, vielleicht auch, weil alles irgendwie so klein war, so von der Stadt her und von dem Umfeld und weil mein Vater vielleicht auch so eine einfache Person ist. (...) Sicherlich waren da auch ganz andere Probleme im Moment wichtig. (...) Da kam das natürlich alles irgendwie wie gerufen, dass das so einfach irgendwie ging."

Die Auswahl des Berufes der Damenschneiderin durch ihren Vater orientiert sich an ihren ‚natürlichen' weiblichen Fähigkeiten und zielt darauf ab, ihr eine Erwerbstätigkeit zu ermöglichen, die mit einer späteren Mutter- und Ehefrauenrolle als vereinbar gilt. Sie selbst nimmt die Entscheidung ihres Vaters fatalistisch hin. Der Gedanke, welcher Beruf ihren eigenen Interessen und Fähigkeiten entspricht, kam damals weder ihr noch ihrem Vater. „Es war eine Zeit" in der, ihrer Meinung nach, solche Fragen noch nicht im Vordergrund standen. Eine handwerkliche Ausbildung im Bereich der Schneiderei ist für Frau Früh der „wahrscheinlichste Pfad" (Kohli 1981). Auch ihre Freundin und deren Schwester orientieren sich beruflich in Richtung Bekleidungssektor. Ihr Vater ist als Handwerker in dem engen kleinstädtischen Milieu stark eingebunden. Durch seine persönlichen Kontakte ist der Zugang zu einer Lehrstelle für Frau Früh einfach.

Abb. 16: Arbeitsbiographie Frau Früh

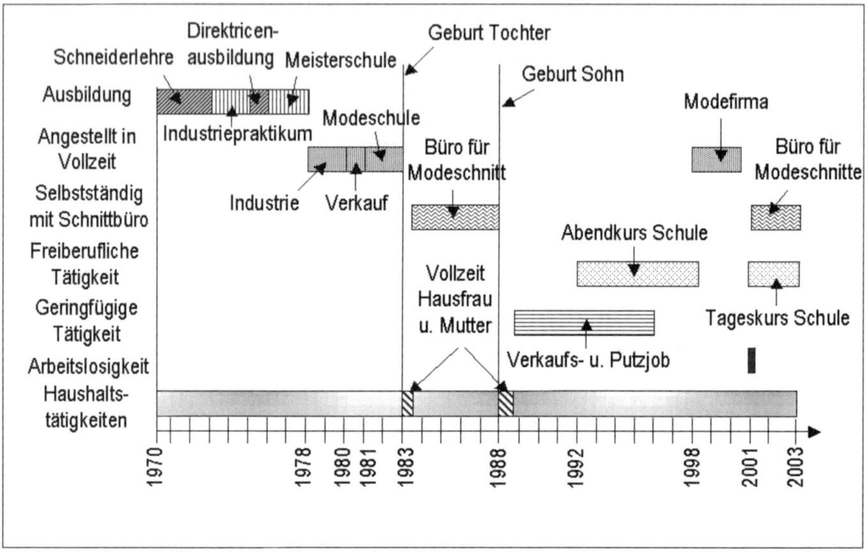

Quelle: Eigene Darstellung

Die Lehrzeit zur Damenschneiderin ist eine „unglückliche Zeit“ für Frau Früh. Ihr Gefühl, bei ihrer Lehrherrin nichts zu lernen, führt zu einem geringen Vertrauen in ihr berufliches Können, das ihr berufliches Handeln bis heute beeinträchtigt. Sie wehrt sich damals zwar zaghaft, ‚erleidet‘ jedoch drei Jahre lang die schlechte Lehre, denn diese ermöglicht es ihr, ihre Rolle ‚zu Hause‘ zu erfüllen.

> „Ich hab halt dann eigentlich gar kein gutes Verhältnis zu der Frau entwickelt, weil ich eben dann gemerkt hab, dass ich nichts lerne und, und, und... Es war halt einfach, ja mei, es war halt eine Lehrstelle, aber es war halt ohne Leben, ohne irgendwas. Sie und ich in diesem Haus, sie hatte keine Kinder. Sie hat sich sehr spät verheiratet und sie war auch von ihrer ganzen Einstellung her halt irgendwie, im Volksmund würde man sagen, so eine alte Jungfer [lacht], also einfach so... War alles so kleinkariert und so wahnsinnig einfach und.. Aber ich war es nicht gewöhnt, zu widersprechen. (...) Einmal hab ich ihren Geburtstag vergessen, dann hat sie ein halbes Jahr

lang nicht mehr mit mir gesprochen und solche Sachen. Also es war halt so, es war halt so eine Lehrstelle, von der eigentlich... Mein Gott, ich durfte mittags eine Stunde früher gehen, dass ich meinen Geschwistern kochen konnte mittags und mein Gott, es war halt, ich musste nicht so wahnsinnig viel arbeiten, das war das andere."

Damals noch selbst Jugendliche, übernimmt sie die Doppelrolle einer Vollzeit erwerbstätigen Mutter. Ihr soziales Umfeld fördert diese Doppelrolle.

Nach ihrer Lehre plant Frau Früh zusammen mit ihrer Freundin, eine einjährige Schnittdirektricenausbildung in München zu absolvieren. Hierzu braucht sie jedoch 18 Monate Praktikumszeit in der Industrie, die sie in einem Bekleidungsunternehmen in ihrer Herkunftsstadt durchläuft. Zu dieser Zeit heiratet ihr Vater wieder und seine neue Frau übernimmt den Großteil der Hausarbeit und Kindererziehung der Geschwister. Frau Früh gibt sozusagen ihre Hausfrauen- und Mutterrolle vorläufig an die zweite Ehefrau ihres Vaters ab.

1975 ist es dann soweit: Frau Früh und ihre Freundin können die Ausbildung zur Schnittdirektrice an der Deutschen Meisterschule für Mode in München beginnen. Wie sie überhaupt auf die Idee gekommen ist, diese Ausbildung in München anzustreben, und ob von ihrer Freundin oder von ihr selbst die Initiative ausging, das weiß Frau Früh nicht mehr genau. Vielleicht, so meint sie im Gespräch, hat sie von der Möglichkeit über eine Verwandte erfahren, die im Designbereich tätig ist.

> „Keine Ahnung wie wir gerade auf München kamen. Ich weiß, wir waren auch damals sehr unzureichend informiert. Wir sind dann dahin und eigentlich war der Beruf, der Weg, wie wir das gemacht haben eigentlich total verkehrt herum. Alle anderen haben sich erst total in das handwerkliche rein [gearbeitet] und haben dann nach zwei oder drei Jahren die Meisterprüfung gemacht und wir wollten also gleich Direktrice werden. Das war eigentlich alles ein bisschen verkehrt herum. Wir haben das einfach alles gar nicht gewusst."

Erneut erscheint es ihr aus heutiger Sicht, dass ihr weiterer Berufsweg wie schon ihre Berufswahl ‚nicht richtig' gelaufen ist. Auch diesmal, so betont sie, waren sie und ihre Freundin uninformiert. Sie deutet damit aus ihrer heutigen Sicht eine Ambivalenz zu ihrem damaligen ökonomischen Handeln an. Sie hat sich ihrer Meinung nach zu jener Zeit zu wenig informiert und ihre Entscheidungen durch andere steuern lassen. Ihre eigene Reflektion an diesem Punkt legt nahe, dass auch die Entscheidung, die Direktricenausbildung zu machen, nicht auf ihre Initiative zurückging, sondern eventuell durch ihre Freundin vorangetrieben wurde.

Während der Zeit ihrer Weiterbildung in München verändert sich ihre traditionelle Familienorientierung und die Akzeptanz einer Fremdsteuerung ihres Lebens nicht. Obwohl ihre Freundin nach Abschluss der Schnittdirektricenausbildung nach Hause zurück geht, bleibt Frau Früh auf Drängen ihres Vaters weiterhin in München und schließt eine zweijährige Ausbildung zur Schneidermeisterin an. Wiederum wird deutlich, dass Frau Früh weiter akzeptiert, dass ihr Vater ihren Berufsweg maßgeblich beeinflusst. Entsprechend den Vorstellungen ihres Vaters als Handwerker stellt der Meistertitel das höchste Karriereziel dar.

> „Dieser Berufsweg, der hat sich fast aus, ja vielleicht nicht aus Zufällen, aber so einfach irgendwie so dahin ist das. (...) Irgendwie war ich da auch so..., ich war nie eine, die immer so widersprochen hat oder so, ich hab's halt einfach gemacht."

Eigeninitiative und das ‚sich Einsetzen für eigene Interessen' hat für Frau Früh sehr stark die Konnotation von ‚Widerspruch wagen' und das ist etwas „wozu sie nicht erzogen wurde". Doch lange Zeit erkennt sie diesen Zusammenhang nicht.

Wiederum macht sie während der Meisterausbildung die Erfahrung, dass sie Probleme mit dem Nähen hat.

> „Wobei, da ist es dann einfach weitergegangen, ich war eigentlich gut in der Schule, überall, nur nicht im Nähen. Und die Meisterprüfung, das Nähtechnische hab ich grad noch dann mit einer Vier geschafft. Also grad noch! Ich denk, ich wäre nicht durchgefallen, aber für einen praktischen Teil ist das eigentlich nicht gut. Alle theoretischen Fächer waren super, bis auf das Nähen. Und das hat mich auch irgendwie..., hat mir irgendwie nicht mehr so den Spaß gemacht, weil ich gedacht hab, ‚Mensch, du kannst das ja gar nicht so richtig.'"

Frau Früh fehlen seit ihrer Lehrzeit berufliche Grundkenntnisse. Ihr schlechter Abschluss beim praktischen Teil der Meisterprüfung motiviert sie nicht, sich die Kenntnisse im nachhinein anzueignen. Stattdessen orientiert sie sich auf Arbeitsstellen, bei denen sie nichts mit Nähtechnik und -praxis zu tun hat. Diese Vermeidungsstrategie schränkt ihre zukünftigen Erwerbsmöglichkeiten ein.

Während der Meisterausbildung lernt sie ihren heutigen Mann kennen und zieht mit ihm zusammen. Für sie ist es zu jener Zeit „selbstverständlich", dass sie die Haushaltsarbeit übernimmt und nicht ihr Partner. Eine andere Arbeitsteilung steht nie zur Debatte.

Nach Abschluss ihrer Meisterprüfung ist für sie klar, sie braucht nun eine Arbeitstelle. Sie macht sich auf die Suche nach einem Normalarbeitsverhältnis im Bereich Schnitt.

> „Es war halt irgendwie so: Du lernst einen Beruf, bist fertig, ja und jetzt musst du halt arbeiten. Ich weiß auch nicht, warum es für mich nie eine Möglichkeit.. Ich bin vielleicht auch nicht so erzogen worden, äh, einfach mal vielleicht zu sagen, nee, ich arbeite jetzt nicht. (...) Für mich war das alles so selbstverständlich, dass das irgendwie so sein muss und auch nicht, dass ich jetzt denk: ‚Ach ja, es reicht mir schon, dann geh ich halt einen halben Tag zum Arbeiten' und so. Es war einfach so. (...) Ich denk weil mir hat nie jemand etwas anderes gezeigt, mir hat auch nie jemand äh gesagt, ob ich vielleicht noch irgendwas anderes machen möchte."

Obwohl sie hier deutlich macht, dass es für sie eine Selbstverständlichkeit ist, ganztags erwerbstätig zu sein, so hat sie damit nicht ihre traditionelle Familienorientierung gegen eine Karriereorientierung eingetauscht. Ihre Erwerbsorientierung, die sehr stark auf normativen Bildern im Sinne eines Pflichtethos[85] aufbaut, lässt sich als notwendige Überbrückungsstrategie interpretieren, um die materielle Grundlage für eine weitere gemeinsame Partnerschaft zu legen. Ihr Partner ist in jener Zeit bei der Bundeswehr. Ihre Aussage „du lernst einen Beruf, bist fertig, ja und jetzt musst du halt arbeiten", macht diese Interpretation plausibel und könnte sehr wahrscheinlich in ihrem Sinne mit ‚bis du heiratest und Kinder bekommst' ergänzt werden. Bei ihrer Arbeitsstellensuche wirkt das Normalarbeitsverhältnis in Bezug auf die Arbeitszeit normativ. Ende der 1970er Jahre hatte sich Teilzeitarbeit als gesellschaftlich akzeptierte Arbeitsform zwar für verheiratete Frauen mit Familienpflichten in Westdeutschland etabliert (Eckart 1986, 1990). Für sie als unverheiratete, kinderlose Frau gab es jedoch keinen legitimen Grund, die Arbeitszeit zu reduzieren (siehe Textkasten 3). Im Hinblick auf die Organisationsform ihrer Erwerbsarbeit spielt ihr geringes Selbstvertrauen in ihre Nähkenntnisse als Einschränkung ihres ‚Möglichkeitsraumes' eine Rolle. Für Frau Früh bleibt ihr Meistertitel eine nicht kapitalisierte und ungenutzte Ressource in ihrem Leben. Denn obwohl gerade die Meisterausbildung auf eine selbstständige Tätigkeit hin sozialisiert, kommt für sie die Nutzung dieses spezifischen kulturellen Kapitals auch dann nicht in Betracht, als sie Schwierigkeiten hat, nach ihrer Weiterbildung eine geeignete Arbeitsstelle in München zu finden.

Sie knüpft hingegen an ihren sozialen Kontakten sowie der damals noch guten Branchensituation an ihrem Herkunftsort an und bewirbt sich dort

85 „Man darf nicht einfach herumsitzen und nichts tun."

auf eine Direktricenstelle. Zwei Jahre arbeitet Frau Früh in der Folge auf der Schwäbischen Alb bei einem Sportmodenhersteller ganztägig als angestellte Schnittdirektrice. Mit ihrem heutigen Mann, der in München geblieben ist, lebt sie eine Fernbeziehung.

1980 kündigt sie ihre Stelle auf der Schwäbischen Alb und zieht erneut nach München. Die Kündigung ihrer unbefristeten Arbeitsstelle und die Rückkehr nach München stehen hierbei im Spannungsfeld ihrer sozialen Beziehungen. Als Push-Faktor wirkt die in jener Zeit angespannte familiäre Situation in ihrer Herkunftsfamilie. Sie hat ernste Schwierigkeiten mit ihrer Stiefmutter.

> „[Mein Mann] der war dann hier in München und ich war in Albstadt und es war dann auch so eine Wochenendbeziehung (...) und alle zwei Wochen haben wir uns gesehen und es war halt dann auch nicht so optimal für die Beziehung (...) aber er wollte nie nach Albstadt. Und mir hat es in München auch gut gefallen, das muss ich sagen und.. ja gut, ich war ja dann auch schon, wie alt war ich dann schon? 25 oder so, nein 26 war ich dann schon."

Pull-Faktoren sind hingegen, die ebenfalls belastende Situation ihrer Fern-Partnerschaft, massive gesundheitliche Probleme ihres Partners, der deshalb seine Stelle bei der Bundeswehr aufgeben muss und Frau Frühs inzwischen mit 26 Jahren fortgeschrittenes Alter für eine eigene Familiengründung. Die gesundheitlichen Probleme ihres Partners hängen Frau Frühs Meinung nach vor allem mit ihrer Fernbeziehung zusammen. In dieser Situation überträgt sie ihre Konstruktion, ‚als Frau für das Wohlbefinden der Familie verantwortlich zu sein' auf ihren Partner und sieht ihre Anwesenheit in München als Bedingung für sein Wohlergehen. Sie greift hier auf ihre eigene negative biographische Erfahrung zurück, nach dem Tod ihrer Mutter und Großmutter allein gelassen worden zu sein.

Ihr Nachdenken darüber, dass sie bisher noch nicht geheiratet und eine Familie gegründet hat, stützt ihre Entscheidung, wieder nach München zu ziehen und steht im Zusammenhang mit gesellschaftlichen Normvorstellungen. Mit Mitte zwanzig ist Frau Früh in einem Alter, in dem Frauen ihrer Kohorte zu 80 % verheiratet sind (Statistisches Bundesamt 2003a, S. 527f.) und im Durchschnitt am häufigsten Kinder bekommen (Klammer et al. 2000, S. 23).

Dass Frau Früh ihre sozialen Beziehungen stärker gewichtet als ihre Erwerbstätigkeit, zeigt sich darin, dass sie eine Erwerbslosigkeit in Kauf nimmt, um die Partnerschaft zu retten und den Partner zu unterstützen.

> „Also ich wollte halt.. mir war einfach klar, ich muss wieder hierher, sei es wie es will. Und dann war mir auch klar, dass ich erst mal keine Stelle hab und dann hab ich gedacht, das ist nicht so schlimm. Klar, damals hat man noch gut Arbeitslosengeld gekriegt und es war also finanziell alles bei mir noch kein Problem. Ich hatte ja auch noch meinen Opa und mein Mann hatte die Stelle. Wir haben keine Kinder gehabt, die Wohnung war nicht zu teuer, also es war nicht so schlimm."

Nach ihrem Umzug nach München kümmert sie sich nicht sofort um eine Erwerbsarbeit. Sie setzt sich damit über den Pflichtethos hinweg, der ihre Erwerbsorientierung bisher bestimmt hat, und bleibt einige Zeit arbeitslos. Arbeitslos zu sein, ist für sie angesichts der Festigung der Partnerschaft eine akzeptable Situation, obwohl sie zu diesem Zeitpunkt noch nicht verheiratet ist. Erst nach einigen Monaten der Arbeitslosigkeit, beginnt sie sich nach einer Erwerbsarbeit umzuschauen.

> „Es war kurz vorm Sommer und ich weiß noch, es hat furchtbar geregnet in München, im Juni oder im Juli. Es hat geregnet, geregnet, geregnet. Dann ist mir so die Decke auf den Kopf gefallen. Dann hab ich einen Intensivkurs Italienisch bei der Volkshochschule belegt, weil ich dachte, das halte ich nicht aus. Und dann hat es sich schon irgendwie herauskristallisiert, dass mir das nicht besonders liegt und dann hab ich gedacht, jetzt muss ich arbeiten. Und dann hab ich beim Sport Münzinger erst so eine..., so ein bisschen was gemacht, ich weiß nicht wie viel Stunden, so neben dem Arbeitslosengeld angefangen und dann hab ich gedacht, nee, ich muss wieder ganz arbeiten und dann hab ich dort weniger verdient, als ich je Arbeitslosengeld bekommen hab, aber ich wollte einfach wieder was machen. Hat mir einfach nicht gefallen, daheim zu bleiben. (...) Und die waren halt in der Zeitung und haben halt jemand gesucht. Und da hab ich gedacht, okay Sport und ich kam aus der Sportbekleidung und ich wusste, dass die Medico-Sachen verkaufen.. ja und es war zentral, direkt am Marienplatz, leicht zum Hinkommen und da hab ich dann gedacht, es könnte zu mir passen und es hat auch gut zu mir gepasst. Ich hab auch bei Medico sehr viel Gymnastikbekleidung gemacht und dort hab ich auch im Fußball- und Gymnastikbereich gearbeitet und es hat irgendwie gut zu mir gepasst. Hat mir auch Spaß gemacht."

Mit dem viel alleine zu Hause sein, kommt sie nicht zurecht. Vor allem die Dimension des ‚raus Kommens von zu Hause' und der damit verbundene soziale Aspekt des ‚wieder unter Leute Kommens' prägt ihre Arbeitsstellensuche. Erneut zeigt sich, dass ihre berufliche Orientierung nicht sehr ausgeprägt ist. Pragmatisch sucht sie nach einer Möglichkeit, wieder etwas ‚zu tun zu haben', um sich besser zu fühlen. Finanzielle Einbußen nimmt sie in Kauf. Obwohl die berufsspezifische Stellensituation Anfang der

1980er Jahre in München noch nicht so schlecht ist, sucht sie nicht nach Stellen in ihrem Beruf. Sie arbeitet daraufhin in einem Sportmodengeschäft als Verkäuferin - zuerst als Aushilfe unter 20 Wochenstunden und nach einiger Zeit ganztags.

Nach circa einem Jahr ergibt sich für sie die Möglichkeit, eine Arbeitsstelle zu bekommen, die ihrem Beruf besser entspricht. Als sie zufällig an ihrem Arbeitsplatz ihre frühere Schnittlehrerin trifft, erfährt sie, dass bei einer Münchner Modeschule eine Lehrkraft gesucht wird. Obwohl es ihr bei ihrer Verkäuferinnenstelle gefällt, reagiert sie auf diese Chance, wieder in ihrem Berufsfeld tätig zu werden. Frau Früh bewirbt sich bei der Modeschule.

Bei ihrem Vorstellungsgespräch wird Frau Früh durch den Leiter der Schule mit normativen Vorstellungen konfrontiert. Er ist der Meinung, dass Frauen um Mitte zwanzig heiraten, Kinder bekommen und ihre Erwerbstätigkeit bei der Geburt von Kindern selbstverständlich unterbrechen.

> „Dieser damalige Direktor, der auch keine Frauen mit Kindern letztendlich wollte, hat zu mir beim Einstellungsgespräch gesagt: ‚Eigentlich nehme ich keine Frauen im Alter, wie Sie jetzt sind, weil entweder Sie heiraten nach zwei Jahren oder kriegen ein Kind!' und es hat bei mir tatsächlich zugetroffen, ich hab wirklich nach zwei Jahren das Kind gekriegt. Er hat mich zwar genommen damals, er brauchte höchstwahrscheinlich jemanden. Ja und dann hat er noch gesagt: ‚Am liebsten wäre es mir, Sie wären jetzt schon 40, wären geschieden und hätten zwei Kinder!' Das war unser Einstellungsgespräch. Er hat mich dann doch eingestellt und ich hab aber tatsächlich nach zwei Jahren dieses Kind gekriegt [lacht]."

Dass Frau Früh dieses Gespräch für erzählenswert hält, deutet auf ihre beginnende Auseinandersetzung mit diesen Vorstellungen hin. Besonders die Ansicht, sie sollte ihre Erwerbstätigkeit bei der Geburt eines Kindes langfristig unterbrechen, widerstrebt ihr. Sie hat inzwischen für sich entdeckt, dass eine Erwerbsarbeit - das ‚außer Haus kommen' - für sie soziale Kommunikation bedeutet und wichtig für ihr Wohlbefinden ist. Hiermit wird erkennbar, dass die räumlichen Bezüge von Frau Früh widersprüchlich sind: Einerseits ist es ihr wichtig, für andere da und zu Hause zu sein. Andererseits muss sie „raus, damit ihr nicht die Decke auf den Kopf fällt". Mit diesen diskrepanten Anforderungen muss Frau Früh in ihrem weiteren Handeln einen Umgang finden.

Trotz der ablehnenden Haltung des Schuldirektors erhält Frau Früh die Stelle und beginnt als 27Jährige eine ganztägige Tätigkeit als angestellte Schnittlehrerin. Sie genießt eine betriebsinterne Ausbildung in einem renommierten Schnittsystem. Die Arbeit gefällt ihr. Nach zwei Jahren heiratet sie und wird schwanger. Nach der Geburt ihrer Tochter unterbricht Frau Früh ihre Erwerbstätigkeit - zuerst vorläufig -, um Mutterschaftsurlaub in Anspruch zu nehmen. Obwohl sie gerne weiter eine stundenweise Tätigkeit als Lehrkraft für Modeschnitte übernommen hätte, kapituliert sie im vorauseilenden Gehorsam vor den Vorurteilen ihres damaligen Arbeitgebers.

Sie unternimmt nicht einmal den Versuch, eine weitere stundenweise Tätigkeit durchzusetzen.

Frau Früh wird vorerst ‚Vollzeit-Hausfrau und Mutter' und reproduziert damit das kulturelle Leitbild einer ‚Erwerbsunterbrechung bei Geburt eines Kindes'. Sie beruft sich hierbei auf eine Vorstellung von Mütterlichkeit, in der die ganztägige Betreuung von Kleinkindern durch ihre Mütter zu Hause als notwendig gilt und eine Erwerbstätigkeit nur in finanziellen Notzeiten akzeptabel ist (siehe Textkasten 1 und 2). Sie wandelt dieses Bild jedoch insofern ab, als dass sie eine Erwerbstätigkeit an Abenden, wenn der Vater zu Hause ist, als eine Möglichkeit in Betracht zieht.

> „Für mich war ganz klar, dass ich jetzt tagsüber bei diesem Kind bin und drum wär ja für mich nur dieser Abendkurs praktisch in Frage gekommen. Aber nachdem er [der Direktor der Schule] ja praktisch auch so dagegen war, hab ich mir höchstwahrscheinlich auch gedacht, \`ja, dann gehste halt nicht mehr´. Ich hätte schon noch Anspruch auf die Stelle gehabt, aber für mich war ganz klar, dass ich für das Kind sorge und zuhause bleibe und ich muss auch sagen, meine Schwiegermutter ist schon Jahre zuvor gestorben, wir haben dann auch ziemlich Geld gehabt, also es ging uns einfach auch gut. Für mich bestand jetzt nicht so die dringende Notwendigkeit, dass ich zum Arbeiten gehe. Aber ich hätte es halt einfach gerne gemacht."

Dass auch die Erhaltung ihres Wohlbefindens ein legitimer Grund sein könnte, sich für eine weitere Erwerbstätigkeit einzusetzen, passt (noch) nicht zu Frau Frühs Handlungsorientierungen.

Frau Früh beginnt ihre Orientierungen erst zu verändern, als ihr Mann, der schwer krank ist, einige Zeit nach der Geburt ihrer Tochter für längere Zeit ins Krankenhaus muss und sie mit ihrer Tochter viel alleine zu Hause ist, so dass das nur ‚zu Hause sein' für sie zu einem Problem wird.

> „Mit der Geburt der Petra ist er [mein Mann] dann schwer krank geworden. Da hat das dann richtig angefangen, wo er dann das erste Jahr, das erste halbe Jahr eine ganz schwere Depression hatte, gleich ein halbes Jahr lang ungefähr, dann eine Manie. Da war er fast ein Jahr krank und ich war einfach auch allein, war immer auch allein mit diesem Kind und ich hatte einfach auch Lust zu arbeiten, obwohl es uns da auch noch finanziell gut ging."

Textkasten 2

Kulturelle Vorstellungen von Müttererwerbstätigkeit und Kinderbetreuung in Westdeutschland

Kulturelle Vorstellungen von Mütterlichkeit und darüber, wer die Hauptverantwortung für die Kinderbetreuung zu übernehmen hat, stehen in engem Zusammenhang zueinander. In Westdeutschland hat sich in der Zeit nach dem zweiten Weltkrieg – in Abgrenzung zur kollektivistischen Erziehung in der DDR (Gerhard 2003, S. 77) - ein Regime der „Kinderbetreuung als Verantwortung der Mutter“ herausgebildet (Letablier/Jönsson 2003, S. 96). Danach soll die Sozialisation von Kindern primär in der Familie stattfinden. Die Mutter-Kind Beziehung gilt als besonders wichtig für eine gute Erziehung. Das Leitbild einer aufopferungsvollen Mütterlichkeit ist gesellschaftlich stark verankert. Mütter werden durch staatliche Regelungen ermuntert, Elternzeiten in Anspruch zu nehmen und anschließend auf Teilzeitbasis zu arbeiten, um Erwerbstätigkeit und die weitere Kinderbetreuung vereinbaren zu können. Seit der erstmaligen Einführung eines Mutterschaftsurlaubs im Jahr 1979, der Einführung eines Erziehungsurlaubs 1986 und dessen Umwandlung in eine Elternzeit im Jahr 2001 wurde das Anrecht für Mütter (und jetzt auch Väter) ihre Erwerbstätigkeit auszusetzen von 6 Monaten stufenweise bis auf drei Jahre erhöht. Abhängig vom Einkommen des Partners erhalten die Mutter (oder der Vater) bis zu zwei Jahre lang Erziehungsgeld, wenn sie die eigene Erwerbstätigkeit für die Kinderbetreuung auf maximal 30 Stunden pro Woche reduzieren. Erst seit 2001 haben beide Eltern während der Elternzeit das Recht in Teilzeit erwerbstätig zu sein (BMFSFJ 2001).

Während Mutterschaft gesellschaftlich Wert geschätzt wird, ist die Erwerbstätigkeit von Müttern, insbesondere in Vollzeit, abhängig vom Alter der Kinder in Deutschland negativ konnotiert. Es existiert eine große Bandbreite an kulturellen Vorstellungen darüber, wie lange eine Mutter im Sinne des ‚Kindeswohles' mit ihrem Kind zu Hause bleiben bzw. nur reduziert erwerbstätig sein sollte - als Mindestalter gelten drei Jahre, das Höchstalter schwankt zwischen vier und fünfzehn Jahren (Pfau-Effinger 2000a, S. 145). Unterschiedliche gesetzliche Regelungen legen ein Alter von 12 Jahren als Obergrenze nahe. Nur bis zu diesem Alter existiert ein gesetzlicher Anspruch für Eltern auf Krankentage bei Krankheit des Kindes und der Anspruch auf staatliche Unterhaltsvorschussleistungen.

Dass Kinderbetreuung in Westdeutschland immer noch vorrangig als private Aufgabe gilt, die im eigenen Haushalt zu lösen ist, spiegelt sich in Angebot und Inanspruchnahme von öffentlichen Kinderbetreuungseinrichtungen wider. Für Kinder unter 3 Jahren gilt die Betreuung durch einen Elternteil zu Hause als am besten für das ‚Wohl des Kindes', dementsprechend niedrig sind die Besuchsquoten von Krippen (Büchel/Spieß 2002).

Der Staat sieht sich erst im Alter ab 3 Jahren für die Halbtagsbetreuung von Kindern zuständig. 1996 wurde ein Anspruch auf einen Halbtagskindergartenplatz gesetzlich verankert - außer in Bayern. 83,5 Prozent aller angebotenen Kindergartenplätze sind Halbtagsangebote, nur 11 Prozent aller drei bis sechsjährigen Kinder besuchen eine Ganztageseinrichtung (Büchel/Spieß 2002, S. 19). Auch die Schule ist als Halbtagsschule konzipiert und basiert auf der Idee der Vorrangstellung der Familie bei der Kindererziehung sowie einer Trennung von Bildung und Erziehung (Veil 2003, S. 19). Nur 3 Prozent der westdeutschen Schulkinder bis 12 Jahre besuchen einen Hort (Veil 2003). Das westdeutsche Kinderbetreuungsregime schlägt sich auch in den Müttererwerbsquoten nieder. Dabei entwickelt sich die Erwerbstätigenquote der Mütter seit 1990 dynamischer, als die Versorgungsquote mit Kinderbetreuungseinrichtungen (vgl. Büchel/Spieß 2002). Die Erwerbstätigenquote von Frauen mit Kindern hat sich in Westdeutschland zwischen 1972 und 2003 von 40 auf 61 Prozent erhöht, wobei der Zuwachs bei Müttern mit älteren Kindern höher ist als bei solchen mit jüngeren Kindern (Statistisches Bundesamt 2004, S. 34). Der Großteil der Mütter arbeitet in Teilzeit. Bei Vätererwerbstätigenquoten hat das Alter des jüngsten Kindes keinen Einfluss auf ihre Erwerbstätigkeit (Statistisches Bundesamt 2004, S. 36).

Daraufhin schaut sich Frau Früh nach einer Möglichkeit um, zusätzlich zur Kinderbetreuung und Hausarbeit erwerbstätig zu sein. Bei ihren folgenden Arbeitsformentscheidungen zeigen sich kulturell und institutionell verankerte Vorstellungen als einflussreich, nach denen Mütter zu Hause anwesend sein sollen und vorrangig für die Betreuung der Kinder zuständig sind (siehe Textkasten 2).

Zuerst versucht Frau Früh sich als Kursleiterin bei der Volkshochschule. Doch aufgrund ihres gestörten Verhältnisses zum Nähen ist diese Tätigkeit für sie genauso wenig geeignet, wie die Übernahme von Änderungen oder Nähaufträgen.

> „Ich hab dann einmal einen Kurs bei der Volkshochschule gegeben, aber das war dann mehr so ein Frauenkurs. Das hat mir nicht so getaugt, die wollten lieber einen Rock nähen als einen Schnitt machen und so. Das hab ich halt dann lassen."

Als ihre Tochter 5 Monate alt ist, ergibt sich für sie über eine Zeitungsannonce die Möglichkeit, freiberuflich als Schnittzeichnerin Projekte zu bearbeiten. Sich beruflich selbstständig zu machen, hat sich aus der Art des Stellenangebots ergeben.

> „Die erste Stelle hab ich ja auch über die Zeitung gehabt. Das war eine Strickwarenfirma, die haben halt jemanden gesucht für ihre.. Pullis haben

> die gemacht und Strickjacken (...). Da hab ich mich halt hingewandt und das auch bekommen und nachdem das auf der Basis war, freiberuflich haben die halt jemanden gesucht, hab ich mich halt angemeldet und hab mir gedacht: ‚Das probierst du jetzt halt mal.′ (...) Ja man hat halt irgendwie auch gemacht, was man natürlich gekriegt hat.“

Mit der freiberuflichen Erwerbstätigkeit zu Hause, die nur eine sporadische Tätigkeit außerhalb mit sich bringt, findet sie eine Arbeitsform, die mit ihren Vorstellungen von akzeptablen Betreuungsformen für Kleinkinder kompatible ist. Sie kann ihr Kleinkind neben ihrer Erwerbstätigkeit selbst betreuen, es bei Außenterminen auch mal mitnehmen oder es stundenweise bei einer Freundin im eigenen Wohnhaus lassen. Eine Fremdbetreuung außerhalb des Hauses - zum Beispiel in einer Krabbelgruppe oder durch eine Tagesmutter - bleibt für sie stark negativ konnotiert.

> „Weil wo die Kinder noch klein waren, war für mich ganz klar, dass ich die Kinder nicht in die Krippe geb, dass ich irgendwie versuch, so Geld herzubringen.(...) Es war für mich einfach was Furchtbares. Ich hab.. also Krippe find ich schon ganz schlimm. Ich weiß auch nicht warum. Also ich find einfach.. wobei andere dann wiederum sagen: ‚Ja, und die sozialen Kontakte und dies und jenes.′ So hab ich's irgendwie nie gesehen. Also ich hab den Kindergarten auch nicht als Aufbewahrungsstätte für meine Kinder gesehen. Ich hab's halt einfach als, schon als notwendige Einrichtung, auch dass sie soziale Kontakte kriegen und auch eben für mich, auch dass man Erleichterung hat und so, aber nicht als Aufbewahrung. Ich hab mich schon sehr dafür zuständig gefühlt, dass ich diejenige bin, die dafür zu sorgen hat.“

Selbst finanzielle Engpässe hätten eine Erwerbstätigkeit bei einer solchen Betreuung nicht möglich gemacht. Die räumliche Nähe zum eigenen Zuhause ist ihrer Meinung nach für Kinder unter drei Jahren wichtig. Erst für 3 bis 4Jährige Kinder ist für Frau Früh eine Betreuung in Halbtageskindergärten vertretbar, eine Kinderbetreuungsform, die Mitte der 1980er Jahre gesellschaftlich breit akzeptiert ist.

Die Existenzsicherung der Familie übernimmt in dieser Zeit Frau Frühs Partner. Frau Früh nutzt in dieser Zeit bewusst ihren Status als „geringfügig erwerbstätige Ehefrau“, um die Nebenkosten ihrer beruflichen Selbstständigkeit gering zu halten. Auch bei ihrer freiberuflichen Tätigkeit kennzeichnet ein passives, reaktives Muster ihr ökonomisches Handeln. In den nächsten fünf Jahren nutzt sie Auftragsangebote, wenn sie sich über soziale Kontakte ergeben, kümmert sich jedoch nicht aktiv um die Akquirierung von Aufträgen.

Mit der Geburt ihres Sohnes 1988 ändert sich die Situation für Frau Früh jedoch grundlegend: Während ihre Tochter ein ruhiges Kind ist, und es deswegen ohne größere Probleme möglich war, neben ihrer Betreuung zu Hause Aufträge zu bearbeiten, funktioniert dies aufgrund des Wesens ihres Sohnes nicht mehr.

> „Fünf Jahre später ist ja dann mein..., also ´88 ist der Phillip geboren, und dann war's unheimlich schwer, freiberuflich zu arbeiten, weil er so ein lebhaftes Kind war. (...) Er war halt immer quirlig. Und, also bis der dann im Kindergarten war, hab ich einfach ähm, wenig Möglichkeiten gehabt, Geld zu verdienen."

Für einige Zeit ist Frau Früh wieder Vollzeit-Hausfrau und Mutter. Seit der Geburt ihres Sohnes verschlimmert sich auch die Krankheit ihres Mannes. Inzwischen wissen sie und ihr Mann über seine Krankheit Bescheid: Frau Frühs Partner leidet seit ihrem Kennenlernen unter einer bipolaren Störung (einer manisch-depressiven Erkrankung). Immer deutlicher verliert sich ihre Hoffnung, dass der Zustand ihres Mannes sich verbessern wird. In einer krankheitsbedingten Phase der falschen Selbsteinschätzung nach der Geburt ihres Sohnes bringt ihr Mann die Familie in finanzielle Schwierigkeiten:

> „Da ging es uns auch finanziell nicht mehr so gut, da musste [betont] ich dann mehr oder weniger richtig arbeiten."

Der Druck, Geld zu verdienen wird für Frau Früh größer. Ihre Möglichkeiten, dies zu tun, sind jedoch eingeschränkter.

Es beginnt eine anstrengende Zeit, in der Frau Früh versucht, mit verschiedenen Jobs die finanzielle Lage der Familie aufzubessern. Wiederum sucht sie nicht aktiv nach einer Erwerbstätigkeit, sondern es „ergibt sich" irgendwann die Gelegenheit, dass sie bei einer Bekannten im Haushalt putzen kann. Ihren Sohn kann sie mitnehmen, ihre Tochter geht zu dieser Zeit schon in die Grundschule.

Nach circa einem Jahr, als ihr Sohn dann vormittags im Kindergarten ist, nimmt sie eine geringfügige Tätigkeit in einem Feinkostladen um die Ecke an. Gleichzeitig wird ihr 1992 von früheren KollegInnen angeboten, in der Modeschule wieder stundenweise Unterricht zu geben. Der frühere Leiter der Modeschule ist inzwischen gestorben. Circa fünf Jahre lang kombiniert sie verschiedene geringfügige Tätigkeiten, die Betreuung der Kinder und die Haushaltsarbeit.

Für Frau Früh ist es in jener Zeit leichter, verschiedene geringfügige Tätigkeiten außerhalb ihres Zuhauses mit ihrer Tätigkeit der Kinderbetreuung und der Hausarbeit zu vereinbaren, als weiterhin Aufträge im Bereich Schnitt zu bearbeiten. Beim Putzen und Verkaufen muss sie sich weniger konzentrieren und arbeitet außerhalb ihres eigenen Haushaltes zu Zeiten, in denen ihre Kinder institutionell betreut sind. Auch während ihre Kinder im Grundschulalter sind, kommt für sie eine ganztägige Erwerbstätigkeit nicht in Frage. Die in Westdeutschland normativ verankerte Halbtagesschule bleibt für sie handlungsleitend. Eine Ganztagesbetreuung in einem Schülerhort ist für sie negativ belegt.

> „Weil es uns finanziell eigentlich nie so schlecht ging, dass es überhaupt notwendig gewesen wäre zu sagen, `so, jetzt müssen die Kinder in den Hort´ oder `jetzt müssen die Kinder das und das machen, weil ich brauch jetzt diesen Ganztagsjob´."

Das biographische Ereignis der Krankheit ihres Mannes wirkt als Auslöser dafür, dass sich Frau Früh mit ihren kulturellen Vorstellungen über die ‚richtige' Kinderbetreuung und die Erwerbstätigkeit als Mutter auseinandersetzt. Ihre Konstruktionen verändern sich insofern, als dass sie eine Erwerbstätigkeit mit Kind unter bestimmten Bedingungen durchaus als akzeptabel ansieht. Bestimmend bleibt für Frau Früh weiterhin die Anforderung, dass die Erwerbstätigkeit einer Mutter ihre Aufgaben in Haushalt und Familie nicht tangieren und die Familie unter der Erwerbstätigkeit der Mutter nicht „leiden" darf. Insofern reproduziert sie weiterhin traditionelle Geschlechterbilder. Um diesen gerecht zu werden, stützt sie sich auf die bezahlte Hilfe von jungen Frauen. Für die Zeit, in der sie Unterricht in Abendkursen gibt, engagiert sie eine Schülerin für die Betreuung ihrer Kinder, denn ihr Mann kann dies krankheitsbedingt nicht verlässlich übernehmen.

> „Aber wir haben ja auch immer jemand gehabt, der noch für die Kinder da war, der dann später bei uns auch geputzt hat und so. Also die Familie hat dadurch, sag ich mal, nicht mehr machen müssen, jetzt plötzlich, weil die Mutter nicht da war."

Andererseits führt im Verlauf ihres Lebens die schwere, sich verstärkende Krankheit ihres Mannes dazu, dass sich ihre Ansicht, sie müsse vor Ort - zu Hause bei den Kindern - anwesend sein und sie alleine wäre für das Wohlbefinden der Familie verantwortlich, verstärkt und verfestigt. Vor allem ist ihr wichtig, dass die Kinder nicht unter der schwierigen Familiensituation leiden.

> „Mein Mann, das ist ja eine Sache für sich. Mein Mann ist seit wir uns kennen manisch depressiv. (...) Dann mit der Geburt von der Petra ist diese Krankheit so richtig ausgebrochen und ähm und dann war er jedes Jahr

> krank. Und dann hab ich natürlich noch verstärkt alles was die Kinder anging, (...) das hab alles ich an mich rangerissen."

Diese Konstruktion schränkt die Möglichkeiten von Frau Früh ein, außer Haus erwerbstätig zu sein. Die Unvereinbarkeiten ihrer Lebenssituation verstärken sich: Der Druck, erwerbstätig zu sein, steigt aufgrund finanzieller Probleme. Ihre sehr traditionelle Familienorientierung hat sich verfestigt. Aber Frau Früh findet auch immer mehr „Spaß" an ihrer Erwerbstätigkeit!

> „Diese Arbeit in dem kleinen Lebensmittelladen hab ich wahnsinnig gerne gemacht. Ich hab gerne auch mit den alten Leuten, das war ja vorwiegend alte Kundschaft, weil's ja direkt im Altenheim war. Ich hab auch gerne das gehabt, mit diesen alten Leuten zu arbeiten. Das hat auch immer noch was soziales gehabt und.. ja es waren halt einfach Kunden da, Leute da, mit denen man sprechen hat können und ich bin halt auch ein Mensch, der gerne spricht. Mein Mann, der redet nicht so gerne so viel und ich tausch mich gern aus, und wenn man alleine ist, kann man sich schlecht austauschen."

Ständig muss Frau Früh bei ihren unterschiedlichen Tätigkeiten in verschiedene Arbeits-Rollen schlüpfen. Das strengt sie mit der Zeit an. Sie ist Mutter, Hausfrau, Putzfrau, Verkäuferin und Fachlehrerin - manchmal alles an einem Tag. Zuerst gibt sie ihre Putzstelle ab. Später hört sie auch in dem Lebensmittelgeschäft auf. Dort hilft sie nur mehr hin und wieder aus. Eine Zeit lang übernimmt sie nur noch freiberuflich Kurse als Schnittlehrerin. Ihr Bezug zu ihrem gelernten Beruf bleibt weiterhin passiv.

> „Das war halt meine Ausbildung, das hab ich gelernt und da konnte man Geld verdienen und das hat man immer weitergemacht."

Dann verändert sich jedoch einiges an der Modeschule. Das Zustandekommen der Kurse wird immer unsicherer, und 1998 kommt es zu einer Fusion mit einer anderen Modeschule. Gleichzeitig wird für Frau Früh der Druck immer höher, finanziell zum Haushaltseinkommen beizutragen. Ihre Kinder sind inzwischen zehn und fünfzehn Jahre alt.

Zu jener Zeit beginnt sie, sich um eine Festanstellung als Schnittdirektrice in Betrieben der Bekleidungsindustrie in München zu bewerben. Bei ihrer Arbeitsstellensuche wird ihr klar, dass ihre Chancen gering sind, eine Festanstellung in einem Betrieb zu bekommen. Zum einen wird inzwischen ihr Alter zum Thema. Sie gilt 1998 mit ihren 44 Jahren meist als zu alt für die jungen Entwurfsteams, bei denen sie sich bewirbt. Zum anderen werden ihr vor allem Stellen in Bereichen angeboten, die für sie nicht in Frage kommen.

> „Ich hatte irgendwie das Gefühl, es ist an der Zeit, dass ich mich mal wieder mehr auch in der Industrie umschauen muss, auch um am Ball zu sein, um dabei zu sein. Und dann hab ich mich zuerst um Stellen (...) beworben, was halt so angeboten wurde. Für die war ich ja alle überqualifiziert angeblich. Andererseits wollten sie eine Frau in meinem Alter auch gar nicht mehr haben. Ich pass nämlich nicht mehr in das junge Team. Ich hätte also können zum Beispiel im Zuschnitt arbeiten, ich hätte können im Musteratelier arbeiten, aber im Schnitt, da war ich eigentlich schon zu alt."

Da sie im Bereich Schnitt nichts finden kann, nimmt sie eine Teilzeitanstellung in der Qualitätskontrolle bei einer Textilfirma in München an. Damit ist ihr Einkommen gesichert und regelmäßig. Für Frau Früh spielt auch bei dieser Erwerbsentscheidung die soziale Dimension von Arbeit eine wichtige Rolle.

> „Das war eigentlich schön und ich bin auch immer ein Mensch gewesen..., ich wollte gerne raus. Ich wollte nicht immer nur für mich im stillen Kämmerchen arbeiten. Das gefällt mir am Selbstständigen nicht so gut, wenn du so viele Stunden allein arbeitest. Ich hab gerne Kollegen, mit denen ich mich austauschen kann, halt irgendjemand. Eine Gruppe, wo man miteinander was macht und wo man Erfolge hat oder auch nicht. Wo man halt einfach miteinander was macht und wo man auch sieht, was man gemacht hat und sich austauschen kann und das war eben auch noch ein Grund, warum ich dachte, \`Du musst mal wieder raus und so´, ja, ich hatte eben auch den Anspruch an mich. Die Kinder waren größer und die haben mich auch nicht mehr so gebraucht. Es war halbtags am Anfang und das wäre auch gut gewesen. Da waren sie ja schon in der Schule. Also das wäre ganz gut gewesen."

Als ihr eine Möglichkeit in Aussicht gestellt wird, einen Arbeitsbereich zu leiten, der sie interessiert, wofür sie jedoch ihre Arbeitszeit ausweiten müsste, nimmt sie dies in Kauf.

Auch in dieser Firma kommt es zu Veränderungen und in der Folge zu einer Fusion. Die Position, die Frau Früh in Aussicht gestellt wurde, fällt weg. Sie muss eine Position übernehmen, die ihr eigentlich nicht entspricht. Zusätzlich versteht sich Frau Früh nicht mit ihrer neuen direkten Vorgesetzten. Die Arbeitssituation beginnt, sie sehr zu belasten. Hierbei spielen sowohl die Konflikte mit ihrer Vorgesetzten eine Rolle, durch die sie sich in ihrer Rolle als Mutter nicht verstanden fühlt, als auch ihre Zerrissenheit trotz Ganztagserwerbstätigkeit ihren Ansprüchen an die Sorge für ihre Kinder und den Haushalt gerecht zu werden.

Zu diesem Zeitpunkt sind ihre Kinder zwar 16 und 11 Jahre alt. Nach Frau Frühs individuellem Leitbild ist es aber auch jetzt noch wichtig, dass sie zu

Hause nach dem Rechten sehen und falls es notwendig ist, auch zu Hause für ihre Kinder da sein kann. Sie hat das Gefühl, ihre Kinder brauchen sie und zwar zu Hause. Obwohl sie auch in dieser Zeit eine Studentin angestellt hat, die im Haushalt hilft, reicht das nicht, um ihr schlechtes Gewissen zu beruhigen. Der Druck ihren Pflichten nachzukommen, wird für sie durch das ganztags außer Haus Sein und die zusätzlich verlangten Überstunden unerträglich. Sie versucht, ihre Arbeitszeiten wieder um einige Stunden zu reduzieren. Bei diesem Versuch wird Frau Früh durch ihre Vorgesetzte jedoch mit der gesellschaftlichen Vorstellung konfrontiert, dass Kinder im Alter ihrer Kinder nicht mehr die Betreuung durch ihre Mutter zu Hause brauchen. Andere Mütter würden eine ganztägige Erwerbstätigkeit auch mit kleineren Kindern schaffen.

> „Dann hab ich mir aber irgendwann erbeten, ich werde nur noch statt 37,5 oder 38,5, vier Stunden weniger arbeiten. Ich nehme mir den Dienstag Nachmittag frei. Solche Dinge waren einfach für diese Frau unmöglich. Da kamen dann so Sätze wie zum Beispiel ‚Frauen in der Türkei arbeiten auch den ganzen Tag mit Kind, mit kleinen Kindern´ und solche Sachen."

Für Frau Früh ist diese Einstellung nicht akzeptabel. Sie zieht nach insgesamt zwei Jahren die Konsequenzen und kündigt.

Daraufhin ist sie arbeitslos. Doch nach kurzer Zeit wird ihr, vermittelt durch nun 25 Jahre alte soziale Kontakte bei der Modeschule, abermals eine Tätigkeit als Lehrkraft dort angeboten. Gleichzeitig beginnt sie wieder, freiberuflich Schnittaufträge zu bearbeiten, die ihr ebenfalls über frühere Kontakte vermittelt werden. Die Entscheidung, eine schon ‚erprobte' aber schon mehrmals ‚verworfene' Arbeitsform wieder zu beleben, war demnach keine gezielte, sondern eher eine, die sich durch soziale Kontakte „ergeben hat". Frau Früh ist in diese Arbeitsform aus der Arbeitslosigkeit wieder ‚hineingerutscht'.

Durch ihre Ausbildung als Schneidermeisterin und Schnittdirektrice und ihre langjährige Tätigkeit im Bereich Modeschnitte hat sich Frau Früh vor allem handwerkliches Wissen erworben. Dieses kann sie im Kontext der industriellen Bekleidungsindustrie aufgrund ihrer fehlenden Computerkenntnisse jedoch nicht nutzen. Seit circa 10 Jahren sind Kenntnisse in digitaler Schnittaufstellung und -bearbeitung in der Bekleidungsindustrie zum Muss für eine Festanstellung als Direktrice geworden. Der Umstrukturierungsprozess der deutschen Bekleidungsindustrie begünstigt jedoch gleichzeitig ihre Tätigkeit als selbstständige Schnittzeichnerin, denn die sich immer mehr spezialisierenden Betriebe, die in den letzten Jahren Fachpersonal abgebaut haben, brauchen phasenweise Arbeitskräfte, die dieses Handwerkszeug noch beherrschen und fragen Frau Frühs Spezialkenntnisse nach. Hierbei profitiert Frau Früh vom Image des Schnittsystems von Müller und Sohn, das sie von der Pieke auf beherrscht.

Trotz Meistertitel schränkt ihr ‚gestörtes' Verhältnis zum Nähen zusätzlich ihre Möglichkeiten ein, sich beruflich auf einen anderen Bereich als den Schnittbereich zu orientieren. Für Frau Früh kommt weder eine selbstständige Tätigkeit als Maß- oder Änderungsschneiderin, noch eine angestellte Tätigkeit in einem Musteratelier oder im Zuschnitt in Frage. Als mögliche Alternativen zu ihrer aktuellen Tätigkeit erscheinen ihr nur ‚Jobs' außerhalb ihres Berufes, die beinahe allesamt eine große Nähe zur Reproduktionsarbeit aufweisen und mit geringerem Einkommen verbunden sind, wie putzen, Kinder beaufsichtigen, kochen oder verkaufen.

Ihre Tätigkeit bei der Modeschule kann sie in der Folgezeit weiter ausbauen. Frau Früh ist vor allem über die nun bessere Vereinbarkeit ihrer Erwerbsarbeit mit ihren Kindern froh. Inzwischen hat für sie auch die inhaltliche Dimension ihrer Arbeit an Bedeutung bei ihren Entscheidungen gewonnen. Ihre Arbeit als Lehrkraft macht ihr nun wesentlich mehr Spaß.

Die Kombination ihrer Tätigkeit als freiberufliche Lehrkraft und Betreiberin eines Büros für Modeschnitte, die zusammen circa 30 Wochenstunden umfasst, erscheint somit als „spezifisches Passungsverhältnis" (Wohlrab-Sahr 1993) mit ihrer biographischen Situation.

> „Da war ich richtig froh, war ich richtig gelöst, dass ich's nicht mehr mach [ganztags angestellt erwerbstätig sein]. Wobei im Nachhinein glaub ich, dass ich auch deshalb froh bin, weil ich einfach schon viel freier bin. Ich hab zwar nicht mehr diese soziale Sicherheit, jeden Monat unbedingt mein Geld zu kriegen, auch wenn ich krank bin und versichert zu sein und alles, aber ich kann halt machen, was ich will. Ich hab auch das Gefühl, also für mich persönlich ist es gut, weil ich einfach, weil ich einfach ja, Probleme hab, zu denken, dass das alles so passt, wie ich das gerne möchte, so mit der Familie und so. Dem werd ich so viel mehr gerecht, muss ich sagen. Ich fühl mich auch viel wohler in meiner eigenen Person."

Diese Arbeitsform ermöglicht es ihr, erwerbstätig zu sein, Geld zu verdienen, soziale Kontakte zu pflegen und ihrem individuellen Familienleitbild gerecht zu werden, das ihre Anwesenheit zu Hause auch jetzt noch erfordert, wo ihre Kinder 15 und 20 Jahre alt sind[86]. Sie sagt dazu:

> „Also seit 2001, wo die Kinder jetzt praktisch auch groß genug sind [unterrichte ich jetzt auch einen Tageskurs in der Schule.] (...) Ich hab einfach das

86 Auffallend ist folgende Parallele: Sie selbst war 15 Jahre alt, als sie durch den Tod ihrer Mutter plötzlich „allein" war, was sie überfordert hat.

> gehabt, ich muss da sein (zu Hause), ich muss für die Kinder da sein (...) Ich hatte immer eigentlich ein schlechtes Gewissen, wenn ich in die Arbeit gegangen bin, außer Haus, weil ich ja die Kinder allein lasse und weil ich ja dann nicht mehr da bin (...) Ich hab heute noch ein ganz großes Problem, die Kinder irgendwie loszulassen, ich fühl mich so unheimlich verantwortlich für diese Kinder.“

Die Möglichkeit ihren Arbeitsort selbst und in Abstimmung mit den Bedürfnissen ihrer Kinder zu wählen, hat für sie eine große Bedeutung. Das Pendeln zwischen freiberuflicher Tätigkeit zu Hause und ihrer Tätigkeit in der Schule als Lehrkraft außerhalb entspricht ihrem widersprüchlichen Raumbezug - dem ‚Vor Ort sein für andere' und dem ‚Raus müssen, um mich wohl zu fühlen'. Dass ihre jetzige Tätigkeit im Vergleich zu einer Festanstellung mit einer größeren finanziellen Unsicherheit verbunden ist, tritt hierbei in den Hintergrund. Ihre negativen Erfahrungen bei ihrer letzten Angestelltenstelle haben Frau Früh klar gemacht, dass für sie eine Ausdehnung ihrer Arbeitszeit nur in Kombination mit einer zeitlich und räumlich flexiblen Arbeitsform möglich ist. Autonom zu sein und Entscheidungen selbst zu steuern hat damit für sie in Bezug auf ihr ökonomisches Handeln, aber auch in Hinsicht auf ihren gesamten Lebenskontext an Bedeutung gewonnen.

Derzeit steht Frau Früh an einem Wendepunkt in ihrem Leben, denn sie wird sich von ihrem nun seit einem Jahr arbeitslosen Mann trennen. Damit stellt sich für sie vieles in ihrem Leben zur Frage. Sie muss sich neu orientieren und setzt sich mit ihrem bisherigen Leben auseinander. Hierbei macht sie sich große Sorgen, ob sie nach der Trennung mit ihren derzeitigen zusammengestückelten Tätigkeiten finanziell über die Runden kommen wird. Mit der beabsichtigten Trennung von ihrem Mann zeigt sich deutlich, dass sich ihr Streben für andere da und Vor Ort zu sein, um für deren Wohlbefinden zu sorgen, im Verlauf ihres Lebens von ihrem Partner immer mehr weg und nun ganz auf ihre Kinder verlagert hat. Ihr nun auch emotional stärkerer Bezug zu ihrer Erwerbstätigkeit deutet auf eine größere subjektive Akzeptanz ihrer eigenen Interessen hin. Vielleicht könnte man auch von einer Entwicklung hin zur ‚Entdeckung' eines „eigenen Lebens“ (Beck-Gernsheim 1983) sprechen. Ihre derzeitige Reflektion über ihre jahrelange Akzeptanz eines fremdgesteuerten Lebens prägt die Darstellung ihrer gesamten Lebensgeschichte. Das Nachdenken über ihr Leben motiviert Frau Früh, sich mit Möglichkeiten auseinanderzusetzen, wie sie sich bisher fehlende Kenntnisse im Bereich digitaler Schnittaufstellung und Nähtechnik aneignen kann.

Zusammenfassung

Bei der Rekonstruktion der Erwerbsentscheidungen von Frau Früh fällt auf, dass ihre Entscheidungen sehr stark im Zusammenhang mit ihrem Streben stehen, für das Wohlbefinden anderer zu sorgen. Das „Dasein für andere" (Beck-Gernsheim 1983) als ihre ‚natürliche' weibliche Aufgabe bildet den Kern ihres Selbstbildes. In engem Zusammenhang mit dem ‚Dasein für andere' steht für sie das ‚Dortsein, wo mich die anderen brauchen' oder ein ‚Vor Ort sein für andere'.

Drei Aspekte ihres spezifischen Lebenskontextes führten in ihrem Fall zu einer besonders starken Verankerung dieser Handlungsorientierung und damit zur Konstruktion ihrer spezifischen Familien- und Erwerbsorientierung, die mit einer Ortsbindung auf der Mikroebene des Haushaltes einhergeht: Zum einen die intensive Konfrontation mit traditionellen gesellschaftlichen Geschlechterbildern, die mit spezifischen Vorstellungen über die Erwerbstätigkeit von Frauen verbunden sind; zum zweiten ihre Betroffenheit durch zwei biographische Ereignisse, die besondere Anforderungen an sie stellen, und zum dritten ihre fatalistisch, passive Lebenseinstellung und ihr daraus folgendes reaktiv, pragmatisches Handlungsmuster.

Die Erwerbsorientierung von Frau Früh entspricht lange Zeit dem Typus der „Erwerbsarbeit auf Zeit", wie ihn Mechthild Oechsle (1995) herausgearbeitet hat. Die biographische Rekonstruktion zeigte jedoch die prozesshafte Veränderung ihrer spezifischen Familien- und Erwerbsorientierung und deren Bedeutung für ihre jeweiligen Erwerbsentscheidungen im Kontext ihres Lebensverlaufs. Sichtbar wurde insbesondere die aktive Auseinandersetzung mit Geschlechterbildern in Bezug auf eine ‚Erwerbstätigkeit als Mutter', die ‚richtige Kinderbetreuung' und deren Umdeutung, die im Laufe der Zeit zu einem veränderten Umgang damit führen. Gleichzeitig sichtbar wurden Veränderungen ihrer Erwerbsorientierung durch die Entwicklung einer stärkeren beruflichen Identität.

Die individuelle Auseinandersetzung mit institutionell und kulturell verankerten Geschlechterbildern steht in der biographischen Erzählung von Frau Früh im Vordergrund und dominiert damit in ihrer Bedeutung ihre Arbeitsformentscheidungen. Der branchenstrukturelle Wandel besitzt hingegen aufgrund ihrer schwachen Berufsorientierung lange Zeit wenig Handlungsrelevanz. Erst mit wachsendem Spaß an ihrer Tätigkeit und damit einhergehend einer sich entwickelnden stärkeren beruflichen Identität, gewinnt auch der branchenstrukturelle Wandel für ihr ökonomisches Handeln an subjektiver Bedeutung. In diesem Zusammenhang verändert sich ebenfalls ihr Umgang mit fehlenden biographischen Ressourcen. Statt weiterhin durch eine Vermeidungsstrategie auf Arbeitsstellen auszuweichen, an denen Nähkenntnisse und Computerkenntnisse nicht gefragt sind, ‚entdeckt' Frau Früh nun ihr Interesse, sich diese fehlenden Kenntnisse anzueignen.

4.2.3.2 Fallbeispiel 5 Frau Nusser erzählt: „Mein Mann, der hätte mich schon lieber zuhause gesehen, drum haben sich auch unsere Wege getrennt"

Frau Nusser wird 1949 in München geboren. Sie erlebt in ihrer Kindheit beide Eltern als Berufstätige in sehr unterschiedlichen Arbeitsformen. Sie stellt ihre „Mutter, die immer selbstständig war, aus einem Metzgereiunternehmen" ihrem Vater gegenüber, der „ganz anders, extrem Betriebswirtschaftler in der Post" war. Wie Frau Früh auch, geht Frau Nusser auf die Realschule und schließt mit Mittlerer Reife ab. Auch ihre Berufswahl knüpft an ‚natürlich weiblichen Fähigkeiten' an, doch anders als Frau Früh, betont Frau Nusser ihre eigenen Interessen am Handarbeiten und Nähen.

> „Ich hatte in meinem schulischen Bereich eine Realschule gemacht und hab wahnsinnig viel, gerne äh genäht und das Handarbeiten, das war ein Hobby von mir."

Auch bei ihrer Berufswahl spielt ihr Vater eine aktive Rolle, indem er ihr einen Berufsweg in Richtung Schneiderei empfiehlt. Die Vorschläge ihres Vaters knüpfen hierbei an ihren Interessen und ihrem „Spaß" an einer Tätigkeit im Bereich der Herstellung von Bekleidung an. Von Anfang an zielen seine Anregungen darauf ab, ihr eine Ausbildung nahe zu legen, die ihr Karrierechancen, finanzielle Absicherung und eine gute berufliche Perspektive verspricht.

> „Und mein Vater hat gesagt: ‚Du, wenn du da soviel Freude dran hast an den Dingen, das ist eigentlich schade, wenn du das nicht ausnützt!' Und dann hat er einen Artikel gelesen im Stern und da waren verschiedene Berufsbilder aufgezeigt und da hat er gesagt: ‚Schau mal, im Bereich der Schneiderei gibt es ja auch eine Möglichkeit, äh, in die Industrie zu gehen und es wäre ja vielleicht ja nicht schlecht, wenn du eine gute Basisausbildung machst und gehst dann später in die Industrie!'"

Sein Vorschlag, eine Ausbildung zur Damenschneiderin zu machen und sich dann in Richtung Bekleidungsindustrie zu orientieren, steht im Kontext der damals Mitte der 1960er Jahre vor allem auch in München boomenden Bekleidungsindustrie. Es gab seinerzeit ca. 130 Konfektionsfirmen in der Stadt, und die Unternehmen hatten einen enormen Bedarf an Arbeitskräften (Epp 2001, S. 72). Inwiefern Frau Nusser selbst bei der Wahl ihrer Ausbildung aktiv wird, bleibt unklar. Ihre weiteren Erzählungen machen es jedoch sehr wahrscheinlich, dass ihr Vater ihre Berufswahl stark gesteuert hat.

Sie beginnt ihre Ausbildung zur Damenschneiderin mit dem Besuch eines einjährigen schulischen Vorbereitungskurses und absolviert dann die restlichen zwei Jahre Lehrzeit in einer Haute Couture-Schneiderei in der Maximilianstraße in München. Eine handwerkliche Ausbildung, auch im Fall einer angestrebten industriellen Karriere, ist zu jener Zeit der normale Ausbildungsweg. Die industrielle Stufenausbildung wird erst 1971 in Westdeutschland eingeführt. Mit der Lehrzeit verbindet Frau Nusser sehr positive Erinnerungen. Ihre Lehrstelle hat ihr gut gefallen.

Abb. 17: Arbeitsbiographie Frau Nusser

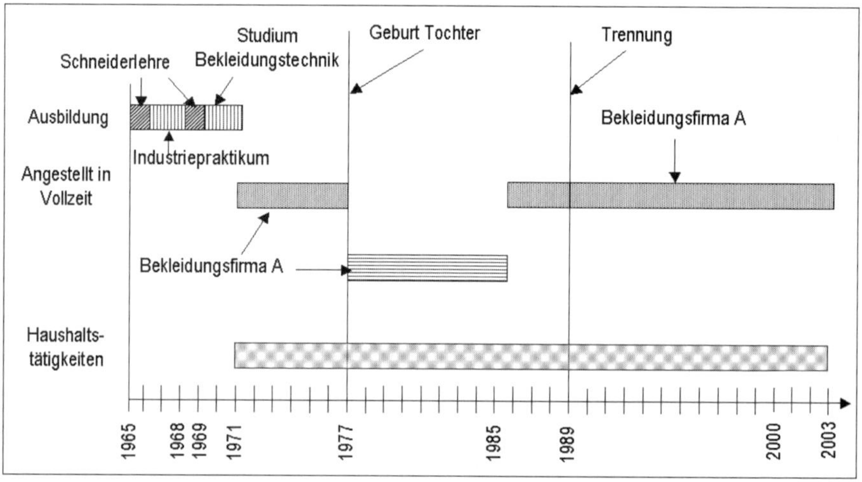

Quelle: Eigene Darstellung

Nach Abschluss ihrer handwerklichen Lehre macht sie in einem damals sehr erfolgreichen Bekleidungsunternehmen in München ein einjähriges Industriepraktikum, das für die meisten bekleidungsindustriellen Weiterbildungen vorausgesetzt wird. Durch das Praktikum gewinnt sie erste Einblicke in die industrielle Herstellung von Bekleidung. Welches Berufsziel sie jedoch genau in dieser Zeit anstrebte, scheint noch nicht klar gewesen zu sein. Dies steht erst nach ihrem Praktikum zur Entscheidung an. Wiederum spielt ihr Vater, diesmal zusammen mit einem ihrer damaligen Vorgesetzten, eine aktive Rolle bei der Steuerung ihres weiteren Berufsweges.

> „Nach diesem Industriepraktikum war dann die Überlegung, wie geht der Weg weiter und mein Kollege, der Herr Prater, hat sich dann mit meinem Vater unterhalten und hat gesagt, er findet das ganz gut, wenn ich die Technikausbildung mach, dann eröffnen sich mehrere Wege für mich im Unternehmen und dann hab ich mich beworben bei Hohenstein, das ist eine Fachakademie gewesen für Bekleidungstechnik."

Ihre ersten beruflichen Entscheidungen werden hiermit, ebenso wie die von Frau Früh, von Männern ihres sozialen Umfeldes mehr oder weniger bestimmt. Auch Frau Nusser stellt auf diese Weise das bis 1958[87] rechtlich abgesicherte männliche Bestimmungsrecht nicht in Frage, sondern akzeptiert es.

Für Frau Nussers weitere Erwerbsentscheidungen von großer Bedeutung ist, dass sie es durch ihr Praktikum schafft, in die Unternehmensfamilie des prosperierenden Unternehmens A aufgenommen zu werden. Ihr damaliger Vorgesetzter und heutiger Kollege zeigt zu jener Zeit offen Interesse, sie weiter als Arbeitskraft zu halten und ihr eine weitere Karriere innerhalb des Unternehmens zu eröffnen. Das Unternehmen bietet ihr außerdem an, ihre Weiterbildung im technischen Bereich durch ein Darlehen zu unterstützen. Frau Nusser fühlt sich dadurch bestärkt, eine weitere berufliche Karriere anzustreben.

Daraufhin bewirbt sie sich für einen Studienplatz an der Fachakademie für Bekleidungstechnik in Hohenstein und zieht 1969 dorthin um. Nach 2 Jahren beendet sie ihr Studium und strebt eine Tätigkeit in der Produktionsorganisation im Ausland an. Ihr Interesse an einer Auslandstätigkeit steht im Zusammenhang damit, dass seit Mitte der 1960er Jahre die ersten deutschen Firmen begannen - vor allem im Bereich Unterwäsche und nichtmodische standardisierte Oberbekleidung - Teile ihrer Produktion ins Ausland zu verlagern.

Es ist das erste Mal in ihrer Erzählung ihrer Lebensgeschichte, dass Frau Nusser von einem eigenen Plan erzählt: Dies deutet darauf hin, dass sie nun die Steuerung ihres Lebens in die Hand genommen hat. Das ökonomische Handeln von Frau Nusser ist ab nun eng mit ihrer Suche nach beruflichen Herausforderungen verknüpft. Während es heute für Bekleidungstechnikerinnen zu einer selbstverständlichen beruflichen Anforderung gehört, im

87 Das im Bürgerlichen Gesetzbuch von 1896 in § 1628 verankerte Letztentscheidungsrecht des Vaters bei der Kindererziehung wurde 1958 aufgehoben (Schraut/Eiselen 2001/2002).

Ausland tätig zu sein, war es Ende der 1960er Jahre, als Frau Nusser sich für eine Auslandstätigkeit interessierte, noch Pionierinnenarbeit.

Frau Nusser hat schon ein konkretes Stellenangebot für eine Auslandstätigkeit in Aussicht, als ihr gleichzeitig angeboten wird, wieder nach München ins Unternehmen A zurückzukehren und dort eine Betriebsassistenzstelle zu übernehmen. Sie steht vor der schweren Entscheidung aus zwei interessanten Angeboten das Richtige auszusuchen.

> „Nach der Ausbildung wollte ich dann ins Ausland gehen. Mein Weg war auch das Ausland, hab sogar einen Vertrag fast schon in der Tasche gehabt und dann kam unser Produktionsleiter [des Unternehmens, bei dem sie das Industriepraktikum gemacht hatte] in Hohenstein auf mich zu und hat gesagt, er hätte mich gerne als Betriebsassistentin. Und das hat mich natürlich sehr verlockt. (...) Das im Ausland, das wäre die Firma S gewesen, die wollte nach Griechenland. Aber als ich die Assistentenstelle.. hab ich mir gedacht, ‚Menschenskinder, du kennst ja das Unternehmen schon durch die Praktikumszeit und das Betriebsklima ist bei uns ganz prima und die Firmenphilosophie'. Da hab ich mir gedacht, das ist jetzt schade, wenn ich das nicht wahrnehme."

Beide Stellenangebote sind von den finanziellen und vertraglichen Bedingungen her ähnlich verlockend. Aus Frau Nussers Sicht stehen sich der Reiz des Neuen und Fremden und das „Bekannte, bei dem ich weiß, auf was ich mich einlasse" gegenüber. Obwohl sie die Stelle im Ausland sehr reizt, entscheidet sie sich dafür, die Stelle der Betriebsassistenz in München anzunehmen und damit an ihren Herkunftsort zurückzukehren. Bei ihrer Entscheidung spielen auch finanzielle Aspekte eine Rolle: Sie hätte das Darlehen des Unternehmens A zurückzahlen müssen, wenn sie die angebotene Stelle nicht angenommen hätte. Trotzdem, so evaluiert sie es aus ihrer heutigen Sicht, war es für sie eine Entscheidung, die sie vor allem wegen des guten Betriebsklimas „eigentlich noch nie bereut" hat.

Frau Nusser fängt 1971 als 22Jährige an, beim Unternehmen A als Betriebsassistentin in einem Normalarbeitsverhältnis zu arbeiten. Wie der Großteil der Frauen ihrer Geburtskohorte heiratet sie in einem Alter von 25 Jahren (Statistisches Bundesamt 2003a, S. 527f.) und zwar einen Mann, der in der Versicherungsbranche tätig ist und zu Hause ein eigenes Büro betreibt.

Ihre Heirat hat keine Auswirkungen auf ihre Erwerbstätigkeit. Insgesamt sechs Jahre lang arbeitet sie in dem Bekleidungsunternehmen in einem Vollzeitarbeitsverhältnis, immer wieder in verschiedenen Unternehmensbereichen, aber nicht in der Produktion bzw. ‚an der Maschine', sondern in der Technik, in der Leitung und Organisation der Produktion.

Doch mit der Geburt ihrer Tochter im Jahr 1977 verändert sich die Situation. Frau Nusser präsentiert in ihrer biographischen Erzählung den Zeitpunkt der Geburt ihres Kindes als Beginn des „Jonglierens mit Beruf und Familie". Die Wirkungsmacht von Geschlechterkonstruktionen in Bezug auf eine Erwerbstätigkeit als Mutter steigt zu diesem Zeitpunkt. Dies schlägt sich sowohl in den subjektiven Handlungsorientierungen von Frau Nusser nieder als auch in veränderten Anforderungen und Erwartungen ihres sozialen Umfeldes.

> „Es ist natürlich für eine Frau immer ein Jonglieren mit Familie, das zu Händeln. (...) Ja und dann als meine Tochter kam, hab ich dann nur noch den halben Tag gearbeitet, eine gewisse Zeit."

Ganz „natürlich" wird für Frau Nusser als „Frau" mit der Geburt ihrer Tochter die Organisation der Vereinbarkeit von Familie und Beruf zum Thema. Indem sie sich als primär verantwortlich für Hausarbeit und Kinderbetreuung sieht und dies nicht in Frage stellt, reproduziert sie eine traditionelle geschlechtsspezifische Arbeitsteilung (siehe Textkasten 1). Ihre Zuständigkeit für die Betreuung und Erziehung ihrer Tochter ist für Frau Nusser ein wichtiger Teil ihrer Identität als Frau. Daraus zieht sie auch für ihr weiteres ökonomisches Handeln viel Selbstbewusstsein.

Obwohl Frau Nusser „Frauen" als diejenigen identifiziert, die beim Vorhandensein von Kindern mehr durch die zusätzliche Betreuungsleistung gefordert sind, zieht sie daraus in keiner Weise den Schluss, dass sich gesellschaftlich etwas an der ungleichen Verteilung der Zuständigkeiten für Kinder ändern müsste. Im Gegenteil: Sie bezieht sich positiv auf die Anforderung des Jonglierens mit Beruf und Familie. Frau Nusser betont vor allem die Möglichkeiten, spezifische weibliche Fähigkeiten auf- und auszubauen, wie das Organisieren, soziale Netzwerke aufbauen, schwierige Dialoge zu führen oder diplomatisch zwischen unterschiedlichen Interessen vermitteln können. Diese weiblichen Fähigkeiten nutzen ihrer Meinung nach ihr und anderen Frauen im Erwerbsleben.

> „Ich glaube wir Frauen haben da eher eine Stärke der Diplomatie, damit umzugehen. Wir haben.. (...) Das heißt, wir Frauen haben ja dann da die Strukturen der Netzwerke, die wir uns ja selber aufbauen, die uns dann helfen, um aus diesem Schlamassel raus zu kommen. Wenn man das schafft, da gute so Strukturen aufbaut, dann kann man sich schon helfen."

Textkasten 3

Gesellschaftliche Vorstellungen von der ,richtigen' Arbeitsform für Frauen in Westdeutschland

Die gesellschaftlichen Vorstellungen darüber, welche Erwerbsarbeitsform die ,richtige' für Frauen ist, haben sich seit Ende des 19. Jahrhunderts gewandelt. Verschiedene - zum Teil sehr heftig und widersprüchlich geführte - öffentliche und politische Debatten und die Entwicklung der Arbeitsgesetzgebung geben Auskunft darüber, welche Arbeitsformen jeweils für Frauen propagiert wurden. Bedeutende Akteure dieser Debatten waren und sind die Parteien mit ihrer Familien- und Arbeitsmarktpolitik, Betriebe, Gewerkschaften und Berufsverbände, Kirchen und die (bürgerliche) Frauenbewegung (vgl. von Oertzen 1999; Schöck-Quinteros 1998). Die Ansichten über ,passende' Arbeitsformen für nicht verheiratete bzw. kinderlose Frauen unterscheiden sich von denen für verheiratete Frauen bzw. Mütter. In Bezug auf die Erwerbstätigkeit von jungen, unverheirateten Frauen hat sich wenig geändert. Ihre ganztägige Erwerbsbeteiligung war – wie heute auch – schon Ende des 19. Jahrhunderts gesellschaftlich akzeptiert und weit verbreitet. Damals arbeiteten sie als Dienstmädchen, in den aufkommenden Manufakturen sowie in sozialen Berufen, Büros und Verwaltungsstellen (vgl. Willms-Herget 1985, S. 87-120).

Grundlegend gewandelt haben sich hingegen die Vorstellungen von der ,richtigen' Erwerbsform für verheiratete Frauen bzw. Mütter. Bis zum Ende des Nationalsozialismus stützen sich die Diskussionen um deren Erwerbsbeteiligung auf biologistische Argumentationen. Danach widersprach eine Erwerbstätigkeit von verheirateten Frauen außerhalb des Haushaltes ihrem ,natürlichen Wesen', sie wurde als schädlich für die Entwicklung von Kindern und die Stabilität der Ehe angesehen. Die Erwerbstätigkeit sollte dem Mann als Familienernährer vorbehalten bleiben (vgl. Textkasten 1). Für verheiratete Frauen und Mütter war eine Erwerbstätigkeit lange nur eingeschränkt als ,familienintegrierte Erwerbstätigkeit' im eigenen Haushalt möglich. Sie arbeiteten als mithelfende Familienangehörige oder Heimarbeiterinnen, in seltenen Fällen - meist nach Verwitwung - konnten sie als Selbstständige einen Betrieb führen (vgl. Willms-Herget 1985; Schöck-Quinteros 1998). Erst nach dem Zweiten Weltkrieg wurden verstärkt auch verheiratete Frauen und Mütter außerhalb des eigenen Haushalts erwerbstätig. „An die Stelle einer räumlichen Verbindung von Familien- und Erwerbsarbeit traten nun zeitliche Regelungen der Erwerbsarbeit außer Hauses, die die Arbeit der Frauen in der Familie weiterhin ermöglich(t)en und zugleich den Status der Ehefrau zur ökonomischen Absicherung weiterhin notwendig mach(t)en" (Eckart 1986, S. 183). Ab Mitte der 1950er Jahre etablierte sich damit Teilzeitarbeit als Arbeitsform für verheiratete Frauen bzw. Mütter.

Hinter diesem Wandel des Leitbilds von der ‚richtigen' Arbeitsform für verheiratete Frauen und Mütter stand zum einen das Interesse der Industrie aufgrund ihres Arbeitskräftemangels zusätzliche Arbeitskräfte zu mobilisieren, zum anderen vertraten damals auch Frauenverbände und Gewerkschaften die Meinung, man müsste bereits erwerbstätige verheiratete Frauen und Mütter durch Teilzeitarbeit entlasten (von Oertzen 1999, S. 350). Der Diskurs wurde nun von der Annahme geleitet, dass Frauen stärker familienorientiert sind und deswegen selbst nur an einer zeitlich reduzierten Erwerbstätigkeit interessiert wären (vgl. Eckart 1986; von Oertzen 1999; Schöck-Quinteros 1998). Mit der Etablierung der Idee der Vereinbarkeit von Familie und Beruf durch eine zeitlich reduzierte Erwerbstätigkeit sank die Akzeptanz einer Nichterwerbstätigkeit von verheirateten Frauen bzw. Müttern (Pfau-Effinger 2000a, S. 111ff.). Bis Anfang der 1970er Jahre glichen sich die Vorstellungen von Erwerbsarbeitsformen für unverheiratete und verheiratete, kinderlose Frauen weiter aneinander an.

Inzwischen haben sich die Vorstellungen von der ‚richtigen' Arbeitsform für Frauen pluralisiert. Für kinderlose Frauen gilt wie für Männer das Leitbild der Tätigkeit in einem Normalarbeitsverhältnis. Für Mütter werden hingegen verschiedene Erwerbsformen mit reduzierter oder flexibler Arbeitszeit propagiert. Neben die Tätigkeit in Teilzeit oder als geringfügig Beschäftigte sind mittlerweile die selbstständige Existenzgründung und Teleheimarbeit getreten.

Im Unterschied zu Frau Früh steigt Frau Nusser nicht aus ihrem Beruf aus, obwohl sie sich ebenfalls vorrangig für die Kinderbetreuung verantwortlich fühlt. Frau Nusser reduziert ihre Erwerbstätigkeit lediglich auf eine Teilzeitstelle. Hier wird sichtbar, wie Frau Nusser flexibel mit gesellschaftlichen Normen umgeht (vgl. auch Eckart 1990), um ihr Interesse an einer weiteren beruflichen Eingebundenheit verfolgen zu können. Die gesellschaftliche Normvorstellung, dass Frauen für Haushalt und Kinder primär verantwortlich sind und deshalb auch zu Hause bei den Kindern sein sollten, wird von Frau Nusser etwa nicht komplett verworfen, sondern umgedeutet. Ihrer Meinung nach besteht - auch als ihre Tochter noch klein ist - keine Notwendigkeit, diese selbst zu betreuen und deshalb zu Hause zu bleiben. Frau Nusser ist der Ansicht, dass auch ihr Mann, andere Personen oder eine Institution die Kinderbetreuung übernehmen können.

Diese subjektive Handlungsorientierung ist in den 1970er Jahren allerdings noch nicht gesellschaftlich breit akzeptiert. Frau Nusser ist sich deshalb sehr wohl bewusst, dass es damals leicht hätte passieren können, dass sie wegen der Geburt ihrer Tochter auf ihre Erwerbstätigkeit vorübergehend verzichten hätte müssen. Einen Mutterschaftsurlaub oder einen Anspruch auf Arbeitszeitverkürzung gibt es zu jener Zeit noch nicht. Die meisten Mütter unterbrechen für einige Jahre ihre Erwerbstätigkeit. Teilzeitarbeit ist Ende der 1970er Jahre zwar für Mütter etwas älterer Kinder eine breit akzeptierte Arbeitsform, jedoch nicht für Mütter von Säuglingen und Kleinkindern (Eckart 1986, 1990; siehe Textkasten 3). Frau Nusser empfindet die potentielle Notwendigkeit des Ausstiegs aus der Erwerbstätigkeit als etwas, was sie als Mutter beständig bedroht.

> „Ich hatte aber das Glück, dass mein Chef äh selber Kinder hatte und auch eine Toleranz hatte und damit umgegangen ist, wenn irgendetwas war und gesagt hat: ‚Komm, jetzt gehst nach Hause, weil du gehörst nach Hause zum Kind!' Also das äh, drum sag ich, die Philosophie in dem Unternehmen stimmt auch dazu. Das ist ein wichtiger Punkt. Also, dass man da keine Angst haben muss, wenn man ein Kind hat, dass in der Richtung was passiert."

Dass die Geburt ihrer Tochter für Frau Nusser nicht zu einem Karrierekiller wird und sie zuerst in Teilzeit und nach einiger Zeit wieder in Vollzeit erwerbstätig sein kann, interpretiert sie als ihr persönliches „Glück". Sie profitiert individuell davon, einen verständnisvollen Vorgesetzten zu haben und in einem Unternehmen tätig zu sein, dessen Firmenphilosophie unter anderem auf Familienförderung aufbaut.

Mit ihrem Partner hat sie zu jener Zeit sogar in doppelter Hinsicht „Glück".

> „Ich hatte das Glück, dass mein Mann in der Versicherungsbranche war und das Büro zuhause hatte. Deshalb konnten wir das so arrangieren, dass mein Mann das Kind einen halben Tag hatte und einen halben Tag ich. Das war ein Idealzustand, das findet man ja nicht in der Richtung vor. (...) [Mein Mann] ist mir auch zur Seite gestanden in der Zeit, wo wir die kleine Tochter hatten oder hat das Kleine gewickelt. Da war das überhaupt noch nicht Usus, dass Männer das gemacht haben."

Obwohl ihr Mann, der teilweise zu Hause seiner Erwerbsarbeit nachgeht, keine Probleme hat, sich um den Säugling zu kümmern, kann er ihr starkes berufliches Engagement nicht nachvollziehen. Er stellt sich die Partnerschaft, das Familienleben bzw. die Erwerbstätigkeit von Frau Nusser anders vor. Verschiedene kulturelle Leitbilder von Arbeitsteilung und der Bedeutung einer Erwerbstätigkeit für Mütter treffen in der Partnerschaft aufeinander. Frau Nussers Partner favorisiert eher das traditionelle Leitbild der Hausfrauenehe (siehe Textkasten 1). Er hätte es gerne gesehen, wenn Frau Nusser zu Hause geblieben und Hausfrau und Mutter gewesen wäre. In geringem Umfang findet er aber auch - zur Selbstverwirklichung - eine Erwerbstätigkeit als Mutter akzeptabel. Frau Nusser selbst bezieht sich dagegen sehr stark auf „ihr Recht", weiter erwerbstätig und nicht zu Hause zu sein. Sie betont, dass ihre und seine Erwerbstätigkeit gleich viel Wert sind und ihr ihre Erwerbstätigkeit ebensoviel bedeutet wie ihrem Mann die seine. Da Frau Nusser in einer Niedriglohnbranche tätig ist, ihr Mann jedoch in der Versicherungsbranche gut verdient, bestehen in ihrer Partnerschaft große Einkommensunterschiede. Dies schwächt Frau Nussers Verhandlungsposition gegenüber ihrem Partner.

> „Bei mir war es so, dass ich einfach gesehen hab, wenn ich wahrscheinlich zuhause gewesen wäre, weiß ich nicht, ob ich so ein motivierter Partner gewesen wäre. Also wenn man dann den Partner hat, der das mit unterstützt, also der wirklich diesen Dialog Partnerschaft führt, dann kann man das gut leben, aber wenn Sie einen Partner haben, der eine andere Denke dazu hat, dann haben Sie immer so einen Gegenpol. Dann müssen Sie immer wieder beweisen und bestätigen und sagen, ‚Du, ich bring auch meinen Beitrag!' Wenn Sie dann noch einen Partner haben, der wesentlich mehr verdient wie Sie und der sagt:‚Ja, was du da beibringst, da zahl ich ja Steuern noch mehr und, und... Ja, das ist ja kein Beitrag in dem Sinne für mich, dass das ein wirtschaftliches Argument ist. Das ist ja nur das, dass du dich...', wie die Männer immer sagen:‚...selbstverwirklichen willst.' Sie kennen den Spruch! [lacht]"

Dass ihr Partner ihre Erwerbstätigkeit als „Selbstverwirklichung" abtut, ärgert Frau Nusser und führt zu dem Dilemma, dass sie sich permanent gezwungen sieht, ihre Erwerbstätigkeit und ihr starkes berufliches Engagement ihrem Partner gegenüber rechtfertigen und verteidigen zu müssen.

Als Frau Nusser nach circa sieben Jahren Teilzeiterwerbstätigkeit von ihrem Vorgesetzten den Arbeitsauftrag bekommt, sich um Qualitätssicherung zu kümmern, verändert sich für sie vieles. Der Auftrag ist eine große Herausforderung, die sie anspricht und der sie sich verschreibt. Während Mitte der 1980er Jahre in der Automobilindustrie Systeme des Qualitätsmanagements in den Produktionsprozess schon fest verankert sind, ist dies in der Bekleidungsindustrie noch kein Thema (vgl. Glaap 1993, S. 11-29). Frau Nusser betritt mit ihrem weiteren beruflichen Engagement komplettes Neuland, indem sie sich für die Einführung und Etablierung von Qualitätssicherungssystemen innerhalb der textilen Kette einsetzt.

In ihrer Erzählung nimmt die Übernahme dieses Auftrages viel Platz ein. Dies deutet darauf hin, dass dieser Arbeitsauftrag für Frau Nusser ein wichtiges biographisches Ereignis darstellt und zum Auslöser dafür wird, dass sie beginnt, über ihr bisheriges Leben nachzudenken. Aus ihrer heutigen Sicht war dieser Auftrag, die Wurzel „eines Lebenswerkes" auf das sie heute mit Stolz zurück schauen kann. Ein Netzwerk zur Qualitätssicherung der Produktion in der Bekleidungsindustrie aufzubauen, ist etwas, wozu sie sich „berufen“ fühlt.

Die Verhandlungen mit den verschiedensten Unternehmen der textilen Kette, der Aufbau eines internationalen Lobbynetzwerkes und die Etablierung von Qualitätssicherungssystemen erhalten bald im Zuge der Umstrukturierungsprozesse der Bekleidungsindustrie eine Dynamik und Aufwertung, die dazu führt, dass Frau Nusser ihre bisherige reduzierte Arbeitszeit in Frage stellt.

> „Ja, ich muss dazu sagen, das hat dann [dieser Auftrag] mit sich gebracht. Das hat dann eine ungeheure Dynamik gekriegt und das Problem, was man ja hat in seinem Lebensberufsweg, wenn Sie dann etwas beginnen und da bin ich dann nicht das Naturell, dass ich es dann halbherzig mach, weil wenn dann mach ich´s richtig. Und dann, dann muss ich sagen, dann war ich schon manchmal sehr gefordert.“

Auf die Frage hin, ob Frau Nusser wieder ganztags hat arbeiten müssen oder wollen, meint sie:

> „Nein, es war kein Muss. Da treffen Sie mich jetzt klassisch, bei mir war es ein absolutes Wollen.“

Da war also irgendwann ein Punkt erreicht, an dem ihre Erwerbsarbeit so interessant, so spannend war, dass sie das Gefühl hatte, wenn sie das gut machen möchte - und das wollte sie - müsste sie eben wieder ganztags arbeiten. Es gab keine, wie sie betont, „zwingenden Gründe“ und vor allem keine wirtschaftlichen, ihre Erwerbsarbeitszeit wieder auszudehnen. Von ihrem Partner hat sie sogar massive Vorwürfe bekommen, dass es aus steuerlichen Gründen völlig unsinnig und unwirtschaftlich wäre, ihre Erwerbstätigkeit auf eine Ganztagsanstellung auszudehnen. Hier lässt sich erkennen, wie das im deutschen Steuerrecht verankerte Leitbild der Einverdiener- bzw. Zuverdienerehe wirksam wird. Das so genannte Ehegattensplitting setzt starke Anreize dafür, dass ein Partner - am besten der geringer Verdienende - innerhalb einer Ehe nicht bzw. nur reduziert erwerbstätig ist (Dingeldey 2000, 2002).

Frau Nusser setzt sich über die Vorwürfe ihres Partners trotz allem hinweg und verlängert ihre Erwerbsarbeitszeit wieder auf eine ganztägige Beschäftigung. Dass ihr das Unternehmen A circa zur selben Zeit ermöglicht, innerhalb des Unternehmens quasi ein „eigenes Unternehmen“ zu gründen und bald auch eigene Mitarbeiterinnen zu haben, ist für sie eine reizvolle neue Erfahrung und stärkt sie in ihrem Bestreben wieder ganztags erwerbstätig zu sein.

> „Ich hab in der Firma A die Gelegenheit erhalten, eigentlich vor 17 Jahren, im Unternehmen ein eigenes Unternehmen zu gründen. Und somit hab ich eigentlich meine Selbstständigkeit. Somit hab ich die Flexibilität einer Selbstständigkeit und Eigenständigkeit, obwohl ich letztendlich irgendwo trotzdem einen Schutz hab, dass ich bei der Firma angestellt bin. Aber ich finanziere mich selbst in der Firma mit den Mitgliedsbeiträgen meiner Mitglieder und hab so die Verantwortung der Selbstständigkeit gegenüber meinem Team, weil auch das Team voll bezahlt wird von den Mitgliedsbeiträgen. Somit ist das eine Koppelung."

Frau Nusser fühlt sich weiterhin für ihre Tochter vorrangig verantwortlich. Es ist Frau Nusser, die die Betreuung ihrer Tochter in einem Schülerhort und später in einer Ganztagesschule organisiert. Frau Nusser betont in ihrer Erzählung explizit, dass sie ihre familiären Pflichten „natürlich ganz klar" weiter übernommen hat und reproduziert damit, dass sie als Mutter hauptverantwortlich für ihre Tochter ist.

> „Also ich hab natürlich versucht immer zu schauen, dieser Verantwortung - meiner Familie, dem Kind - äh gerecht zu werden. Auch da meine Zeiten zu haben. Äh, mit Sicherheit ist, glaub ich, der Beruf, wenn er für den Menschen eine Berufung ist, das heißt, dass sie das, was ihnen enorm vom Innerlichen her Freude macht, leben können in einem Beruf. Das ist auch keine Selbstverständlichkeit im Leben. Dann hat das schon eine Dominanz."

Frau Nusser muss ihr weiter steigendes, berufliches Engagement, ihre teilweise langen Arbeitszeiten und ihre ausgedehnte Reisetätigkeit im Laufe der Zeit immer mehr gegenüber ihrem Partner verteidigen. In der Partnerschaft kommt es zunehmend zu Konflikten. Die unterschiedlichen Einstellungen zu Frau Nussers Erwerbstätigkeit treten mit der Zeit immer stärker hervor. Im Hinblick auf die Unterstützung ihres beruflichen Engagements, so resümiert Frau Nusser, hatte sie „Pech" mit ihrer ersten Partnerschaft.

> „Ich hatte da das Pech auch, dass mein Mann ähm, das nicht in dem Sinne so unterstützt hat. Der hätte mich schon lieber zuhause gesehen, drum haben sich auch unsere Wege getrennt, obwohl wir sehr gut miteinander kommunizieren nach wie vor. Wir waren uns klar, da haben wir andere Einstellungen zueinander. (...) Na, wir haben uns da gesagt: ‚Paß auf, dann reibt man sich zu sehr, dann gehen die Interessenslagen in der Persönlichkeitsentwicklung eines Menschen im Leben auseinander'. Das muss man einfach sehen. Wenn man mit 25 heiratet und äh lebt zwei Jahrzehnte zusammen, und man macht jeder persönlich auch seine Persönlichkeitsentwicklung und sie verändert sich in der Form, dass man sagt, die Kommunikationsfelder stimmen nicht, dann.. und man geht fair damit um, und das haben wir gemacht - auch mit unserer Tochter und allem, hervorragend - dann ist es auch nicht tragisch. Es tut natürlich, klar, immer wieder weh und ich find... Ich muss sagen, ich

hab´s auch immer wieder bedauert, dass es sein musste, weil wir menschlich sehr gut zusammengepasst haben, aber es waren.. die Interessenslagen haben sich einfach so verändert und mein Mann hat dann eine Partnerin gefunden. Der hat dann geheiratet, hat jetzt zwei Kinder und die ist zuhause. Das ist jetzt für ihn so stimmig. Das ist jetzt sein Bild, das er immer wollte. Das ist dann auch in Ordnung. Das ist eben der Weg der Entwicklung von zwei Menschen im Leben."

Frau Nusser und ihr Partner trennen sich 1989 wegen diesen Differenzen. Leicht ist Frau Nusser die Trennung nicht gefallen. Obwohl die Scheidungszahlen in Westdeutschland seit den 1960er Jahren massiv angestiegen sind und Anfang der 1990er Jahre Scheidung und Trennung gesellschaftlich wesentlich akzeptierter sind als früher (Klammer et al. 2000), ist für Frau Nusser die Trennung von ihrem Partner etwas, was erklärungsbedürftig ist. In der Erzählung von Frau Nusser wird deutlich sichtbar, wie sie sich mit Vorstellungen darüber auseinandersetzt, dass eine Trennung der Eltern den betroffenen Kindern schadet. Genauso muss sie sich durch den Kopf gehen lassen, wie sie mit dem Vorwurf umgeht, dass ihr starkes berufliches Engagement und ihr Bestreben ganztägig erwerbstätig zu sein, Schuld an der Trennung wären. Frau Nusser beruft sich in der Folge auf eine unstimmige Persönlichkeitsentwicklung und die Fairness der Trennung. Damit stellt sie die Trennung als eine Lösung dar, die sie zwar bedauert, die aber unvermeidbar war.

Schwieriger fällt ihr dagegen der Umgang damit, als ganztägig erwerbstätige Mutter sowohl in ihrer Eigenwahrnehmung als auch in der Fremdwahrnehmung nicht dem ‚richtigen Mutterbild' zu entsprechen. In der Zeit nach der Trennung wird sie als nun allein erziehende Mutter von ihrem sozialen Umfeld verstärkt mit der Vorstellung konfrontiert, dass Kinder unter der ganztägigen Erwerbstätigkeit von Müttern leiden und die Gefahr besteht, dass Kinder aus Trennungsfamilien „missraten". Schulische oder andere Probleme von Kindern allein erziehender Eltern werden von Lehrern und anderen Personen gerne in Verbindung damit gebracht, dass ein Elternteil (meist der Vater) fehlt bzw. die Mütter zu wenig zu Hause anwesend sind (vgl. Stiehler 1997).

„Das kenn ich, ja [das Gefühl von schlechtem Gewissen dem Kind gegenüber, man ist jetzt nicht daheim.] Das kenn ich. Also ich hatte es in der Ehe noch viel schlimmer, weil´s mir immer suggeriert wurde, nicht das Mutterbild zu sein, das sich immer mein Mann vorgestellt hatte. Das kenn ich noch sehr, sehr gut. Das hab ich dann selber verändert, weil die Lehrerinnen immer zu mir gesagt haben, `Lassen Sie sich dieses Bild nicht auf das Auge drücken, das stimmt nicht. Wir wissen das, wir haben viel allein erziehende

> Mütter und selbst mit diesen Veränderungen zuhause, äh, sind die Schüler nicht besser und nicht schlechter wie die anderen. Lassen Sie sich das nicht immer auf das Auge drücken in dem Zusammenhang. Es ist alles in Ordnung.´ (...) Aber als Mutter hat man da immer so das Gefühl, wenn da was in der Schule nicht funktioniert, ist es der Grund, weil du nicht so präsent bist oder so. Dieses Gefühl hat man schon.“

Mit Hilfe der Unterstützung von Erzieherinnen und Lehrerinnen ihrer Tochter gelingt es Frau Nusser, ihr eigenes Mutterbild zu verändern und eine positive Identität als ganztags erwerbstätige Mutter zu entwickeln. Ihre biographische Erfahrung, selbst eine erwerbstätige und beruflich engagierte Mutter erlebt zu haben, hilft ihr dabei. Durch die Entwicklung ihrer heute erwachsenen Tochter fühlt sich Frau Nusser - in der Rückschau - in ihrem damaligen Handeln bestätigt.

> „Heute weiß ich - auch wenn ich ein schlechtes Gewissen hatte - ich sehr glücklich bin, dass ich meine Tochter in ihrem persönlichen äh Entwicklungsweg so begleitet hab. Weil heute ist meine Tochter 25 Jahre, ich hab jetzt ein Enkelkind mit zwei Jahren, im Mai wird die zwei Jahre. Es kommt bald das zweite und die hat einen Schicksalsschlag in ihrer Ehe erfahren, dass ihr Mann arbeitsunfähig geworden ist, einen sehr (betont) harten und hat.. ihr Mann ist jetzt zuhause und versorgt das Kind, und meine Tochter schmeißt die Familie mit ihrem Beruf. Da muss ich dazusagen, da denk ich mir immer, `Du hast nichts falsch gemacht!´ Sie steht mit 25 Jahren auf eigenen Beinen und ist in der Lage, den anderen Part anzunehmen. (...) Infolgedessen kann ich nichts falsch gemacht haben, sonst hätte ich nicht einen Menschen so entwickelt, der plötzlich heute so eine Eigenständigkeit hat und auf beiden Beinen steht. Und das bestätigt mich dann als Mutter. Und da rutscht es einem innerlich runter und da sagt man ‚Nein, so falsch kannst du es nicht gemacht haben!´“

Trotzdem, leicht war es für Frau Nusser damals nicht, ihr berufliches Engagement und die Betreuung ihrer Tochter miteinander in Einklang zu bringen. Manchmal war es auch „heftig“ und schwer, alles zu organisieren. Mit Hilfe eines guten sozialen Netzes konnte sie auch ihre häufige Abwesenheit wegen Dienstreisen managen.

Vor einigen Jahren hat Frau Nusser ihren neuen Lebenspartner kennen gelernt, mit dem sie heute zusammenlebt. Ihre neue Partnerschaft entspricht ihren Vorstellungen einer „Dialog-Partnerschaft“ viel besser als ihre erste Ehe. Frau Nusser sieht es heute als eine unabdingbare Voraussetzung für das Funktionieren einer Partnerschaft, dass ihre Erwerbstätigkeit und ihr starkes berufliches Engagement auch von ihrem Partner in ihrem Wert anerkannt und gewürdigt werden.

„Ich hab dann auch wieder einen Lebenspartner gefunden und ich hab auch das Glück gehabt, einen Lebenspartner zu finden, der genauso engagiert ist wie ich und der mich in meinem Engagement akzeptiert und wo das dann ein zueinander ist. Das schlimmste ist, wenn eine Frau Angst haben muss, ‚Komm ich zu spät nach Hause, was steht wieder im Raum?′ oder dergleichen. (...) Wenn man dann merkt, dass man einen Partner hat, (...) der einen da unterstützt, dann ist das natürlich ganz toll, weil dann geht das Hand in Hand. (...) Wir arbeiten da auch Hand in Hand, mein Lebenspartner jetzt. (...) Weil er mich in meiner Wesensart und mit meinem Berufsbild glaub ich menschlich anders achtet."

Nach 17 Jahren erfolgreicher Tätigkeit als Quasi-Unternehmerin ist Frau Nusser inzwischen mit 53 Jahren in einem Alter, in dem auch die Gedanken an die Phase nach der Erwerbstätigkeit nicht ausbleiben (vgl. Rosenthal 1995, S. 137). An diesem lebensphasenspezifischen Wendepunkt rücken für Frau Nusser neben ihrer Berufstätigkeit verstärkt auch andere Themen in den Vordergrund, wie die neue Partnerschaft, ihre Enkelkinder, die Unterstützung ihrer Tochter und mehr Zeit für sich selbst haben. Frau Nusser ist dabei sich umzuorientieren, zu reflektieren, wie sie in Zukunft ihre Erwerbstätigkeit gestalten will. Sie scheint auch hierbei durch ihre spezifische Arbeitsformsituation - der beruflichen Selbstständigkeit als Angestellte - große Gestaltungsmöglichkeiten zu haben.

„Aber ich sehe schon eins, wo ich einfach manchmal auch überlege oder nachdenke, diese Anspannung der Arbeit, die man hat, in Verbindung mit dem Alter, ich bin jetzt 53 geworden, dass man schon hinschauen muss, wie lange kann man das in dieser intensiven Forderung erledigen. Die Intensität, die ist schon sehr hoch und man braucht sehr viel Eigenengagement, das in dieser Form zu tun. Wie ein Tag wie gestern, der 19 Stunden hat, ja okay, da darf ich nicht auf die Uhr schauen oder dergleichen. Das ist einfach so. Aber.. und da sag ich dann schon manchmal, \`Jetzt schau mal hin, für dich, für Deinen Lebensweg′, den man ja vor sich hat, wenn du über 50 bist, \`welchen Zeitzyklus hast du noch vor dir, wie gehst du mit dem um, wie gestaltest du dir den? Und da bin ich dann schon am Überlegen, ob ich mir nicht ein Modell gestalte, wo ich in der Richtung für mich persönlich vielleicht wieder mehr Freiraum kriege. Das gebe ich ganz offen und ehrlich zu. Das mach ich aber dann in der Form, um wieder einem anderen jungen Menschen einen Weg zu eröffnen, der das dann wahrnehmen kann. (...) Also da horche ich schon auf meine innere Stimme, wo ist da mein Motor, ich möchte nicht, dass ich mit Herzinfarkt oder mit dies oder jenem äh, sondern dass ich da vielleicht früher hinschaue. Das gebe ich schon zu."

Frau Nusser fällt es nicht leicht zuzugeben, dass sie nun daran denkt, beruflich „langsamer zu treten" und ihre Erwerbsarbeitszeit zu reduzieren. Indem sie ihr Zurückschrauben ihrer Erwerbstätigkeit mit Überlegungen zur Unterstützung der Karriere jüngerer Frauen verbindet, eröffnet sie sich selbst neue Handlungsmöglichkeiten.

Zusammenfassung

Im Vordergrund der biographischen Rekonstruktion der Erwerbsentscheidungen von Frau Nusser stehen ihre Auseinandersetzung mit widersprüchlichen Geschlechterbildern in ihrer Partnerschaft, ihre starke Erwerbsorientierung, die durch den branchenstrukturellen Wandel unterstützt wurde und ihre Nutzung von firmeninternen Ressourcen.

Schon früh in ihrem Lebensverlauf wird sichtbar, dass die Suche nach ‚beruflichen Herausforderungen' für die Erwerbsentscheidungen von Frau Nusser sehr bedeutsam ist. Ihre Erwerbstätigkeit ist für Frau Nusser eine „Berufung" und als solche in ihrem Identitätskonzept verankert. Die Fallrekonstruktion zeigt zugleich auch, wie Frau Nusser in ihrem biographischen Handeln die geschlechtsspezifisch ungleiche Verteilung der Verantwortung für ihre Tochter positiv deutet und eng mit einem Gewinn an berufsfördernden Fähigkeiten verknüpft.

Ihre biographische Präsentation weist außerdem auf die konflikthaften Auseinandersetzungen mit ihrem Partner und seinen Vorstellungen über Partnerschaft, Familie und ihre Erwerbsarbeit hin. Sichtbar wird, dass Frau Nusser sich aktiv und teilweise bewusst mit Geschlechterkonstruktionen in Bezug auf eine ganztägige und sehr engagierte Erwerbstätigkeit als (allein erziehende) Mutter auseinandersetzt. Wie sie sich über gesellschaftliche Leitbilder und Einstellungen eines Teiles ihres sozialen Umfelds hinweg setzt, auch widerständig handelt bzw. die Konsequenz einer Trennung in Kauf nimmt, wurde ausführlich rekonstruiert. Auf die Bedeutung und handlungsorientierende Wirkung von Menschen, die sie auf ihrem widerständigen Weg unterstützen, wurde anhand ihrer Erzählung ebenfalls hingewiesen.

Die Eingebundenheit in das Unternehmen A wirkt sich für Frau Nusser seit der Zeit ihrer Berufsausbildung besonders positiv und handlungsermöglichend aus. Über die Förderung einer Karriere durch ihre Eltern hinaus erfährt Frau Nusser durch das Unternehmen A von Anfang an Unterstützung, die sie als solche auch wahrnimmt und nutzt. Besonders wichtig wird dies in der Zeit, in der sie sich über die Einwände und Vorstellungen ihres ersten Partners hinwegsetzt und gegen gesellschaftliche Leitbilder handelt.

Der branchenstrukturelle Wandel, insbesondere der Bedeutungsgewinn des Qualitätsmanagements und von Umweltstandards fördert die berufliche Karriere von Frau Nusser und erweitert ihre Handlungsspielräume. Insbesondere die Möglichkeit, innerhalb des Unternehmens A sozusagen ein „eigenes Unternehmen" zu gründen, ermöglicht ihr, sich einen selbstständigen Arbeitsbereich aufzubauen ohne den Schritt einer Existenzgründung gehen zu müssen. Sie profitiert mit dieser spezifischen Arbeitsform seit Jahren davon, Flexibilität und Selbstständigkeit mit Sicherheit verbinden zu können.

4.2.3.3 Fallbeispiel 6 Frau Ulzig erzählt: „Die Bekleidungsindustrie ist nun mal kein festes Standbein, Sie haben keine Sicherheit (...) und da war's dann Sense."

Frau Ulzig wird 1950 in der Kleinstadt Tuttlingen in Baden-Württemberg geboren. Ihr Vater stirbt, als sie noch ein kleines Kind ist, bei einem Betriebsunfall. Zusammen mit ihren zwei Geschwistern wächst sie bei ihrer verwitweten Mutter in einfachen Verhältnissen auf. Die Haushaltsform der ‚Einelternfamilie aufgrund Verwitwung' ist in den 1960er Jahren[88] weit verbreitet. Ihre Mutter erlebt sie als kompetente und „starke" Frau, die es alleine schafft „drei Kinder groß zu ziehen, ohne Mann". Obwohl Frau Ulzig betont, dass sie „keine schlechte Kindheit" hatte und es ihnen damals „eigentlich an nichts gefehlt hat", internalisiert sie das Alleinerziehen von Kindern als anstrengend, stressig und nicht erstrebenswert. Ob ihre Mutter erwerbstätig war oder die Familie ausschließlich von der Witwen- und Waisenrente gelebt hat, erzählt Frau Ulzig nicht.

Auch Frau Ulzig absolviert, wie Frau Früh und Frau Nusser, die Realschule und schließt diese mit Mittlerer Reife ab. Nach Abschluss der Realschule (1966) schickt ihre Mutter Frau Ulzig auf eine private Töchterschule, an der ein berufliches Orientierungsjahr angeboten wird. Für Frau Ulzig war diese Schule eine „gute Möglichkeit" zu überlegen, welchen Beruf sie lernen möchte. Die Wirksamkeit der strukturellen Kanalisierung der Berufs-

---

88 1957 lag der Anteil der allein Erziehenden an allen Familien mit 19 % fast genauso hoch wie im Jahr 1998 (20 %). Frauengeführte Haushalte dominieren sowohl in den 1960er Jahren, als auch im Jahr 2003 mit über 80 % an allen Einelternfamilien. Allerdings sank die Zahl der allein Erziehenden in den 1970er Jahren um sechs Prozentpunkte. Die Gründe des Alleinerziehens unterscheiden sich allerdings. Während in den 1960er Jahren die meisten allein Erziehenden verwitwet sind, ist ab den 1990er Jahren Scheidung der häufigste Grund für Einelternfamilien (Klammer et al. 2000; Statistisches Bundesamt 2004).

wahl von Mädchen in einen frauentypischen Beruf wird in ihrer biographischen Erzählung sehr deutlich (vgl. Granato/Schnittenhelm 2003).

> „Ja, das gab's damals, heute gibt's das nicht mehr. Und zwar war das eine Töchterschule, da konnte man.. da hat man Hauswirtschaft gehabt, Nähen, Buchhaltung, Büroarbeit und dann konnte man.. das war wie eine Vorbereitung auf einen späteren Beruf. (...) Wir hatten da Krankenlehre und alles so was. Viele haben sich dann entschlossen Krankenschwester zu lernen, die andere Hauswirtschaft und ja, die andere hat dann auf Handarbeitslehrerin oder so etwas. Damals waren ja die Ausbildungen noch ein bisschen anders als heute. (...) Oder wie ich: Ich hab mich mit Nähen beschäftigt, das hat mir gefallen, dann hab ich eben das Nähen beschlossen. Andere haben gesagt: ‚Büro liegt mir super', dann haben die das gemacht. Wir haben da den ganzen Tag Unterricht gehabt, also alle Fächer, das mussten wir schon alles mitmachen und das wurde uns auch später, wenn wir die Schule besucht haben, wurde uns das auch an die Lehrzeit angerechnet."

In den Curricula des Schultyps Töchterschule ist meist explizit das Ziel verankert, Mädchen auf Berufsfelder vorzubereiten, die ihnen bei ihrer zukünftigen Rolle als Ehefrauen und Mütter nützlich bzw. damit vereinbar sind. Frau Ulzig akzeptiert die Kanalisierung auf frauentypische Berufe, indem sie weder das eingeschränkte Angebot an Ausbildungsinhalten der Töchterschule in Frage stellt, noch sich selbst nach anderen Berufsfeldern umschaut. Dass sie eine Berufsausbildung absolviert, ist jedoch auch für sie selbstverständlich.

Frau Ulzig betont, wie Frau Nusser, dass ihr die Tätigkeit des Nähens gefällt und sie ein „Talent" dafür besitzt, was sich in der Töchterschule „herausgestellt hat". Als auslösenden Moment für ihre eigene Berufsentscheidung präsentiert Frau Ulzig jedoch ein Zusammentreffen mit einer „Dame aus gutem Hause" in der Töchterschule, für deren Hochzeit ihre Klasse ein Kleid anfertigt. Dass dieses Erlebnis für sie ein Ereignis von biographischer Bedeutung darstellt und für ihren weiteren Lebensverlauf eine besondere Rolle einnimmt, lässt sich daran erkennen, dass sie die Erzählung ihrer Lebensgeschichte mit diesem Erlebnis beginnt, auf dieses im Verlauf des weiteren Gespräches immer wieder zurückkommt und es erzählerisch weiter ausbaut.

> „Und wo die [betont] dann eben kam, das war eine Tochter von einer der größten Firmen, die es überhaupt gibt, die machen Spritzen und das alles in Tuttlingen und die Tochter hat den Graf Zeppelin von Friedrichshafen geheiratet und die war eben auch mal in der Schule [der Töchterschule]. (...) Da hat die uns immer erzählt von der Schule [Direktricenfachschule] in München und was man da alles machen kann und alles und dass man die

> Meisterprüfung auch machen kann, aber wenn man Direktrice werden will, in der Industrie [zu arbeiten] eben besser ist, als die Meisterprüfung [zu machen]. Die [die Meisterprüfung] ist eben nur, wenn sich jemand selbstständig machen will und da hab ich aufgehorcht [betont]. Da hab ich gedacht: ‚Ach ja, das ist eigentlich gar nicht schlecht.′ Als sie dann auch noch erzählte, ja sie war in Paris und Mailand und alles, da hab ich mir gedacht: ‚Na ja, das werd ich wohl nie schaffen!′[lacht] (...) Und da hab ich mich entschlossen, (...) Damenschneiderin zu lernen, aber nur mit der Voraussetzung, dass ich mich weiterbilden tu und dass ich also mal irgend woanders hin arbeiten... also nicht in Tuttlingen bleibe, wo ich sonst wohne und gelebt habe, sondern weggehe."

Frau Ulzig setzt sich bei ihrer Berufswahl mit ihrem eigenen sozialen Status auseinander. In den 1960er Jahren prägten soziale Klassenunterschiede noch deutlich das gesellschaftliche Leben sowie die Ausbildungs- und Berufschancen. Für Frau Ulzig ist die ‚Welt der Dame' damals eine ‚fremde Welt', die ihr weit weg von ihrer eigenen Realität erscheint. Dennoch eröffnen sich für Frau Ulzig durch die Konfrontation mit dieser ihr ‚fremden Welt' für ihre berufliche Zukunft neue Perspektiven, mit denen eventuell soziale Aufwertungsprozesse verbunden sind. Während Frau Ulzig es als möglich und eine spannende Herausforderung interpretiert, die gleiche berufliche Ausbildung wie die „Dame aus gutem Haus" anzustreben und Schnittdirektrice zu werden, kommt ihr die Idee, beruflich nach Mailand und Paris gehen zu können, vermessen vor. Anders als Frau Nusser oder Frau Früh, präsentiert Frau Ulzig sowohl ihre Berufswahl als auch ihre Lehrstellensuche als eigene Entscheidung, die von ihren persönlichen Interessen geleitet wird.

Sie beginnt noch 1966 eine Lehre als Damenschneiderin in einem Maßschneideratelier. Dies ist die damals übliche berufliche Erstqualifizierung im Bereich der Bekleidungsherstellung. Schon früh formuliert Frau Ulzig jedoch das Ziel einer Weiterbildung, denn Maßschneiderin und im Handwerk will sie nicht bleiben.

> „Nee, nee, mein Ziel war, dass ich mich weiterbilde. (...) Nein, ich wollte nicht als Schneiderin oder so, nur an der Nähmaschine oder so, das wollte ich nicht. Ich hab gesagt, wenn, dass ich mich dann weiterbilde. Ich will in den Schnittbereich und so was und wenn, hab ich gesagt, will ich in eine Firma, wo ich alles mitkriege, wie und was und alles. Also nur Schneiderin wollte ich nicht bleiben. Ich wollte auch nicht im Maßatelier sitzen und da heute noch da so rumpfriemeln und so. Also, es war nicht meins, es war also absolut nicht meins. (...) Das war mir von vorn herein klar, dass ich nie etwas mit Maßatelier oder so zu tun haben werde."

Von Anfang an interessiert sich Frau Ulzig für den industriellen Bekleidungssektor, den Bereich Schnitt und die Kollektionserstellung. Ihr Interesse steht im Kontext der Mitte der 1960er Jahre blühenden Bekleidungsindustrie, der in dieser Zeit beginnenden Diversifizierung von Modetrends und sich verändernden Rhythmen der Kollektionszusammenstellung, womit unter anderem die Aufwertung des Direktricenberufs einhergeht. Für Frau Ulzig ist eine weitere Tätigkeit in einem Maßschneideratelier bzw. als Näherin klar negativ konnotiert. „Nur an der Maschine zu sitzen", „da so rumpfriemeln", also „nur Schneiderin" zu sein ist für sie nicht erstrebenswert. Hier deutet sich ihr Streben nach beruflichem Erfolg und Karriere an, wobei Frau Ulzig die Verwirklichung dieses Ziels nur im industriellen Bereich als möglich ansieht. Ihre Gesellenprüfung schließt sie sehr gut ab.

Abb. 18: Arbeitsbiographie Frau Ulzig

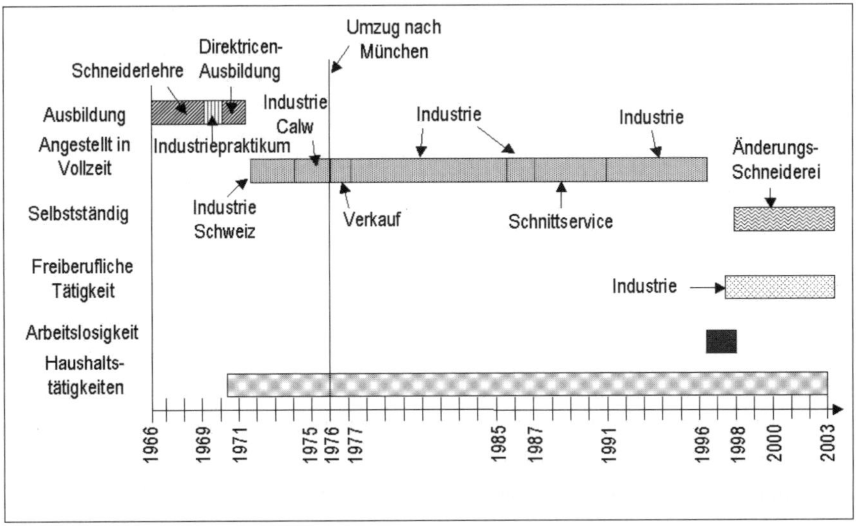

Quelle: Eigene Darstellung

Nach der Lehre arbeitet Frau Ulzig „sofort" für ein Jahr in einem Musteratelier in einem industriellen Betrieb, um, wie sie selbst sagt, „Erfahrungen zu sammeln, wie in der Industrie genäht wird", aber auch, um das für eine Weiterbildung nötige Praxisjahr zu absolvieren. Erneut zeigt sich in ihrer Erzählung die Zielstrebigkeit ihres ökonomischen Handelns. Als sie sich auf einen Ausbildungsplatz bei der Direktricenfachschule Müller und Sohn in München bewirbt, sieht es zuerst so aus, als könnte sie die Ausbildung nicht sofort beginnen.

> „Und das war so, (...) also den Schulplatz hab ich gekriegt, aber die hatten keine Zimmer mehr [im SchülerInnenwohnheim] und dann hab ich mir das selber, privat hab ich mir das gesucht und das hab ich durch Freunde und Bekannte [gefunden], die hier auch in München zur Schule gingen. Die haben mir das alles weitervermittelt, dass ich da ein Zimmer gekriegt hab und dann konnte ich zu dem Zeitpunkt die Schule machen, weil sonst hätte ich ein halbes Jahr warten müssen. Und ich wollte eben jetzt [betont] das machen und fertig aus [betont].“

1970 zieht Frau Ulzig nach München um und beginnt eine einjährige Ausbildung zur Schnittdirektrice. Die zu dieser Zeit (1970) noch sehr hohe finanzielle Unterstützung von Weiterbildungen durch das Arbeitsamt und ihre Waisenrente ermöglichen es ihr ohne Probleme, die Ausbildung in München zu absolvieren, obwohl ihre Mutter sie finanziell nicht groß unterstützen kann.

> „Zur damaligen Zeit war das so: die Fördergelder vom Arbeitsamt waren ja noch sehr hoch. Sie haben also alles.. sie haben das Schulgeld gekriegt, sie haben Fahrtgeld gekriegt, also die Schule wurde komplett bezahlt. Da sind eigentlich keine Unkosten entstanden. Und ich bin, da ich Halbwaise bin, hab ich ja in der Zeit auch wieder meine Rente gekriegt. Also finanziell war's kein Problem. Taschengeld okay, das hab ich dann von meiner Mutter gekriegt und alles, aber die Ausbildung wurde damals vom Arbeitsamt.. (...) Damals war das noch, heute kriegen Sie nichts mehr, müssen Sie alles selber bezahlen. Aber damals war das eben noch. (...) Sie haben die Heimfahrt gekriegt, wenn Sie nach Hause gefahren sind, Sie haben alles gekriegt. Sie haben sogar das Zimmer gezahlt gekriegt.“

Nach Abschluss der Direktricenfachschule steht für sie die Entscheidung an, was nun? Stellenangebote gab es in dieser Zeit viele.

> „Wir [Schülerinnen] sind hier von der Schule weggegangen und die hingen hier in der Schule am Schwarzen Brett, die Anzeigen, und jeder hat sich da was raus geschrieben. Damals war das Angebot noch groß, ich sag's Ihnen! Da hatten Sie eine ganze Wand mit Stellenangeboten. Sie hätten sich massenhaft was aussuchen können, in der ganzen Welt. Die Bekleidungsindustrie war ja in Deutschland das A und O in den 70er Jahren.“

Frau Ulzig bewirbt sich bei einer Damenoberbekleidungsfirma in Zürich (Schweiz) für eine ganztägige Anstellung als Direktrice und beginnt dort 1971 zu arbeiten. Bei ihrer Entscheidung sich in der Schweiz zu bewerben, spielen mehrere Gründe zusammen. In München hat es ihr damals nicht so gut gefallen. Sie erlebt München aufgrund des Baus der U-Bahnen und der

Gebäude für die Olympiade 1972 als „katastrophale Großbaustelle“. Frau Ulzig reizt es auf der einen Seite, sich Arbeitsstellen „in der ganzen Welt aussuchen zu können“ und zum Arbeiten ins Ausland zu gehen. Auf der anderen Seite ist ins Ausland zu gehen etwas, was ihr immer noch ‚als Wagnis’ erscheint und für sie mit zwiespältigen Gefühlen verbunden ist. Auch ihr Bedürfnis in der Nähe ihres Herkunftsortes - „ihrer Heimat“ - zu bleiben, ist groß. Für Frau Ulzig bietet die Arbeitsstelle in Zürich die Möglichkeit, das Leben im Ausland mit der Nähe zur „Heimat“ zu verbinden.

> „Und dann wollte ich eigentlich... Ja, die Schweiz! Das war nicht so weit weg von zuhause. Ich hab dann gesagt, ja, da kann ich doch mal eher von Zürich nach Tuttlingen. Da fährt der Intercityzug, wo ich gedacht hab, das ist grad mal eine dreiviertel Stunde, 45 Minuten, wo ich gesagt hab, da kann man auch mal nach Hause fahren. Und das war dann schon, dass ich das ausgesucht hab, dass es nicht so weit gewesen ist.“

Circa zwei Jahre ist Frau Ulzig im Betrieb in Zürich tätig. Dann beginnen sich bei der Firma wirtschaftliche Probleme abzuzeichnen. Die allgemeine Wirtschaftskrise Anfang der 1970er Jahre in Folge der Ölkrise führte zu ersten Firmenakkumulierungen und Firmenschließungen im Bekleidungssektor. Frau Ulzig und ihre Kolleginnen im Schweizer Hauptwerk sind zwar zunächst nicht direkt betroffen, aber doch beunruhigt, als sie von der Schließung einer firmeneigenen Näherei mit 200 Mitarbeiterinnen in Deutschland erfahren. Im Verlauf eines biographischen Prozesses, der durch die unsichere Lage initiiert wird, beginnt Frau Ulzig, sich mit ihrer derzeitigen Situation und einem zukünftig eventuell notwendigen Arbeitsstellenwechsel auseinanderzusetzen. Sie sucht aber nicht nach einer neuen Arbeitsstelle. Dazu ist die Bedrohung ihrer eigenen Stelle nicht konkret genug. Sie ist jedoch sensibilisiert und daher offen für das Angebot einer früheren Kollegin, ihr eine Stelle als Direktrice bei einem neuen Betrieb zu vermitteln.

> „Das war dann auch noch so: Eine Kollegin, (...) die ist vorher in den Schwarzwald gegangen. Mit der hatte ich dann immer noch Kontakt und da hab ich damals zu ihr gesagt ‚Marie, bei uns wackelt’s beim [Name des Betriebs] und das und das’ und dann rief die mich, ein paar Tage später an und meinte, ‚Du, stell dir vor, bei uns die Direktrice, die die Schnittvergrößerungen macht, die kriegt ein Kind.’ Und dann hab ich gesagt: ‚Ja und?’ ‚Ja, du könntest das doch dann machen!’ Da hab ich gesagt: ‚Du bist gut, du kannst ja nicht…’, ‚Doch, doch, ich hab das gleich meinem Chef gesagt, ich hab jemand für ihn! Du sollst jetzt mal kommen, du sollst dir die Arbeit angucken.’ (...) Und dann bin ich dahin gefahren und hatte das auch schon wieder vergessen und gesagt: ‚Na ja, was soll’s.’ Und dann wurde das ganz publik bei uns in der Firma, dass der Nähbetrieb verkauft wird und alles, dass er sich verkleinern muss und dass auch hier einige Leute entlassen

werden und alles und dann hat durch Zufall wieder, hat der Chef [des Betriebs im Schwarzwald] mich dann angerufen am Abend und hat gesagt: ‚Ja Frau Ulzig, was ist jetzt? Haben Sie sich das überlegt?' (...) Dann hab ich mir gesagt, warum soll ich da eigentlich noch groß überlegen, wenn's da wackelt und ich weiß nicht, wie und was und alles, dann nimm ich doch das. Dann hab ich das auch genommen! [lacht]"

Erst Monate nachdem Frau Ulzig sich die potentielle Arbeitsstelle angesehen hat, konkretisiert sich das Jobangebot. Die Situation im Schweizer Betrieb hat sich inzwischen zugespitzt. Als es auch in ihrem näheren sozialen Umfeld zu Kündigungen kommt, nimmt Frau Ulzig das Stellenangebot an und wechselt zur Bekleidungsfirma nach Calf im Schwarzwald, bei der sie ebenfalls als Direktrice in einem ganztägigen Angestelltenverhältnis knapp drei Jahre beschäftigt ist.

In dieser Zeit lernt sie ihren ersten Partner kennen, der in Stuttgart arbeitet. Sie zieht mit ihm zusammen. Als ihr Partner aufgrund eines interessanten Stellenangebotes überlegt, nach Paris zu gehen und damit die Frage im Raum steht, was dann mit ihrer Partnerschaft wird, erfährt Frau Ulzig überraschend, dass der Betrieb bei dem sie tätig ist, geschlossen wird und sie somit arbeitslos ist.

„Da war ich knapp drei Jahre. Da war ich im Urlaub mit meinem Freund damals und dann haben wir, als wir aus dem Urlaub zurückgekommen sind, da hat der ganze Betrieb die Kündigung gehabt. Da hat der Knall auf Fall aufgehört. Aus Altersgründen und auch aus Geldgründen, wohl dass er [der Betriebsleiter] gesagt hat, es lohnt sich nicht mehr die Firma weiterzumachen, also noch mal zu investieren und fertig aus."

Für ihren Partner löst sich mit ihrer Kündigung das Partnerschaftsproblem. Er geht selbstverständlich davon aus, dass sie ihn nun heiraten und als ‚mitreisende Ehefrau' begleiten wird. Frau Ulzig ist inzwischen 25 Jahre alt. Auch in ihrer Lebensgeschichte zeigt sich - wie schon in den Erzählungen von Frau Nusser und Frau Früh - die normative Wirkung von traditionellen Familienbildern und Lebensverlaufsmustern, die für ihre Geburtskohorte in diesem Alter von einer Familiengründung ausgehen. Frau Ulzig kann sich dagegen mit den Vorstellungen, die ihr Partner von ihrer zukünftigen Rolle als Ehefrau und Mutter entwirft, nicht anfreunden.

„Er hat ein Angebot gekriegt, dass er nach Paris sollte von der Firma aus und ich sollte mit. Und dann hab ich gesagt: ‚Ja, und wie stellst du dir das vor?' Ja, ich sollte dann Kinder kriegen und Familie aufziehen. Da hab ich gesagt: ‚Darauf hab ich auch keine Lust!' Mich mit nach Paris nehmen und mich dann da hin stecken [entrüstet] und sagen: ‚So, jetzt kriegen wir Kinder und du wirst jetzt Mutter und versorgst da die Kinder und kochst und putzt und alles.' Da hab ich gesagt: ‚So sehe ich meine Zukunft nicht! Also da müssen wir uns noch was überlegen!' Er wollte das aber so, ich wollte das nicht so und dann hab ich gesagt, dann muss ich mich anders entscheiden."

Frau Ulzig beschließt in der Folge dieser Auseinandersetzung, sich von ihrem damaligen Partner zu trennen und in Zukunft ihren eigenen Weg zu gehen. Ihre biographische Erfahrung, dass es für eine Frau durchaus möglich ist, ohne einen Ehemann zu leben, stärkt sie in ihrem Handeln. Hierbei lehnt sie nicht nur die Übernahme von traditionellen geschlechtsspezifischen Rollenbildern ab, sondern wehrt sich mit ihrer Entscheidung auch dagegen, dass ihr damaliger Partner über ihr Leben bestimmen will. Der Erhalt ihrer Unabhängigkeit und der Möglichkeit der Selbstbestimmung ihres Lebens ist für sie von besonderer Bedeutung. Frau Ulzig deutet nicht nur das Mitreisen nach Paris als Gefahr, von ihrem Partner abhängig zu werden, sondern sie verbindet generell mit einer Heirat finanzielle Abhängigkeit und die Notwendigkeit, eigene Berufswünsche und Karriereziele zurückzustecken. Dies kann sie sich zu jenem Zeitpunkt nicht vorstellen.

Interessant ist, dass sich in Paris als einer der wichtigsten Modemetropolen Europas, unter Umständen durchaus interessante berufliche Möglichkeiten für Frau Ulzig geboten hätten. Doch ihr selbst kommt es nicht in den Sinn, dass sie einen Aufenthalt in Paris für ihre berufliche Karriere nutzen könnte. Sie unternimmt keinerlei Versuch den berufsinternen Arbeitsmarkt in Paris auszuloten. Dies ist neben ihrer subjektiven Deutung von Heirat als gleichbedeutend mit der Aufgabe einer eigenen Karriere, auch im Zusammenhang ihrer Wahrnehmung und Interpretation des lokalen Bekleidungssektors zu sehen. Da Frau Ulzig mit Paris vor allem Design- und Haute Couture-Betriebe assoziiert, sieht sie ihre Chancen gleich null, dort eine ihrem Interessensgebiet entsprechende Tätigkeit im Schnittbereich zu erhalten.

Frau Ulzig macht sich in der Folge auf die Suche nach neuen beruflichen Herausforderungen. Nach der nun zweiten Erfahrung mit betrieblichen Schwierigkeiten, in deren Folge sie aufgrund mangelnder Alternativen vor Ort gezwungen ist, ihren Wohnort zu wechseln, beschließt sie, sich nur mehr an Standorten zu bewerben, an denen es mehr Auswahl an Arbeitsmöglichkeiten gibt. Mit 26 Jahren wird es damit für Frau Ulzig zu einem Bedürfnis, sesshaft zu werden und nicht mehr ständig umziehen zu müssen.

„Also für mich stand dann fest, dass ich wohin muss..., weil das damals anfing in der Bekleidungsindustrie, dass immer mehr Arbeitsplätze abgebaut werden und immer mehr Firmen zu machten und alles. Da hab ich gesagt, ich muss wohin, in eine größere Stadt, wo ein Einzugsgebiet ist von Firmen. Es nützt mir nichts, wenn ich wieder irgendwohin gehe, wo wieder nur eine Firma ist. Wenn da was ist und wenn man als letzte gekommen ist, wird man als erste wieder ausgestellt. Dann steh ich wieder da. Ich hatte dann irgendwann keinen Bock mehr zu sagen, ich zieh schon wieder um. (...) Dann hab ich mir München ausgesucht, weil ich gesagt hab, da gibt's ja doch Firmen, wo man mal ausweichen kann. Und das war dann meine Entscheidung, nach München zu gehen."

Frau Ulzig deutet somit München als eine ,Stadt der Möglichkeiten'. München profitiert in jener Zeit durch die Standortkonzentration von Firmen des qualitativ hochwertigen Genres vom Strukturwandel der Bekleidungsindustrie. Für Frau Ulzig gibt es Mitte der 1970er Jahre in dieser Stadt jedoch nicht nur die Möglichkeit, aus einer Vielzahl von bekleidungsindustriellen Betrieben auszuwählen, sondern es bieten sich auch im Einzelhandel bzw. im wachsenden Bereich der industrieorientierten Dienstleistungen gute Job-Chancen.

1976 nimmt Frau Ulzig eine Stelle in einem großen Stofffachgeschäft in München an, und zwar deshalb, weil dort eine eigene Abteilung für die Schnittberatung und den Zuschnitt für Kunden aufgebaut wird, die sie leiten soll.

„Und das war für mich eine interessante Aufgabe, dass ich, wenn Kunden Stoffe kaufen, und ich hätte Schnitte für die persönlich gemacht und alles, wär eine interessante Aufgabe gewesen. Aber nach einem halben Jahr haben sie's immer noch nicht eingeführt gehabt."

Schließlich kommt es anders. Die Schnittabteilung wird nicht realisiert. Frau Ulzig wird hauptsächlich im Verkauf eingesetzt. Finanziell hat das für sie zwar keine Nachteile, denn sie ist als Direktrice eingestellt, aber die Tätigkeit füllt sie auf Dauer nicht aus. Nach circa einem Jahr kündigt sie ihre Stelle in diesem Einzelhandelsgeschäft und schaut sich nach einer neuen Stelle um. Frau Ulzig bemerkt, dass es „damals noch kein Problem war, eine neue Stelle zu finden". Das heißt, es war auch nicht leichtsinnig, eine unbefristete Stelle einfach zu kündigen.

In der Zwischenzeit ist das ,in München bleiben können' für sie zu einem wichtigen Kriterium bei ihrer Arbeitsstellensuche geworden.

„Also das war wichtig, dass es in München war. Auswärts wäre ich nicht gegangen, also nein, das wäre nicht in Frage gekommen, weil ich gerade umgezogen gewesen bin. Ich hatte mir dann auch eine größere Wohnung und alles [gesucht] und hab gesagt, jetzt schaff ich mir das an und das und das. Und da hab ich gesagt, jetzt muss ich irgendwo bleiben! Nee, das wäre dann nicht mehr in Frage gekommen. Weil sich das dann eben mit meinem Freund da zerschlagen hat, dann hab ich gesagt, dann setz ich mich jetzt selber und mach meins und fertig aus.“

Frau Ulzig fühlt sich mit München inzwischen verbunden. Nachdem sie sich gegen die Gründung einer eigenen Familie entschieden hat, ist es ihr dennoch wichtig, einen Hausstand zu gründen und sich zu konsolidieren. So leistet sie sich bei ihrem Umzug nach München eine größere Wohnung und schafft sich Möbel an. Damit bindet Frau Ulzig sich mehr an einen Ort, als sie das bis dahin gemacht hat. Auch ihr Bezug zu ihren sozialen Kontakten verändert sich. Fand sie es bisher schön, durch den Umzug an neue Wohnorte neue Leute kennen zu lernen, so betont Frau Ulzig nun, dass es ihr wichtig ist, an dem Ort zu bleiben, an dem sie gute Kontakte besitzt, wo sie in ein soziales Netz eingebunden ist.

Sie beginnt zunächst 1977 bei einer Trachtenfirma wieder ganztägig als Direktrice zu arbeiten, übernimmt dort jedoch wesentlich mehr Verantwortung und Aufgaben als bei ihren früheren Direktricenstellen.

„Da hatte ich einen großen Aufgabenbereich. Da war ich zuständig für die Kollektion, da war ich zuständig für den Stoffeinkauf und für die Zwischenmeister überprüfen und mit denen zusammenarbeiten. Das war eine kleine Firma, da musste ich alles machen. Da hatte ich zwei Näherinnen, die für mich die Musterteile genäht haben und so was alles. Da war ich sehr lange, da war ich acht Jahre.“

Mit dieser Stelle kommt etwas Stetigeres in das Leben von Frau Ulzig - nicht nur in Bezug auf ihre Erwerbstätigkeit, sondern auch im Hinblick auf ihre Wohnorte.

In dieser Zeit der beruflichen Konsolidierung, in der es nicht so aussah, als würde die nächste Firmenschließung anstehen, verspürt Frau Ulzig selbst den Wunsch, Kinder zu haben. Doch ihr damaliger Partner ist von der Idee nicht begeistert.

„Doch, doch, es gab dann schon mal die Zeit, da war ich dann wieder mit einem Mann zusammen, aber wir haben da nicht zusammen gewohnt. Der wollte keine Kinder mehr, der hatte schon zwei Kinder. Da hat er gesagt: ‚Ich fang nicht noch mal an.’, der war schon ein paar Jahre älter wie ich und dann hab ich gesagt: ‚Na ja, dann muss ich auch nicht unbedingt, so ist es nicht. Ich muss nicht unbedingt Kinder haben.’, hab ich gesagt. ‚Wenn dann muss das sowieso jetzt dann geschehen’, hab ich gesagt, ‚ich will nicht erst Kinder mit 40 Jahren, also spätestens mit 36 muss ich das hinter mir haben.’, hab ich gesagt, ‚weil sonst hab ich nicht mehr die Nerven dazu’. Und der wollte damals nicht, ja und dann hat er gesagt: ‚Nee, ich will nicht mehr, aber wenn du willst...’, ‚Ja’, hab ich gesagt, ‚aber ich will sie nicht al-

> leine.' Das war mein Standpunkt. Dann hab ich mich entschlossen, Schluss aus, das Thema ist jetzt erledigt mit dem Kinderkriegen."

Im Rückgriff auf ihre biographische Erfahrung knüpft Frau Ulzig ihren Wunsch, eigene Kinder zu haben, an klare Rahmenbedingungen. Da es für sie im Zusammenhang mit ihrer damaligen Partnerschaft nur die Perspektive gibt, als allein Erziehende Kinder zu bekommen, entscheidet sie sich bewusst gegen eine Schwangerschaft[89]. An ihrer Erzählung lässt sich deutlich erkennen, dass Frau Ulzig sich in ihrer Identitätskonstruktion - im Unterschied zu Frau Nusser und Frau Früh - nicht auf das Muttersein bezieht, sondern für sie eine erfolgreiche berufliche Karriere im Mittelpunkt steht.

Ebenfalls lehnt Frau Ulzig trotz ihres damaligen Kinderwunsches die Gründung eines gemeinsamen Haushaltes ab. Wiederum zeigt sich die Bedeutsamkeit ihrer biographischen Erfahrungen, die zu ihrem gegenkulturellem Handeln führen. Um ihre Unabhängigkeit und die Selbstbestimmung ihres Lebens weiter zu wahren, besteht Frau Ulzig auf getrennte Haushalte in ihrer damaligen und allen weiteren Partnerschaften. Sie lebt damit eine Haushaltsform des ‚Living-Apart-Together', die in den 1980er Jahren gesellschaftlich nicht anerkannt und wahrscheinlich seinerzeit zahlenmäßig relativ selten war[90].

Nach acht Jahren Tätigkeit bei der Trachtenfirma wird der Betrieb 1985 verkauft. Obwohl ihr damaliger Chef darauf achtet, für seine bisherigen MitarbeiterInnen Weiterbeschäftigungsgarantien zu sichern, hat er keinen Einfluss darauf, dass die neuen Inhaber bald eine Standortverlagerung des Betriebes Richtung Landshut planen. Für Frau Ulzig ist die Ankündigung der möglichen Verlagerung des Betriebes angesichts ihrer Ortsbindung an München Grund genug, sich noch vor der Nennung eines konkreten Datums der Verlagerung nach einer neuen Arbeitsstelle umzusehen. Inzwischen ist auch der lokale berufsinterne Arbeitsmarkt, vor allem in den Produktionsbereichen, eng geworden. Doch im Bereich Schnitt, für den sich Frau Ulzig bewirbt, ist die Lage entspannter.

Nach kurzer Suche findet sie eine ganztägige Direktricenstelle bei einem Münchner Bademodenhersteller. Dort ist sie diesmal zwar nicht mit wirt-

---

89 Damit gehört sie zu den 15,8 % der zeitlebens kinderlosen Frauen ihres Geburtsjahrgangs 1950. Dabei ist davon auszugehen, dass nur ein Teil dieser Frauen sich bewusst für eine Kinderlosigkeit entschieden hat (Meyer 2002, S. 415).

90 Statistisch lässt sich dies nicht nachvollziehen, da diese Haushaltsform in statistischen Erhebungen nicht gesondert ausgewiesen, sondern unter der Kategorie ‚Singlehaushalt' gefasst wird (vgl. Schneider/Rosenkranz/Limmer 1998).

schaftlichen Problemen des Betriebes konfrontiert, aber mit zwischenmenschlichen.

> „Da war ich nicht lang, weil's mir da nicht gefallen hat [lacht], schlechtes Betriebsklima, also unter Kollegen nicht, aber mit dem Betriebsleiter. Das war vielleicht nicht nur sein Fehler oder so. Es war vielleicht auch mein Fehler, weil ich da einfach rigoros bin. Es war ein Mensch, der gerne getatscht und gepatscht hat. Heute sagt man sexuelle Belästigung, aber damals in der Zeit hat man das zwar hinter [vorgehaltenen Händen]... man hat das nicht ernst genommen, aber wie's dann war, wenn wir dann Anprobe hatten, dann fing der an „Ah, das haben Sie aber gut gemacht!" und da hab ich dem gleich so die Schranken gewiesen, dass ich gleich ausgeschissen hatte. Da bin ich dann auch selber wieder gegangen."

Die sexuelle Belästigung bedeutet für Frau Ulzig einen Übergriff auf das - ihr so wichtige - Selbstbestimmungsrecht für ihr Leben und ihren Körper. Auch wenn es zur damaligen Zeit, wie Frau Ulzig selbst sagt, noch ein gesellschaftliches Tabu war, sexuelle Belästigung am Arbeitsplatz öffentlich zu thematisieren und ihre Handlungsmöglichkeiten durch die Hierarchie des Arbeitsverhältnisses eingeschränkt sind, scheut Frau Ulzig sich nicht, ihren Vorgesetzten offen mit seinem für sie nicht akzeptablen Verhalten zu konfrontieren. In ihrer Erzählung zeigt sich dennoch die Wirkungsmacht der weit verbreiteten gesellschaftlichen Praxis der Verharmlosung und Toleranz von sexueller Belästigung als etwas, was Frauen selbst durch ihr Verhalten herausgefordert haben. Denn: Frau Ulzig hegt gewisse Zweifel an der Richtigkeit ihres Handelns. Nach zwei Jahren kündigt Frau Ulzig schließlich bei diesem Betrieb.

Die Erfahrung der sexuellen Belästigung durch ihren Vorgesetzten, die Frau Ulzig tief getroffen hat und die wiederholte Erfahrung, schon wieder auf der Suche nach einer neuen Arbeitsstelle zu sein, führen dazu, dass sie einen Versuch startet, aus der Bekleidungsbranche ‚auszubrechen'.

> „Weil ich einfach gesagt hab, diese Bekleidungsindustrie, dieser ganze Mist, dauernd ist was. Ich hab nie eine Firma, wo ich mal bleiben kann. Dann sind Entlassungen wieder gewesen, dann ist das [sexuelle Belästigung] wieder gewesen, dann ist Kurzarbeit gewesen. Es verging bald keine Saison, wo mal nicht irgendwas gewesen ist. Und ich mein, das ist ja nicht spurlos an einem vorbeigegangen, wenn Kündigungen ausgesprochen worden sind, wenn man Kollegen gekannt hat und alles und die mussten gehen. (...) Da bin ich zum Arbeitsamt und hab gesagt, ‚Ich möchte noch einen anderen Beruf erlernen. Ich möchte irgendwas technisches. Also Technik, das interessiert mich einfach und alles!' und da haben die zu mir gesagt, ich hätte einen zukunftsträchtigen Beruf und ich sollte dabei bleiben. Das hab ich heute schon zehn-

mal bereut, dass ich mich da nicht durchgesetzt hab und gesagt hab, ‚Jetzt will ich das machen.'“

Frau Ulzigs Versuch über eine Umschulung in eine andere Branche zu wechseln, scheitert jedoch an der damals noch positiven Einschätzung ihrer zukünftigen Jobchancen in der Bekleidungsindustrie durch das Arbeitsamt.

1987 nimmt sie eine ganztägige Beschäftigung als Direktrice bei einem Schnittservice an.

> „Dann war ich in einer Firma, das war sehr schön. Das war ein Schnittservice. (...) Da hab ich dann für sämtliche Firmen, alles was angefallen ist, von Bademoden, bis zu Kinderbekleidung, Skibekleidung, alle Schnitte vergrößern müssen. Vergrößern und verkleinern, per Computer. Da fing schon die Computerarbeit an.“

Frau Ulzig reizt an dieser Stelle vor allem die Möglichkeit, sich in eine neue Technik - die digitale Schnittaufstellung und -gradierung - einarbeiten zu können. Damit profitiert sie vom Wachstum der industrieorientierten Dienstleistungen und vom branchenstrukturellen Wandel. Seit Mitte der 1980er Jahre finden digitale Schnittsysteme Eingang in die Bekleidungsindustrie, gleichzeitig beginnen immer mehr Unternehmen auch im Schnittbereich Aufträge an Subunternehmer zu vergeben.

1991 erhält Frau Ulzig von einer Firma, für die sie Schnitte erstellt, das Angebot dorthin zu wechseln und eine eigene Abteilung aufzubauen. Obwohl es ihr in ihrer alten Firma sehr gefällt, nimmt sie das Angebot an und wechselt somit nach vier Jahren abermals ihre Arbeitsstelle.

> „Das war interessant, weil's noch mal eine neue Aufgabe war. (...) Ich sollte das praktisch übernehmen und aufbauen das Ganze und das hat mich gereizt. (...), mich hat einfach wieder diese Aufgabe gereizt, wieder in eine Firma zu gehen, das Komplette wieder zu haben, angefangen von der Kollektion bis zum Endprodukt. Das hat mich gereizt. Und dann hat mich gereizt eben diese Abteilung zu haben, das aufzubauen. Das hat mich auch gereizt, weil ich gedacht hab, das ist auch mal wieder eine Herausforderung, das könnte ich eigentlich noch mal machen. Da war ich damals ja auch schon 40, als ich das gemacht hab.“

Frau Ulzigs Erwerbsentscheidung ist auch diesmal durch ihre spezifische Erwerbsorientierung motiviert, die durch eine Suche nach beruflichen Herausforderungen und Karriere im industriellen Bekleidungssektor geprägt ist.

Fünf Jahre lang ist sie in diesem Betrieb tätig und baut die digitale Schnittabteilung neu auf. Mitte der 1990er Jahre gerät jedoch auch diese Firma in eine wirtschaftliche Krise. Frau Ulzig erlebt kurz hintereinander mehrere

Konkursverfahren. Dieses Mal führen die betrieblichen Schwierigkeiten jedoch nicht dazu, dass sich Frau Ulzig frühzeitig um eine neue Arbeitsstelle kümmert, denn die Betriebsleitung signalisiert immer wieder offensiv, dass Hoffnung bestünde, den Betrieb zu retten.

> „Da hat der [Chef] gesagt, er macht Konkurs, aber wenn sie Konkurs machen, können sie ja sofort wieder eine neue Firma eröffnen, das ist ja kein Problem. Also hat er ihr wieder einen anderen Namen gegeben."

1996 wird Frau Ulzig schließlich für eineinhalb Jahre arbeitslos. Die Zeit der Arbeitslosigkeit ist eine Phase der Reflektion für sie, in der sie ihr bisheriges Leben und die Gestaltung ihres zukünftigen Lebens überdenkt.

> „Und da war's dann Sense. Da war ich eigentlich auch noch guter Hoffnung. Da hab ich gedacht, ‚Du findest auch noch was als Direktrice, bist 46, das ist kein Problem.' Na ja und da fing das Problem schon an, da waren viele Firmen am Entlassen. Da wurde es schon kritisch. Da war ja die Rezession, ′96 und da hat die Bekleidungsindustrie auch ein schweres Loch mitgekriegt und da ging's dann halt bergab und da hab ich gesagt: ‚Jetzt muss ich mir was überlegen.' Jobs hätte ich schon gekriegt, sehr viele Mutterschaftsvertretungen. ‚Ja', habe ich gesagt, (...) ‚das ist für mich uninteressant. Wenn ich 30 wär, wenn ich 30 wär!' (...) aber das sag ich, ‚nicht in dem Alter!′, sag ich, ‚das ist Ihnen egal, ob ich nachher auf der Straße sitze oder nicht, Sie haben mir für zwei Jahre den Job gegeben und fertig aus. Ich kann aber so nicht denken.' Da hat auch das Arbeitsamt zu mir gesagt, dass ich da richtig gehandelt hab, dass ich das nicht angenommen hab."

Nur langsam begreift Frau Ulzig - die zum Zeitpunkt des Verlusts ihres Arbeitsplatzes 46 Jahre alt ist -, dass sie aufgrund von verschiedenen Rahmenbedingungen die Ziele, die sie bisher mit ihrem ökonomischen Handeln verfolgt hat, nicht mehr so einfach innerhalb des industriellen Bekleidungssektors verwirklichen kann. Die Krise der industriellen Bekleidungsbranche schlägt sich nun auch voll auf den Bereich Schnitt durch. Das Angebot an offenen und passenden Arbeitsstellen hat sich deshalb stark reduziert. Ebenso ist die Konkurrenz durch andere - unter anderem jüngere - Direktricen groß. Frau Ulzig hat inzwischen klare Vorstellungen über das Niveau und das Gehalt, das sie bei einer Arbeitsstelle erwartet.

Es ist nicht so, dass sie während ihrer Arbeitslosigkeit keine Stellenangebote bekommt. Doch die Stellen sind meist zeitlich auf zwei oder drei Jahre befristet. Für Frau Ulzig kommen diese zeitlich befristeten Arbeitsstellen nicht in Frage, denn ihr ist bewusst, dass sie mit steigendem Alter immer weniger Chancen haben wird, erneut eine Arbeitsstelle zu finden. Die Branche ist ‚jung'. In vielen Firmen ist Frau Ulzig mit 46 Jahren zu alt, um noch ins Team zu passen. Gerade in renommierten Unternehmen, wie Rena Lange oder Escada, ist eine hohe Fluktuation der beschäftigten Direktricen firmenkulturell verankert. Die dortigen Arbeitsplätze für Direktricen gelten als Karriere-Sprungbrett.

Das Arbeitsamt schlägt Frau Ulzig als Alternative vor, eine Umschulung als Bürokauffrau oder Altenpflegerin zu machen. Doch Frau Ulzig sieht darin für sich keine realistische Alternative. Auch der Sachbearbeiter des Arbeitsamts drängt sie nicht, eine Umschulung zu beginnen.

Im Verlauf der biographischen Reflektion während ihrer Arbeitslosigkeit rücken für Frau Ulzig neue Ziele in den Vordergrund ihres ökonomischen Handelns. Ihre aktuelle Lebensphase und damit die Zeit nach der Erwerbstätigkeit erlangen für Frau Ulzig eine neue Bedeutung. 15 Jahre bleiben noch bis sie in Rente gehen kann. Wie Frau Nusser, steht Frau Ulzig zu jener Zeit an einem lebensphasenspezifischen Wendepunkt, an dem für sie das Haben einer längerfristigen zeitlichen Perspektive sowie Sicherheit bei einer Arbeitsstelle wichtiger werden. Aber nicht nur eine längerfristige Perspektive ist für Frau Ulzig entscheidend: Sie möchte nun auch anders arbeiten. Sie möchte nicht mehr am Wochenende in die Firma gehen und Überstunden machen müssen, wenn Kollektionszeit ist. Körperliche Belastungen durch das lange Arbeiten und gesundheitliche Probleme werden für sie zum Thema. Ihr Ziel, Karriere zu machen, tritt hingegen zu jenem Zeitpunkt in den Hintergrund. Etwas was Frau Ulzig allerdings auf keinen Fall werden will, ist „dauerarbeitslos“ und damit dauerhaft finanziell abhängig.

> „Ja die Entscheidung, dass ich jetzt das [selbständige Änderungsschneiderei] mache, kam einfach aus dem raus, Altershalber, weil ich ja jetzt inzwischen 53 bin und vor fünf Jahren, wo ich das angefangen habe, da war ich 48, da hab ich mir einfach gesagt, ‚Ich muss mir was suchen oder ich muss was machen, wo ich sagen kann, ich kann dabei bleiben.' Ich brauch keine Karriere mehr machen, ich hab genug Jobs gehabt und ich hab gute Jobs gehabt. Das interessiert mich nicht mehr. Für mich ist wichtig..., und die Bekleidungsindustrie ist nun mal kein festes Standbein, es ist anders wie in einer anderen Firma, Sie haben keine Sicherheit, Sie haben keine Alterversorgung zusätzlich, nichts, in keiner Firma. (...) Und da fehlt's dann am Geld und da machen viele Firmen dicht. (...) Und da hab ich einfach gesagt, ‚Ich muss irgendwo was finden, ich kann nicht wieder zwei Jahre irgendwo sein, ich werde älter, mich nimmt kein Mensch mehr.' Und mit 52 als Dauerarbeitslose, da hatte ich keine Lust dazu. (...) Also irgendwann ist Schluss. Ich hab als Direktrice genug Überstunden gemacht, wenn Kollektionszeiten waren und alles, dass man bis um zwei Uhr da gesessen ist, manchmal drei Wochen, dass wir gesagt haben, ‚Wir können nicht mehr!' Aber das machen Sie, wenn Sie jung sind, aber wenn Sie mal über 50 sind, dann haben

> Sie die Nase voll. Dann sagen Sie irgendwie: ‚Soll das das ganze Leben so weitergehen?'"

Frau Ulzig erkennt immer deutlicher, dass sie selbst die Initiative ergreifen und eine Lösung finden muss, die ihr weiter finanzielle Unabhängigkeit und die Erreichung ihrer Ziele gewährleistet.

> „Da hab ich gesagt, das hat auch keinen Wert. Und da hab ich gesagt, ich überleg mir selber, was ich mach."

Nach eineinhalb Jahren Arbeitslosigkeit - im Alter von 48 Jahren - beschließt Frau Ulzig schließlich, sich als Änderungsschneiderin selbstständig zu machen. Sie greift hierzu für den Zugang zu Werkstatträumen auf soziale Kontakte zu früheren Arbeitskolleginnen zurück. Ihren Status als Arbeitslose nutz Frau Ulzig, um Existenzgründungshilfen des Arbeitsamtes in Anspruch nehmen zu können.

> „Durch meine Arbeitslosigkeit bin ich dann zum Arbeitsamt und hab gesagt, wie das ist und so, arbeitslos und wie das ist, wenn ich mich jetzt selbstständig mach. Und dann ging das da erst los. Dann haben die gesagt, muss ich ein Konzept aufstellen. (...) Ich muss zum Arbeitsamt das vorlegen, ich muss beim Arbeitsamt verschiedene Kurse besuchen. Da waren dann Vorträge über Sozialversicherung, Rentenversicherung, Steuersachen und so was alles, dass man das einfach alles besucht. Und dann hab ich das Konzept ausgearbeitet, meine Ideen vorgebracht und alles, die haben das akzeptiert, haben gesagt, ‚Okay, das ist gut.' Hab's vom Steuerberater absegnen lassen und der hat auch gesagt: ‚Ja, wenn du das so machst, ist das nicht schlecht.' (...) Und da hat dann das Arbeitsamt gesagt: ‚Ja okay, sie bewilligen mir das.' Und dann hab ich fünf Monate oder sechs Monate einen Zuschuss gekriegt, das waren glaub ich 3000 Mark, 3100 Mark.. (...) Ja, eine Starthilfe."

Die Entscheidung sich als Änderungsschneiderin selbstständig zu machen, ist Frau Ulzig nicht leicht gefallen. Selbstständig zu arbeiten war für sie bisher „nie ein Thema". Das ist etwas, was sie noch nie interessiert hat. Ihre Existenzgründungsentscheidung ist für Frau Ulzig nicht frei von Widersprüchlichkeiten. Deutlich wird dies an dem sehr breiten Raum, den die Phase der Entscheidungsfindung, des sich Abwendens vom industriellen Bekleidungsbereich hin zur Änderungsschneiderei und deren Begründung in ihrer Erzählung einnimmt.

Für Frau Ulzig ist ihre berufliche Selbstständigkeit unter anderem deshalb mit gemischten Gefühlen verbunden, weil sie eine Änderungsschneiderei gründet. Das Image von Änderungsschneidereien ist gesellschaftlich und bekleidungsbranchenintern nicht besonders gut[91]. Die Arbeitsinhalte und -abläufe sind für Frau Ulzig außerdem negativ konnotiert („nur an der Nähmaschine arbeiten", „herum gepfriemel"). Abermals hilft Frau Ulzig an diesem Punkt ihres Lebens ihr durch Pragmatismus gekennzeichnetes Handlungsmuster – ‚nicht lange rum machen, sondern Dinge angehen'.

> „Jetzt, die Zukunft ist, dass ich jetzt noch meine Jahre fertig mach und fertig aus, Frau Schier. Das ist, dass ich leben kann, dass es mir gut geht und fertig aus."

Auch wenn eine Existenzgründung als Änderungsschneiderin nicht unbedingt ihren Wunschvorstellungen von einer anspruchsvollen, interessanten Erwerbstätigkeit entspricht, so ist es doch für Frau Ulzig eine Möglichkeit, mit hoher Wahrscheinlichkeit längerfristig finanziell unabhängig zu sein. Frau Ulzig grenzt sich darüber hinaus aktiv gegen andere ÄnderungsschneiderInnen ab und konstruiert ihre KundInnen als ‚besondere' KundInnen. Damit definiert Frau Ulzig sich selbst als ‚andere Änderungsschneiderin', die aufgrund ihrer Erfahrungen und ihres Wissens besondere Leistungen anbietet. Dieser Prozess der Identitätsrekonstruktion ermöglicht es Frau Ulzig, mit ihren gemischten Gefühlen positiv umzugehen. In einer Situation, in der ihr durch unterschiedliche Rahmenbedingungen im industriellen Bekleidungssektor klare Grenzen gesetzt sind, schafft Frau Ulzig sich auf diese Weise neue Spielräume für ihr ökonomisches Handeln.

> „Es ist ein Unterschied. Sicherlich, es gibt sehr viele Türken und Griechen, die ändern und machen, aber es gibt da auch Unterschiede. Aber ich hab halt meine Kunden und die sagen dann immer ‚Wissen Sie, wenn man zu

---

91 Die Änderungsschneiderei ist ein Gewerbebereich, der sich seit den 1970er Jahren sehr dynamisch entwickelt. Auch viele MaßschneiderInnen müssen aus wirtschaftlichen Gründen inzwischen Änderungen annehmen. Trotzdem werden ÄnderungsschneiderInnen in brancheninternen Diskursen häufig abfällig als „Flickschneider" bezeichnet. Ihnen wird unterstellt zu ‚pfuschen', qualitativ schlechte Arbeit zu machen, und damit den Ruf und die Arbeit von denjenigen zu gefährden, die ‚wirklich' schneidern (können). Damit ist meist gemeint, dass ‚richtige' SchneiderInnen die Meisterprüfung absolviert haben. In der Hierarchie des handwerklichen Bekleidungssektors ist die Änderungsschneiderei ganz unten angesiedelt. Auch von den normativen Regelungen wird dies unterstützt, denn die Änderungsschneiderei unterlag, auch vor dem Fall des Meisterzwangs für die Schneiderei im Jahr 2004, nicht dem Meisterzwang. Das schlechte Image der Änderungsschneiderei innerhalb der Branche steht mit Sicherheit im Zusammenhang mit Diskriminierung: Der Anteil der InhaberInnen mit nicht deutscher Herkunft ist in diesem Sektor besonders hoch. In München haben 54 % aller bei der Handwerkskammer gemeldeten InhaberInnen von Änderungsschneidereien einen Migrationshintergrund (Eigene Auswertung der Meldungen der Handwerkskammer München und Oberbayern im Jahr 2000).

Ihnen kommt, erstens mal wird man auch mal beraten oder man sagt nee, das kann man so nicht machen!' Wissen Sie, wenn Sie jetzt einen Mantel haben und Sie gehen zu einem Türken und lassen den Mantel kurz machen, der schneidet Ihnen den ab und sagt: ‚Machen wir kürzer!' Aber wenn jemand zu mir kommt mit dem Mantel und sagt: ‚Ich würde den gerne als kurze Jacke', dann versuch ich den Leuten zu demonstrieren, indem dass ich ihn abstecke und sag, ‚Gucken Sie mal, wie das als Jacke aussieht, das können Sie doch nicht anziehen!' ‚Ja, da haben Sie recht, das sieht unmöglich aus!' (...) Und das ist der Unterschied. (...) Ich habe sehr gute Kunden, ich hab Änderungen, wo man nicht sagen muss, das ist Kruscht oder das ist Mist, ist es nicht. Es sind alles Sachen, die noch einwandfrei sind und deshalb mach ich das auch noch bis ich in Rente gehe und fertig aus."

Frau Ulzig erhält ferner während der Existenzgründungsphase das Angebot, für ihre alte Arbeitstelle freiberuflich Schnittgradierungen zu übernehmen. Sie nimmt dieses Angebot gerne wahr. Auf diese Weise kann sie weiterhin eine Tätigkeit ausüben, die sie interessiert. Die Möglichkeit nun unterschiedliche Einkommensquellen kombinieren zu können, bewertet Frau Ulzig auch deshalb positiv, weil sie die Hoffnung hat, immer auf eines ihrer Standbeine zurückgreifen zu können, wenn ein Bereich wirtschaftlich mal schlechter läuft.

Seit fünf Jahren betreibt sie nun als Selbständige eine Änderungsschneiderei. Nebenher arbeitet sie freiberuflich als Schnittdirektrice in ihrer früheren Firma. Ihr Leben und ihre vielen Arbeitsstellenwechsel resümierend stellt Frau Ulzig fest:

„Aber ich hab immer Glück gehabt und das sag ich heute zu allen meinen Kundinnen. Wenn da heute so junge Mädchen, hab ja sehr viele jetzt, die auch vor vielen Pleiten, Infineon, Quam, Siemens und Kirchmedia und alles und da sage ich immer: ‚Alles hat immer einen Vorteil, hat nie Nachteile gehabt, dass ich woanders wieder angefangen habe. Kann mich nicht erinnern, dass es jemals nachteilig gewesen war, wenn auch die Firma nicht so gut war, aber ich hab da auch wieder gelernt und wieder was anderes gesehen. Also es war nie [betont] nachteilig.' Und ich hab gesagt: ‚Ich hab mich immer verbessert.' Das sag ich auch zu den jungen Frauen, ‚Das müssen Sie sich vor Augen halten, ich hab mich jedes mal verbessert, wenn ich gewechselt hab. (...) Es wurde von mir wieder mehr verlangt und das hat mir gefallen, die Herausforderung hab ich angenommen, war toll, hab ich auch gemeistert und alles. Es war eigentlich immer positiv die Stellenwechsel. Nie negativ.' (...) Und jetzt kann ich mich ernähren davon. Wie gesagt, manchmal macht's mir Spaß, manchmal macht's mir auch keinen Spaß, so dass ich das Zeugs in die Ecke schmeißen will."

Wie Frau Nusser nutzt Frau Ulzig die Weitergabe von Erfahrungen an jüngere Frauen, um ihre eigenen häufig krisenhaften Erfahrungen mit dem branchenstrukturellen Wandel und ihre daraus resultierende aktuelle Arbeitsformentscheidung biographisch zu verarbeiten.

Seit drei Jahren lebt sie in einer neuen Partnerschaft mit einem in Hamburg wohnenden Mann, der seine Pensionierung nutzt, um sich die Welt anzuschauen. Obwohl er Frau Ulzig schon mehrfach vorgeschlagen hat, ihre Erwerbstätigkeit aufzugeben und mit ihm gemeinsam zu reisen, kann sie sich dies nicht vorstellen. Das Eingehen auf sein Angebot hätte für sie bedeutet, ihre finanzielle Unabhängigkeit aufzugeben und damit von ihrem Partner abhängig zu sein. Erst mit 63 Jahren, also im Jahr 2013, wenn sie ihre Existenz durch ihre eigene Rente sichern kann, plant sie ihre Erwerbstätigkeit aufzugeben und wie ihr Partner schon jetzt, viel zu reisen.

Zusammenfassung

Die biographische Erzählung von Frau Ulzig ist geprägt von ihrer Auseinandersetzung mit dem branchenstrukturellen Wandel des industriellen Bekleidungssektors und ihrem Bestreben, eigene Handlungsspielräume und finanzielle Unabhängigkeit zu wahren.

Die ökonomischen Handlungen von Frau Ulzig sind seit dem Zeitpunkt ihrer Berufswahl und Ausbildung durch Eigeninitiative und Zielstrebigkeit gekennzeichnet. Das biographische Ereignis, dass sie mit der „Dame aus gutem Hause" zusammengetroffen ist, führt dazu, dass Frau Ulzig sich mit ihrem sozialen Status auseinandersetzt. Dies spielt für die Ausbildung ihrer Handlungsorientierungen eine wesentliche Rolle. Ihre Erwerbsorientierung und Arbeitsformentscheidungen charakterisieren nicht nur ihr Bestreben, ihre Handlungsautonomie und finanzielle Unabhängigkeit zu wahren, sondern auch berufliche Herausforderungen anzunehmen, sich Dinge anzueignen, die auf den ersten Blick unerreichbar scheinen.

Frau Ulzigs biographischen Erfahrungen und ihre Interpretation von Ehe und partnerschaftlichem Zusammenleben als Gefahr für ihre Handlungsautonomie, finanzielle Unabhängigkeit und berufliche Karriere führen zu ihrem gegenkulturellen Handeln in Bezug auf Geschlechterkonstruktionen. Auch im Lebensverlauf von Frau Ulzig spielt die Auseinandersetzung mit Geschlechterkonstruktionen bei ihren ökonomischen Entscheidungen eine Rolle.

Wichtig für die Interpretation der Arbeitsformentscheidungen von Frau Ulzig ist außerdem zu beachten, dass sich ihr Umgang mit Wohnortwechseln und ihr Bezug zu sozialen Kontakten in ihrem Lebensverlauf verändert. Dieser Wandel führt dazu, dass Frau Ulzig sich an München bindet und mit anderen Kriterien als früher nach Arbeitsstellen sucht.

Obwohl Frau Ulzig nicht nur negativ vom branchenstrukturellen Wandel - durch Firmenschließungen, Betriebsverkäufe und Konkursverfahren - betroffen ist, sondern zeitweise davon profitiert, indem sich ihre Beschäftigungsmöglichkeiten ausweiten, dominiert die individuelle Auseinandersetzung mit der krisenhaften Entwicklung des Bekleidungssektors ihre Erzählung. Die Feststellung, dass ‚es etwas nicht mehr gibt, was es einmal gab' durchzieht ihre Erzählung wie ein roter Faden.

Der Umgang von Frau Ulzig mit widrigen Branchenbedingungen ist lange Zeit dadurch geprägt, dass sie optimistisch bleibt, sich nicht demotivieren lässt, sondern Kündigungen und notwendige Arbeitsstellenwechsel positiv als Suche nach neuen Herausforderungen deutet. Damit bleibt sie handlungsfähig. Mit ihrer Arbeitslosigkeit 1996 stößt sie allerdings erstmals an Grenzen dieses Deutungsmusters. Die Rekonstruktion des Lebensverlaufs von Frau Ulzig zeigt, wie sie sich im Verlauf des Lebens trotz restriktiver Rahmenbedingungen (Alter, schwierige lokale Branchen- und berufsinterne Arbeitsmarktsituation) neue ökonomische Handlungsspielräume schafft, indem sie sich für eine Existenzgründung entscheidet. Hierbei wurde erkennbar, dass und wie Identitätsbildungsprozesse im Sinne einer beruflichen Neuverortung für ihr ökonomisches Handeln bedeutsam sind.

4.2.3.4 Arbeitsformentscheidungen als dynamische Prozesse des sich Positionierens

> „Weil das ging dann erst so: zufrieden, motiviert, das und das ist eine gute Aufgabe, das mach ich. Und dann: Ja bin ich verrückt! Warum mach ich denn das? Das ist ja ein völliger Blödsinn! Dann unzufrieden sein, dann sich beraten, also was anderes ausprobieren, dann funktioniert das wieder nicht, dann muss man sich wieder beraten, dann findet man wieder einen neuen Standpunkt und so geht das dann immer, immer, immer so im Prozess. Ich find mich mein ganzes Leben lang im Prozess. Also ich würde mein Leben als ein einziges Try und Error-Experiment bezeichnen, also obwohl ich immer bei derselben Arbeit bin." (Frau Maier)

Der kontrastive Vergleich der Fallrekonstruktionen von Frau Früh, Frau Nusser und Frau Ulzig verdeutlicht eindrücklich, dass ökonomische, politische und kulturelle Rahmenbedingungen durch Optionen und Restriktionen die Spielräume für individuelles Handeln abstecken, jedoch das Handeln in keinem Fall determinieren, wie dies institutionalistische Ansätze unterstellen. Bei allen Arbeitsformentscheidungen, die die drei Interviewpartnerinnen im Verlauf ihres Lebens jeweils getroffen haben, gab es Alternativen.

Für das ökonomische Handeln von Frau Früh, Frau Nusser und Frau Ulzig haben sich staatliche Rahmenbedingungen in folgender Form als handlungsrelevant gezeigt: als Kanalisierung in einen geschlechtstypischen Beruf durch das Bildungssystem und Institutionen der Berufsberatung, als Regelungen des Steuer-, Wohlfahrts- und Sozialversicherungssystems, als arbeitsmarktpolitische Maßnahmen sowie durch das Angebot an öffentlichen Kinderbetreuungseinrichtungen. Als handlungswirksame ökonomische Rahmenbedingungen bei den Arbeitsformentscheidungen der drei Frauen erwiesen sich hingegen: das niedrige Einkommensniveau im Bekleidungssektor, die Technologisierung von Arbeitsabläufen, der Bedeutungsgewinn der Bereiche Management, Organisation, Kontrolle und Kollektionserstellung, die wirtschaftlichen Probleme von Betrieben und Firmenschließungen, lokale Arbeitsmarktstrukturen sowie das alternative Arbeitsplatzangebot.

Obwohl alle drei Interviewpartnerinnen sich in Richtung einer Erwerbstätigkeit im industriellen Bekleidungssektor orientieren und ähnliche Qualifikationen haben, sind sie vom branchenstrukturellen Wandel unterschiedlich ‚betroffen'. Dies wird insbesondere am Vergleich des ökonomischen Handelns von Frau Früh und Frau Ulzig deutlich. Für Frau Früh spielen die technologischen und strukturellen Veränderungen im industriellen Bekleidungssektor aufgrund ihrer spezifischen Familienorientierung lange Zeit keine Rolle. Erst als sie sich stärker mit ihrem Beruf identifiziert, muss sie sich damit auseinandersetzen. Frau Ulzig, für die berufliche Herausforderungen ein wichtiger Antrieb ihres ökonomischen Handelns sind, ist nach der Beendigung ihrer Ausbildung fortlaufend mit dem branchenstrukturellen Wandel konfrontiert. Aufgrund ihrer beruflichen Orientierung im Schnittbereich sind ihre Berufschancen lange Zeit gut. Ihre häufigen Arbeitsstellenwechsel aufgrund betrieblicher Schwierigkeiten interpretiert Frau Ulzig lange positiv als etwas, wobei sie lernt. Handlungsleitende Orientierungen, die spezifische soziale Eingebundenheit und die unterschiedlichen Möglichkeiten, auf biographische Ressourcen zurückzugreifen, differenzieren – wie die Fallbeispiele gezeigt haben - den individuellen Umgang mit dem Wandel des Sektors.

Die Identifikation mit einem Berufssektor zeigte sich bei den Erwerbsentscheidungen der Interviewpartnerinnen auch in einer Abgrenzung gegenüber anderen berufskulturellen Milieus bzw. bestimmten Arbeitsbereichen des Modesektors. Im ökonomischen Handeln kann sich diese Abgrenzung unterschiedlich auswirken: Zum einen können sich dadurch eigene Handlungsspielräume einschränken – wie das bei Frau Früh durch ihre Weigerung zu nähen der Fall ist, oder aber - wie sich am Fallbeispiel von Frau Ulzig erkennen lässt – kann die Abgrenzung gegen ein bestimmtes Berufsmilieu wichtig sein, um selbst handlungsfähig zu bleiben.

Soziokulturelle Kontexte, auf deren Bedeutung für ökonomisches Handeln in verschiedenen Ansätzen der Geschlechterforschung hingewiesen wird (vgl. Pfau-Effinger 2000a; Pfau-Effinger/Geissler 1992; Bühler 2002), haben sich auch in den biographischen Erzählungen meiner Interviewpartnerinnen als besonders handlungsrelevant erwiesen. Kulturell und institutionell verankerte Vorstellungen über Mütterlichkeit, die ‚richtige' Betreuung und Erziehung von Kindern, Familienleben, Partnerschaft, Arbeitsteilung im Haushalt und die Erwerbstätigkeit als Frau, die mit spezifischen geschlechterkulturellen Vorstellungen verbunden sind, erwiesen sich als mächtige Einflussfaktoren bei den ökonomischen Entscheidungen meiner Interviewpartnerinnen. Besonders in Lebensphasen, in denen gesellschaftlich eine Familiengründung erwartet wird, mit der Geburt oder dem Zusammenleben mit Kindern zeigte sich für alle meine Interviewpartnerinnen eine erhöhte Notwendigkeit, sich mit geschlechterkulturellen Vorstellungen und sozialen Erwartungen auseinanderzusetzen und eigene Handlungsbezüge herzustellen.

Auch in Bezug auf den soziokulturellen Kontext gilt: Er definiert den Spielraum, innerhalb dessen individuelles Handeln stattfindet. Obwohl Frau Früh, Frau Ulzig und Frau Nusser im Verlauf ihres Lebens ähnlich mit traditionellen geschlechterkulturellen Leitbildern konfrontiert werden, ist ihr individueller Umgang damit verschieden. Gerade der unterschiedliche individuelle Umgang von Frau Früh und Frau Nusser mit gesellschaftlichen und sozialen Erwartungen, die im Zusammenhang mit einer Mutterschaft wirksam werden, hat dies deutlich gemacht. Während sich Frau Früh vor allem über ihr Muttersein und die Übernahme der Reproduktionsarbeit für andere definiert, kennzeichnet die Identitätskonstruktionen von Frau Nusser eine positive Aufwertung der Fähigkeiten, die sie aus ihrem ‚Frau und Mutter sein' für ihren Beruf zieht. Dies schlägt sich, wie rekonstruiert wurde, auch in ihren Arbeitsformentscheidungen nieder. Sichtbar wurde, wie die Interviewpartnerinnen in ihrem Handeln sehr unterschiedlich soziokulturelle Strukturen reproduzieren, verändern oder durch widerständiges Handeln neue produzieren.

Ökonomische, politische und soziokulturelle Kontexte wirken grundsätzlich situativ spezifisch zusammen. Sie geben jeweils Themen vor, mit denen sich Menschen im Verlauf ihres Lebens in ihrem ökonomischen Handeln auseinandersetzen müssen. Hierbei entwickeln Menschen, wie an den empirischen Beispielen gezeigt wurde, mittels individueller Konstruktionen spezifische Handlungsorientierungen, die ihren Bezug zu diesen Themen charakterisieren. Die biographischen Fallrekonstruktionen machten deutlich, dass sich schon früh im Lebensverlauf Differenzen in den Handlungsorientierungen bezüglich Erwerbstätigkeit, Beruf, Partnerschaft und Familie ausbilden, die sich im Lebensverlauf verfolgen lassen. Sichtbar wurde auch, dass sich die individuellen handlungsleitenden Orientierungen prozesshaft durch aktives Umdeuten im Lebensverlauf verändern können. Eine wichtige Rolle spielt die Möglichkeit, auf biographische Ressourcen zurückgreifen zu können.

Arbeitsformentscheidungen können somit als dynamische Prozesse des sich Positionierens als ErwerbstätigeR, in einem Beruf, als Frau (oder Mann), als Mutter (oder Vater), als PartnerIn usw. gesehen werden. Die Entscheidung für eine Arbeitsform ist eben nicht nur abhängig von den Möglichkeiten, die Branchen oder Arbeitsmärkte bieten, sondern auch davon, welche Bedeutung verschiedene Lebensbereiche im Leben eines Menschen haben, wie er oder sie sich im Geschlechterverhältnis verortet, wie die eigenen Möglichkeiten zu arbeiten eingeschätzt werden, und welche biographischen und situativen Ziele verfolgt werden. Die biographische Rekonstruktion von handlungsleitenden Orientierungen erlaubt es, die Bedeutung einzelner Lebensbereiche einzuschätzen und macht Veränderungen ihrer Gewichtung in Lebensgeschichten nachverfolgbar.

Wiederholt zeigten sich soziale Kontexte als äußerst handlungsrelevant. Wie vor allem die Fallbeispiele von Frau Früh und Frau Nusser gezeigt haben, bedeutet ökonomisches Handeln immer auch Auseinandersetzungen mit anderen und deren Vorstellungen. Arbeitsformentscheidungen stehen somit in engem Zusammenhang mit sozialen Aushandlungsprozessen, der Entwicklung von individuellen Handlungsorientierungen und damit einhergehenden Identitätskonstruktionen. Aktuelle Arbeitsformentscheidungen erscheinen in diesem Sinne als „spezifische Passungsverhältnisse" (Wohlrab-Sahr 1993) mit der jeweiligen biographischen Situationen.

Damit ist nicht gesagt, dass die jeweilige Arbeitsformentscheidung objektiv gesehen die beste Lösung für die jeweilige Entscheidungssituation darstellt, sondern sich biographisch gesehen als die beste Lösung für die Verwirklichung der eigenen Ziele unter den gegebenen Alternativen erwiesen hat. Arbeitsformentscheidungen können im weiteren Lebensverlauf durchaus zu Ambivalenzen und Problemen führen. Eine situativ getroffene Entscheidung zeigt sich dann unter veränderten Kontexten als nicht mehr sinnvoll und muss in ein erneutes biographisches Passungsverhältnis gebracht werden.

Der biographietheoretische Blick auf Arbeitsformentscheidungen ermöglicht eine differenzierte Betrachtung des Einflusses von strukturellen Rahmenbedingungen auf individuelles Handeln. Sichtbar wird, wie Strukturen bei individuellen Entscheidungen unterschiedlich handlungsrelevant werden. Die situativen handlungsbegrenzenden und handlungsermöglichenden Aspekte von strukturellen Rahmenbedingungen werden aus der Sicht der Handelnden und eingebettet in deren Lebensgeschichte rekonstruiert. Durch den Fokus auf den individuellen Umgang mit strukturellen Rahmenbedingungen wird auch widerständiges und kreatives Handeln erkennbar.

4.2.4 Die verschiedenen Ebenen der Geographie des Arbeitens

> „Statt das Soziale räumlich zu erklären, geht es vielmehr darum, die Bedeutung des sozial angeeigneten Räumlichen für die Konstitution gesellschaftlicher Wirklichkeiten abzuklären." (Werlen 1998, S. 34)

> „Nicht also der Raum per se wird zum Forschungsobjekt, sondern die Problematisierung eines ökonomischen Phänomens aus einer räumlichen Perspektive ist charakteristisch für wirtschaftsgeographisches Forschen." (Bathelt/Glückler 2002a, S. 34)

Im Rahmen dieser Arbeit interessiert mich besonders, welche Bedeutung räumlichen Aspekten bei Arbeitsformentscheidungen zukommt. Denn ökonomisches Handeln findet, wie gezeigt wurde, nicht im luftleeren Raum, sondern eingebunden in konkrete Lebens- und Arbeitskontexte statt. Ökonomisches Handeln ist damit stets verortet, aber keineswegs lokal oder regional begrenzt. Der jeweilige räumliche Kontext strukturiert die bei Arbeitsformentscheidungen zur Auswahl stehenden Möglichkeiten, kann jedoch auch Restriktionen vorgeben. Wie Benno Werlen (1995, 1997, 2000, S. 305 ff.) anmerkt, erlangen räumliche Gegebenheiten und Orte ihre Bedeutung erst im konkreten Handeln von Menschen. Räumliche Aspekte, auch physisch-materielle Strukturen, sind bei Arbeitsformentscheidungen nur in ihrer subjektiv perzeptierten, interpretierten und bewerteten Weise relevant (Dangschat 1996, S. 105 ff.; Reuber 1999, S. 95ff.). Ökonomisches Handeln ist somit auch eine Auseinandersetzung mit subjektiven und gesellschaftlichen Raumkonstruktionen. Deshalb ist es wichtig, die Zuordnungsprozesse von Bedeutungen und subjektive Interpretationen räumlicher Gegebenheiten in den Blick zu nehmen (Löw 2001). Denn je nach situativem und biographischem Handlungskontext können die physisch-materiellen, funktionalen, sozialen, emotional-symbolischen oder kognitiven Komponenten von Räumen unterschiedliche Bedeutung und Relevanz für ökonomisches Handeln erlangen.

Im Folgenden analysiere ich auf der Grundlage aller zwölf rekonstruktiv ausgewerteten Erzählungen meiner Interviewpartnerinnen: Wie räumliche Aspekte das ökonomische Handeln von Menschen strukturieren. Wie Menschen räumlich unterschiedlich strukturierte Rahmenbedingungen interpretieren, mit subjektiven Bedeutungsgehalten aufladen[92], selbst Räume konstruieren und wie dies in Arbeitsformentscheidungen handlungsrelevant wird.

In den Erzählungen meiner Interviewpartnerinnen zeigten sich räumliche Aspekte bei ökonomischen Entscheidungen auf folgende Weise als handlungsrelevant: als Auseinandersetzung mit unterschiedlichen geographischen und sozialen Kontexten, als Auseinandersetzung mit der eigenen Ortsbindung und räumlichen Mobilität, als Prozesse der Bedeutungszuschreibung an Orte sowie als Auseinandersetzung mit individuellen und gesellschaftlichen Vorstellungen, die mit der räumlichen Trennung und geschlechtsspezifischen Zuweisung von privaten und öffentlichen Räumen einhergehen.

4.2.4.1 Die Bedeutung räumlicher Kontexte

Arbeitsformentscheidungen werden in der Auseinandersetzung mit verschiedenen räumlichen strukturellen Rahmenbedingungen getroffen, die je nach Maßstabsebene in unterschiedlicher Form wirksam werden können. Zwischen räumlichen Kontexten auf der Haushaltsebene, der lokalen, regionalen, nationalen sowie globalen Ebene und sozialen Kontexten bestehen enge Verbindungen.

In den Lebensgeschichten meiner Interviewpartnerinnen bestätigt sich die von der geographischen Berufslaufbahnforschung betonte besondere Bedeutung der Sozialisation an einem bestimmten Ort in einem konkreten sozialen Umfeld für das spätere ökonomische Handeln (vgl. Fassmann/Meusburger 1997, S. 137ff.). Grundlegende Themenfelder mit denen sich die interviewten Frauen bei ihren Arbeitsentscheidungen auseinandersetzen, resultieren aus frühen biographischen Erfahrungen am Herkunftsort und in der Herkunftsfamilie. Beispiele hierfür sind: die Suche nach sozialer Anerkennung und die Entdeckung des Symbolgehalts von Bekleidung von Frau Pallas

---

92 Werlen (1997, 2000) spricht hierbei von „alltäglicher Regionalisierung“ oder „alltäglichem Geographie-machen“.

(vgl. Abschnitt 4.2.1.1), die Erfahrung anders als andere zu sein bei Frau Matschke (vgl. Abschnitt 4.2.1.2) oder das Bestreben von Frau Früh für andere da und vor Ort zu sein (vgl. Abschnitt 4.2.3.1).

In allen Fallrekonstruktionen zeigt sich auch die Relevanz des kulturellen Kapitals, das durch die Herkunftsfamilie vermittelt wird, für das spätere ökonomische Handeln. Bei Frau Pallas offenbart sich dies in ihrem Rückgriff auf traditionelle Geschlechterbilder und ihrer positiven Disposition für die Arbeitsform ‚Vollzeit-Hausfrau und Mutter', bei Frau Matschke und Frau Grün (vgl. Abschnitt 4.2.2.1) in der Ausbildung eines Handwerkerinnenhabitus, bei Frau Nusser und Frau Ulzig (vgl. Abschnitt 4.2.3.2 und 4.2.3.3) in ihrer Wahrnehmung von Frauen als stark und eigenständig.

Das lokale Angebot an Ausbildungsmöglichkeiten spielt beim Prozess der Berufswahl für die interviewten Frauen hingegen nur selten eine Rolle. Relevanter sind hierbei positive Erfahrungen mit dem Schneidern, die man „schon als Kind" gemacht hat, das Nähen der Mutter oder das Miterleben des Arbeitens naher Verwandter in diesem Bereich. Auch biographische Ereignisse, wie das Zusammentreffen mit der Dame aus gutem Hause im Fall von Frau Ulzig oder die Erfahrung für ein selbst genähtes Kleid bewundert zu werden im Fall von Frau Pallas, können den Ausschlag für die Wahl eines Berufes geben. Erst bei der Konkretisierung des Berufswunsches, der Lehrstellensuche, wird das lokale Angebot an Ausbildungsstellen in den meisten der Erzählungen zum Thema.

Die Akzeptanz und Unterstützung der Berufswahl durch das nähere und weitere soziale Umfeld haben sich als besonders bedeutsam für das spätere ökonomische Handeln erwiesen. Einflussreich dafür, ob das soziale Umfeld der Berufsentscheidung positiv oder negativ gegenübersteht, sind vor allem nationale Kontexte wie der gesellschaftliche Bedeutungswandel des Bekleidungssektors und bestimmter Berufsausbildungen. Alle meine jüngeren Interviewpartnerinnen müssen sich mit der gesellschaftlichen Abwertung ihrer Berufswahl in irgendeiner Form auseinandersetzen. Am Fallbeispiel von Frau Grün hat sich die Relevanz dieses Zusammenhangs bei ihren Arbeitsformentscheidungen besonders deutlich gezeigt. Allerdings kann die Handlungsrelevanz nationaler Entwertungsprozesse durch Aufwertungsprozesse auf lokaler Ebene gebrochen sein, indem zum Beispiel die Berufswahl innerhalb eines konkreten sozialen Umfelds positiv aufgeladen ist. So beziehen sich zwei meiner jüngeren Interviewpartnerinnen, Frau Musack-Schwan und Frau Baumkirchner, auf die lange Familientradition. Sie sehen sich als Teil von „Schneiderdynastien" und erfahren durch ihre Herkunftsfamilie große Unterstützung für ihren Berufswunsch.

Für die weitere Suche nach passenden Erwerbsstellen erwiesen sich in den biographischen Erzählungen meiner Interviewpartnerinnen vor allem lokale Kontexte als bedeutsam (vgl. Hanson 2003). Denn es ist in erster Linie die lokale formelle Arbeitsmarkt- und Branchensituation, die subjektiv interpretiert und im Hinblick auf eigene Ziele und Möglichkeiten ausgelotet wird. Einige meiner Interviewpartnerinnen nutzen bei ihren Arbeitsformentscheidungen jedoch auch aktiv Globalisierungsprozesse, so zum Beispiel Frau Matschke mit ihren Asienreisen oder Frau Eggenau, die sich aus einer Arbeitslosigkeit heraus als freiberuflich Tätige auf die schnelle Verlagerung von Produktionsstandorten in Asien spezialisiert hat.

Es hat sich gezeigt, dass in den Fällen, in denen der lokale berufsspezifische Arbeitsmarkt subjektiv als restriktiv oder aussichtslos interpretiert wurde, die Interviewpartnerinnen unterschiedliche Umgangsstrategien entwickelten. Hierbei konnten folgende subjektive Umgangsstrategien mit restriktiven lokalen formellen Arbeitsmärkten rekonstruiert werden: das Ausweichen auf andere, bessere lokale Arbeitsmärkte (z.B. Frau Ulzig, Frau Grün), das Ausweichen auf den informellen bzw. nicht berufsspezifischen Arbeitsmarkt (z.B. Frau Grün, Frau Früh, Frau Matschke) sowie das Ausweichen auf andere Arbeitsformen, z.B. die Selbstständigkeit (z.B. Frau Ulzig). Differenzierend auf die subjektive Konstruktion und Bewertung der lokalen Arbeitsmarkt- und Branchensituation und den Umgang mit Arbeitsmarktrestriktionen wirken individuelle Berufs- und Erwerbsorientierungen, soziale Kontexte und biographische Konstruktionen in Bezug auf Mobilität und Ortsbindung (vgl. Abschnitt 4.2.3).

Bei der Strategie des Ausweichens auf andere, bessere lokale Arbeitsmärkte erlangen regionale Disparitäten in ihrer subjektiven Interpretation Relevanz. München wurde von meinen Interviewpartnerinnen als ein Ort konstruiert, der mehr Möglichkeiten für ihre Erwerbstätigkeit bietet. Sie bezogen sich bei dieser Raumkonstruktion je nach ihrer beruflichen Orientierung unterschiedlich auf die regionale Konzentration von Unternehmen des Bekleidungssektors, die Bedeutung von Film- und Fernsehproduktionen, das große Angebot an Theatern und Oper, die immer noch relativ bedeutende Messetätigkeit im Modebereich, die hohe Kaufkraft und die spezifische demographische Struktur in München. Die Rekonstruktion ihrer Ortswechsel anlässlich lokaler Arbeitsmarktprobleme zeigte jedoch, dass sie sich in den meisten Fällen auch aufgrund früherer Erfahrungen vor Ort bzw. wegen sozialer Kontakte für einen Umzug nach München entschieden haben (z.B. bei Frau Ulzig oder Frau Grün).

Auch Regulierungen auf nationaler Ebene, insbesondere im Bereich der Sozialgesetzgebung, Familien- und Arbeitsmarktpolitik, haben sich als einflussreich bei ökonomischen Entscheidungen meiner Interviewpartnerinnen erwiesen. Exemplarisch konnte am Fallbeispiel von Frau Matschke die Relevanz und der individuelle Umgang mit Sozialhilfe-, Mutterschutz- und Erziehungsurlaubsregelungen, Gewerbe- und Handwerksordnung sowie arbeitsmarktpolitischen Fördermaßnahmen rekonstruiert werden. In Anbetracht ihrer Situation als allein erziehende Mutter entpuppten sich die in den deutschen wohlfahrtstaatlichen Regulierungen verankerten kulturellen Geschlechterbilder als besonders handlungsrestriktiv. Die Mütter unter meinen Interviewpartnerinnen verknüpften in ihren biographischen Erzählungen speziell familienpolitische Regelungen mit Aussagen über Einschränkungen ihrer Handlungsmöglichkeiten. Viele Interviewpartnerinnen gingen hingegen mit Regelungen der Gewerbe- und Handwerksordnung sehr kreativ um.

Die Angebote und Handlungsweisen von lokalen Institutionen, wie den Arbeitsämtern, Berufsberatungsstellen oder Banken beeinflussten vornehmlich die subjektiven Interpretationen der Erwerbschancen vor Ort (z.B. bei Frau Grün). Lokale Institutionen fungierten jedoch für manche Interviewpartnerinnen auch als wichtige Ressourcen bei ihren Arbeitsformentscheidungen (z.B. bei Frau Ulzig).

Die Maßstabsebene des Haushalts ist für Arbeitsformentscheidungen meiner Interviewpartnerinnen in Form der Haushaltsstruktur wichtig (vgl. Hanson 2003). Das Zusammenleben mit einem Partner beeinflusste ihr ökonomisches Handeln, vor allem bei Entscheidungen für eine berufliche Selbstständigkeit. Denn aufgrund der möglichen finanziellen Absicherung durch das Einkommen des Partners verringerte sich für einige die Notwendigkeit eines eigenen existenzsichernden Einkommens. Darüber hinaus eröffnete sich über den Partner die Möglichkeit, Nebenkosten zu sparen (z.B. durch eine Familienversicherung oder den Status als geringfügig tätige Ehefrau). Mit der Gründung eines gemeinsamen Haushaltes zeigten sich in den Erzählungen Ortsbindungsprozesse (siehe Abschnitt 4.2.4.2).

Das Zusammenleben mit Kindern bedeutete für alle meine Interviewpartnerinnen eine verstärkte Notwendigkeit der Auseinandersetzung mit subjektiven und gesellschaftlichen Vorstellungen über Mütterlichkeit, die Zuständigkeit für die Haushaltsorganisation und Kinderbetreuung sowie die richtige Kinderbetreuungsform. Darüber hinaus erhöhten sich die Anforderungen der zeitlichen Neuordnung ihrer Tätigkeiten. Auch in den biographischen Erzählungen meiner drei Interviewpartnerinnen, die selbst nicht biologische Mütter sind, sondern im Verlauf ihres Lebens phasenweise mit zum Teil fast erwachsenen Kindern ihres Partners zusammenleben, werden diese Zusammenhänge offensichtlich.

Am Beispiel des ökonomischen Handelns von Frau Maier ist dies besonders eindrücklich sichtbar: Frau Maier betreibt zusammen mit einer Geschäftspartnerin als selbstständige Designerin ein Ladengeschäft im Zentrum von München. 1998, sie war damals 46 Jahre alt, zog der bereits 16Jährige Sohn ihres Partners zu ihnen. Für sie überraschend wurde sie ab diesem Zeitpunkt mit der Mutter- und Hausfrauenrolle konfrontiert. In ihrer Partnerschaft kommt es zu einem Traditionalisierungseffekt, wie er in der Familienforschung bei der Geburt des ersten Kindes beschrieben wird (vgl. Vaskovics/Rost/Rosenkranz 2000). Damit veränderten sich für sie die Anforderungen ihres Alltags und ihr ökonomisches Handeln grundlegend. Denn die Organisation des Familienalltags kam für sie als zusätzlicher Arbeitsbereich zu ihren bisherigen Tätigkeiten hinzu.

> „Durch den Jugendlichen ist schon noch mal was passiert, was vorher einfach so nicht der Fall war (...) und das beinhaltet einfach, dass die Frau dann bestimmte Dinge macht. (...) Ja, es wird so etwas Grundorganisatorisches anscheinend erwartet, (...) also ich sag jetzt das als Frau, weil damit hab ich mich schon konfrontiert gefühlt, dass die Frau sozusagen das Zentrum vom Haus ist irgendwo. Das ist eine stillschweigende Erwartung. (...) Ich hab mich ja auch selber auseinandersetzen müssen mit meinen Vorstellungen. Was muss da eigentlich eine Frau machen in so einem Haushalt? Ja, ich musste das alles selber neu definieren, ich musste das alles herausfinden. (...) Man hat letztendlich doch anscheinend immer noch oder zumindest in unserem Zusammenhang..., wobei das kam erst, wo wir da zu dritt zusammenwohnten, vorher war das überhaupt kein Thema. Es ist einfach was anderes, ob man als zwei Erwachsene in einer Wohngemeinschaft lebt oder ob man dann so eine Art Familie hat. Auf einmal greift das ganze alte, ja dieses ganze alte Familienmuster greift. (...) Ja, gerade dieser Jugendliche war natürlich eine Riesenherausforderung und ich hab dann auch..., mir wurden einfach sozusagen..., das ist nicht sozusagen verbal vorher ausgemacht worden oder so, es werden dann Erwartungen an einen herangetragen als Frau, das sind einfach Erwartungen."

Für sie steht damit auch zur Debatte ihre Tätigkeiten außer Haus zeitlich einzuschränken. Da sie ihre berufliche Selbstständigkeit aus wirtschaftlichen Gründen nicht zeitlich reduzieren kann, treibt sie zunächst weniger Sport.

Gerade die hier auf unterschiedlichen Ebenen aufgezeigte Wirksamkeit des Zusammenlebens mit Kindern auf ökonomisches Handeln, unabhängig von einer biologischen Mutterschaft, unterstreicht Folgendes: Die Maßstabsebene des Haushalts, die in wirtschaftsgeographischen Untersuchungen bisher weitgehend vernachlässigt wird, in die Analyse einzubeziehen, eröffnet neue Erkenntnisse über den Zusammenhang von Geschlecht und ökonomischem Handeln.

4.2.4.2 Räumliche Mobilität - Ortsbindung - Ortsorientierungen

Wie die Lebensgeschichten der interviewten Frauen beispielhaft erkennen lassen, bedeuten Arbeitsformentscheidungen häufig Auseinandersetzungen mit der eigenen Ortsgebundenheit und raumbezogenen Identität bzw. der eigenen räumlichen Mobilität und dem Mobilsein. Typische Situationen, in denen solche Auseinandersetzungen nötig werden, sind zum Beispiel wenn:

- der Arbeitsort weiter entfernt vom Wohnort oder schwer erreichbar ist;
- Aus- und Weiterbildungen nur an anderen Orten als dem eigenen Wohnort angeboten werden;
- sich lokale Arbeitsmärkte als restriktiv und wenig aussichtsreich erweisen und damit die Frage im Raum steht, ob man sich auch woanders um eine Arbeitsstelle umsehen soll;
- mögliche Arbeitsstellen mit Reisetätigkeiten oder der Bereitschaft zu räumlich flexiblem Einsatz verbunden sind;
- aufgrund der Erwerbstätigkeit des Partners oder der Partnerin ein Umzug im Raum steht oder
- Arbeitsmöglichkeiten an anderen Orten interessanter erscheinen, neugierig machen, das Fremde lockt.

Die Bereitschaft zu räumlicher Mobilität und zu einem Umzug für eine Arbeitsstelle oder eine Weiterbildung sowie die individuelle Bindung an einen Ort stehen in engem Zusammenhang mit individuellen Handlungsorientierungen und sind spezifisch in biographische Konstruktionsprozesse eingebunden.

Die von Susan Hanson und Geraldine Pratt (1995) hervorgehobene Bedeutung von Distanzen und der Erreichbarkeit von Arbeitsorten wird in den biographischen Erzählungen meiner Interviewpartnerinnen, besonders der Mütter unter ihnen, zwar immer wieder als Rahmenbedingung erwähnt, jedoch meist erzählerisch kaum ausgebaut. Diese Faktoren erscheinen deshalb in den individuellen Präsentationen der Arbeitsformentscheidungen vor allem aus methodischen Gründen als weniger wichtig[93]. Bestätigt hat sich jedoch, dass die Möglichkeit der Organisierbarkeit des Alltags des Haushalts ein wichtiges Kriterium bei der Arbeitsstellensuche ist. Die individuelle Deutung der Organisierbarkeit des Alltags ist jedoch uneinheitlich und steht in engem Zusammenhang mit den jeweiligen Handlungsorientierungen in Bezug auf Erwerbsarbeit, Partnerschaft und Familie. Betonen möchte ich hierbei, dass auch individuell als „weit“, „schwierig zu erreichen“ und deshalb ‚für einen Teilzeitjob nicht lohnend’ bewertete Arbeitsorte durchaus in Kauf genommen und aktiv Lösungen für Erreichbarkeits- bzw. Alltagsorganisationsprobleme geschaffen werden, wenn die Arbeitsstelle der individuellen Erwerbsorientierung entspricht. So löste Frau Marin-Aspe das Problem der raum-zeitlichen Vereinbarkeit ihres Arbeitsortes „am anderen Ende von München“ mit der Organisation der Betreuung ihrer beiden Kinder durch den Umstieg von der „unzuverlässigen S-Bahn“ auf ein eigenes Auto und die erweiterte Nutzung ihres sozialen Netzwerkes von befreundeten Müttern zur Betreuung ihrer Töchter. Darüber hinaus kann, wie das Fallbeispiel von Frau Pallas (vgl. Abschnitt 4.2.1.1) gezeigt hat, auch die räumliche Nähe des Arbeitsortes zum Wohnort aufgrund einer befürchteten Vermischung von Erwerbsarbeit und Sorgearbeit als eher problematisch und belastend empfunden werden (siehe auch Abschnitt 4.2.4.4).

Weitaus breiteren Raum nehmen andere der oben genannten typischen Situationen der Auseinandersetzung mit Mobilität und Ortsbindung in den biographischen Präsentationen meiner Interviewpartnerinnen ein. Die in Studien der Mobilitätsforschung festgestellte Relevanz von Alter, Familienstatus und Partnerschaft für die Bereitschaft umzuziehen (Wagner 1989; Hagemann-White/Hantsche 1996; Schneider/Hartmann/Limmer 2001), zeigt sich auch in den Erzählungen meiner Interviewpartnerinnen. Umzüge für die Aus- und Weiterbildung in einem Alter von 19 bis 25 Jahren werden von den meisten meiner Interviewpartnerinnen nicht als Problem thematisiert. In dieser Zeit, die für viele eine Phase des Ausprobierens ist, leben erst wenige in festen Partnerschaften. Der Umzug für eine Weiterbildung nach der Lehre ist häufig eine gute Möglichkeit von zu Hause auszuziehen, für manche auch vom

93 Die individuelle Bedeutung der Erreichbarkeit von Arbeitsorten hängt meist eng mit der Alltagsorganisation von Menschen zusammen. Nur selten sind Ereignisse von biographischer Bedeutung damit verbunden. Erfahrungen mit Distanz und Nähe zwischen Arbeits- und Wohnorten werden nur manchmal zu biographischen Erfahrungen. Aus diesen Gründen wird die Erreichbarkeit von Arbeitsorten kaum zum Auslöser biographischer Thematisierungen und damit über Lebensgeschichten ‚erfassbar’.

Land in die „große spannende Stadt“ zu gehen oder Auslandserfahrungen zu sammeln.

> „Also von uns aus gesehen war eben München die Metropole und da musste man hin, wenn man was auf sich gehalten hatte.“ (Frau Wall)

> „Weil aber das Ende meiner Lehrzeit und der Anfang des Studiums so weit auseinander lagen, hatte ich das Gefühl, das könnte man doch gut mit einem Praktikum im Ausland füllen (...). Ich wollte einfach raus. Ich wollte auch weit weg von zuhause und da war Südafrika gerade weit genug weg. (...) Das war schon immer ein Traum von mir.“ (Frau Eggenau)

Hierbei zeigen sich Parallelen zu Untersuchungen der Migrationsforschung. Denn viele der Interviewpartnerinnen kennen die Orte schon aus früheren Besuchen, die sie für ihre Weiterbildung oder Erwerbstätigkeit wählen. Meist bestehen dort soziale Anknüpfungspunkte.

Einige Interviewpartnerinnen bedauern in ihren Erzählungen, „leider“ oder „dummerweise“ auf mögliche Auslandsaufenthalte oder auf eine spannende Weiterbildung, die einen Umzug bedeutet hätte, verzichtet zu haben, weil sie damals ihren Partner nicht verlassen wollten.

> „Ich blieb dann damals. Aus Liebe zum Partner, mit dem ich schon 6 ½ Jahre ging, hab ich den Fehler gemacht - sag ich jetzt heute für mich - in München zu bleiben, und nicht jetzt Chancen wahrzunehmen, Ausbildungen in anderen Städten [zu machen], oder auch auf Modeschulen zu gehen, ob jetzt…, New York hätte ich einen Austausch machen können.“ (Frau Baumkirchner)

Solche biographischen Erfahrungen bilden „Potentiale ungelebten Lebens“ (Alheit 1996; Zacher 1984), die in den weiteren Lebensverläufen vielfach in anderen Zusammenhängen Handlungsrelevanz erlangen. Doch Partnerschaften können auch genau gegenteilig wirken. Sie können zum Auslöser, zur treibenden Kraft werden, Arbeitsformentscheidungen zu treffen, die einen Ortswechsel nach sich ziehen.

> „Dann hab ich geheiratet (lacht). Das war dann auch ein Chaos. Deswegen hab ich mich entschlossen, so schnell die Meisterprüfung zu machen. Also ich wollte sie schon immer machen, aber irgendwie musste ich unbedingt weg von daheim und hab mir gedacht, ich mach jetzt sofort die Meisterprüfung. Also mein Exmann ist maßgeblich an meiner Zukunft beteiligt gewesen, Gott sei Dank.“ (Frau Darbak)

> „Gut, zur damaligen Zeit hab ich also meinen jetzigen Mann schon gekannt und hab mir aber überlegt, dass ich eigentlich mich jetzt nicht von einer Beziehung eingrenzen lasse, sondern dass ich das jetzt mal ausprobiere. Weil vorangegangen war eigentlich schon früher mal, dass ich nach der Schule

mal so einen Freund hatte und es gleichzeitig die Möglichkeit gegeben hätte, ein Jahr nach Amerika zu gehen. Und ich hab das damals wegen diesem Freund nicht gemacht. (...) Gut, das ist jetzt nicht Amerika. Das ist die Schweiz. (...) Mir kam das dann eigentlich ganz entgegen, weil mein Mann ja in Scheidung lebte, (...) und es waren zwei kleine Kinder da (...). Also es war so was wie Neugierde in einem andern Land zu arbeiten und diese Chance zu haben, aber auch zu prüfen, ist eigentlich der Lebenspartner der richtige für dich." (Frau Ebersbach)

Die biographische Rekonstruktion dieser Arbeitsformentscheidungen zeigt, dass der Ortswechsel meist als Mittel fungiert, sich von dem Partner zu lösen, in einigen Fällen jedoch auch, um die Ernsthaftigkeit einer Beziehung zu prüfen.

Mit höherem Alter, der Konsolidierung eines eigenen Haushalts mit oder ohne Partner und einer eigenen Familiengründung gehen häufig eine stärkere Ortsbindung und damit eine Verringerung der Bereitschaft zu einem Umzug einher (vgl. Reinhardt 1999, S. 77f.). Doch auch besondere biographische Kontexte wie die Ortsgebundenheit des Partners zum Wohnort seiner Kinder aus erster Ehe, schwere Krankheiten oder psychische Krisen können eine stärkere Ortsgebundenheit bedingen. Während der erste Punkt auf die Bedeutung der Pluralisierung von Lebensformen hinweist, verweisen die beiden letzten Kontexte auf die identitätsbildende und -stabilisierende Funktion einer „Ortsverbundenheit" (vgl. Weichhart 1990, 1992).

Ortsbindung im Sinne der Bindung an einen konkreten physischen Raum ist als Prozess zu sehen, das heißt Ortsbindung kann sich in ihrer Intensität und Gestalt verändern, auflösen oder von einem physischen Raum auf einen anderen übertragen werden (Weichhart 1990, 1992). In der Rekonstruktion der Arbeitsformentscheidungen meiner Interviewpartnerinnen wurde die soziale Konstruiertheit von Ortsgebundenheit und deren aktive Umdeutung in biographischen Konstruktionsprozessen sichtbar. Dass räumliche Bindung vor allem auch eine soziale Bindung ist, wird hierbei offensichtlich (Reinhardt 1999, S. 85ff.).

An den Fallbeispielen von Frau Ulzig (vgl. Abschnitt 4.2.3.3) und Frau Grün (vgl. Abschnitt 4.2.2.1) zeigte sich außerdem die häufig enge Verknüpfung von Ortsbindungsprozessen mit Geschlechterkonstruktionen und deren Auswirkungen auf Arbeitsformentscheidungen. Auch in den Erzählungen anderer Interviewpartnerinnen zeigten sich solche subjektiven Ortsbindungsprozesse und deren Handlungsrelevanz bei Arbeitsformentscheidungen: so beispielsweise bei Frau Pallas, die in München endlich an einem Ort ankommt, an dem sie sich „zu Hause fühlt", „jemand wichtiges wird“ und in ihrem Mann und ihrer Tochter „das Glück auf Erden“ findet (vgl. Abschnitt 4.2.1.1); bei Frau Marin-Aspe, die gemeinsam mit ihrem Partner beschlossen hat, „wenn das erste Kind in die Schule kommt, da zu sein, wo wir bleiben“; bei Frau Ebersbach, die „an München gebunden“ ist, weil hier ihr Partner und seine Kinder leben; bei Frau Wall, die durch den Besuch der Modeschule in München, dort „so viele berufliche Kontakte“ und „den Freund“ hatte, dass es für sie keinen Grund gab, „es sich woanders schwer zu machen“ oder bei Frau Müller-Kroll, für die München „der Inbegriff für Freiheit“ ist, weil sie hier den „Absprung aus diesem Gefängnis“ einer konservativ-religiösen Gemeinschaft geschafft hat, in der sie seit ihrer Kindheit gelebt hat.

Auseinandersetzungen mit der eigenen Ortsgebundenheit und raumbezogenen Identität finden im Rahmen von Arbeitsformentscheidungen jedoch auch auf einer ganz anderen Maßstabsebene statt: der des Haushalts[94]. Auch hierbei zeigt sich, wie am Beispiel der Lebensgeschichte von Frau Früh (vgl. Abschnitt 4.2.3.1) rekonstruiert wurde, ein enger Zusammenhang des Bindungsprozesses des ‚vor Ort-Seins für andere‘ mit Geschlechterkonstruktionen. Relevant werden hauptsächlich Vorstellungen von der richtigen Kinderbetreuung, von der geschlechtsspezifischen Arbeitsteilung, vom Mutter sein und vom Verhalten in privaten und öffentlichen Räumen.

Die aufgrund der Flexibilisierung von Produktionsstrukturen gestiegenen Anforderungen an die Bereitschaft zu häufigen Reisen oder zu räumlich flexiblem Einsatz im Ausland lassen sich am Beispiel der Lebensgeschichten meiner Interviewpartnerinnen nachvollziehen, die im industriellen Bereich in der Produktionsorganisation, -technik und -management tätig sind. Auch für viele freiberuflich Tätige in Sektoren wie Modeschauen, Design oder Filmproduktionen sind Auslandsaufenthalte, monatelange Arbeitseinsätze an anderen Orten und Reisen Teil ihrer Arbeitsarrangements. Wie das Fallbeispiel von Frau Matschke (vgl. Abschnitt 4.2.1.2) gezeigt hat, kann räumliche Mobilität zu einem konstitutiven Teil einer Lebens-Arbeitssymbiose werden. Auch für Frau Eggenau, die sich als freiberufliche Bekleidungstechnikerin auf die Organisation der schnellen Verlagerung von Produktionsbetrieben in Asien spezialisiert hat, sind monatelange Auslandsaufenthalte zu einem kon-

94 Untersuchungen über Ortsbindung beziehen sich meist auf die lokale, regionale oder nationale Ebene und den Wunsch eines Menschen, an dem Ort zu bleiben, an dem er lebt (vgl. Reinhardt 1999, S. 63 ff.). Ortsbindung auf der Mikroebene als Bindung an das ‚zu Hause‘ wird, meines Wissens nach, in wissenschaftlichen Diskursen bisher nicht thematisiert, obwohl sich enge Anknüpfungspunkte an die Debatte über die räumliche Trennung von gesellschaftlichen Sphären und die damit eng verbundene geschlechtsspezifische Zuweisung von Räumen ergeben.

stitutiven Teil einer Lebens-Arbeitssymbiose geworden. Wesentlich ist für sie, dass sie diese räumlich mobile Lebens-Arbeitssymbiose zusammen mit ihrem Partner lebt, der als Unternehmensberater seine Tätigkeit auch online aus asiatischen Internetcafés betreiben kann.

Mit dem Thema soziale Beziehungen ist ein Faktor angesprochen, der sich im Hinblick auf den subjektiven Umgang mit den genannten Anforderungen an die räumliche Mobilität differenzierend auswirkt. Denn mit dem Leben in einer Partnerschaft kommt zur individuellen Auseinandersetzung mit den Anforderungen an die eigene räumliche Mobilität die Auseinandersetzung mit den Vorstellungen und dem Umgang des Partners mit der Reisetätigkeit bzw. monatelangen Abwesenheit der Partnerin hinzu. Das Vorhandensein von Kindern im Haushalt setzt klare Grenzen für die Person, die Betreuungsverantwortung für die Kinder übernimmt. Eine Tätigkeit, die häufiges Reisen beinhaltet, ist jedoch für einige Interviewpartnerinnen trotzdem nicht ausgeschlossen, solange sie in einem absehbaren und planbaren Maße bleibt, und wenn auf soziale Netzwerke oder bezahlte Hilfe zurückgegriffen werden kann. So organisierte Frau Wall die Betreuung ihrer Kinder während ihrer oft wochenlangen Einsätze bei Modeschauen auf Messen an verschiedenen Orten in Deutschland oder im Ausland, indem ihre Schwiegereltern während der ersten Zeit mit ihrem Säugling im Wohnmobil mitreisten und später durch ein Au-Pair Mädchen. Ihren Partner, der als Zahnarzt eine Praxis betreibt, bezog Frau Wall jedoch nicht in ihr Betreuungsarrangement ein.

4.2.4.3 Die subjektive Bedeutung von Arbeitsorten

Neben der Auseinandersetzung mit räumlich-strukturellen Rahmenbedingungen, der eigenen Mobilität bzw. Ortsgebundenheit erwiesen sich in den biographischen Erzählungen Prozesse der subjektiven Bedeutungszuschreibung an Arbeitsorte als mehr oder weniger wichtig bei Arbeitsformentscheidungen.

Am Fallbeispiel von Frau Pallas (vgl. Abschnitt 4.2.1.1) ist die Rolle der subjektiven Bedeutung von Arbeitsorten besonders deutlich sichtbar geworden. Die Rekonstruktion ihrer ökonomischen Entscheidungen hat gezeigt, wie das Prestige, das sie Arbeitsorten zuschreibt, bei ihren Entscheidungen handlungsleitend wirkt. In ihrem Fall konnten aktive Umdeutungsprozesse von Orten und ihre Funktion für das ökonomische Handeln rekonstruiert werden. Wie herausgearbeitet wurde, sind für sie subjektive Raumkonstruktionen konstitutive Teile ihrer Arbeitsformentscheidungen.

Die subjektive Bedeutung von Arbeitsorten hat sich auch bei ökonomischen Entscheidungen meiner anderen Interviewpartnerinnen in unterschiedlicher Form und Intensität als handlungsrelevant gezeigt, jedoch nur selten als durchgehend konstitutiv wie bei Frau Pallas. Die symbolische Dimension steht nicht immer im Vordergrund, sondern Arbeits- oder Ausbildungsorte werden zu ‚Orten, die Möglichkeiten bieten' oder zu solchen, die ‚besondere Anforderungen stellen' - zum Beispiel im Hinblick auf die Kleidung oder das eigene Alter -, zu ‚Orten, an denen man Konflikten' ausgesetzt ist und sie deshalb lieber meidet, zu ‚Orten, an denen man sich wohl fühlt' oder eben ‚nicht wohl fühlt'.

Einigen Orten schrieben meine Interviewpartnerinnen in ihren Erzählungen auffallend ähnliche Bedeutungen zu: so zum Beispiel den Münchener Modeschulen und dem Arbeitsort ‚zu Hause'. Die Modeschulen wurden in vielen Fällen ausdrücklich als ‚Orte, der Vermittlung und Kommunikation' oder als ‚Orte, die Möglichkeiten eröffnen' präsentiert. Manche Interviewpartnerinnen bezogen sich auf diese Kommunikations- und Vermittlungsfunktion bewusst und nutzten sie für ihre Erwerbstätigkeit. Den Arbeitsort ‚zu Hause' problematisierten sie hingegen wiederholt als einen ‚Ort, an dem einem die Decke auf den Kopf fällt', so z.B. Frau Früh, Frau Matscke oder Frau Nusser. Dass das ‚nur zu Hause sein' unzufrieden macht und man es braucht ‚raus und unter Leute zu kommen', wirkt in diesen Fällen als Weil-Motiv bei Arbeitsformentscheidungen. Die Signifikanz der sozialen und kommunikativen Bedeutung von Erwerbsarbeit außerhalb wird hierbei offensichtlich. Einige meiner Interviewpartnerinnen, die zu Hause erwerbsarbeiten, haben Strategien entwickelt, um mit den Problemen der Vereinsamung, ihrem Kommunikationsbedürfnis und dem Problem der eingeschränkten Themen und Horizonte umzugehen: Sie gehen am Abend aus, nutzen sportliche oder kulturelle Interessen, Kundenkontakte oder das Telefon, um Kontakte zu pflegen, arbeiten alternierend auswärts oder laden FreundInnen ein, die ihnen beim Arbeiten Gesellschaft leisten.

4.2.4.4 Zu Hause oder außer Haus arbeiten? Die räumliche Trennung von gesellschaftlichen Sphären

Als äußerst handlungswirksam für subjektive ökonomische Entscheidungen hat sich die gesellschaftlich und zum Teil institutionell verankerte räumliche Trennung von Erwerbsarbeit und anderen Lebensbereichen sowie deren enge Verknüpfung mit Geschlechterkonstruktionen in den biographischen Präsentationen meiner Interviewpartnerinnen erwiesen (vgl. Domosh/Seager 2001; Mackenzie/Rose 1983; Ahrentzen 1997).

Zum einen manifestiert sich die Handlungsrelevanz des gesellschaftlichen Konstrukts der räumlichen Trennung und geschlechtsspezifischen Zuweisung von Sphären auf der soziokulturellen Ebene. Wie schon in Abschnitt 4.2.4.1 angesprochen, geht insbesondere mit dem Zusammenleben mit Kindern die Notwendigkeit der Auseinandersetzung mit gesellschaftlichen Leitbildern einher. In diesen Leitbildern sind verschiedenartige räumliche Vorstellungen verankert, so zum Beispiel darüber, wo wer wann zum Wohle des Kindes zu sein hat, was er oder sie wo zu tun hat, wo wer wie Erwerbsarbeit ausüben muss oder darf.

In diesem Sinne sind Arbeitsformentscheidungen mit sozialen Aushandlungsprozessen über die Nutzung und Aneignung von Räumen verbunden. Insbesondere in der Rekonstruktion der Arbeitsformentscheidungen von Frau Nusser, deren Partner sie „lieber zu Hause gesehen hätte" (siehe Abschnitt 4.2.3.2), konnte dies sichtbar gemacht werden.

Zum anderen hat sich auf der subjektiven Ebene gezeigt, dass je nach biographischer Konstruktion sowohl die Möglichkeit, klare Grenzen zwischen Erwerbsarbeit und anderen Lebensbereichen zu ziehen, als auch die Möglichkeit, beide Bereiche zu vermischen, konstitutive Elemente von Arbeitsformentscheidungen sein können.

Die subjektive Bedeutung der räumlichen Trennung von Erwerbsarbeit und Sorgearbeit ist äußerst verschiedenartig. Wie am Fallbeispiel von Frau Matschke (siehe Abschnitt 4.2.1.2) dargestellt wurde, kann sich die Einstellung gegenüber der räumlichen Trennung dieser Bereiche im Lebensverlauf auch verändern. In vielen Fällen spielen bei der subjektiven Bewertung der räumlichen Trennung von Erwerbsarbeit und Sorgearbeit Auseinandersetzungen mit kulturellen Geschlechterkonstruktionen eine wesentliche Rolle.

Sowohl die räumliche Vermischung (Erwerbsarbeit zu Hause), als auch die räumliche Trennung von Erwerbsarbeit und Sorgearbeit kann je nach biographischer Konstruktion mit zwiespältigen Gefühlen verbunden sein bzw. zu Interessenskonflikten führen. Die Lebensgeschichte von Frau Früh ist ein Beispiel für den zweiten Fall (siehe Abschnitt 4.2.3.1). Durch entsprechende Arbeitsformentscheidungen versucht sie, die für sie belastende räumliche Trennung ihrer Tätigkeitsbereiche zu vermeiden. Eine räumliche Vermischung hat sich in ihrem Lebensverlauf ab dem Zeitpunkt der Geburt ihrer Kinder als konstitutiver Bestandteil ihrer Arbeitsformentscheidungen erwiesen. Frau Matschke (siehe Abschnitt 4.2.1.2) empfindet hingegen gerade während der Phase, in der sie sich als allein Erziehende um ihren Sohn kümmern muss, die Vermischung ihrer Erwerbstätigkeit und Sorgearbeit als

Belastung. Für sie war die symbiotische Vermischung verschiedenster Lebensbereiche in der Phase vor ihrer Heirat und der Geburt ihres Kindes entscheidend, um erwerbstätig zu sein. Dagegen ist für Frau Ulzig (siehe Abschnitt 4.2.3.3) das zwischen ihren verschiedenen Lebensbereichen Grenzen ziehen Können ausnahmslos ein konstitutives Element ihres biographischen Handelns.

Abb. 19: Arbeitsort zu Hause in der Garage

Foto: Michaela Schier

Die unterschiedlichen subjektiven Bedeutungen der räumlichen Trennung oder Vermischung von Erwerbsarbeit und anderen Lebensbereichen erklären, warum Erwerbsarbeit zu Hause von manchen meiner Interviewpartnerinnen als belastend und einschränkend, von anderen hingegen als entlastend und Handlungsspielräume erweiternd empfunden wurde.

Darüber hinaus äußerte sich die räumliche Trennung und geschlechtsspezifische Zuweisung von gesellschaftlichen Sphären in den Erzählungen meiner Interviewpartnerinnen auch in der Erfahrung, dass ihre Erwerbsarbeit entwertet wird, die sie zu Hause ausüben. Dies ist besonders dann der Fall, wenn es sich um eine haushaltsnahe Tätigkeit handelt (z.B. das Schneidern von Frau Grün).

Diesen Abschnitt abschließend möchte ich ausdrücklich darauf hinweisen, dass hier räumliche Mobilität, Ortsbindung, die räumliche Trennung gesellschaftlicher Sphären, Distanzen, regionale Disparitäten, interregionale Verflechtungen oder Globalisierungsprozesse nicht von vorneherein als Erklärungen für ökonomisches Handeln dienen. Sie wurden in ihrer Bedeutung für Arbeitsformentscheidungen erst durch die biographietheoretische räumliche Perspektive sichtbar.

4.3 Kontingente Entscheidungen: eine Charakterisierung von ökonomischen Entscheidungsprozessen

Die Rekonstruktion von biographischen Prozessen, hier präsentiert am Beispiel von sechs Fallstudien, erlaubt es nicht nur, Arbeitsformentscheidungen in verschiedenen Lebensläufen nachzuzeichnen, sondern die Individualität und Heterogenität ökonomischen Handelns aufzudecken und verstehbar zu machen. Die Rolle, die Geschlechterkonstruktionen sowie räumliche Aspekte in ökonomischen Entscheidungsprozessen spielen, wurde so rekonstruierbar. Die Analysen zeigen in ihrer Detailgenauigkeit, dass Arbeitsformentscheidungen in individuelle und einmalige biographische Geschichten (Dausien 1996, S. 470) eingebunden sind. Der empirische Blick auf das ökonomische Handeln meiner Interviewpartnerinnen bestätigt meine These, dass die Notwendigkeit, eine Arbeitsformentscheidung zu treffen, sei es aufgrund des Verlusts von Erwerbsarbeit, der Beendigung einer Aus- oder Weiterbildung sowie aufgrund von anderen Veränderungen der Lebenssituation, als biographisches Ereignis im Leben von Menschen gesehen werden kann, also als ein Ereignis, bei dem Individuen sich und ihr Leben in Beziehung zur Gesellschaft, ihrem Lebensumfeld und dessen Rahmenbedingungen setzen müssen.

Obwohl ökonomische Entscheidungen Ergebnisse von individuellen biographischen Prozessen sind, lassen sich dennoch im Vergleich der Fallrekonstruktionen bestimmte ähnliche ‚Wege' von Arbeitsformentscheidungen charakterisieren, die im Folgenden dargestellt werden. Diese Charakterisierungen beschreiben - aus analytischer Sicht - mögliche subjektive Entscheidungswege für Arbeitsformen, die sich empirisch nicht trennscharf voneinander unterscheiden, sondern fließend ineinander übergehen oder sich auch überlagern können. Die unterschiedlich charakterisierten Entscheidungswege können innerhalb von individuellen Biographien nacheinander in verschiedenen Kombinationen und in unterschiedlich deutlicher Ausprägung vorkommen. Ohne eine Typologisierung anzustreben, unterscheide ich sieben ‚Wege' von Arbeitsformentscheidungen[95]: Die Verfolgung normativer Pfade, subversive Gegenentwürfe als konstruktive Rebellion, das Folgen einer Berufung, die Lösung von Vereinbarkeitsproblemen, die Verfolgung eigener autonomer Interessen, die pragmatische Nutzung von Arbeitsformen und die Lösung biographischer Probleme.

- *Die Verfolgung normativer Pfade*

In allen Lebensgeschichten konnten ökonomische Entscheidungen rekonstruiert werden, bei denen die Interviewpartnerinnen Normen folgen, ohne diese in Frage zu stellen oder die Entscheidung für die jeweilige Arbeitsform auch nur zu thematisieren. Auf meine Nachfragen hin, warum diese Arbeitsform gewählt wurde, bekam ich bei solchen Entscheidungen häufig die Antwort: „Das war einfach so." oder „Was anderes kam mir gar nicht in den Sinn."

Das in Westdeutschland im Zusammenhang mit der wirtschaftlichen Prosperität in den 1950/60er Jahren gesellschaftlich als dominante Arbeitsform verankerte Normalarbeitsverhältnis (Kress 1998) wird auch bei vielen Erwerbsentscheidungen meiner Interviewpartnerinnen normativ wirksam. Insbesondere in der Zeit nach der beruflichen Ausbildung, wenn eine Weiterbildung angestrebt wird oder (noch) keine familiären Verpflichtungen bei den ökonomischen Entscheidungen eine Rolle spielen, ist für die meisten eine Erwerbstätigkeit als abhängig Beschäftigte in Vollzeit selbstverständlich und größtenteils finanziell zur Existenzsicherung notwendig. Die Voraussetzungen, die für eine Weiterbildung im Bekleidungssektor gelten,

95 Die genaue empirische Zuordnung einer spezifischen Arbeitsformentscheidung zu einer dieser charakterisierten Motivlagen ist deshalb aus den genannten Gründen vielfach schwierig.

stützen diese Norm, indem Mindestzeiten in einem Normalarbeitsverhältnis verlangt werden[96].

Auch normative branchenkulturelle Vorstellungen darüber, welche Weiterbildung oder welche Erwerbsstelle wann und wo am besten für die eigene Karriere sind, erlangen in den Erwerbsentscheidungen Handlungsrelevanz.

Bei den Erwerbsentscheidungen zeigte sich die Wirksamkeit von gesellschaftlichen Familienleitbildern, in denen geschlechtsspezifisch unterschiedliche Normen für ökonomisches Handeln verankert sind, insbesondere ab dem Zeitpunkt einer Mutterschaft und in (nur mehr) seltenen Fällen mit dem Eingehen einer festen Partnerschaft. Auf der Grundlage des in den 1950er Jahren in Westdeutschland gesellschaftlich breit akzeptierten Modells der Hausfrauenehe, das bei einer Heirat den Ausstieg aus der Erwerbstätigkeit für Frauen vorsah, entwickelte sich ab Ende der 1960er Jahre das Vereinbarkeitsmodell der Versorgerehe, in dem eine weitgehend kontinuierliche Erwerbstätigkeit auch von (verheirateten) Frauen gesellschaftlich erwartet wird, obwohl die Idee der privaten Kindheit und der Hauptzuständigkeit der Mutter für die Kinderbetreuung weiterhin aufrechterhalten wird (Pfau-Effinger 2000a, S. 111ff.). Als optimale Erwerbsarbeitsform für Frauen während der Phase der aktiven Mutterschaft gilt hierbei abhängig vom Alter der Kinder eine zeitlich reduzierte Erwerbstätigkeit in Form von Teilzeitarbeit (Oertzen 1999; Eckart 1986, 1990). Mit diesem Wandel ging einher, dass eine Nichterwerbstätigkeit von (verheirateten) Frauen ohne Mutterschaft bzw. die Betreuung von Kleinkindern immer weniger gesellschaftlich akzeptiert wird (siehe auch Textkasten 1, 2 und 3). Die besondere Handlungsrelevanz dieser Normen hat sich im ökonomischen Handeln aller Mütter unter meinen Interviewpartnerinnen als Anforderung der zeitweisen Reduzierung der eigenen Erwerbstätigkeit gezeigt, wobei sie sich jedoch durchaus sehr unterschiedlich auf die normativen Vorstellungen beziehen. Vor allem die gesetzlichen Regelungen des Mutterschaftsurlaubs, Erziehungsurlaubs bzw. der Elternzeit, die sich im Laufe der Zeit veränderten, haben sich als mächtige geschlechtsspezifisch wirksame Normen erwiesen (vgl. Schneider/Rost 1998).

In einigen Fällen hat sich auch die Entscheidung für eine berufliche Selbstständigkeit als Verfolgung von normativen Vorstellungen offenbart. Allerdings werden hierbei nicht gesellschaftlich breit akzeptierte Leitbilder

96 Allerdings ist in einigen Fällen sichtbar geworden, dass es manchmal aufgrund der angespannten Arbeitsmarktsituation schwierig sein kann, diese Norm zu erfüllen und häufig informelle Abkommen mit ArbeitgeberInnen geschlossen werden, um die nötigen Normalarbeitsverhältnisse nachweisen zu können.

wirksam, sondern Erwartungen des näheren sozialen Umfelds. Der Weg in die Selbstständigkeit gilt für diese Interviewpartnerinnen als die für sie selbstverständliche Form der Erwerbstätigkeit, wobei sie keine eigene positive Disposition für diese Arbeitsform ausgebildet haben, sondern meist normativen Erwartungen ihrer Eltern folgen, die selbstständig sind.

- *Subversive Gegenentwürfe als konstruktive Rebellion*

Konträr zu der Verfolgung normativer Pfade können in einigen Fällen die Motive für Arbeitsformentscheidungen als subversive Gegenentwürfe zu den vorgestellten kulturellen Normen bzw. zu sozialen Erwartungen und Meinungen beschrieben werden. Gegenkulturelles und widerständiges Handeln kennzeichnen diese Arbeitsformentscheidungen. Hinter diesen Entscheidungen steht die Absicht zu zeigen, dass auch ein anderer Weg als der normativ vorgegebene gangbar ist, bzw. dass Dinge nicht so sind, wie das soziale Umfeld annimmt. Autonomie und Selbstbestimmung über das eigene Leben sind wesentliche Ziele, die in diesen Fällen das ökonomische Handeln treiben. Beispiele für ‚Arbeitsformentscheidungen als subversive Gegenentwürfe' sind: die Entscheidung für eine Selbstständigkeit in Abgrenzung zu einer „normalen Erwerbstätigkeit" von Frau Matschke (vgl. Abschnitt 4.2.1.2); die Entscheidung für eine weitere Vollzeiterwerbstätigkeit in Abgrenzung zu einer erwarteten Familiengründung bei Frau Ulzig (vgl. Abschnitt 4.2.3.3); die Entscheidung trotz der Hauptverantwortung für die Erziehung und Betreuung ihrer Tochter wieder ganztags erwerbstätig zu sein von Frau Nusser (vgl. Abschnitt 4.2.3.2) oder die Entscheidung von Frau Grün, eine Vollzeiterwerbstätigkeit an einem anderen Ort anzunehmen in Abgrenzung zu der Meinung ihres sozialen Umfeldes, dies nicht zu schaffen (vgl. Abschnitt 4.2.2.1).

- *Das Folgen einer Berufung*

In manchen Fällen kennzeichnet die Arbeitsformentscheidungen meiner Interviewpartnerinnen ein stark emotionaler Bezug. Sie haben meist schon in ihrer Jugend eine positive Disposition für eine Arbeitsform, meist die berufliche Selbstständigkeit, ausgebildet. In ihren Erzählungen sprechen die Interviewpartnerinnen in solchen Fällen häufig von einer „Berufung". Sie stellen ihren emotionalen Bezug zur jeweiligen Erwerbsform damit ausdrücklich heraus und vertreten ihn eloquent. Auffallend ist, dass alle Interviewpartnerinnen, deren Arbeitsformentscheidungen als ‚das Folgen einer Berufung' charakterisiert werden können, in ihrem Leben für ihre eigenen Interessen viel Unterstützung durch ihr soziales Umfeld erhalten haben. Ihr ökonomisches Handeln zielt darauf ab, Stimmigkeit im eigenen Leben herzustellen.

- *Die Lösung von Vereinbarkeitsproblemen*

Arbeitsformentscheidungen als ,Lösung von Vereinbarkeitsproblemen' zielen darauf ab Widersprüchlichkeiten einer aktuellen Lebenssituation abzubauen. Gemeint ist hier also, der individuelle Umgang mit zwiespältigen Anforderungen und Bedürfnissen im ökonomischen Handeln. Die Fallrekonstruktionen weisen darauf hin, dass insbesondere Vereinbarkeitsprobleme auf der Ebene unterschiedlicher kultureller Leitbilder und individueller Handlungsorientierungen in Bezug auf Mutterschaft, Erwerbsarbeit, Partnerschaft oder das Leben an sich, große Handlungsrelevanz besitzen. Beispielhaft für solche Arbeitsformentscheidungen ist das ökonomische Handeln von Frau Pallas nach dem Kennenlernen ihres Partners, das darauf abzielt, die durch ihre veränderte Lebenssituation entstandenen Diskrepanzen abzubauen (vgl. Abschnitt 4.2.1.1). Ihr Vereinbarkeitsproblem resultiert, wie dargestellt, aus unterschiedlichen (Be)Wertungen von Tätigkeiten, Arbeitsorten und flexiblen Arbeitszeiten. Die besondere Bedeutung der kulturellen Ebene wird auch im ökonomischen Handeln von Frau Früh gut sichtbar, deren Vereinbarkeitsproblem aus ihrer individuellen Familienorientierung, der erhöhten Notwendigkeit ihrer Erwerbstätigkeit zur Sicherung der finanziellen Existenz der Familie und ihren ambivalenten Raumbezügen resultiert (vgl. Abschnitt 4.2.3.1). Zur Lösung von Vereinbarkeitsproblemen wird häufig auf die Kombination verschiedener Arbeitsformen zurückgegriffen. So kombiniert Frau Früh eine freiberufliche Tätigkeit zu Hause mit einer Tätigkeit als Lehrkraft bei einer Modeschule. Frau Grün nutzt hingegen zur Lösung ihres Problems, ihren Beruf ausüben zu wollen, ortsgebunden und mit einem restriktiven formellen beruflichen Arbeitsmarkt an ihrem Herkunftsort konfrontiert zu sein, die Kombination einer formellen fachfremden Tätigkeit mit einer informellen beruflichen Tätigkeit (vgl. Abschnitt 4.2.2.1).

- *Die Verfolgung eigener autonomer Interessen*

Arbeitsformentscheidungen, die gekennzeichnet sind durch einen emphatischen Bezug und die bewusste Artikulation von Zielen wie zum Beispiel mehr Zeit für sich selbst, mehr Ruhe, soziale Kontakte oder neue Herausforderungen zu finden, charakterisiere ich als ,Verfolgung eigener autonomer Interessen'. Auch solche Arbeitsformentscheidungen konnten in beinahe allen Lebensgeschichten rekonstruiert werden.

- *Die pragmatische Nutzung von Arbeitsformen*

Die ‚pragmatische Nutzung einer Arbeitsform', die ebenfalls durch die explizite Formulierung eines genauen Ziels, das mit der jeweiligen Arbeitsform erreicht werden soll, gekennzeichnet ist, unterscheidet sich von der ‚Verfolgung eigener autonomer Interessen' insbesondere durch die Art des Bezugs auf die Arbeitsform. Pragmatisch, aber nicht emphatisch wird eine Arbeitsform zur Lösung einer bestimmten Problemsituation gewählt. Beispielhaft für diese Arbeitsformentscheidungen steht die Wahl von angestellten Tätigkeiten zur Reduzierung von Kosten bei Frau Matschke (vgl. Abschnitt 4.2.1.2), oder die Wahl der beruflichen Selbstständigkeit zur Sicherung einer längerfristigen Perspektive von Frau Ulzig (vgl. Abschnitt 4.2.3.3).

- *Die Lösung biographischer Probleme*

Die Entscheidung für eine Arbeitsform kann ferner auf verschiedene Weise der ‚Lösung biographischer Probleme' dienen. Die Rekonstruktion des ökonomischen Handelns meiner Interviewpartnerinnen zeigte, dass in einzelnen Fällen Arbeitsformen zur Findung bzw. Festigung der eigenen Identität genutzt werden und somit einen emanzipatorischen Charakter haben. Die Wahl einer Arbeitsform kann den Neubeginn eines bisher „ungelebten Lebens" (Zacher 1984; Alheit 1996) markieren oder der Reflektion über das bisherige Leben, im Sinne einer Auszeit, dienen. Die jeweilige Arbeitsform fungiert folglich als ein Mittel, um Ziele, die außerhalb des eigentlichen ökonomischen Handelns liegen, zu erreichen. Diese Motivlage bleibt meist unbewusst und wird erst in der Rekonstruktion des Entscheidungsprozesses sichtbar. Als Beispiele für solche Arbeitsformentscheidungen stehen: die krankheitsbedingte Entscheidung von Frau Grün, eine fachfremde Tätigkeit im Bastelladen anzunehmen (vgl. Abschnitt 4.2.2.1); das durch die Suche nach sozialer Anerkennung gekennzeichnete ökonomische Handeln von Frau Pallas (vgl. Abschnitt 4.2.1.1) oder die Entscheidung für ein mehrmonatiges Auslandspraktikum von Frau Eggenau.

Die dargestellte Charakterisierung von Arbeitsformentscheidungen nimmt nicht das Ergebnis biographischer Entscheidungsprozesse, also einzelne Arbeitsformen in den Blick, sondern den Handlungsprozess selbst. Damit wird nicht, wie etwa in der Existenzgründungsforschung üblich, ein spezifischer Zusammenhang zwischen einer Motivlage und einer bestimmten Arbeitsform wie der beruflichen Selbstständigkeit konstruiert (vgl. Michailow 1997). Es wird vielmehr empirisch rekonstruiert, ob und wie eine Motivlage und eine berufliche Selbstständigkeit in einer biographischen Situation in einem spezifischen Passungsverhältnis zueinander stehen[97]. Hierbei können widersprüchliche Motive in Biographien erkennbar werden, die sich in Ambivalenzen im Handeln und der Bewertung der eigenen Arbeitssituation ausdrücken.

Erneut möchte ich betonen, dass auch bei gleicher Motivlage grundsätzlich offen bleibt, welche Arbeitsform schließlich als Lösung gewählt wird. Nur eine genauere Rekonstruktion des situativen und biographischen Kontexts sowie der Dimensionen von Arbeitsformen, auf die das subjektive ökonomische Handeln abzielt, macht nachvollziehbar, warum eine Arbeitsform und nicht eine andere gewählt wird. Denn Arbeitsformen erfüllen einen bestimmten biographischen Sinn, dem je nach biographischer Konstruktion eher eine abhängige Beschäftigung, eine berufliche Selbstständigkeit in Teilzeit oder Vollzeit, eine informelle Aktivität oder eine Tätigkeit als ‚Vollzeit Hausfrau und Mutter' entspricht. Der Perspektivenwechsel von der objektiven Betrachtung von Erwerbsarbeitsformen und ihren Auswirkungen hin zur subjektorientierten Rekonstruktion der (Erwerbs)Arbeitsformenwahl, durch die der Entscheidungsprozess und dessen Charakter in den Mittelpunkt der wissenschaftlichen Aufmerksamkeit rückt, steigert das Verständnis der Zusammenhänge ökonomischen Handelns im Rahmen des ökonomischen und sozialen Wandels.

97 Der Ideologisierung einer selbstständigen Beschäftigung wird hierdurch entgegengewirkt, indem das ‚Ergebnis' des ökonomischen Handelns offen gelassen wird (vgl. Michailow 1997; Hodenius 1997a).

5 Eine geschlechtersensible subjektorientierte Geographie der Arbeit: Resümee und Ausblick

> "(F)amily, work, and consumption (...) are terms that sit at the boundaries of economic geography. They are markers: terms whose manner of inclusion or exclusion within economic geography, (...) have definite, different, even conflicting implications for our understanding/s of what economic geography is about; terms that questions the assumptions and the terrain on which and from which economic geography speaks." (Gregson 2000, S. 311)

Im Mittelpunkt dieser Studie stand die Frage, wie Entscheidungen über das eigene Arbeiten in den Wandel der Arbeitsmärkte und der Gesellschaft eingebettet sind und welche Rolle hierbei räumliche Faktoren und Geschlecht spielen. Durch die geschlechtersensible subjektorientierte Herangehensweise an Arbeitsformentscheidungen rückten in der empirischen Untersuchung die Praxis der Handelnden, Subjektpotentiale, Fragen nach Handlungsspielräumen und der Gestaltungsmacht von arbeitenden Menschen in den Vordergrund. Identitätsbildungsprozesse und Prozesse der subjektiven Bedeutungszuschreibung entpuppten sich als wesentliche Elemente ökonomischen Handelns. Vor allem hierin sehe ich den Beitrag dieser Untersuchung zu einer Geographie der Arbeit, denn diese Aspekte werden bisher in wirtschaftsgeographischen Untersuchungen weitgehend ausgeklammert.

5.1 Erträge der differenzierten Rekonstruktion von Arbeitsformentscheidungen

Im Folgenden fasse ich die Ergebnisse der differenzierten Analyse von Arbeitsformentscheidungen in vier Schritten zusammen, bevor ich abschließend offene Forschungsfragen skizziere, die sich aus den Erkenntnissen meiner Studie ergeben (vgl. Kapitel 5.2).

5.1.1 Motive: Vereinbarkeitsprobleme sowie lebensbegleitende, symbolische, soziale und inhaltliche Interessen

Um zu sehen, welche Motive bei den Erwerbsentscheidungen meiner Interviewpartnerinnen eine Rolle spielten und auf welche Dimensionen von Arbeitsformen das Handlungsinteresse jeweils zielte, wurden in dieser Studie fallspezifisch Weil- und Um-zu-Motive rekonstruiert.

Bedürfnisse nach sozialer Anerkennung, Kommunikation und sinnvoller Arbeit waren für die interviewten Frauen ausschlaggebende Motive dafür, in welcher Form und in welchem Umfang sie arbeiteten. Wichtig ist, dass die Interviewpartnerinnen je nach ihrer Lebenssituation mit verschiedenen Arbeitsformen - wie einem Normalarbeitsverhältnis, einer selbstständigen Tätigkeit oder der Tätigkeit als ‚Vollzeit-Mutter und Haufrau' - unterschiedliche Chancen verbanden, sozial anerkannt zu werden und kommunizieren zu können. Im Entscheidungsprozess loteten sie also unterschiedliche Arbeitsformen nach den Möglichkeiten aus, ihre eigenen Interessen und Ziele zu erreichen. Die soziale, identitäts- und sinnstiftende Funktion von Arbeit, die auch Becker-Schmidt und Knapp (1982, 1983, 1984) in ihren Studien hervorheben, spielt bei Arbeitsformentscheidungen eine zentrale Rolle. Für viele der Frauen war die Entscheidung für eine Arbeitsform mit Arbeit an der eigenen Identität verbunden.

Ferner trafen die befragten Frauen ihre Erwerbsentscheidungen meist nicht unabhängig von Ansprüchen an die Qualität und das Niveau der Arbeit sowie an die damit verbundenen Arbeitsinhalte. Vor allem Erwerbsentscheidungen von Interviewpartnerinnen mit einer ausgeprägten beruflichen Identität konnten nicht unabhängig von der inhaltlichen Dimension von Arbeit analysiert werden. Auch Erwerbsentscheidungen, bei denen die Interviewpartnerinnen offenbar geringe Ansprüche an die Qualität, das Niveau und die Inhalte der Arbeit stellten, eröffneten Erkenntnisse über ihre Motive. In solchen Fällen standen andere Lebensbereiche und Probleme in der jeweiligen Lebensphase im Vordergrund bzw. für die Wahl einer Arbeitsform sprachen eher strategisch pragmatische Gründe. Wird in Untersuchungen folglich danach gefragt, welche inhaltlichen Ansprüche bei einer ökonomischen Entscheidung gestellt werden, so erhöht sich das Verständnis der Beweggründe immens. Der Umfang, die Form, die Bedeutung und der Inhalt von Arbeit gehören eng zusammen. Es ist deshalb sinnvoll, die formalen Kriterien zur Unterscheidung von Arbeitsformen (nach zeitlichen, rechtlichen, finanziellen, vertraglichen oder räumlichen Kriterien), noch um inhaltliche, soziale, organisatorische und symbolische Aspekte von Arbeit zu erweitern[98].

---

98 Die Erkenntnis, dass die sinnhaften und inhaltlichen Dimensionen von Arbeit wesentliche Elemente bei Erwerbsentscheidungen sind, stellt auch die aktuelle arbeitsmarktpolitische Diskussion in Frage: Bei der Propagierung von Arbeit um (beinahe) jeden Preis angesichts der hohen Arbeitslosigkeit in Deutschland wird die Bedeutung dieser Aspekte von Arbeit für das Wohlbefinden von Menschen und damit das Funktionieren einer Gesellschaft übersehen. Arbeitsmarktpolitische Konzepte können jedoch nur dauerhaft funktionieren, wenn mit den Maßnahmen auch Chancen der sozialen Aner-

Vereinbarkeitsprobleme zu lösen offenbarte sich als eine weitere wichtige Motivlage bei Arbeitsformentscheidungen. Die befragten Frauen waren besonders mit Unvereinbarkeiten ihrer Handlungsorientierungen mit unterschiedlichen kulturellen Leitbildern und Anforderungen ihres sozialen Umfeldes konfrontiert. Überraschend war, dass unter anderem die subjektive Bedeutung der räumlichen Trennung bzw. Vermischung von Sorgearbeit und Erwerbsarbeit bedeutend dafür war, ob eine Lebenssituation zu diskrepanten Gefühlen führte und durch eine Veränderung der eigenen Arbeitsform gelöst werden musste. Die Problematik der Eingebundenheit vieler Frauen (und mancher Männer) in die Erwerbs- und Sorgearbeit wird in wissenschaftlichen und arbeitsmarktpolitischen Debatten meist nur als Problem der zeitlichen Vereinbarkeit von Familie und Beruf thematisiert. Vereinbarkeitsprobleme sollten jedoch vielmehr in einem weiteren Sinn als Auseinandersetzungen mit Widersprüchlichkeiten der eigenen Lebenssituation und der Suche nach Umgangsstrategien damit gedacht werden. Zeitliche Vereinbarkeitsprobleme zwischen Erwerbs- und Reproduktionsarbeit können nicht per se vorausgesetzt, sondern nur rekonstruiert werden. Die Sicht auf Vereinbarkeitsprobleme muss um andere Dimensionen als die zeitliche erweitert werden. Auch die Koordination der Erwerbstätigkeit mit anderen Lebensbereichen als den der Familie - zum Beispiel mit Freizeitaktivitäten oder dem Erhalt der eigenen Gesundheit - können im Zentrum von subjektiven Vereinbarkeitsproblemen stehen[99].

Schließlich konnten lebensbegleitende Weil- und Um-zu-Motive identifiziert werden, die das Verständnis der (Erwerbs)Arbeitsformentscheidungen der interviewten Frauen erheblich erhöhten. Lebensbegleitende Ziele ste-

---

kennung einhergehen, inhaltliche Ansprüche befriedigt werden und soziale Kommunikation möglich ist.

99 In arbeitsmarktpolitischen Debatten werden häufig zeitlich reduzierte oder zeitlich und räumlich flexible Arbeitsformen wie Selbstständigkeit, Teilzeitarbeit sowie Formen von Heimarbeit als besonders geeignet zur Vereinbarkeit von Familie und Beruf propagiert (vgl. Kapitel 2.2.3). Die besondere Eignung gerade dieser Arbeitsformen muss vor dem Hintergrund der Ergebnisse dieser Studie jedoch hinterfragt werden. Da nicht per se von zeitlichen Vereinbarkeitsproblemen zwischen Erwerbs- und Reproduktionsarbeit ausgegangen werden kann, sind die Reduktion oder höhere Flexibilität von Arbeitszeit und Heimarbeit nicht unbedingt geeignet, um Widersprüchlichkeiten und Unvereinbarkeiten einer Lebenssituation zu begegnen. So entpuppte sich zum Beispiel in meiner empirischen Untersuchung die Strategie der Kombination unterschiedlicher Arbeitsformen – auch informeller und unbezahlter – als eine Form des kreativen Umgangs mit ambivalenten Lebenssituationen. Je nachdem auf welcher Ebene – z.B. der zeitlichen, der kulturellen oder der räumlichen - Vereinbarkeitsprobleme verankert sind, tragen unterschiedliche Arbeitsformlösungen zum Abbau von Widersprüchlichkeiten bei.

cken den äußeren Rahmen ab, in dem situativ entschieden wird. Situative, eher alltagspraktische Entscheidungen werden nie gegen diese lebensbegleitenden Ziele getroffen. Um Fehlinterpretationen bei der Analyse von Arbeitsformentscheidungen zu vermeiden, genügt es nicht, ökonomisches Handeln nur in seiner aktuellen Eingebundenheit in strukturelle Rahmenbedingungen und das soziale Umfeld zu betrachten. Vielmehr erwies sich zusätzlich eine historische Perspektive als notwendig: der Blick auf das ‚Geworden-Sein' einer Entscheidung.

5.1.2 Die Bedeutung und Wirksamkeit von Geschichte

Bei ökonomischen Entscheidungen spielen folglich sowohl der situative als auch der biographische Kontext eine wichtige Rolle. Die subjektive Geschichte eines Menschen ist für sein aktuelles ökonomisches Handeln maßgeblich. Auch in der neueren wirtschaftsgeographischen Literatur wird bezogen auf Unternehmen, industrielle Entwicklungen und Regionen von der „Pfadabhängigkeit ökonomischen Handelns" gesprochen und damit die Bedeutung evolutionärer und erfahrungsabhängiger Entwicklungen für ökonomisches Handeln konstatiert (z.B. Bathelt/Glückler 2002a). Wie sich die Pfadabhängigkeit und damit gesellschaftlicher und ökonomischer Wandel im ökonomischen Handeln niederschlagen, bleibt jedoch häufig offen. In vorliegender Studie konnte auf einer individuellen Ebene gezeigt werden, wie Geschichte im ökonomischen Handeln Bedeutung erlangt. Wichtig ist, dass Geschichte nur als subjektiv interpretierte und gedeutete Erfahrungen und individuell konstruierte Handlungsorientierungen im ökonomischen Handeln wirksam wird.

5.1.2.1 Subjektiv interpretierte und gedeutete Erfahrungen

Um das aktuelle Handeln der Interviewpartnerinnen an ihre persönliche Geschichte zurückzubinden, rekonstruierte ich Aufschichtungs- und Entwertungsprozesse von biographischen Erfahrungen und die Möglichkeiten ihrer Inwertsetzung. Auf diese Weise wurde die Bedeutung von individuellen Ressourcen für das ökonomische Handeln der interviewten Frauen im Kontext unterschiedlicher Rahmenbedingungen und Lebenssituationen empirisch zugänglich.

Im Verlauf von Entscheidungsprozessen deuteten die Interviewpartnerinnen ihre eigenen Erfahrungen und Ressourcen und machten diese so für sich spezifisch nutzbar. Das heißt, nicht das Vorhandensein von Ressourcen alleine war ausschlaggebend für die Bedeutung, die diese bei Arbeitsformentscheidungen hatten, wichtig war vielmehr, wie die Interviewpartnerinnen ihre eigenen Erfahrungen wahrnahmen und einschätzten: Frühere Erfahrungen wurden so zu solchen, auf die man zurückgreifen konnte oder die sich nicht nutzen ließen, soziale Kontakte zu Beziehungen, die einen an einen Ort banden oder von dort vertrieben, die für Entscheidungen Kraft gaben oder diese noch zusätzlich belasteten. Warum die befragten Frauen durchaus vorhandene Ressourcen in manchen Entscheidungssituationen nicht nutzten, wurde auf diese Weise verständlich. Im Verlauf des Lebens - so zeigten die Fallrekonstruktionen außerdem - kann sich die Handlungsrelevanz einzelner Ressourcen ändern. Die Möglichkeit des Rückgriffs auf ‚versunkene' - also früher nicht nutzbare oder genutzte - biographische Erfahrungen zeigte sich als besonders bedeutsam für die Entscheidungen der Interviewpartnerinnen. Die Ergebnisse dieser Studie ‚beleuchten' insofern ‚blinde Flecken' ressourcentheoretischer Ansätze. Bisher wird ferner der Zusammenhang von individuellen Ressourcen und ökonomischem Handeln fast ausschließlich in Untersuchungen über Existenzgründungsentscheidungen thematisiert. Individuelle Erfahrungen und Ressourcen sind jedoch generell bedeutsam - auch bei Entscheidungen für andere Arbeitsformen.

5.1.2.2 Orientierungen und Identitätskonstruktionen

Durch die empirische Rekonstruktion von handlungsleitenden Orientierungen - also Prozessen der subjektiven Auseinandersetzung mit strukturellen Rahmenbedingungen und gesellschaftlichen Anforderungen im Lebensverlauf - wurde das ökonomische Handeln der Interviewpartnerinnen an historische, gesellschaftliche und ökonomische Entwicklungen zurückgebunden. Individuelle Umgangsstrategien mit dem ökonomischen und gesellschaftlichen Wandel sowie Handlungspotentiale der Interviewpartnerinnen wurden damit empirisch zugänglich.

Der Umgang der Frauen mit dem gesellschaftlichen, sektoralen und betrieblichen Wandel sowie mit Arbeitsmarktrestriktionen differierte vor allem aufgrund unterschiedlicher handlungsleitender Orientierungen. Obwohl meine Interviewpartnerinnen durchaus mit ähnlichen Rahmenbedingungen konfrontiert wurden, entwickelten sie in ihrem Lebensverlauf jeweils eigene Handlungsbezüge zu Strukturen und Anforderungen. Sie interpretierten den ökonomischen und gesellschaftlichen Wandel und die Ansprüche, die ihr eigenes soziales Umfeld an sie stellte, vor dem Hintergrund, wie sie selbst verschiedene Lebensbereiche für sich gewichteten und damit auch, wie sie sich als Frau, als Erwerbstätige, als Partnerin, als Sportlerin oder als Mutter definierten. Arbeitsformentscheidungen sind demnach dynamische Prozesse des sich Positionierens und der Auseinandersetzung mit der eigenen Identität.

Folglich beeinflussten sehr unterschiedliche Familien- und Erwerbsorientierungen die Art und die Form der Erwerbsbeteiligung meiner Interviewpartnerinnen (vgl. auch Geissler/Oechsle 1996). Zudem stellten sich auch andere handlungsleitende Orientierungen als wichtig heraus: Besonders relevant erwies sich der Bezug zum eigenen Beruf und zur eigenen räumlichen Mobilität. Wie die Fallbeispiele zeigten, hatten die befragten Frauen nicht einfach eine Einstellung zu ihrem Beruf, einer Familie oder ihrer Erwerbstätigkeit und behielten diese für alle Zeit. Vielmehr entwickelten und veränderten sich ihre Einstellungen oder anders gesagt - diese wurden von ihnen fortlaufend ‚bearbeitet'. Handlungsleitende Orientierungen sollten deshalb in Untersuchungen über Erwerbsentscheidungen dynamisch und nicht statisch konzipiert werden.

5.1.3 Die Bedeutung von Arbeitsmärkten, Strukturwandel und kulturellen Leitbildern

Wie und welche strukturellen Rahmenbedingungen erwiesen sich nun als handlungswirksam?

Die regional sehr unterschiedlichen Ausbildungs- und Arbeitsmarktsstrukturen sowie der internationale und nationale branchenstrukturelle Wandel des Bekleidungssektors bestätigten sich als handlungsrelevant für die Entscheidungen meiner Interviewpartnerinnen. Diese loteten zunächst primär den lokalen formellen Arbeitsmarkt auf ‚passende' Beschäftigungsmöglichkeiten aus. Entscheidend dafür, wie die befragten Frauen die lokalen Arbeitsmärkte einschätzten, war jedoch nicht das objektiv gegebene, sondern das subjektiv im Hinblick auf eigene Ziele und Möglichkeiten wahrgenommene und bewertete Angebot an Arbeitsmöglichkeiten. Prozesse der subjektiven Bedeutungszuschreibung an Arbeitsorte – die individuelle Konstruktion von Orten, die Möglichkeiten bieten, Prestige bringen oder Konflikte in sich bergen – sind demnach wesentliche Elemente von ökonomischen Entscheidungsprozessen.

Wurde ein lokaler formeller Arbeitsmarkt subjektiv als restriktiv interpretiert, so entwickelten die Interviewpartnerinnen unterschiedliche Umgangsstrategien. Sie nutzten informelle Arbeitsmärkte, entschieden sich auf andere Arbeitsformen, nicht berufsspezifische oder andere lokale Arbeitsmärkte auszuweichen. Bei der individuellen Wahrnehmung und Interpretation von Arbeitsmärkten und der Entwicklung von Umgangsstrategien damit, zeigte sich, dass mit (Erwerbs)Arbeitsformentscheidungen häufig Auseinandersetzungen mit der eigenen Ortsgebundenheit und raumbezogenen Identität bzw. der eigenen räumlichen Mobilität einher gehen. Die spezifische soziale Eingebundenheit bestätigte sich als durchaus einflussreich für die Bindung an einen Ort. Durch die empirische Rekonstruktion von Raumorientierungen konnte zudem das Werden und die Veränderungen von Ortsbindungen und Mobilitätsentscheidungen beleuchtet werden. Mobil zu sein oder ortsgebunden zu sein verlor dadurch den Anschein, etwas Frauen inhärentes zu sein. Was an Orten ‚hält' und warum andere Orte ‚locken' wurde empirisch zugänglich. Sichtbar wurde, warum eine Frau bisher an einen Ort gebunden war, es sie jetzt jedoch ‚wegzieht'.

Auch auf der Mikroebene des Haushalts konnten Prozesse der Auseinandersetzung mit der eigenen Mobilität und Ortsbindung identifiziert werden, die bei den Arbeitsformentscheidungen bedeutsam waren. An ‚zu Hause gebunden zu sein' oder ‚nicht gebunden zu sein' war Teil der Auseinandersetzungen der befragten Frauen mit ihrer Identität als Frau, Mutter, Partnerin oder Berufstätige. Das ‚Gebunden sein an zu Hause' ist nicht automatisch mit einer bestimmten Lebenssituation verknüpft, sondern vielmehr sozial konstruiert und auf einer kulturellen Ebene verankert. Bei Ortsbindungsprozessen spielen kulturelle Leitbilder von Familien- bzw. Hausstandsgründung, von der ‚richtigen' Kinderbetreuung, vom Zusammenleben in einer Partnerschaft sowie der geschlechtsspezifischen Arbeitsteilung im Haushalt eine große Rolle. Dieser Verbindung von Ortsbindungsprozessen mit Geschlechterkonstruktionen und ihren Auswirkungen auf ökonomisches Handeln wird in wissenschaftlichen Untersuchungen bisher meines Wissens keine Beachtung geschenkt.

Als Ergänzung zu bisherigen Ansätzen der regionalen Arbeitsmarktforschung verweisen die Ergebnisse dieser Untersuchung auf Folgendes: auf verschiedene Umgangsstrategien mit restriktiven Arbeitsmärkten bei denen sowohl formelle als auch informelle Bereiche der Ökonomie einbezogen werden; auf die besondere Bedeutung der individuellen Wahrnehmung und Interpretation von lokalen Arbeitsmärkten und regionalen Disparitäten bei der individuellen Arbeitsplatzsuche sowie auf die Bedeutung von Ortsbindungsprozessen und Raumorientierungen für ökonomisches Handeln.

Ferner bestätigte sich, dass ökonomische Umstrukturierungs- und Flexibilisierungsprozesse branchenspezifisch differenziert zu untersuchen sind. Ergebnisse, die in Studien über eine Branche gewonnen werden, sind nicht auf andere Branchen übertragbar. Für meine Interviewpartnerinnen war die Nutzung von Arbeitsformen und Arbeitsbedingungen je nach Region,

Branchensegment, Produkt, Qualitätsniveau und Tätigkeitsbereich sehr unterschiedlich möglich. Manche der Frauen konnten bei ihren Erwerbsentscheidungen die Umstrukturierungsprozesse der Modebranche positiv nutzen. Andere empfanden die Veränderungsprozesse hingegen als einschränkend und entwickelten spezifische Umgangsstrategien mit den branchenstrukturellen Restriktionen. Die Spielräume ökonomischen Handelns wurden hierbei nicht nur durch das regional, betrieblich und branchensektoral unterschiedliche Angebot an Erwerbsmöglichkeiten strukturiert, sondern vor allem auch durch subjektive Berufs- und Branchenorientierungen. Für Interviewpartnerinnen deren Berufsorientierung eher schwach entwickelt war oder in Lebensphasen, in denen die Berufsorientierung vorübergehend in den Hintergrund trat, besaß der branchenstrukturelle Wandel wenig Handlungsrelevanz. Gesprächspartnerinnen mit einer ausgeprägten Berufsorientierung sahen sich hingegen fortlaufend – sowohl positiv als auch negativ – mit dem branchenstrukturellen Wandel konfrontiert. Beim Umgang der Interviewpartnerinnen mit strukturellen Rahmenbedingungen konnten außerdem sowohl Prozesse rekonstruiert werden, in denen sie ihre Handlungsmöglichkeiten selbst aktiv erweiterten, als auch solche, in denen sie ihre Handlungsspielräume selbst einschränkten. Beiden Prozessen – der aktiven Einschränkung bzw. Erweiterung der eigenen Möglichkeiten ökonomischen Handelns - wird bisher in Untersuchungen kaum Aufmerksamkeit geschenkt. Diese Ergebnisse machen verständlich, warum sich bei vergleichbaren beruflichen Ausgangsbedingungen der branchenstrukturelle Wandel unterschiedlich in Arbeitsbiographien auswirkt und zu verschiedenen Arbeitsformentscheidungen führt.

Die Ergebnisse dieser Studie bekräftigen ferner Ansätze, die von einer besonderen Handlungsrelevanz von sozio-kulturellen Kontexten – vor allem Geschlechterarrangements - für das Arbeiten von Frauen (und Männern) ausgehen (vgl. Pfau-Effinger 2000a; Bühler 2002). Berufskulturelle Vorstellungen spielten zwar für einige Erwerbsentscheidungen der interviewten Frauen eine Rolle. Gerade institutionell und kulturell verankerte Normen und Leitbilder, die das Zusammenleben mit Kindern und das Muttersein betreffen, erwiesen sich jedoch als außerordentlich mächtige Einflussfaktoren für die Arbeitsformentscheidungen meiner Interviewpartnerinnen – auch der Kinderlosen. Ab dem Zeitpunkt des Zusammenlebens mit Kindern - der aufgrund der heutigen Vielfalt von Haushaltsformen (z.B. Patch-Work-Familien) nicht mit einer biologischen Mutterschaft gleichgesetzt werden sollte - scheint sich die Notwendigkeit der Auseinandersetzung mit subjektiven und gesellschaftlichen Vorstellungen über Mütterlichkeit und die Organisation der Kinderbetreuung zu verstärken.

Die besondere Bedeutung der geschlechtsspezifischen Arbeitsteilung für Erwerbsentscheidungen von Frauen hat sich bestätigt. Allerdings stand die Form der geschlechtsspezifischen Arbeitsteilung in den Partnerschaften der befragten Frauen keineswegs fest und war auch nicht stabil. Sie wurde von ihnen immer wieder ausgehandelt. Ausschlaggebend dafür, wie bewusst und offensiv die befragten Frauen die geschlechtsspezifische Arbeitsteilung verhandelten, welche Fragen sie thematisierten und welche Form der Arbeitsteilung sie anstrebten, waren wiederum ihre handlungsleitenden Orientierungen, das heißt, wie die Frauen selbst Erwerbstätigkeit, Beruf, Hausarbeit und Familie gewichteten und wie sie ihre eigene Position im Geschlechterverhältnis sahen. Der Spielraum der Frauen, die geschlechtsspezifische Arbeitsteilung mit ihren Partnern zu gestalten, war jedoch deutlich durch kulturelle Leitbilder und andere Strukturen begrenzt. Die befragten Frauen konnten die geschlechtsspezifische Arbeitsteilung nur innerhalb eines Rahmens verhandeln, der durch die Erwartungen ihres sozialen Umfeldes, ihr niedriges Einkommen, gesellschaftliche Vorstellungen über Müttererwerbstätigkeit und die Aufgaben als Frau im Haushalt und anderes, vorstrukturiert ist. Eigene Vorstellungen, die des Partners und kulturelle Leitbilder können sich hierbei durchaus konflikthaft gegenüberstehen. Die Fallanalysen zeigten, wie die Interviewpartnerinnen in solchen Fällen nach Kompromissen und Lösungen der widersprüchlichen Situationen suchten. Die Interviewpartnerinnen bearbeiteten im Verlauf von biographischen Prozessen gesellschaftliche Geschlechterkonstruktionen – sie nahmen sie an oder lehnten sie für sich ab, kritisierten sie und deuteten sie um. Wie konkretes ökonomisches Handeln im Rahmen von Geschlechterarrangements gestaltet ist, rückte so in das Zentrum der Analyse. Prozesse der Aufrechterhaltung und Stabilisierung der geschlechtsspezifischen Arbeitsteilung in Haushalten und ungleicher Strukturen der Erwerbsbeteiligung wurden auf diese Weise sichtbar und nachvollziehbar. Desgleichen rückten aber auch – zum Teil geringfügige – Prozesse des Wandels dieser Strukturen in den Blick. Dadurch werden Veränderungspotentiale geschlechtsspezifisch ungleicher Strukturen erkennbar.

5.1.4 Dynamische Entscheidungsprozesse - kontingente Ergebnisse

Das ökonomische Handeln meiner Interviewpartnerinnen differenzierte sich durch ihre unterschiedlichen Handlungsorientierungen, durch ihre subjektiven Möglichkeiten auf eigene biographische Ressourcen zurückgreifen zu können und durch ihre spezifische soziale Eingebundenheit. Zudem veränderten sich im Lebensverlauf mancher Frauen die Motive für ihr ökonomisches Handeln, ihre Wahrnehmung von Problemlagen und ihre Vorstellungen darüber, wie sich Ziele verwirklichen lassen. Sowohl der situative als auch der biographische Kontext spielte für die aktuellen Entscheidungen der Frauen eine entscheidende Rolle. Als Ergebnisse dynamischer Prozesse biographischen Handelns sind Arbeitsformentscheidungen kontingent. Kontingenz meint hier, dass das Ergebnis von Entscheidungsprozessen aufgrund ihrer doppelten Kontextualität prinzipiell offen ist.

Die Arbeitsformen, welche die interviewten Frauen ausübten, ließen keine klaren Rückschlüsse auf Ziele, Gründe, Einstellungen oder Lebenssituationen zu, die sie dazu veranlasst haben, diese Formen des Tätigseins zu wählen. Hinter scheinbar gleichen Entscheidungen für eine Arbeitsform konnten - auch wenn sie in ähnlichen Lebenssituationen getroffen wurden - sehr unterschiedliche Motivlagen und Entscheidungswege stehen. Ähnliche Ausgangsbedingungen und Entscheidungssituationen führten nicht zwangsläufig zu denselben Arbeitsformentscheidungen. Um zu erfahren, was eine Interviewpartnerin veranlasst hat, eine Arbeitsform zu wählen, war es aufschlussreich, den Konstitutionsprozess ihrer Entscheidungen zu betrachten, das heißt zu fragen, wie es dazu kam, dass sie sich für eine Arbeitsform entschieden hat und zu rekonstruieren, warum die Gesprächspartnerinnen eine Arbeitsform in einer bestimmten Lebenssituation für sich als ‚passend' interpretierten. Dadurch wurden nicht nur die komplexen Zusammenhänge sichtbar, die in einer individuellen Biographie zu einer Entscheidung führten, sondern es konnten unterschiedlich charakterisierte Entscheidungsprozesse herausgearbeitet werden. Entscheidungen für Arbeitsformen sind demnach verschieden in Lebensverläufe eingebettet. Spannend bleibt, weiter der Frage nachzugehen, welchen Unterschied es für das ökonomische Handeln macht, ob eine Entscheidung für Arbeitsformen eher die Lösung von Widersprüchlichkeiten der eigenen Lebenssituation bezweckt, normativen Pfaden folgt oder der Befriedigung autonomer Interessen dient.

5.2 Ausblick

Die Ergebnisse dieser Studie zeigen Zusammenhänge zwischen individuellem ökonomischem Handeln, Geschlecht und Geographie auf, die bisher in der geographischen Arbeitsforschung kaum beleuchtet wurden. Als wichtige zukünftige Forschungsfragen sollten diese Aspekte in weiteren Studien gezielt aufgegriffen und erforscht werden. In einem Ausblick möchte ich im Folgenden drei relevante Themen skizzieren und auf geographische Forschungsfelder hinweisen, an die sich hier anknüpfen lässt.

Erstens: Gerade für die regionale Arbeitsmarktforschung wäre es wichtig, mehr über die subjektive Wahrnehmung und Interpretation von lokalen Arbeitsmärkten und regionalen Disparitäten sowie über individuelle Umgangsstrategien mit Arbeitsmarktrestriktionen zu wissen. Von Interesse sind auch die Zusammenhänge zwischen ökonomischem Handeln, Geschlecht und individuellen Mobilitätsentscheidungen. Zur Frage, wie Männer und Frauen ihre beruflichen Mobilitätsentscheidungen treffen, besteht angesichts der angespannten Arbeitsmarktslage und den großen Disparitäten zwischen regionalen Arbeitsmärkten in Deutschland ein großer Forschungsbedarf (vgl. Blien et al. 2001). Weitgehend ungeklärt sind bisher Phänomene der geschlechtsspezifisch unterschiedlichen regionalen Mobilität in Teilen der neuen Bundesländer, wo es aufgrund der besonders starken Abwanderung von jungen Frauen lokal zu problematischen demographischen Veränderungen kommt (vgl. Claus 2004). In Anbetracht der gestiegenen Mobilitätsanforderungen und -erwartungen der Arbeitswelt sind weitere Erkenntnisse in diesem Bereich auch gesellschafts- und arbeitsmarktpolitisch grundlegend.

Anknüpfen kann die Forschung über die individuelle Wahrnehmung und Interpretation von Arbeitsmärkten und berufliche Mobilität an wahrnehmungsgeographische Untersuchungen über die Perzeption von räumlichen Disparitäten, über den Einfluss von Images von Orten auf die individuelle ‚Standortwahl' sowie an die Forschung über raumbezogene Identitäten (vgl. Werlen 2000, S. 265 ff.; Weichhart 1990). Berufliche Mobilitätsentscheidungen sollten nicht nur im Rahmen der persönlichen Arbeitsmarktssituation betrachtet (vgl. Blien et al. 2001), sondern im Gesamtzusammenhang des Lebens von Menschen thematisiert werden. In Untersuchungen über Mobilität und Ortsbindung sollte zusätzlich zur lokalen, regionalen oder nationalen Ebene auch die Maßstabsebene des Haushalts einbezogen werden (vgl. Reinhardt 1999, S. 63 ff.). Im Zusammenhang mit beruflichen Mobilitätsentscheidungen geht es nicht nur darum, was Menschen lokal bindet oder ‚wegtreibt', sondern auch darum, was warum ‚an zu Hause' bindet. Die Ergebnisse meiner Studie weisen auf die Bedeutung sozialer Kontexte, individueller handlungsleitender Orientierungen und von biographischen Konstruktionen im Hinblick auf Ortsbindung und die eigene Mobilität hin. Die regionale Arbeitsmarktforschung kann zur Untersuchung von beruflichen Mobilitätsentscheidungen zudem auf Arbeiten der Geschlechterforschung zurückgreifen, die sich mit Arbeit, Raum, Geschlecht und Identität beschäftigen (vgl. van Hoven/Pfaffenbach 2002). Außerdem lässt sich an neuere Ansätze der Migrationsforschung anknüpfen, welche die Bedeutung von sozialen Beziehungen und Kenntnissen über einen Ort für Wanderungsentscheidungen hervorheben (vgl. Haug 2000).

Zweitens: Die Erkenntnis, dass das gesellschaftliche Konstrukt der räumlichen Trennung und geschlechtsspezifischen Zuweisung von Sphären für ökonomisches Handeln handlungswirksam ist, eröffnet neue Perspektiven zur Untersuchung der räumlichen Entgrenzung von Arbeit. Die Bindung von Erwerbsarbeit an feste betriebliche Orte löst sich im Zuge der allgemeinen Flexibilisierung von Arbeit immer stärker auf. Der Forschungsbedarf zu den Konsequenzen und Auswirkungen dieser Tendenz ist groß (z.B. Gottschall/Voß 2003; Eichmann/Hermann 2004). Geografinnen und Geografen beteiligen sich bisher jedoch kaum am aktuellen Diskurs über die räumliche Entgrenzung von Arbeit. Wichtig erscheint mir, mehr darüber zu wissen, wann und in welchen Lebenszusammenhängen für Frauen und Männer eine räumliche Vermischung von verschiedenen Tätigkeitsbereichen, wie Erwerbsarbeit und Sorgearbeit, zum Problem wird. Interessant ist auch, inwieweit eine Vermischung oder Trennung von Tätigkeitsbereichen subjektiv als notwendig gesehen wird, um erwerbstätig sein zu können (vgl. Schier/von Streit 2004). Die Ergebnisse vorliegender Studie verweisen darauf, dass die Bedeutung der räumlichen Trennung oder Vermischung von Erwerbsarbeit und anderen Lebensbereichen individuell sehr unterschiedlich ist. Geschlechterkonstruktionen und subjektive Bedeutungszuschreibungen an den Arbeitsort sind damit eng verbunden. Gerade die unterschiedlichen subjektiven Bedeutungen erklären widersprüchliche Bewertungen des Arbeitens in Arbeitsformen wie Heim- oder Telearbeit. Anknüpfungspunkte bietet hier die in der Geographie, Stadtplanung und Geschlechterforschung geführte Debatte über private und öffentliche Räume, Geschlecht, Raumnutzung und Aneignung von Raum (vgl. McDowell 1999; Massey 1994).

Drittens: Die komplementäre Untersuchung der Fragestellung dieser Arbeit in Bezug auf Erwerbsentscheidungen von Männern steht noch aus. Ob und wie sich die oben angesprochene erhöhte Notwendigkeit der individuellen Auseinandersetzung mit geschlechterkulturellen Vorstellungen und sozialen Erwartungen beim Zusammenleben mit Kindern auch in Lebensgeschichten von Männern niederschlägt, bleibt eine spannende zukünftige Forschungsfrage. Weitgehend unerforscht ist bisher ebenfalls, wie und welche soziokulturellen Strukturen das ökonomische Handeln von Männern beeinflussen. Wahrscheinlich ist, dass Geschlechterkonstruktionen - unterschiedliche Männlichkeitskonzepte - anders in strukturelle Rahmenbedingungen und ökonomische Entscheidungsprozesse eingeschrieben sind und sich somit die Handlungs- und Umgangsstrategien von Männern von denen unterscheiden, die in dieser Studie aufgezeigt wurden. Geographische Untersuchungen darüber, wie und ob Geschlecht und räumliche Aspekte im ökonomischen Handeln von Männern eine Rolle spielen, existieren bisher kaum (vgl. McDowell 2003). Anknüpfen lässt sich jedoch an die in den letzten Jahren wachsende Debatte über Männlichkeiten und Geographie (vgl. Berg/Longhurst 2003).

Noch ein kritischer Schlussgedanke:

Die Subjektivität im ökonomischen Handeln wurde als Gegenstand der wissenschaftlichen Reflexion mit dieser Arbeit aufgewertet. Ins Zentrum der Aufmerksamkeit rückten dadurch subjektive Wahrnehmungen und Interpretationen, Bedeutungszuschreibungen, Gefühle, Prozesse der Identifikation und Identitätsbildung sowie soziale Aushandlungsprozesse, die die Wirtschaftsgeographie in ihrem Mainstream weitgehend vernachlässigt.

Viele wissenschaftliche Studien bringen Arbeitsformen wie geringfügige Beschäftigung oder zeitlich befristete Arbeitsverhältnisse gerade in Bezug auf Frauen mit Prekarisierung und Unsicherheit in Verbindung. Aus der Perspektive der Interviewpartnerinnen ergibt sich ein ganz anderes Bild: Diese Arbeitsformen sind an ihre jeweilige biographische Situation angepasste Arbeitsformen. Die Tätigkeit als prekär Selbstständige oder geringfügig Beschäftigte wird von den Frauen selbst nur manchmal als erzwungen und problematisch wahrgenommen. Häufig sind diese Arbeitsformen von ihnen selbst so gewählt, sie dienen ihnen zur Lösung von Problemen, passen gerade in die eigene Lebenssituation und werden durchaus positiv gesehen. Durch die detaillierte Rekonstruktion ökonomischer Entscheidungsprozesse konnten die Hintergründe und Zusammenhänge der unterschiedlichen Bewertungen von Arbeitsformen beleuchtet und erklärt werden. Betrachtet man subjektive Sichtweisen, das individuelle Umgehen mit Umstrukturierungsprozessen und begrenzten Arbeitsmärkten sowie den Gesamtzusammenhang des Lebens einer Person, so kann ermittelt werden, ob und warum Frauen (und Männer) ihre Arbeit als geringfügig oder prekär Beschäftigte als positiv oder negativ, entlastend oder belastend empfinden. Dadurch eröffnen sich wissenschaftlich neue Perspektiven auf potentielle Probleme und Chancen, die das Arbeiten in einer bestimmten Arbeitsform mit sich bringt.

Die subjektorientierte Herangehensweise an ökonomisches Handeln zeigte jedoch auch die Mächtigkeit von Strukturen, besonders von kulturellen Leitbildern und Normen von Müttererwerbstätigkeit und vom Zusammenleben mit Kindern. Vor diesem Hintergrund ist das Ergebnis, dass auch prekäre, unsichere Arbeitsformen, die mit finanzieller Abhängigkeit und sozialrechtlich schlechter Absicherung einhergehen, von Frauen selbst als positiv gesehen werden, kritisch weiterzudenken. Individuelles ökonomisches Handeln findet immer in Auseinandersetzung mit spezifischen historischen, nationalen und gesellschaftlichen Verhältnissen statt, also eingebunden in konkrete geschlechtsspezifisch strukturierte Rahmenbedingungen. Hierbei existieren fraglos Handlungsspielräume, die jedoch begrenzt sind. Wie die Fallbeispiele zeigten, können Grenzen zwar überschritten werden, dies hat allerdings auch Konsequenzen. So verzichteten Frau Nusser, Frau Ulzig und Frau Grün auf eine Ehe, das Zusammenleben mit ihrem Partner oder auf Kinder, um die eigenen Interessen an ihrer Erwerbstätigkeit zu schützen.

Angesichts der weiterhin bestehenden geschlechtsspezifisch ungleichen Chancen der Erwerbsbeteiligung und der wachsenden demographischen Probleme in Deutschland durch niedrige Geburtenraten beginnt hier eine wissenschaftliche und politische Verantwortung. Wissenschaft hat in diesem Zusammenhang die Aufgabe und damit haben ForscherInnen die Verantwortung, das Wissen über ökonomisches Handeln in seiner Vielgestaltigkeit und Geschlechterspezifik weiter zu vertiefen und Forschungslücken zu schließen. Als wichtig erscheint mir, besonders die Vielfalt und Differenziertheit von Lebens- und Umgangsstrategien von arbeitenden Menschen in weiteren Untersuchungen zu beleuchten und so Handlungspotentiale und mögliche alternative Lebensformen aufzuzeigen, an denen sich Politik orientieren kann. Erst das genaue Hinschauen, das sich Einlassen auf subjektive Deutungen und das Zulassen von Vielfalt ermöglichen neue Lesarten, mit denen politische Konzepte und die arbeitsmarktpolitische Praxis kritisch beleuchtet werden können. Dadurch öffnen sich Chancen, praxisbezogene Herangehensweisen zu überprüfen und weiter zu entwickeln. Die arbeitsmarkt-, familien- und gleichstellungspolitische Praxis hat in diesem Zusammenhang die Verantwortung, Konzepte zur Förderung der gleichberechtigten Erwerbsbeteiligung und der Familienförderung zu überdenken, eng zu verzahnen und aufeinander abzustimmen. Gerade Normen und Leitbilder, die das Zusammenleben mit Kindern betreffen, erwiesen sich als Knackpunkte für die Erwerbsbeteiligung von Frauen. Inwiefern sie auch die Erwerbsbeteiligung von Männern beeinflussen ist bisher weitgehend offen. Ein Nachdenken darüber, wie wir mit Kindern zusammenleben wollen, wie die Arbeits- und Lebensgestaltung aussehen muss, damit ein Zusammenleben mit Kindern für Männer und Frauen nicht zu Karriereeinbrüchen führt und zu einem Fallstrick in die Armut wird, muss meiner Meinung nach in das Zentrum von politischen Debatten gestellt werden. Inzwischen unumstritten ist, dass der Ausbau von ganztägigen, qualitativ hochwertigen Kinderbetreuungsangeboten weiter vorangetrieben werden muss. Schwierig, aber wichtig ist, daran zu arbeiten wie die angesprochenen kulturell und institutionell verankerten Leitbilder und Normen verändert werden können. Ansatzpunkte sehe ich in staatlichen Maßnahmen zur Bewusstseinsbildung in der arbeitsmarktpolitischen Beratungspraxis und der kritischen Überarbeitung der Leitbilder, die der Familien- und Arbeitsgesetzgebung zugrunde liegen. Bei beidem kann auf Erfahrungen in anderen europäischen Ländern zurückgegriffen werden. Auch sind sicherlich konzertierte Aktionen von staatlicher Seite in Zusammenarbeit mit der Wirtschaft notwendig, um Leitbilder und Normen erfolgreich zu verändern.

Literatur

Adler, Ulrich/Breitenacher, Michael (1984): Bekleidungsgewerbe. Strukturwandlungen und Entwicklungsperspektiven. Ifo-Institut für Wirtschaftsforschung, Reihe Industrie, Bd. 37, Berlin, München

Adler, Ulrich/Breitenacher, Michael (1995): Bedeutung, Probleme und Zukunft des passiven Veredelungsverkehrs für die Textil- und Bekleidungsindustrie. Ifo Studien zur Industriewirtschaft, Bd. 51, München

Ahrentzen, Sherry (1997): The Meaning of Home Workplaces for Women. In: Jones III, John Paul/Nast, Heidi/Roberts, Susan (Hrsg.): Thresholds in Feminist Geography. Difference, Methodology, Representation. Lahnham u.a., S. 77-92

Albrecht, Susanne (2002): Regionale Arbeitsmärkte und Flexibilisierungsprozesse. In: Geographische Zeitschrift, H. 3-4, S. 180-193

Alheit, Peter (1985): Alltagzeit und Lebenszeit in biographischen Thematisierungen. Anmerkungen zur soziologischen Bedeutung der Zeit. In: Alheit, Peter (Hrsg.): Alltag und Biographie. Studien zur gesellschaftlichen Konstitution biographischer Perspektiven. Forschungsreihe des Forschungsschwerpunkts „Arbeit und Bildung", Bd. 4, Bremen, S. 137-157

Alheit, Peter (1990): Alltag und Biographie. Studien zur gesellschaftlichen Konstitution biographischer Perspektiven. Bremen

Alheit, Peter (1992): Biographizität und Struktur. In: Alheit, Peter et al. (Hrsg.): Biographische Konstruktionen. Werkstattberichte des Forschungsschwerpunkts „Arbeit und Bildung", Bd. 19, Bremen, S. 10-36

Alheit, Peter (1996): Biographisches Lernen als gesellschaftliches Veränderungspotential. In: Ahlheim, Klaus/Bender, Walter (Hrsg.): Lernziel Konkurrenz? Opladen, S. 179-196

Alheit, Peter/Dausien, Bettina (1985): Arbeitsleben. Eine qualitative Untersuchung von Arbeiterlebensgeschichten. Frankfurt/M.

Alheit, Peter/Dausien, Bettina (1990): Arbeiterbiographien. Zur thematischen Relevanz der Arbeit in proletarischen Lebensgeschichten: Exemplarische Untersuchungen im Rahmen der „biographischen Methode". Forschungsreihe des Forschungsschwerpunkts „Arbeit und Bildung", Bd. 2, Bremen

Alheit, Peter/Hoerning, Erika (1989): Biographie und Erfahrung: Eine Einleitung. In: Alheit, Peter/Hoerning, Erika (Hrsg.): Biographisches Wissen. Beiträge zu einer Theorie lebensgeschichtlicher Erfahrung. Frankfurt/M., New York, S. 8-23

Allmendinger, Jutta/Brückner Erika/Brückner, Hannah (1991): Arbeitsleben und Lebensarbeitsentlohnung. Zur Entstehung von finanziellen Ungleichheiten im Alter. In: Mayer, Karl/Allmendinger, Jutta/Huinink, Johannes (Hrsg.): Vom Regen in die Traufe: Frauen zwischen Beruf und Familie. Frankfurt/M., S. 423-459

Amin, Ash (Hrsg.)(1994): Post-Fordism. Oxford

Apitzsch, Ursula (1996): Biographien und berufliche Orientierung von Migrantinnen. In: Kersten, Ralph et al. (Hrsg.): Ausbilden statt ausgrenzen. Jugendliche ausländischer Herkunft in Schule, Ausbildung und Beruf. Frankfurt/M., S. 133-147

Apitzsch, Ursula/Kontos, Maria/Kreide, Regina (2001): Final Report TSER-Project „Self-Employment Activities Concerning Women and Minorities: their Success or Failure in Relation to Social Citizenship Policies (SEM)". Frankfurt/M.

Bang, Henrik/Jensen, Per/Pfau-Effinger, Birgit (2000): Gender and European Welfare States. Context, Structure and Agency. In: Duncan, Simon/Pfau-Effinger, Birgit (Hrsg.): Gender, Economy and Culture in the European Union. Routledge Research in Gender and Society, Bd. 5, London, New York, S. 115-142

Bäschlin Roques, Elisabeth/Wastl-Walter, Doris (Hrsg.)(1991): Frauenarbeit und Lebenszusammenhang. Beispiele aus städtischen und ländlichen Räumen Österreichs und der Schweiz. Geographische Beiträge zur Diskussion über Frauenarbeit. Mitteilungen des Arbeitskreises für Regionalforschung, Sonderband 4, Wien

Bast-Haider, Kerstin (1997): Branchensterben - Frauen aus der ostdeutschen Bekleidungsindustrie. In: Musiolek, Bettina (Hrsg.): Ich bin chic, und Du musst schuften. Frauenarbeit für den globalen Modemarkt. Frankfurt/M., S. 93-101

Bathelt, Harald/Glückler, Johannes (2002a): Wirtschaftsgeographie. Ökonomische Beziehungen in räumlicher Perspektive. Stuttgart

Bathelt, Harald/Glückler, Johannes (2002b): Wirtschaftsgeographie in relationaler Perspektive: Das Argument der zweiten Transition. In: Geographische Zeitschrift, H. 1, S. 20-39

Bauder, Harald (2001): Culture in the Labour Market: Segmentation Theory and Perspectives of Place. In: Progress in Human Geography, H. 25, S. 37-52

Baylina, Mireia/Garcia-Ramon, Maria Dolores (1998): Homeworking in Rural Spain. In: European Urban and Regional Studies, H. 1, S. 55-64

BBI (Bundesverband Bekleidungsindustrie e.V.)(1999): Die Deutsche Bekleidungsindustrie. Jahresbericht 1998/1999. Köln

BBI (Bundesverband Bekleidungsindustrie e.V.)(2000): Die Deutsche Bekleidungsindustrie. Jahresbericht 1999/2000. Köln

Beblo, Miriam/Soete, Birgit (1999): Zum Zusammenhang von Ökonomie und Geschlecht am Beispiel der Haushaltstheorie. In: Beblo, Miriam et al. (Hrsg.): Ökonomie und Geschlecht: volks- und betriebswirtschaftliche Analysen mit der Kategorie Geschlecht. München, Mering, S. 11-33

Beck, Ulrich (1986): Risikogesellschaft. Auf dem Weg in eine andere Moderne. Frankfurt/M.

Beck, Ulrich (1999): Schöne neue Arbeitswelt. Vision: Weltbürgergesellschaft. Frankfurt/M., New York

Beck, Ulrich/Beck-Gernsheim, Elisabeth (Hrsg.)(1994): Riskante Freiheiten. Individualisierung in modernen Gesellschaften. Frankfurt/M.

Becker, Gary (1981): A Treatise on the Family. Chicago

Becker, Gary (1985): Human Capital, Effort, and the Sexual Division of Labour. In: Journal of Labour Economics, H. 1, S. 33-58

Becker-Schmidt, Regina (1987): Die doppelte Vergesellschaftung - die doppelte Unterdrückung: Besonderheiten der Frauenforschung in den Sozialwissenschaften. In: Unterkircher, Lilio/Wagner, Ina (Hrsg.): Die andere Hälfte der Gesellschaft. Österreichischer Soziologentag 1985. Wien

Becker-Schmidt, Regina (2003): Umbrüche in Arbeitsbiographien von Frauen: Regionale Konstellationen und globale Entwicklungen. In: Knapp, Gudrun-Axeli/Wetterer, Angelika (Hrsg.): Achsen der Differenz. Gesellschaftstheorie und feministische Kritik II. Forum Frauenforschung, Bd. 16, Münster, S. 101-132

Becker-Schmidt, Regina et al. (1982): Nicht wir haben die Minuten, die Minuten haben uns. Zeitprobleme und Zeiterfahrungen von Arbeitermüttern in Fabrik und Familie. Bonn

Becker-Schmidt, Regina et al. (1983): Arbeitsleben – Lebensarbeit. Konflikte und Erfahrungen von Fabrikarbeiterinnen. Bonn

Becker-Schmidt, Regina/Knapp, Gudrun-Axeli/Schmidt, Beate (1984): Eines ist zuwenig - beides ist zuviel. Erfahrungen von Arbeiterfrauen in Familie und Fabrik. Bonn

Beck-Gernsheim, Elisabeth (1983): Vom „Dasein für andere" zum Anspruch auf ein Stück „eigenes Leben". Individualisierungsprozesse im weiblichen Lebenszusammenhang. In: Soziale Welt, H. 34, S. 307-340

Beck-Gernsheim, Elisabeth/Ostner, Ilona (1978): Frauen verändern. Berufe nicht? Ein theoretischer Ansatz zur Problematik von ‚Frau und Beruf'. In: Soziale Welt, H. 3, S. 257-287

Beese, Birgit/Schneider, Brigitte (2001): Arbeit an der Mode. Zur Geschichte der Bekleidungsindustrie im Ruhrgebiet. Essen

Berg, Lawrence/Longhurst, Robyn (2003): A Bibliography of Geography and Masculinities. Online: http://www.acme-journal.org/MascBib.pdf, Februar 2004

Berndt, Christian/Fuchs, Martina (2002): Geographie der Arbeit: Plädoyer für ein disziplinübergreifendes Forschungsprogramm. In: Geographische Zeitschrift, H. 3-4, S. 157-166

Bertram, Hans/Bayer, Hiltrud/Bauereiß, Renate (1993): Familien-Atlas: Lebenslagen und Regionen. Opladen

Bertram, Hans/Henning, Marina (1996): Das katholische Arbeitermädchen vom Lande. Milieus und Lebensführung in regionaler Perspektive. In: Bolder, Axel et al. (Hrsg.): Die Wiederentdeckung der Ungleichheit. Aktuelle Tendenzen in Bildung und Arbeit. Jahrbuch Bildung und Arbeit, Bd. 96, Opladen, S. 229-251

Bielenski, Harald/Kohler, Bärbl (1995): Wie unnormal sind befristete Arbeitsverträge? In: Keller, Berndt/Seifert, Hartmut (Hrsg.): Atypische Beschäftigung: verbieten oder gestalten? Köln, S. 139-162

Bird, Katherine/Born, Claudia/Erzberger, Christian (2000): Ein Bild des eigenen Lebens Zeichnen. Der Kalender als Visualisierungsinstrument zur Erfassung individueller Lebensverläufe. Sonderforschungsbereich 186, Arbeitspapier, Nr. 59, Bremen

Blien, Uwe et al. (2001): Regionale Arbeitsmarktforschung im IAB. In: Mitteilungen aus der Arbeitsmarkt- und Berufsforschung, H. 1, S. 45-73

Blossfeld, Hans-Peter (1991): Der Wandel von Ausbildung und Berufseinstieg bei Frauen. In: Mayer, Karl/Allmendinger, Jutta/Huinink, Johannes (Hrsg.): Vom Regen in die Traufe: Frauen zwischen Beruf und Familie. Frankfurt/M., S. 1-22

Blossfeld, Hans-Peter (1995): The New Role of Women. Family Formation in Modern Societies. Boulder

Blossfeld, Hans-Peter/Hakim, Catherine (Hrsg.)(1997): Between Equalization and Marginalization. Women Working Part-Time in Europe and the United States of America. Oxford

BMFSFJ (Bundesministerium für Familie, Senioren, Frauen und Jugend)(Hrsg.)(2001): Die neue Elternzeit. Ein Leitfaden für die Praxis. Bonn

BMWA (Bundesministerium für Wirtschaft und Arbeit)(Hrsg.)(verschiedene Jahre): Bundesarbeitsblatt: Tabellen „Beschäftigte Heimarbeiter" Jahrgänge von 1957 bis 2000. Berlin

Böckmann-Schewe, Lisa/Kulke, Christine/Röhrig, Anne (1994): Wandel und Brüche in Lebensentwürfen von Frauen in den neuen Bundesländern. In: Aus Politik und Zeitgeschichte. Beilage zur Wochenzeitung Das Parlament, B 6, S. 33-44

Bögenhold, Dieter/Schmidt, Dorothea (Hrsg.)(1999): Eine neue Gründerzeit? Amsterdam

Böhlich, Susanne (1999): Neue Formen der Beschäftigung. Wiesbaden

Bohnsack, Ralf (2000): Rekonstruktive Sozialforschung. Einführung in Methodologie und Praxis qualitativer Forschung. Opladen

Bolte, Martin (1995): Zur Entstehungsgeschichte des Projekts im Rahmen einer „subjektorientierten" Forschungsperspektive. In: Projektgruppe Alltägliche Lebensführung (Hrsg.)(1995): Alltägliche Lebensführung: Arrangements zwischen Traditionalität und Modernisierung. Opladen, S. 15-22

Boris, Eileen/Prügl, Elisabeth (Hrsg.)(1996): Homeworkers in Global Perspective. New York, London

Born, Claudia (1994): Beruf und weiblicher Lebenslauf. Plädoyer für einen Perspektivenwechsel in der Betrachtung der Frauenerwerbsarbeit. In: Beckmann, Petra/Engelbrech, Gerhard (Hrsg.): Arbeitsmarkt für Frauen 2000 - Ein Schritt vor oder ein Schritt zurück? Beiträge zur Arbeitsmarkt- und Berufsforschung, Bd. 179, Nürnberg, S. 209-228

Born, Claudia (2000): Erstausbildung und weiblicher Lebenslauf. Was nicht nur junge Frauen bezüglich der Berufswahl wissen sollten. In: Heinz, Walter (Hrsg.): Übergänge - Individualisierung. Flexibilisierung und Institutionalisierung des Lebensverlaufs. Sonderheft der Zeitschrift für Erziehungswissenschaft, H. 3, S. 50-65

Born, Claudia (2001): Modernisierungsgap und Wandel. Angleichung geschlechtsspezifischer Lebensführungen? In: Born, Claudia/Krüger, Helga (Hrsg.)(2001): Individualisierung und Verflechtung. Geschlecht und Generation im Lebenslaufregime. Weinheim, München, S. 29-53

Born, Claudia/Krüger, Helga/Lorenz-Meyer, Dagmar (1996): Der unentdeckte Wandel. Annäherung an das Verhältnis von Struktur und Norm im weiblichen Lebenslauf. Berlin

Born, Claudia/Krüger, Helga (Hrsg.)(1993): Erwerbsverläufe von Ehepartnern und die Modernisierung weiblicher Lebensläufe. Weinheim

Bosch, Gerhard et al. (2001): Zur Zukunft der Erwerbsarbeit. Eine Positionsbestimmung auf der Basis einer Analyse kontroverser Debatten. Arbeitspapier aus der Hans-Böckler-Stiftung, Nr. 43, Berlin

Bothfeld, Silke (1997): Teilzeitarbeit für alle? Eine Untersuchung von Teilzeitpräferenzen in Deutschland und Großbritannien unter beschäftigungspolitischen Gesichtspunkten. WZB Discussion Paper, FS I 97-205, Berlin

Bourdieu, Pierre (1976): Entwurf einer Theorie der Praxis auf der ethnologischen Grundlage der kabylischen Gesellschaft. Frankfurt/M.

Bourdieu, Pierre (1983): Ökonomisches Kapital, kulturelles Kapital, soziales Kapital. In: Kreckel, Reinhard (Hrsg.): Soziale Ungleichheiten. Soziale Welt, Sonderband, 2, Göttingen, S. 183-198

Bourdieu, Pierre (1992): Die feinen Unterschiede. Frankfurt/M.

Braemer, Gudrun/Oechsle, Mechthild (1993): Die Verortung im Geschlechterverhältnis als Strukturierungsmoment der Lebensplanung von Frauen. In: Born, Claudia/Krüger, Helga (Hrsg.): Erwerbsverläufe von Ehepartnern und die Modernisierung weiblicher Lebensläufe. Weinheim, S. 151-172

Brandes, Wolfgang (1995): „Neue" Heimarbeit. Zwischen traditioneller Heimarbeit und Telearbeit. In: Keller, Berndt/Seifert, Hartmut (Hrsg.): Atypische Beschäftigung: verbieten oder gestalten? Köln, S. 84-107

Breitenacher, Michael (1975): Die Bekleidungsindustrie aus der Sicht der siebziger Jahre. Berlin, München

Brose, Hans-Georg/Wohlrab-Sahr, Monika/Corsten, Michael (1993): Soziale Zeit und Biographie: Über die Gestaltung von Alltagszeit und Lebenszeit. Opladen

Büchel, Felix/Spieß, Katharina (2002): Form der Kinderbetreuung und Arbeitsmarktverhalten von Müttern in West- und Ostdeutschland. Schriftenreihe des Bundesministeriums für Familie, Senioren, Frauen und Jugend, Bd. 220, Stuttgart

Bühler, Elisabeth (1998): Economy, State or Culture? Explanations for the Regional Variations in Gender Inequality in Swiss Employment. In: European Urban and Regional Studies, H. 1, S. 27-39

Bühler, Elisabeth (2002): Formen der Vereinbarkeit von Erwerbstätigkeit und Familie - Strukturen und Entwicklungstendenzen in der Schweiz. In: Geographische Zeitschrift, H. 3-4, S. 167-179

Bühler, Elisabeth/Maurer, Elisabeth/Wyler, Silvia (1998): Deregulierung und Chancengleichheit. Neue Herausforderungen an Staat und Gesellschaft. Zürich

Bührmann, Andrea/Diezinger, Angelika/Metz-Göckel, Sigrid (2000): Arbeit, Sozialisation, Sexualität: Zentrale Felder der Frauen- und Geschlechterforschung. Lehrbuchreihe zur sozialwissenschaftlichen Frauen- und Geschlechterforschung in der Deutschen Gesellschaft für Soziologie, Bd. 1, Opladen

Castree, Noel et al. (2004): Spaces of Work. Global Capitalism and Geographies of Labour. London

Clark, Gordon/Feldman, Maryann/Gertler, Meric (Hrsg.)(2000): Oxford Handbook of Economic Geography. Oxford

Claus, Thomas (Hrsg.)(2004): Gender Report Sachsen-Anhalt 2003. Daten, Fakten und Erkenntnisse zur Lebenssituation von Frauen und Männern. Oschersleben

Crompton, Rosemary (Hrsg.)(1999): Restructuring Gender Relations and Employment. The Decline of the Male Breadwinner. Oxford

Crompton, Rosemary/Harris, Fiona (1998a): Explaining Women´s Employment Patterns: "Orientations to Work" Revisited. In: British Journal of Sociology, H. 1, S. 118-136

Crompton, Rosemary/Harris, Fiona (1998b): Gender Relations and Employment: The Impact of Occupation. In: Work, Employment and Society, H. 2, S. 297-315

Crompton, Rosemary/Harris, Fiona (1999): Employment, Careers, and Family. In: Crompton, Rosemary (Hrsg.): Restructuring Gender Relations and Employment. The Decline of the Male Breadwinner. Oxford, S. 128-149

Cyba, Eva (1998): Geschlechtsspezifische Arbeitsmarktsegregation: Von den Theorien des Arbeitsmarktes zur Analyse sozialer Ungleichheiten am Arbeitsmarkt. In: Geissler, Birgit/Maier, Friederike/Pfau-Effinger, Birgit (Hrsg.): FrauenArbeitsMarkt. Der Beitrag der Frauenforschung zur sozio-ökonomischen Theorieentwicklung. Sozialwissenschaftliche Arbeitsmarktforschung, Neue Folge, Bd. 6, Berlin, S. 37-61

Dale, Angela/Holdsworth, Clare (1998): Why don't Minority Ethnic Women in Britain Work Part-Time? In: O'Reilly, Jacqueline/Fagan, Colette (Hrsg.): Part-time Prospects. An international Comparison of Part-Time Work in Europe, North America and the Pacific Rim. London, S. 77-95

Dangschat, Jens (1996): Raum als Dimension sozialer Ungleichheit und Ort als Bühne der Lebensstilisierung? Zum Raumbezug sozialer Ungleichheiten und von Lebensstilen. In: Schwenk, Otto (Hrsg.): Lebensstil zwischen Sozialstrukturanalyse und Kulturwissenschaften. Sozialstrukturanalyse, Bd. 7, Opladen, S. 99-135

Dausien, Bettina (1992): Leben für andere oder eigenes Leben? Überlegungen zur Bedeutung der Geschlechterdifferenz in der biographischen Forschung. In: Alheit, P. et al. (Hrsg.): Biographische Konstruktionen. Werkstattberichte des Forschungsschwerpunkts „Arbeit und Bildung", Bd. 19, Bremen, S. 37-70

Dausien, Bettina (1994): Biographieforschung als »Königinnenweg«? Überlegungen zur Relevanz biographischer Ansätze in der Frauenforschung. In: Diezinger, Angelika et al. (Hrsg.): Erfahrung mit Methode - Wege sozialwissenschaftlicher Frauenforschung. Forum Frauenforschung, Bd. 8, Freiburg, S. 129-153

Dausien, Bettina (1996): Biographie und Geschlecht. Zur biographischen Konstruktion sozialer Wirklichkeit in Frauenlebensgeschichten. IBL Forschung, Bd. 1, Bremen

Dausien, Bettina (1998): Die biographische Konstruktion von Geschlecht. In: Schneider, Notker/Mall, Ram Adhar/Lohmar, Dieter (Hrsg.): Einheit und Vielfalt. Das Verstehen der Kulturen. Amsterdam-Atlanta, S. 257-277

Dausien, Bettina (1999): „Geschlechtsspezifische Sozialisation" - Konstruktiv(istisch)e Ideen zu Karriere und Kritik eines Konzepts. In: Dausien, Bettina et al. (Hrsg.): Erkenntnisprojekt Geschlecht. Feministische Perspektiven verwandeln Wissenschaft. Opladen, S. 216-246

Dausien, Bettina (2000): „Biographie" als rekonstruktiver Zugang zu „Geschlecht" - Perspektiven der Biographieforschung. In: Lemmermöhle, Doris et al. (Hrsg.): Lesarten des Geschlechts. Zur De-Konstruktionsdebatte in der erziehungswissenschaftlichen Geschlechterforschung. Opladen, S. 96-115

Dausien, Bettina (2001): Erzähltes Leben - erzähltes Geschlecht? Aspekte der narrativen Konstruktion von Geschlecht im Kontext der Biographieforschung. In: Feministische Studien, H. 2, S. 55-73

Dicken, Peter (1992): Global Shift: The Internationalization of Economic Activity. London

Dietrich, Hans (1999): Empirische Befunde zur selbstständigen Erwerbstätigkeit unter besonderer Berücksichtigung scheinselbstständiger Erwerbsverhältnisse. In: Mitteilungen aus der Arbeitsmarkt- und Berufsforschung, H. 1, S. 85-101

Diezinger, Angelika (1991): Frauen: Arbeit und Individualisierung. Chancen und Risiken. Eine empirische Untersuchung anhand von Fallgeschichten. Opladen

Dingeldey, Irene (2002): Das deutsche System der Ehegattenbesteuerung im europäischen Vergleich. In: WSI-Mitteilungen, H. 3, S. 154-160

Dingeldey, Irene (Hrsg.)(2000): Erwerbstätigkeit und Familie in Steuer- und Sozialversicherungssystemen. Begünstigungen und Belastungen verschiedener familialer Erwerbsmuster im Ländervergleich. Opladen

Döbler, Thomas (1999): Gründung und Führung eines eigenen Unternehmens durch Frauen. Eine ressourcenorientierte Untersuchung. In: Beblo, Miriam et al. (Hrsg.):

Ökonomie und Geschlecht: volks- und betriebswirtschaftliche Analysen mit der Kategorie Geschlecht. München, Mering, S. 105-123
Doeringer, Peter/Piore, Michael (1985): Internal Labor Markets and Manpower Analysis. Lexington
Domosh, Mona/Seager, Joni (2001): Putting Women in Place: Feminist Geographers Make Sense of the World. New York
Döring, Friedrich-Wilhelm (1992): Vom Konfektionsgewerbe zur Bekleidungsindustrie. Zur Geschichte von Technisierung und Organisierung der Massenproduktion von Bekleidung. Frankfurt/M.
Droogleever Fortuijin, Joos (1996): City and Suburb: Contexts for Dutch Women's Work and Daily Lives. In: Garcia-Ramon, Dolores/Monk, Janice (Hrsg.): Women of the European Union: the Politics of Work and Daily Life. London, S. 217-228
Duncan, Simon (1995): Theorising European Gender Systems. In: Journal of European Social Policy, H. 4, S. 263-284
Duncan, Simon (1998): Theorising Gender Systems in Europe. In: Geissler, Birgit/Maier, Friederike/Pfau-Effinger, Birgit (Hrsg.): FrauenArbeitsMarkt. Der Beitrag der Frauenforschung zur sozio-ökonomischen Theorieentwicklung. Sozialwissenschaftliche Arbeitsmarktforschung, Neue Folge, Bd. 6, Berlin, S. 195-227
Duncan, Simon (2000): Introduction. Theorising Comparative Gender Inequality. In: Duncan, Simon/Pfau-Effinger, Birgit (Hrsg.): Gender, Economy and Culture in the European Union. Routledge Research in Gender and Society, Bd. 5, London, New York, S. 1-23
Duncan, Simon/Edwards, Rosalind (1999): Lone Mothers, Paid Work and Gendered Moral Rationalities. London
Duncan, Simon/Pfau-Effinger, Birgit (Hrsg.)(2000): Gender, Economy and Culture in the European Union. Routledge Research in Gender and Society, Bd. 5, London, New York
Eckart, Christel (1986): Halbtags durch das Wirtschaftswunder. Die Entwicklung der Teilzeitarbeit in den 60er Jahren. In: Kramer, Helgard et al. (Hrsg.): Grenzen der Frauenlohnarbeit. Frauenstrategien in Lohn- und Hausarbeit seit der Jahrhundertwende. Frankfurt/M., S. 183-249
Eckart, Christel (1990): Der Preis der Zeit. Eine Untersuchung der Interessen von Frauen an der Teilzeitarbeit. Frankfurt/M.
Egbringhoff, Julia (2002): „Den Alltag beherrschen" - Ausprägungen und Folgen „neuer" Erwerbsformen am Beispiel von Ein-Personen-Selbständigen. In: Weihrich, Margit/Voß, Günter (Hrsg.): tag für tag. Alltag als Problem - Lebensführung als Lösung? Neue Beiträge zur Soziologie Alltäglicher Lebensführung, Bd. 2, München, Mering, S. 21-46
Eichmann, Hubert/Hermann, Christoph (2004): Umbruch der Erwerbsarbeit – Dimensionen von Entgrenzung der Arbeit. FORBA-Projekt zur Entgrenzung von Arbeit und Chancen der Partizipation, Diskussionspapier, Nr. 1, Wien
Engelbrech, Gerhard/Jungkunst, Maria (2001): Erwerbsbeteiligung von Frauen: Wie bringt man Beruf und Kinder unter einen Hut? IAB Kurzbericht, Nr. 7, Nürnberg
Epp, Sigrid (2001): Kleider machen Münchner. Die Geschichte der Mode in München von 1945-2000. München
Esping-Andersen, Gösta (1990): Three Worlds of Welfare Capitalism. Cambridge, Oxford

Fagan, Colette/O'Reilly, Jacqueline (1998): Conceptualising Part-Time Work. The Value of an Integrated Comparative Perspective. In: O'Reilly, Jacqueline/Fagan, Colette (Hrsg.): Part-Time Prospects. An International Comparison of Part-Time Work in Europe, North America and the Pacific Rim. London, S. 1-31

Fassmann, Heinz/Meusburger, Peter (1997): Arbeitsmarktgeographie. Erwerbstätigkeit und Arbeitslosigkeit im räumlichen Kontext. Stuttgart

Felstead, Alan/Jewson, Nick (2000): In Work, at Home: Towards an Understanding of Homeworking. London

Fenstermaker Berk, Sarah (1985): The Gender Factory: The Apportionment of Work in American Households. New York

Fernández-Kelly, Patricia/García, Anna (1989): Informalization at the Core: Hispanic Women, Homework, and the Advanced Capitalist State. In: Portes, Alejandro/Castells, Manuel/Benton, Lauren (Hrsg.): The Informal Economy. Studies in Advanced and Less Developed Countries. Baltimore, S. 247-264

Figge, Karin/Quack, Sigrid (1990): Frauenbeschäftigung in der bundesdeutschen Textil- und Bekleidungsindustrie. Entwicklungen und Perspektiven unter Berücksichtigung des europäischen Binnenmarktes. WZB Discussion Paper, FS I 90-10, Berlin

Fincher, Ruth (2004): Class and Gender Relations in the Local Labor Market and the Local State. In: Barnes, Trevor et al. (Hrsg.): Reading Economic Geography. Oxford, S. 304-314

Fischer, Wolfram/Kohli, Martin (1987): Biographieforschung. In: Voges, Wolfgang (Hrsg.): Methoden der Biographie- und Lebenslaufforschung. Opladen, S. 25-49

Fischer-Rosenthal, Wolfram (1990): Von der „biographischen Methode" zur Biographieforschung: Versuch einer Standortbestimmung. In: Alheit, Peter/Fischer-Rosenthal, Wolfram/Hoerning, Erika (Hrsg.): Biographieforschung. Werkstattberichte des Forschungsschwerpunkts „Arbeit und Bildung", Bd. 13, Bremen, S. 11-32

Fischer-Rosenthal, Wolfram (1999): Biographie und Leiblichkeit. Zur biographischen Arbeit und Artikulation des Körpers. In: Alheit, Peter (Hrsg.): Biographie und Leib. Gießen, S. 15-43

Fischer-Rosenthal, Wolfram/Rosenthal, Gabriele (1997a): Warum Biographieanalyse und wie man sie macht. In: Zeitschrift für Sozialisationsforschung und Erziehungssoziologie, H. 4, S. 405-427

Fischer-Rosenthal, Wolfram/Rosenthal, Gabriele (1997b): Narrationsanalyse biographischer Selbstpräsentation. In: Hitzler, Ronald/Honer, Anne (Hrsg.): Sozialwissenschaftliche Hermeneutik. Eine Einführung. Opladen, S. 133-164

Flick, Uwe (2000): Qualitative Forschung. Theorie, Methoden, Anwendung in Psychologie und Sozialwissenschaften. Reinbek

Flick, Uwe/Kardoff, Ernst von/Steinke, Ines (Hrsg.)(2000): Qualitative Forschung. Ein Handbuch. Reinbek

Forsberg, Gunnel/Gonäs, Lena/Perrons, Diane (2000): Paid Work: Participation, Inclusion and Liberation. In: Duncan, Simon/Pfau-Effinger, Birgit (Hrsg.): Gender, Economy and Culture in the European Union. Routledge Research in Gender and Society, Bd. 5, London, New York, S. 27-48

Fröbel, Folker/Heinrichs, Jürgen/Kreye, Otto (1977): Die neue internationale Arbeitsteilung. Strukturelle Arbeitslosigkeit in den Industrieländern und die Industrialisierung der Entwicklungsländer. Reinbek

Geissler, Birgit (1998a): Hierarchie und Differenz. Die (Un-)Vereinbarkeit von Familie und Beruf und die soziale Konstruktion der Geschlechterhierarchie im Beruf. In: Oechsle, Mechthild/Geissler, Birgit (Hrsg.): Die ungleiche Gleichheit. Junge Frauen und der Wandel im Geschlechterverhältnis. Opladen, S. 109-129

Geissler, Birgit (1998b): Weibliche Lebensführung und Erwerbsverlauf - Ein lebenslauftheoretischer Beitrag zur Analyse der Frauenarbeit. In: Geissler, Birgit/Maier, Friederike/Pfau-Effinger, Birgit (Hrsg.): FrauenArbeitsMarkt. Der Beitrag der Frauenforschung zur sozio-ökonomischen Theorieentwicklung. Sozialwissenschaftliche Arbeitsmarktforschung, Neue Folge, Bd. 6, Berlin, S. 145-164

Geissler, Birgit (2002): Die (Un-)Abhängigkeit in der Ehe und das Bürgerrecht auf Care. Überlegungen zur Gender-Gerechtigkeit im Wohlfahrtsstaat. In: Gottschall, Karin/Pfau-Effinger, Birgit (Hrsg.): Zukunft der Arbeit und Geschlecht. Opladen, S. 183-206

Geissler, Birgit/Oechsle, Mechthild (1990): Lebensplanung als Ressource im Individualisierungsprozess. Sonderforschungsbereich 186, Arbeitspapier, Nr. 10, Bremen

Geissler, Birgit/Oechsle, Mechthild (1996): Lebensplanung junger Frauen. Zur widersprüchlichen Modernisierung weiblicher Lebensläufe. Weinheim

Gensior, Sabine (Hrsg.)(1995): Vergesellschaftung und Frauenerwerbsarbeit. Ost-West-Vergleiche. Berlin

Gerhard, Ute (2003): Mütter zwischen Individualisierung und Institution: kulturelle Leitbilder in der Wohlfahrtspolitik. In: Gerhard, Ute/Knijn, Trudie/Weckwert, Anja (Hrsg.): Erwerbstätige Mütter. Ein europäischer Vergleich. München, S. 53-84

Gerhard, Ute/Knijn, Trudie/Weckwert, Anja (Hrsg.)(2003): Erwerbstätige Mütter. Ein europäischer Vergleich. München

Giddens, Antony (1988a): Die Konstitution der Gesellschaft. Grundzüge einer Theorie der Strukturierung. Frankfurt/M., New York

Giddens, Antony (1988b): Die Theorie der Strukturierung. Ein Interview mit Anthony Giddens geführt von Bernd Kießling. In: Zeitschrift für Soziologie, H. 4, S. 286-295

Gilbert, Melissa (1997): Identity, Space, and Politics: A Critique of the Poverty Debates. In: Jones III, John Paul/Nast, Heidi/Roberts, Susan (Hrsg.): Thresholds in Feminist Geography. Difference, Methodology, Representation. Lanham u.a., S. 29-45

Gildenmeister, Regine/Wetterer, Angelika (1992): Wie Geschlechter gemacht werden. Die soziale Konstruktion der Zweigeschlechtlichkeit und ihre Reifizierung in der Frauenforschung. In: Knapp, Gudrun-Axeli/Wetterer, Angelika (Hrsg.): Traditionen Brüche. Entwicklungen feministischer Theorie. Freiburg, S. 201-254

Glaap, Winfried (1993): ISO 9000 leicht gemacht. Praktische Hilfen und Hinweise zur Einführung von QS-Systemen. München, Wien

Glaser, Barney/Strauss, Anselm (1998): Grounded Theory. Strategien qualitativer Forschung. Bern

Glückler, Johannes (2001a): Zur Bedeutung von Embeddedness in der Wirtschaftsgeographie. In: Geographische Zeitschrift, H. 4, S. 211-226

Glückler, Johannes (2001b): Handeln in Netzen: Zur Bedeutung von Struktur für ökonomisches Handeln. In: Reuber, Paul/Wolkersdorfer, Günter (Hrsg.): Politische Geographie: Handlungsorientierte Ansätze und Critical Geopolitics. Heidelberger Geographische Arbeiten, Bd. 112, Heidelberg, S. 257-268

Glückler, Johannes/Bathelt, Harald (2003): Relationale Wirtschaftsgeographie: Grundperspektive und Schlüsselkonzepte. In: Gebhardt, Hans/Reuber, Paul/Wolkersdorfer,

Günter (Hrsg.): Kulturgeographie. Aktuelle Ansätze und Entwicklungen. Heidelberg, Berlin, S. 171-192

Gottschall, Karin (1998): Doing Gender While Doing Work? Erkenntnispotentiale konstruktivistischer Perspektiven für eine Analyse des Zusammenhangs von Arbeitsmarkt, Beruf und Geschlecht. In: Geissler, Birgit/Maier, Friederike/Pfau-Effinger, Birgit (Hrsg.): FrauenArbeitsMarkt. Der Beitrag der Frauenforschung zur sozioökonomischen Theorieentwicklung. Sozialwissenschaftliche Arbeitsmarktforschung, Neue Folge, Bd. 6, Berlin, S. 63-94

Gottschall, Karin (2000): Soziale Ungleichheit und Geschlecht. Kontinuitäten und Brüche, Sackgassen und Erkenntnispotentiale im deutschen soziologischen Diskurs. Sozialstrukturanalyse, Bd. 13, Opladen

Gottschall, Karin/Voß, Günter (Hrsg.)(2003): Entgrenzung von Arbeit und Leben. Zum Wandel der Beziehung von Erwerbstätigkeit und Privatsphäre im Alltag. Arbeit und Leben im Umbruch. Schriftenreihe zur subjektorientierten Soziologie der Arbeit und der Arbeitsgesellschaft, Bd. 5, München, Mering

Granato, Mona/Schittenhelm, Karin (2003): Wege in eine berufliche Ausbildung: Berufsorientierung, Strategien und Chancen junger Frauen an der ersten Schwelle. Sowi-Bielefeld, Reader zur Berufsorientierung. Online: http://www.sowi-online.de/reader/berufsorientierung/granato-schittenhelm.htm, Januar 2004

Granovetter, Mark (1985): Economic Action and Social Structure. The Problem of Embeddedness. In: American Journal of Sociology, H. 91, S. 481-510

Granovetter, Mark (1995): Getting a Job: A Study of Contacts and Careers. Cambridge

Gregson, Nicky (2000): Family, Work, and Consumption: Mapping the Borderlands of Economic Geography. In: Sheppard, Eric/Barnes, Trevor (Hrsg.): A Companion to Economic Geography. Oxford, S. 311-324

Gregson, Nicky/Simonsen, Kirsten/Vaiou, Dina (1999): The Meaning of Work. In: European Urban and Regional Studie, H. 3, S. 197-215

Hafner, Sabine (2003): Strategien zur Aufwertung von Stadtquartieren und zur Qualifizierung von benachteiligten Menschen: soziale Unternehmen in München, betrachtet aus einer konstruktivistischen Perspektive. Münchener geographische Hefte, Bd. 84, Passau

Hagemann-White, Carol/Hantsche, Brigitte (1996): Mobilität von Familie und ihre Auswirkungen auf den Zusammenhalt der Generationen. Abschlussbericht einer Untersuchung im Auftrag des Bundesministeriums für Familie und Senioren, Hannover

Hakim, Catherine (1991): Grateful Slaves and Self-Made Women: Fact and Fantasy in Women´s Work Orientation. In: European Sociological Review, H. 2, S. 101-121

Hakim, Catherine (2000): Work-Lifestyle Choices in the 21st Century: Preference Theory. Oxford

Halford, Susan/Savage, Mike (1997): Rethinking Restructuring: Embodiment, Agency and Identity in Organizational Change. In: Lee, Roger/Wills, Jane (Hrsg.): Geographies of Economies. London u.a., S. 108-117

Hanson, Susan (2003): Geographical and Feminist perspectives on Entrepreneurship. In: Geographische Zeitschrift, H. 1, S. 1-23

Hanson, Susan/Pratt, Geraldine (1995) : Gender, Work and Space. London

Haraway, Donna (1995): Situiertes Wissen. Die Wissenschaftsfrage im Feminismus und das Privileg einer partialen Perspektive. In: Haraway, Donna (1995): Die Neuerfindung der Natur. Primaten, Cyborgs und Frauen. Frankfurt/M., New York, S. 73-97

Haug, Sonja (2000): Klassische und neuere Theorien der Migration. Arbeitspapiere - Mannheimer Zentrum für Europäische Sozialforschung, Bd. 30, Mannheim

Hausen, Karin (1976): Die Polarisierung der „Geschlechtscharaktere". Eine Spiegelung der Dissoziation von Erwerbs- und Familienleben. In: Conze, Werner (Hrsg.): Sozialgeschichte der Familie in der Neuzeit Europas. Stuttgart, S. 363-393

Heidenreich, Martin (1990): Nationale Muster betrieblichen Strukturwandels. Am Beispiel der französischen und bundesdeutschen Bekleidungsindustrie. Reihe des Forschungsschwerpunkts „Zukunft der Arbeit“ Universität Bielefeld, Bd. 8, Frankfurt/M., New York

Heintz, Bettina (1993): Die Auflösung der Geschlechterdifferenz. Entwicklungstendenzen in der Theorie der Geschlechter. In: Bühler, Elisabeth et al. (Hrsg.): Ortsuche. Zur Geographie der Geschlechterdifferenz. Zürich, Dortmund, S. 17-48

Heintz, Bettina/Nadai, Eva/Fischer, Regula (1997): Ungleich unter Gleichen: Studien zur geschlechtsspezifischen Segregation des Arbeitsmarktes. Frankfurt/M.

Heinz, Walter (2000): Selbstsozialisation im Lebenslauf. Umrisse einer Theorie biographischen Handelns. In: Hoerning, Erika (Hrsg.): Biographische Sozialisation. Stuttgart, S. 165-186

Helwig, Gisela (1997): Gleichberechtigung als Grundrecht. In: Bundeszentrale für politische Bildung (Hrsg.): Frauen in Deutschland. Informationen zur politischen Bildung, H. 254. Online: http://www.bpb.de/publikationen/2FD0S4,0,0,Gleichberechtigung _ als_Grundrecht.html, Januar 2004

Herod, Andrew (1997): From a Geography of Labor to a Labor Geography: Labor´s Spatial Fix and the Geography of Capitalism. In: Antipode, H. 29, S. 1-31

Herod, Andrew (2001): Labour Geographies. Workers and the Landscapes of Capitalism. New York, London

Herzig, Pascale/Richter, Marina (2004): Von den „ Achsen der Differenz“ zu den „Differenzräumen“: Ein Beitrag zur theoretischen Diskussion in der geographischen Geschlechterforschung. In: Bühler, Elisabeth/Meier Kruker, Verena (Hrsg.): Geschlechterforschung. Neue Impulse für die Geographie. Schriftenreihe Wirtschaftsgeographie und Raumplanung, Bd. 33, Zürich, S. 43-64

Hinrichs, Karl (1996): Das Normalarbeitsverhältnis und der männliche Familienernährer als Leitbild der Sozialpolitik. Sicherungsprobleme im sozialen Wandel. In: Sozialer Fortschritt, H. 4, S. 102-107

Hodenius, Birgit (1994): Berufliche Selbstständigkeit von Frauen: ein Aufbruch zu neuen Ufern? Theoretische Verortung und Untersuchung der neueren Entwicklungen. Dissertation Uni Bamberg, Selbstverlag

Hodenius, Birgit (1997a): Neue Leitbilder, alte Tugenden - oder: wie aus dem Unternehmer ein Gründer wurde. In: Thomas, Michael (Hrsg.): Selbständige - Gründer - Unternehmer. Passagen und Passformen im Umbruch. Berlin, S. 122-138

Hodenius, Birgit (1997b): Weibliche Selbstständigkeit: Gratwanderung zwischen Programmatik und Pragmatik. In: Thomas, Michael (Hrsg.): Selbständige - Gründer - Unternehmer. Passagen und Passformen im Umbruch. Berlin, S. 281-302

Hodenius, Birgit/Michailow, Matthias (1995): Die Bedeutung des Selbstständigen im Strukturwandel. Der Gründerboom und die Entwicklung erwerbswirtschaftlicher

Formen von Selbstständigkeit. Endbericht des Forschungsprojekts für die Stiftung Volkswagenwerk. Bamberg, St. Gallen, München
Hoerning, Erika (1987): Lebensereignisse: Übergänge im Lebenslauf. In: Voges, Wolfgang (Hrsg.): Methoden der Biographie- und Lebenslaufforschung. Opladen, S. 231-259
Hoerning, Erika (1989): Erfahrungen als biographische Ressource. In: Alheit, Peter/Hoerning, Erika (Hrsg.): Biographisches Wissen. Beiträge zu einer Theorie lebensgeschichtlicher Erfahrung. Frankfurt/M., New York, S. 148-163
Hoerning, Erika (Hrsg.)(2000): Biographische Sozialisation. Stuttgart
Hoffmann, Edeltraud/Walwei, Ulrich (1998a): Normalarbeitsverhältnis: ein Auslaufmodell? Überlegungen zu einem Erklärungsmodell für den Wandel der Beschäftigungsformen. In: Mitteilungen aus der Arbeitsmarkt- und Berufsforschung, H. 3, S. 409-425
Hoffmann, Edeltraud/Walwei, Ulrich (1998b): Längerfristige Entwicklung von Erwerbsformen in Westdeutschland. IAB-Kurzbericht, Nr. 2, Nürnberg
Holst, Elke/Maier, Friederike (1998) : Normalarbeitsverhältnis und Geschlechterordnung. In: Mitteilungen aus der Arbeitsmarkt- und Berufsforschung, H. 3, S. 506-518
Holtgrewe, Ursula et al. (2002): Subjektivierung und Anerkennung von Arbeit – eine arbeitssoziologische Perspektive. Beitrag zum 12. Züricher Symposium Arbeitspsychologie „Das Normative in der Arbeit", 4.-6. März 2002. Online: http://soziologie.uni-duisburg .de/ Personen/holtgrewe/uhsvgwsw-zurich02.pdf, Mai 2003
Holtgrewe, Ursula/Voswinkel, Stephan (2002): Anerkennung und Subjektivierung von Arbeit. Vortrag für die Sitzung der Sektion Arbeits- und Industriesoziologie am 28./29.6.2002. Online: http://soziologie.uni-duisburg.de/Personen/holtgrewe/uhsv-indsoz02.pdf, Mai 2003
Honneth, Axel (1994): Kampf um Anerkennung. Zur moralischen Grammatik sozialer Konflikte. Frankfurt/M.
Hoppe, Helga (2002): Feministische Ökonomik: Gender in Wirtschaftstheorien und ihren Methoden. Berlin
ILO (International Labour Organisation)(2000)(Hrsg.): Labour Practices in the Footwear, Leather, Textiles and Clothing Industries. Geneva, Online: http://www.ilo.org/public/english/dialogue/sector/techmeet/tmlfi00/tmlfir.htm, Mai 2002
Jäger, Bernhard/Rechfort, Jürgen/Tücking, Ebbo (1997): Deregulierung: wirtschaftspolitische Maßnahmen zur Unterstützung unternehmerischer Anpassungsstrategien in der Textil- und Bekleidungsindustrie. Schriften zur Textilwirtschaft, Bd. 50, Münster
Jarvis, Helen (1999): The Tangled Webs We Weave: Household Strategies to Coordinate Home and Work. In: Work, Employment/Society, H. 2, S. 225-247
Jenkins, Sarah (2004): Gender, Place and the Labour Market. Aldershot
Jenson, Jane (1992): The Talents of Women, the Skills of Men: Flexible Specialization and Women. In: Wood, Stephen (Hrsg.): The Transformation of Work? Skill, Flexibility and the Labour Process. London, S. 141-155
Jurczyk, Karin (2000): Zwischen Selbstbestimmung und Bedrängnis. Zeit im Alltag von Frauen. In: Kudera, Werner/Voß, Günter (Hrsg.): Lebensführung und Gesellschaft. Beiträge zu Konzept und Empirie alltäglicher Lebensführung. Opladen, S. 219-246
Jurczyk, Karin (2001): Individualisierung und Zusammenhalt. Neuformierungen von Geschlechterverhältnissen in Erwerbsarbeit und Familie. In: Brückner, Margrit/Böhnisch,

Lothar (Hrsg.): Geschlechterverhältnisse. Gesellschaftliche Konstruktionen und Perspektiven ihrer Veränderung. Weinheim-München, S. 11-37

Jurczyk, Karin/ Rerrich, Maria (1993b): Lebensführung, soziale Einbindung und die Strukturkategorie „Geschlecht". In: Jurczyk, Karin/Rerrich, Maria (Hrsg.): Die Arbeit des Alltags. Beiträge zu einer Soziologie der alltäglichen Lebensführung. Freiburg, S. 262-278

Jurczyk, Karin/ Rerrich, Maria (1993c): Lebensführung weiblich - Lebensführung männlich. Macht diese Unterscheidung heute noch Sinn? In: Jurczyk, Karin/Rerrich, Maria (Hrsg.): Die Arbeit des Alltags. Beiträge zu einer Soziologie der alltäglichen Lebensführung. Freiburg, S. 279-309

Jurczyk, Karin/Rerrich, Maria (1993a): Alltägliche Lebensführung: der Ort, wo „alles zusammenkommt". Einführung. In: Jurczyk, Karin/Rerrich, Maria (Hrsg.): Die Arbeit des Alltags. Beiträge zu einer Soziologie der alltäglichen Lebensführung. Freiburg, S. 11-45

Jurczyk, Karin/Rerrich, Maria (1993e): Wie der Alltag Struktur erhält. Objektive und subjektive Einflussfaktoren der Lebensführung berufstätiger Mütter. In: Born, Claudia/Krüger, Helga (Hrsg.): Erwerbsverläufe von Ehepartnern und die Modernisierung weiblicher Lebensläufe. Weinheim, S. 173-190

Jurczyk, Karin/Rerrich, Maria (Hrsg.)(1993d): Die Arbeit des Alltags. Beiträge zu einer Soziologie der alltäglichen Lebensführung. Freiburg

Jürgens, Kerstin (1999): Familiale Lebensführung im Kontext flexibilisierter Arbeitszeiten. Auswirkungen der 28,8- Stunden-Woche bei der VW AG auf die alltägliche Verknüpfung von Erwerbsarbeit, Paarbeziehung und Elternschaft. Dissertation, Hannover. Online: http://edok01.tib.uni-hannover.de/edoks/e002/ 307041794.pdf, September 2002

Keddi, Barbara (2003): Projekt Liebe. Lebensthemen und biografisches Handeln junger Frauen in Paarbeziehungen. DJI-Reihe Gender, Bd. 15, Opladen

Kern, Horst/Schumann, Michael (1977): Industriearbeit und Arbeiterbewusstsein. Frankfurt/M.

Kern, Horst/Schumann, Michael (1984): Das Ende der Arbeitsteilung? Rationalisierung in der industriellen Produktion. München

Kilchenmann, Ulla (1992): Flexibel oder flexibilisiert? Chancen und Fallen der Teilzeitarbeit von Frauen. Zürich

Klammer, Ute et al. (2000): WSI-FrauenDatenReport. Forschungen aus der Hans-Böckler-Stiftung, Bd. 26, Berlin

Klammer, Ute/Tillmann, Katja (2001): Flexicurity: Soziale Sicherung und Flexibilisierung der Arbeits- und Lebensverhältnisse. Forschungsprojekt im Auftrag des Ministeriums für Arbeit und Soziales, Qualifikation und Technologie des Landes Nordrhein-Westfalen. Düsseldorf

Kleemann, Frank/Voß, Günter (1999): Telearbeit und alltägliche Lebensführung. In: Büssing, André/Seifert, Hartmut (Hrsg.): Die Stechuhr hat ausgedient. Flexible Arbeitszeiten durch technische Entwicklungen. Berlin, S. 147-172

Kloosterman, Robert/Leun, Joanne van der/Rath, Jan (1999): Mixed Embeddedness: (In)formal Economic Activities and Immigrant Business in the Netherlands. In: International Journal of Urban and Regional Research, H. 23, S. 239-258

Kloosterman, Robert/Rath, Jan (2001): Immigrant Entrepreneurs in Advanced Economies: Embeddedness Further Explored. In: Journal of Ethnic and Migration Studies, H. 27, S. 189-202

Kloosterman, Robert/Rath, Jan (Hrsg.)(2003): Immigrant Entrepreneurs: Venturing Abroad in the Age of Globalization. Oxford, New York

Knapp, Gudrun-Axeli (1988): Das Konzept ‚weibliches Arbeitsvermögen' – theoriegeleitete Zugänge, Irrwege, Perspektiven. In: Zeitschrift für Frauenforschung, H. 4, S. 8-19

Knapp, Gudrun-Axeli (1990): Zur widersprüchlichen Vergesellschaftung von Frauen. In: Hoff, Ernst-Hartmut (Hrsg.): Die doppelte Sozialisation Erwachsener. München, S. 17-52

Knapp, Gudrun-Axeli (2002): Dezentriert und viel riskiert: Anmerkungen zur These vom Bedeutungsverlust der Kategorie Geschlecht. In: Knapp, Grudrun-Axeli/Wetterer, Angelika (Hrsg.): Soziale Verortung der Geschlechter. Gesellschaftstheorie und feministische Kritik. Forum Frauenforschung, Bd. 13, Münster, S.15-62

Knijn, Trudie/Jönsson, Ingrid/Klammer, Ute (2003):Betreuungspakete schnüren: Zur Alltagsorganisation berufstätiger Mütter. In: Gerhard, Ute/Knijn, Trudie/Weckwert, Anja (Hrsg.): Erwerbstätige Mütter. Ein europäischer Vergleich. München, S. 162-192

Kohli, Martin (1981): Biographische Organisation als Handlungs- und Strukturproblem. Zu Fritz Schütze: „Prozessstrukturen des Lebenslaufs". In: Matthes, Joachim et al. (Hrsg.): Biographie in handlungswissenschaftlicher Perspektive. Nürnberg, S. 157-168

Kohli, Martin (1985): Die Institutionalisierung des Lebenslaufs. In: Kölner Zeitschrift für Soziologie und Sozialpsychologie, H. 37, S. 1-29

Kohli, Martin (1994): Institutionalisierung und Individualisierung der Erwerbsbiographie. In: Beck, Ulrich/Beck-Gernsheim, Elisabeth (Hrsg.): Riskante Freiheiten. Individualisierung in modernen Gesellschaften. Frankfurt/M., S. 219-244

Kommission für Zukunftsfragen der Freistaaten Bayern und Sachsen (1997): Erwerbstätigkeit und Arbeitslosigkeit in Deutschland. Entwicklung, Ursachen und Maßnahmen. Teil I bis III. Bonn

Konle-Seidl, Regina (1992): Die Textil- und Bekleidungsindustrie in der Bundesrepublik Deutschland. Alte Bundesländer. IAB Werkstattbericht, Nr. 2, Nürnberg

Kontos, Maria (2000): Bildungsprozesse, Abbrüche und die Motivation zur Selbstständigkeit - Überlegungen zum Konzept biographischer Ressourcen. In: Hessische Blätter für Volksbildung, H. 1, S. 44-57

Kontos, Maria (2003): Erwerbswirtschaftliche Selbstständigkeit von Migrantinnen. Motivation und Lernprozesse. In: Apitzsch, Ursula/Jansen, Mechthild (Hrsg.): Migration, Biographie und Geschlechterverhältnisse. Kritische Theorie und Kulturforschung, Bd. 6, Münster, S. 111-142

Kordey, Norbert (2002): Verbreitung der Telearbeit in 2002. Internationaler Vergleich und Entwicklungstendenzen. Empirica Schriftenreihe, Report, Nr. 2, Bonn

Krais, Beate (2002): Die feministische Debatte und die Soziologie Pierre Bourdieus: Eine Wahlverwandtschaft. In: Knapp, Grudrun-Axeli/Wetterer, Angelika (Hrsg.): Soziale Verortung der Geschlechter. Gesellschaftstheorie und feministische Kritik. Forum Frauenforschung, Bd. 13, Münster, S. 317-338

Kramer, Caroline (2002) (Hrsg.): FREI-Räume und FREI-Zeiten - Raumnutzung und Zeitverwendung im Geschlechterverhältnis. Schriften des Heidelberger Instituts für Interdisziplinäre Frauen- und Geschlechterforschung e.V., Bd. 5, Baden-Baden

Krätke, Stefan (1995): Stadt, Raum, Ökonomie. Einführung in aktuelle Problemfelder der Stadtökonomie und Wirtschaftsgeographie. Basel

Kress, Ulrich (1998): Vom Normalarbeitsverhältnis zur Flexibilisierung des Arbeitsmarktes. Ein Literaturbericht. In: Mitteilungen aus der Arbeitsmarkt- und Berufsforschung, H. 3, S. 488-505

Krüger, Helga (1991): Doing Gender – Geschlecht als Statuszuweisung im Berufsbildungssystem. In: Brock, Ditmar et al. (Hrsg.): Übergänge in den Beruf. Zwischenbilanz zum Forschungsstand. Weinheim, München, S. 139-169

Krüger, Helga (1995a): Prozessuale Ungleichheit. Geschlecht und Institutionenverknüpfung im Lebenslauf. In: Berger, Peter/Sopp, Peter (Hrsg.): Lebenslauf und Sozialstruktur. Sozialstrukturanalyse, Bd. 5, Opladen, S. 133-153

Krüger, Helga (1995b): Dominanzen im Geschlechterverhältnis: Zur Institutionalisierung von Lebensläufen. In: Becker-Schmidt, Regina/Knapp, Gudrun-Axeli (Hrsg.): Das Geschlechterverhältnis als Gegenstand der Sozialwissenschaften. Frankfurt/M., S. 195-219

Krüger, Helga (2001): Ungleichheit und Lebenslauf. Wege aus den Sackgassen empirischer Tradition. In: Kölner Zeitschrift für Soziologie und Sozialpsychologie, Sonderheft 41, S. 512-537

Krüger, Helga (2002): Gesellschaftsanalyse: der Institutionenansatz in der Geschlechterforschung. In: Knapp, Grudrun-Axeli/Wetterer, Angelika (Hrsg.): Soziale Verortung der Geschlechter. Gesellschaftstheorie und feministische Kritik. Forum Frauenforschung, Bd. 13, Münster, S. 63-90

Krüger, Helga et al. (1987): Privatsache Kind - Privatsache Beruf. „...und dann hab' ich ja noch Haushalt, Mann und Wäsche!" Zur Lebenssituation von Frauen mit kleinen Kindern in unserer Gesellschaft. Opladen

Krüger, Helga/Born, Claudia (1991): Unterbrochene Erwerbskarriere und Berufsspezifik: Zum Arbeitsmarkt- und Familienpuzzle im weiblichen Lebenslauf. In: Mayer, Karl/Allmendinger, Jutta/Huinink, Johannes (Hrsg.): Vom Regen in die Traufe: Frauen zwischen Beruf und Familie. Frankfurt/M., S. 142-161

Kudera, Werner (2000): Lebenslauf, Biographie und Lebensführung. In: Kudera, Werner/Voß, Günter (Hrsg.): Lebensführung und Gesellschaft. Beiträge zu Konzept und Empirie alltäglicher Lebensführung. Opladen, S. 109-130

Kudera, Werner/Voß, Günter (2000a): Alltägliche Lebensführung: Bilanz und Ausblick. In: Kudera, Werner/Voß, Günter (Hrsg.): Lebensführung und Gesellschaft. Beiträge zu Konzept und Empirie alltäglicher Lebensführung. Opladen, S. 11-26

Kudera, Werner/Voß, Günter (Hrsg.)(2000b): Lebensführung und Gesellschaft. Beiträge zu Konzept und Empirie alltäglicher Lebensführung. Opladen

Künzler, Jan (1994): Familiale Arbeitsteilung. Die Beteiligung von Männern an der Hausarbeit. Bielefeld

Lachenmann, Gudrun/Dannecker, Petra (2001): Die geschlechtsspezifische Einbettung der Ökonomie: Empirische Untersuchungen über Entwicklungs- und Transformationsprozesse. Market, Culture and Society, Bd. 12, Hamburg

Lamnek, Siegried (1995): Qualitative Sozialforschung. Band 2: Methoden und Techniken. Weinheim

Lash, Scott/Urry, John (1994): Economies of Signs and Space. London

Lauxen-Ulbrich, Maria/Leicht, René (2002a): Branchenorientierung und Tätigkeitsprofil selbstständiger Frauen. Institut für Mittelstandsforschung der Universität Mannheim, Download-Paper, Nr. 2, Mannheim. Online: http://www.ifm.uni-mannheim.de/unter/ fsb/ nr2.pdf, September 2003

Lauxen-Ulbrich, Maria/Leicht, René (2002b): Entwicklung von beruflich selbstständigen Frauen in Deutschland. Institut für Mittelstandsforschung der Universität Mannheim, Download-Paper, Nr. 1, Mannheim. Online: http://www.ifm.uni-mannheim.de/unter/fsb/ nr1.pdf, September 2003

Lauxen-Ulbrich, Maria/Leicht, René (2002c): Gründerinnen und selbstständige Frauen in Deutschland - Entwicklung, Potenziale und Profile. Institut für Mittelstandsforschung der Universität Mannheim, Strukturbericht - Kurzinfo, Nr. 7, Mannheim. Online: http://www.ifm.uni-mannheim.de/unter/fsb/kinfo7.pdf, September 2003

Lawson, Victoria (1995): Beyond the Firm: Restructuring Gender Divisions of Labor in Quito´s Garment Industry under Austerity. In: Society and Space, H. 13, S. 415-444

Lee, Roger/Wills, Jane (Hrsg.)(1997): Geographies of Economies. London

Leicht, René/Lauxen-Ulbrich, Maria (2002): Soloselbstständige Frauen in Deutschland: Entwicklung, wirtschaftliche Orientierung und Ressourcen. Institut für Mittelstandsforschung der Universität Mannheim, Download-Paper, Nr. 3, Mannheim. Online: http://www.ifm.uni-mannheim.de/unter/fsb/nr3.pdf, September 2003

Letablier, Marie-Thérèse/Jönsson, Ingrid (2003): Kinderbetreuung und politische Handlungslogik. In: Gerhard, Ute/Knijn, Trudie/Weckwert, Anja (Hrsg.): Erwerbstätige Mütter. Ein europäischer Vergleich. München, S. 85-109

Levy, René (1977): Der Lebenslauf als Statusbiographie. Die weibliche Normalbiographie in makro-soziologischer Perspektive. Stuttgart

Lewis, Jane/Ostner, Ilona (1994): Gender and the Evolution of European Social Policy. ZeS-Arbeitspapier, Nr. 4, Bremen

Light, Ivan/Rosenstein, Carolyn (1995): Race, Ethnicity, and Entrepreneurship in Urban America. New York

Lohmann, Henning (2001): Self-Employed or Employee, Full-Time or Part-Time? Gender Differences in the Determinants and Conditions for Self-Employment in Europe and the US. Mannheimer Zentrum für Europäische Sozialforschung, Arbeitspapier, Nr. 38, Mannheim

Löw, Martina (2001): Raumsoziologie. Frankfurt/M.

Luber, Silvia (1999): Die Entwicklung selbständiger Erwerbsarbeit in Westeuropa und in den USA. In: Bögenhold, Dieter/Schmid, Dorothea (Hrsg.): Eine neue Gründerzeit? Die Wiederentdeckung kleiner Unternehmen in Theorie und Praxis. Gründungsforschung, Bd. 1, Amsterdam, S. 43-69

Ludwig, Isolde et al. (2002): Managerinnen des Alltags: Strategien erwerbstätiger Mütter in Ost- und Westdeutschland. Forschungen aus der Hans-Böckler-Stiftung, Bd. 43, Berlin

Ludwig, Monika (1995): Lebenslauf und Biographie als Gegenstand der Armutspolitik. In: Hoerning, Erika/Corsten, Michael (Hrsg.): Institution und Biographie. Die Ordnung des Lebens. Pfaffenweiler, S. 179-192

Lutum, Paula (1987): Schneidermeisterinnen in Münster. Untersuchung zur historischen Entwicklung und aktuellen Berufskukltur der selbständigen Frauenarbeit im Schneiderhandwerk. Beiträge zur Volkskultur in Nordwestdeutschland, Bd. 59, Münster

Lutz, Helma (2002): In fremden Diensten: Die neue Dienstmädchenfrage in Europa als Herausforderung für die Migrations- und Genderforschung. In: Gottschall, Karin/Pfau-Effinger, Birgit (Hrsg.): Zukunft der Arbeit und Geschlecht. Opladen, S. 161-182

Mackenzie, Suzanne/Rose, Damaris (1983): Industrial Change, the Domestic Economy and Home Life. In: Anderson, Jim/Duncan, Stuart/Hudson, Ray (Hrsg.): Redundant Spaces in Cities and Regions. London, S. 157-176

Maier, Friederike (1993): Homo Oeconomicus: Zur geschlechtsspezifischen Konstruktion der Wirtschaftswissenschaften. In: Prokla. Zeitschrift für kritische Sozialwissenschaft, H. 4, S. 551-571

Maier, Friederike (1998): Ökonomische Arbeitsmarktforschung und Frauenerwerbstätigkeit - Versuch einer kritischen Bilanz. In: Geissler, Birgit/Maier, Friederike/Pfau-Effinger, Birgit (Hrsg.): FrauenArbeitsMarkt. Der Beitrag der Frauenforschung zur sozio-ökonomischen Theorieentwicklung. Sozialwissenschaftliche Arbeitsmarktforschung, Neue Folge, Bd. 6, Berlin, S. 17-36

Martin, Ron (2000): Local Labour Markets: Their Nature, Performance and Regulation. In: Clark, Gordon et al. (Hrsg.): The Oxford Handbook of Economic Geography. Oxford, S. 455-476

Martin, Ron/Morrison, Philip (2003b): Thinking about the Geographies of Labour. In: Martin, Ron/Morrison, Philip (Hrsg.): Geographies of Labour Market Inequality. London, New York, S. 3-20

Martin, Ron/Morrison, Philip (Hrsg.)(2003a): Geographies of Labour Market Inequality. London, New York

Massey, Doreen (1984): Spatial Divisions of Labour. London

Massey, Doreen (1994): Space, Place and Gender. Cambridge

McDowell, Linda (1991): Life without Father and Ford: the Gender Order of Post-Fordism. In: Transactions of the Institute of British Geographers, H. 4, S. 400-419

McDowell, Linda (1999): Gender, Identity and Place. Minneapolis

McDowell, Linda (2000): Feminist Rethink the Economic: The Economics of Gender/ The Gender of Economics. In: Clark, Gordon et al. (Hrsg.): The Oxford Handbook of Economic Geography. Oxford, S. 497-517

McDowell, Linda (2001): Father and Ford revisited: Gender, Class and Employment Change in the new Millennium. In: Transactions of the Institute of British Geographers, H. 4, S. 448-464

McDowell, Linda (2003): Redundant Masculinities? Employment Change and White Working Class Youth. Antipode Book Series, Bd. 2, Malden

McDowell, Linda (2004): Thinking through Work: Gender, Power, and Space. In: Barnes, Trevor et al. (Hrsg.): Reading Economic Geography. Oxford, S. 315-328

McDowell, Linda/Court, Gillian (1994): Missing subjects: Gender, power, and sexuality in merchant banking. In: Economic Geography, H. 3, S. 229-251

McManus, Patricia (2001): Women´s Participation in Self Employment in Western Industrialized Nations. In: International Journal of Sociology, H. 2, S. 70-79

Meyer, Thomas (2002): Private Lebensformen im Wandel. In: Geißler, Rainer (Hrsg.): Die Sozialstruktur Deutschlands. Die gesellschaftliche Entwicklung vor und nach der Vereinigung. 3. Auflage, Wiesbaden, S. 401-433

Michailow, Matthias (1997): Berufliche Selbstständigkeit als Erwerbs- und Sozialform. In: Thomas, Michael (Hrsg.): Selbständige - Gründer - Unternehmer. Passagen und Passformen im Umbruch. Berlin, S. 139-161

Möller, Carola (1988): Flexibel in die Armut. Empirische Untersuchung und theoretische Verortung ungeschützter Arbeitsverhältnisse. Forschungsberichte des Hamburger Instituts für Sozialforschung, Bd. 3, Hamburg

Morokvasic, Mirjana (1991): Die Kehrseite der Mode: Migranten als Flexibilisierungsquelle in der Pariser Bekleidungsproduktion. Ein Vergleich mit Berlin. In: Prokla, Zeitschrift für kritische Sozialwissenschaft, H. 83, S. 264-284

Morokvasic, Mirjana/Waldinger, Roger/Phizacklea, Annie (1990): Businesses on the Ragged Edge. Immigrant and Minority Business in the Garment Industries of Paris, London, and New York. In: Waldinger, Roger/Aldrich, Howard/Ward, Robin (Hrsg.): Ethnic Entrepreneurs. Immigrant Business in Industrial Societies. London, S. 79-105

Mückenberger, Ulrich (1989): Der Wandel des Normalarbeitsverhältnisses unter Bedingungen einer „Krise der Normalität“. In: Gewerkschaftliche Monatshefte, H. 40, S. 211-223

Mühlberger, Ulrike (2000): Neue Formen der Beschäftigung: Arbeitsflexibilisierung durch atypische Beschäftigung in Österreich. Sociologica, Bd. 6, Wien

Müller, Klaus/Rudolph, Annette (1998): Struktur und Bedeutung des handwerksähnlichen Gewerbes in Deutschland. Göttinger Handwerkswirtschaftliche Arbeitshefte, Bd. 38, Göttingen

Musiolek, Bettina (Hrsg.)(1997): Ich bin chic, und Du musst schuften. Frauenarbeit für den globalen Modemarkt. Frankfurt/M.

O'Reilly, Jacqueline (1996): Theoretical Considerations in Cross-National Employment Research. WZB- Discussion Paper, FS I 96-203, Berlin

O'Reilly, Jacqueline/Fagan, Colette (Hrsg.)(1998): Part-Time Prospects. An International Comparison of Part-Time Work in Europe, North America and the Pacific Rim. London

Oberhauser, Ann M. (2000): Feminism and Economic Geography: Gendering Work and Working Gender. In: Sheppard, Eric/Barnes, Trevor J. (Hrsg.): A Companion to Economic Geography. Oxford, S. 60-76

Oechsle, Mechthild (1995): Erwerbsorientierungen und Lebensplanung junger Frauen. In: Arbeit, H. 1, S. 7-23

Oertzen, Christine von (1999): Teilzeitarbeit und die Lust am Zuverdienen. Göttingen

Oschmiansky, Heidi/Oschmiansky, Frank (2003): Erwerbsformen im Wandel: Integration oder Ausgrenzung durch atypische Beschäftigung? Berlin und die Bundesrepublik Deutschland im Vergleich. WZB Discussion Paper, SP I 2003-106, Berlin

Oschmiansky, Heidi/Schmid, Günther (2000): Wandel der Erwerbsformen. Berlin und die Bundesrepublik im Vergleich. WZB Discussion Paper, FS I 00-204, Berlin

Ostner, Ilona (1978): Beruf und Hausarbeit. Die Arbeit der Frau in unserer Gesellschaft. Frankfurt/M., New York

Ostner, Ilona (1991): 'Weibliches Arbeitsvermögen' und soziale Differenzierung. In: Leviathan, H. 19, S. 192-207

Ott, Notburga (1993): Zur Rationalität innerfamilialer Entscheidungen. In: Born, Claudia/Krüger, Helga (Hrsg.): Erwerbsverläufe von Ehepartnern und die Modernisierung weiblicher Lebensläufe. Weinheim, S. 25-53

Ott, Notburga (1999): The Economics of Gender – Der neoklassische Erklärungsansatz zum Geschlechterverhältnis. In: Dausien, Bettina et al. (Hrsg.): Erkenntnisprojekt Geschlecht. Opladen

Peck, Jamie (1994): Regulating Labour: The Social Regulation and Reproduction of Local Labour-Markets. In: Amin, Ash/Thrift, Nigel (Hrsg.): Globalization, Institutions, and Regional Development in Europe. Oxford, S. 147-176

Peck, Jamie (1996): Work-Place. New York

Peck, Jamie (2000): Places of Work. In: Sheppard, Eric/Barnes, Trevor (Hrsg.): A Companion to Economic Geography. Oxford, S. 133-148

Peck, Jamie (2002): Political Economies of Scale: Fast Policy, Interscalar Relations, and Neoliberal Workfare. In: Economic Geography, H. 3, S. 331-360

Peinelt-Jordan, Klaus (1996): Männer zwischen Familie und Beruf: ein Anwendungsfall für die Individualisierung der Personalpolitik. München, Mering

Perrons, Diane (1998): Britain: Deregulation, Flexible Work and Equal Opportunities. In: Bühler, Elisabeth/Maurer, Elisabeth/Wyler, Silvia (1998): Deregulierung und Chancengleichheit. Neue Herausforderungen an Staat und Gesellschaft. Zürich, S. 127-160

Perrons, Diane (2003): The New Economy, Labour Market Inequalities and the Work Life Balance. In: Martin, Ron/Morrison, Philip (Hrsg.): Geographies of Labour Market Inequality. London, New York, S. 129-148

Pfau-Effinger, Birgit (1994): Sozio-kulturelle Grundlagen der Entwicklung der Teilzeitarbeit in Europa. Am Beispiel von Finnland und West-Deutschland. In: Engelbrech, Gerhard et al. (Hrsg.): Erwerbsverhalten und Arbeitsmarktsituation von Frauen im nationalen und internationalen Vergleich. SAMF Arbeitspapier, Nr. 1, Gelsenkirchen, S. 41-76

Pfau-Effinger, Birgit (1996): Analyse internationaler Differenzen in der Erwerbsbeteiligung von Frauen. Theoretischer Rahmen und empirische Ergebnisse. In: Kölner Zeitschrift für Soziologie und Sozialpsychologie, H. 3, S. 426-493

Pfau-Effinger, Birgit (1998): Arbeitsmarkt- und Familiendynamik in Europa - Theoretische Grundlagen der vergleichenden Analyse. In: Geissler, Birgit/Maier, Friederike/Pfau-Effinger, Birgit (Hrsg.): FrauenArbeitsMarkt. Der Beitrag der Frauenforschung zur sozio-ökonomischen Theorieentwicklung. Sozialwissenschaftliche Arbeitsmarktforschung, Neue Folge, Bd. 6, Berlin, S. 177-194

Pfau-Effinger, Birgit (2000a): Kultur und Frauenerwerbstätigkeit in Europa. Theorie und Empirie des internationalen Vergleichs. Opladen

Pfau-Effinger, Birgit (2000b): Wohlfahrtsstaatliche Politik und Frauenerwerbstätigkeit im europäischen Vergleich - Plädoyer für eine Kontextualisierung des theoretischen Erklärungsrahmens. In: Lenz, Ilse/Nickel, Hildegard Maria/Riegraf, Birgit (Hrsg.): Geschlecht - Arbeit - Zukunft. Forum Frauenforschung, Bd. 12, Münster, S. 75-94

Pfau-Effinger, Birgit (2000c): Conclusion: Gender Cultures, Gender Arrangements and Social Change in the European Context. In: Duncan, Simon/Pfau-Effinger, Birgit (Hrsg.): Gender, Economy and Culture in the European Union. London, New York, S. 262-276

Pfau-Effinger, Birgit (2001): Wandel wohlfahrtsstaatlicher Geschlechterpolitiken im soziokulturellen Kontext. In: Kölner Zeitschrift für Soziologie und Sozialpsychologie, Sonderheft 41, S. 487-511

Pfau-Effinger, Birgit/Geissler, Birgit (1992): Institutionelle und sozio-kulturelle Kontextbedingungen der Entscheidung verheirateter Frauen für Teilzeitarbeit. In: Mitteilungen aus der Arbeitsmarkt- und Berufsforschung, H. 3, S. 358-370

Phizacklea, Annie/Wolkowitz, Carol (1995): Homeworking Women: Gender, Racism and Class at Work. London

Piore, Michael/Sabel, Charles (1984): The Second Industrial Divide. Possibilities for Prosperity. New York

Piore, Michael/Sabel, Charles (1989): Das Ende der Massenproduktion. Studie über die Requalifizierung der Arbeit und die Rückkehr der Ökonomie in die Gesellschaft. Frankfurt/M.

Pohl, Ingelore/Grüßen, Christian (1999): Modewirtschaft in NRW. 2. Modewirtschaftsbericht NRW. Gelsenkirchen, Oktober 1999. Institut für Raumplanung der Universität Dortmund. Auftraggeber:Ministerium für Wirtschaft und Mittelstand, Technologie und Verkehr des Landes Nordrhein-Westfalen, Düsseldorf und EU-DEKOM Gesellschaft für Designtransfer und Kommunikation, Gelsenkirchen. Veröffentlicht unter: www.fits.de (inzwischen - nach Auslaufen der Projektförderung - vom Netz)

Pollert, Anna (1999): Dismantling Flexibility. In: Bryson, John et al. (Hrsg.): The Economic Geography Reader. Producing and Consuming Global Capitalism. Chichester, S. 349-356

Portes, Alejandro (Hrsg.)(1995): The Economic Sociology of Immigration: Essays on Networks, Ethnicity, and Entrepreneurship. New York

Projektgruppe Alltägliche Lebensführung (Hrsg.)(1995): Alltägliche Lebensführung: Arrangements zwischen Traditionalität und Modernisierung. Opladen

Prügl, Elisabeth (1999): The Global Construction of Gender: Home-Based Work in the Political Economy of the 20th Century. New York

Pütz, Robert (2000): Von der Nische zum Markt? Türkische Einzelhändler im Rhein-Main-Gebiet. In: Escher, Anton (Hrsg.): Ausländer in Deutschland. Probleme einer transkulturellen Gesellschaft aus geographischer Sicht. Mainzer Kontaktstudium Geographie, 6 Mainz, S. 27-39

Pütz, Robert (2004): Transkulturalität als Praxis. Unternehmer türkischer Herkunft in Berlin. Bielefeld

Quotenfrauen und Emanzen. Quellen zur Geschlechtergeschichte in Deutschland 1949-2001. Zusammengestellt im Rahmen einer Übung für Fortgeschrittene am Lehrstuhl für Neuere und Neueste Geschichte mit dem Schwerpunkt Geschlechtergeschichte im WS 2001/02. Online: http://www.ruhr-uni-bochum.de/ngg/haupt2.html, April 2004

Rabe-Kleberg, Ursula (1993): Verantwortlichkeit und Macht. Ein Beitrag zum Verhältnis von Geschlecht und Beruf angesichts der Krise traditioneller Frauenberufe. Wissenschaftliche Reihe Materialien-Argumente, 54, Bielefeld

Raes, Stephan (1999): The Emergence of Clothing Sweatshops in the EU. Regionalisation in a Globalising World. In: Rath, Jan (Hrsg.): Immigrant Businesses. The Economic, Political and Social Environment. Houndsmills

Rath, Jan (2000): Immigrant Businesses and their Embeddedness in the Economic, Politico-Institutional and Social Environment. In: Rath, Jan (Hrsg.): Immigrant Businesses: The Economic, Political and Social Environment. Houndmills, S. 1-19

Rath, Jan (2002): Needle Games: A Discussion of Mixed Embeddedness. In: Rath, Jan (Hrsg.): Unrevealing the Rag Trade. Immigrant Entrepreneurship in Seven World Cities. Oxford, New York, S. 1-27

Rauter, Ulrich/Krug, Stefanie (Hrsg.)(1998): Risiko Erziehungsurlaub. Opladen

Reimer, Suzanne (2003): Employer Strategies and the Fragmentation of Local Employment: the Case of Contracting out Local Authority Services. In: Martin, Ron/Morrison, Philip (Hrsg.): Geographies of Labour Market Inequality. London, New York, S. 110-128

Reinhardt, Christina (1999): „Die Richardstraße gibt es nicht. Ein konstruktivistischer Versuch über lokale Identität und Ortsbindung". Frankfurt/M.

Reuber, Paul (1999): Sozialgeographie. Vorlesungsmanuskript WS 1999/2000. Mainzer Skripten zur Humangeographie. Mainz

Riesch, Roman (1998): Lage und Perspektiven der Textil- und Bekleidungsindustrie. Studien des Forschungsinstituts für Wirtschaftspolitik an der Universität Mainz, Bd. 59, Mainz

Rommelspacher, Birgit (1999): Neue Polarisierung und neue Konvergenzen: Das Geschlechterverhältnis im Zeitalter der Globalisierung In: Schmidt, Gerd/Trinczek, Rainer (Hrsg): Globalisierung. Ökonomische und soziale Herausforderungen am Ende des zwanzigsten Jahrhunderts. Soziale Welt Sonderband, 13, Baden-Baden, S. 243-259

Rosenthal, Gabriele (1995): Erlebte und erzählte Lebensgeschichte. Gestalt und Struktur biographischer Selbstbeschreibung. Frankfurt/M., New York

Rudolph, Helmut (1998): „Geringfügige Beschäftigung“ mit steigender Tendenz. Erhebungskonzepte, Ergebnisse und Interpretationsprobleme der verfügbaren Datenquellen. IAB-Werkstattbericht, Nr. 9, Nürnberg

Sackmann, Rosemarie (1997): Regionale Kultur und Frauenerwerbsbeteiligung. Stadt, Raum und Gesellschaft, Bd. 6, Pfaffenweiler

Sassen, Saskia (1991): A Collaborative Study of Hispanic Women in the Garment and Electronics Industries. New York

Sassen, Saskia (1998a): Informalization in Advanced Market Economies. ILO Issues in Development Discussion Paper, Nr. 20, Genf

Sassen, Saskia (1998b): Globalization and its Discontents. New York

Scheller, Andrea (1997): Frau Macht Raum. Geschlechtsspezifische Regionalisierungen der Alltagswelten als Ausdruck von Machtstrukturen. Anthropogeographie, Bd. 16, Zürich

Schier, Michaela/Baylina, Mireia (2002): Homework in Germany and Spain: Industrial Restructuring and the Meaning of Homework for Women. In: Schier, Michaela/ Meier Kruker, Verena /von Streit, Anne (Hrsg.): Special Issue: Geographical Perspectives on Gendered Labour Markets. GeoJournal, H. 4, S. 295-304

Schier, Michaela/Meier Kruker, Verena/von Streit, Anne (2002): Geography and Gendered Labour Markets. In: Schier, Michaela/Meier Kruker, Verena/von Streit, Anne (Hrsg.): Special Issue: Geographical Perspectives on Gendered Labour Markets. GeoJournal, H. 4, S. 243-251

Schier, Michaela/von Streit, Anne (2004): Perspektivenwechsel: Die Konzepte „Alltag" und „Biographie" zur Analyse von Arbeit in der geographischen Geschlechterforschung. In: Bühler, Elisabeth/Meier Kruker, Verena (Hrsg.): Geschlechterforschung. Neue Impulse für die Geographie. Schriftenreihe Wirtschaftsgeographie und Raumplanung, Bd. 33, Zürich, S. 21-42

Schmude, Jürgen/Leiner, Robert (2002): Unternehmensgründungen. Interdisziplinäre Beiträge zum entrepreneurship research. Heidelberg

Schnack, Dieter/Gesterkamp, Thomas (1996): Hauptsache Arbeit. Männer zwischen Beruf und Familie. Reinbek

Schneider, Katrin (2000): Feministische Ansätze in der Ökonomie. In: Peripherie, H. 77/78, S. 28-50

Schneider, Norbert/Hartmann, Kerstin/Limmer, Ruth (2001): Berufsmobilität und Lebensform. Sind berufliche Mobilitätserfordernisse in Zeiten der Globalisierung noch mit Familie vereinbar? ifb – Materialien, Bd. 8, Bamberg

Schneider, Norbert/Rosenkranz, Doris/Limmer, Ruth (1998): Nicht-konventionelle Lebensformen. Entstehung, Entwicklung, Konsequenzen. Opladen

Schneider, Norbert/Rost, Harald (1998): Vom Wandel keine Spur - warum ist Erziehungsurlaub weiblich? In: Oechsle, Mechthild/Geissler, Birgit (Hrsg.): Die ungleiche Gleichheit. Junge Frauen und der Wandel im Geschlechterverhältnis. Opladen, S. 217-236

Schöck-Quinteros, Eva (1998): Heimarbeiterschutz für „die Mütter des arbeitenden Volkes" 1896-1914 in Deutschland. In: L'Homme, H. 2, S. 183-215

Schraut, Sylvia/Eiselen, Christine (Hrsg.) (2001/2002): Mütter des Grundgesetzes,

Schröder, Frank (1999): Einzelhandelslandschaften in Zeiten der Internationalisierung. Birmingham, Mailand, München. Geographische Handelsforschung, Bd. 3, Passau

Schulze Buschoff, Karin (1999): Teilzeitarbeit in Schweden, Großbritannien und Deutschland. Individuelle Dynamik und Haushaltskontext im Ländervergleich. WZB Discussion Paper, FS III 99-406, Berlin

Schulze Buschoff, Karin/Weller, Inge/Rückert, Jana (1998): Das Erwerbsverhalten von Frauen im europäischen Vergleich. Welche Faktoren beeinflussen Arbeitszeiten und Arbeitszeitpräferenzen? WZB Discussion Paper, FS III 98-405, Berlin

Schütz, Alfred (1974/1932): Der sinnhafte Aufbau der sozialen Welt. Eine Einleitung in die verstehende Soziologie. Frankfurt/M.

Schütze, Fritz (1981): Prozessstrukturen des Lebenslaufs. In: Matthes, Joachim et al. (Hrsg.): Biographie in handlungswissenschaftlicher Perspektive. Nürnberg, S. 67-156

Schütze, Fritz (1983): Biographieforschung und narratives Interview. In: Neue Praxis, H. 3, S. 283-293

Schütze, Fritz (1984): Kognitive Figuren des autobiographischen Stegreiferzählens. In: Kohli, Martin/Günther, Robert (Hrsg.): Biographie und soziale Wirklichkeit. Neue Beiträge und Forschungsperspektiven. Stuttgart, S. 78-117

Scott, Allen (1988): New Industrial Spaces: Flexible Production Organization and Regional Development in North American and Western Europe. London

Sengenberger, Werner (1987): Struktur und Funktionsweise von Arbeitsmärkten. Die Bundesrepublik Deutschland im internationalen Vergleich. Frankfurt/M., New York

Sennett, Richard (1998): Der flexible Mensch. Die Kultur des neuen Kapitalismus. Berlin

Sheppard, Eric/Barnes, Trevor (Hrsg.)(2000): A Companion to Economic Geography. Oxford

Smith, Vicki/Gottfried, Heidi (1998): Flexibility in Work and Employment: The Impact on Women. In: Geissler, Birgit/Maier, Friederike/Pfau-Effinger, Birgit (Hrsg.): FrauenArbeitsMarkt. Der Beitrag der Frauenforschung zur sozio-ökonomischen Theorieentwicklung. Sozialwissenschaftliche Arbeitsmarktforschung, Neue Folge, Bd. 6, Berlin, S. 95-126

Statistisches Amt der Landeshauptstadt München (verschiedene Jahre): Statistisches Handbuch der Stadt München 1954, 1964. München

Statistisches Amt der Landeshauptstadt München (verschiedene Jahre): Statistisches Jahrbuch 1972, 1982, 1992, 2002. München

Statistisches Bundesamt (Hrsg.)(2003a): Datenreport 2002. Zahlen und Fakten über die Bundesrepublik Deutschland. 2. aktualisierte Auflage. Bonn

Statistisches Bundesamt (Hrsg.)(2003b): Wo bleibt die Zeit? Die Zeitverwendung der Bevölkerung in Deutschland 2001/02. Wiesbaden

Statistisches Bundesamt (Hrsg.)(2004): Leben und Arbeiten in Deutschland. Ergebnisse des Mikrozensus 2003. Wiesbaden

Statistisches Bundesamt (verschiedene Jahre): Handwerkszählung 1958, 1968, 1977, 1995. Wiesbaden

Statistisches Bundesamt (verschiedene Jahre): Produzierendes Gewerbe. Beschäftigung, Umsatz und Energieversorgung der Unternehmen und Betriebe des Verarbeitenden Gewerbes sowie des Bergbaus und der Gewinnung von Steinen und Erden. Fachserie 4, Reihe 4.1.1. Wiesbaden

Sternberg, Rolf (2000): Entrepreneurship in Deutschland. Das Gründungsgeschehen im internationalen Vergleich. Berlin

Sternberg, Rolf/Wagner, Joachim (2004): The Decision to Start a New Firm: Personal and Regional Determinants. Empirical Evidence from the Regional Entrepreneurship Monitor (REM) Germany. In: Fritsch, Michael/Niese, Michael (Hrsg.): Gründungsprozess und Gründungserfolg. Interdisziplinäre Beiträge zum Entrepreneurship Research. Heidelberg, S. 19-38

Stiehler, Sabine (1997): Allein mit Kind(ern) - Probleme und Chancen einer verbreiteten Familienform. In: Böhnisch, Lothar/Lenz, Karl (Hrsg.): Familie: eine interdisziplinäre Einführung. Weinheim, München, S. 199-211

Strümpel, Burkhard et al. (1988): Teilzeitarbeitende Männer und Hausmänner. Motive und Konsequenzen einer eingeschränkten Erwerbstätigkeit bei Männern. Berlin

Südwind e.V. (Hrsg.)(1997): Kleiderproduktion mit Haken und Ösen. Arbeitsbedingungen in der chinesischen du philippinischen Bekleidungsindustrie am Beispiel von Zulieferbetrieben deutscher Unternehmen. Texte, Bd. 6, Siegburg

Thomas, Michael (1997): Voraussetzungsvolle Passagen Neuer Selbständiger im ostdeutschen Transformationsprozess. In: Thomas, Michael (Hrsg.): Selbständige - Gründer - Unternehmer. Passagen und Passformen im Umbruch. Berlin, S. 14-57

Tölke, Angelika (1989): Lebensverläufe von Frauen. Familiäre Ereignisse, Ausbildungs- und Erwerbsverhalten. München

van Hoven, Bettina (2001): Women at Work: Experiences and Identity in Rural East Germany. In: Area, H. 1, S. 38-46

van Hoven, Bettina/Pfaffenbach, Carmella (2002): Labour Markets in Transition. The Experiences of Women in two Border Regions of East Germany. In: Schier,

Michaela/Meier Kruker, Verena/von Streit, Anne (Hrsg.): Special Issue: Geographical Perspectives on Gendered Labour Markets. GeoJournal, H. 4, S. 261-269

Vaskovics, Laszlo/Rost, Harald/Rosenkranz, Doris (2000): Was machen junge Väter mit ihrer Zeit? Die Zeitallokation junger Ehemänner im Übergang zur Elternschaft. ifb-Forschungsbericht, Bd. 2, Bamberg

Veil, Mechthild (2003): Kinderbetreuungskulturen in Europa: Schweden, Frankreich, Deutschland. In: Aus Politik und Zeitgeschichte. Beilage zur Wochenzeitung Das Parlament, B 44, S. 12-22

Voges, Wolfgang (1987): Zur Zeitdimension in der Biographieforschung. In: Voges, Wolfgang (Hrsg.): Methoden der Biographie- und Lebenslaufforschung. Opladen, S. 125-141

Voß, Günter (1991): Lebensführung als Arbeit. Über die Autonomie der Person im Alltag der Gesellschaft. Stuttgart

Voß, Günter (1995): Entwicklung und Eckpunkte des theoretischen Konzepts. In: Projektgruppe „Alltägliche Lebensführung" (Hrsg.): Alltägliche Lebensführung. Arrangements zwischen Traditionalität und Modernisierung. Opladen, S. 23-43

Voß, Günter/Weihrich, Margit (Hrsg.)(2001): Tagaus - tagein: neue Beiträge zur Soziologie alltäglicher Lebensführung. München, Mering

Wagner, Michael (1989): Räumliche Mobilität im Lebensverlauf. Stuttgart

Waldinger, Roger/Aldrich, Howard/Ward, Robin (Hrsg.)(1990): Ethnic Entrepreneurs. Immigrant Business in Industrial Societies. London

Weichhart, Peter (1990): Raumbezogene Identität. Bausteine zu einer Theorie räumlich-sozialer Kognition und Identifikation. Erdkundliches Wissen, Bd. 102, Stuttgart

Weichhart, Peter (1992): Heimatbindung und Weltverantwortung. Widersprüchliche oder komplementäre Motivkonstellationen menschlichen Handelns? In: Geographie heute, H. 100, S. 30-33 und 43-44

Weihrich, Margit (1998): Kursbestimmungen. Eine qualitative Paneluntersuchung der alltäglichen Lebensführung im ostdeutschen Transformationsprozess. Pfaffenweiler

Weihrich, Margit (Hrsg.)(2002): Tag für Tag: Alltag als Problem - Lebensführung als Lösung? Neue Beiträge zur Soziologie alltäglicher Lebensführung, Bd. 2, München, Mering

Welter, Friederike/Lageman, Bernhard (2003): Gründerinnen in Deutschland: Potenziale und institutionelles Umfeld. Untersuchungen des Rheinisch-Westfälischen Instituts für Wirtschaftsforschung, Bd. 41, Essen

Werlen, Benno (1987): Gesellschaft, Handlung und Raum. Grundlagen Handlungstheoretischer Sozialgeographie. Erdkundliches Wissen, Bd. 89, Stuttgart

Werlen, Benno (1995): Sozialgeographie alltäglicher Regionalisierungen. Band 1: Zur Ontologie von Gesellschaft und Raum. Erdkundliches Wissen, Bd. 116, Stuttgart

Werlen, Benno (1997): Sozialgeographie alltäglicher Regionalisierungen. Band 2: Globalisierung, Region, Regionalisierung. Erdkundliches Wissen, Bd. 119, Stuttgart

Werlen, Benno (1998): Wolfgang Hartke - Begründer der sozialwissenschaftlichen Geographie. In: Heinritz, Günter/Helbrecht, Ilse (Hrsg.): Sozialgeographie und Soziologie. Dialog der Disziplinen. Münchner geographische Hefte, Bd. 78, Passau, S. 15-41

Werlen, Benno (2000): Sozialgeographie. Eine Einführung. Bern

Westphal, Uwe (1992): Berliner Konfektion und Mode. Die Zerstörung einer Tradition, 1836-1939. Berlin

Wetterer, Angelika (2002): Arbeitsteilung und Geschlechterkonstruktion. „Gender at Work“ in theoretischer und historischer Perspektive. Konstanz

Wetterer, Angelika (Hrsg.)(1995): Die soziale Konstruktion von Geschlecht in Professionalisierungsprozessen. Frankfurt/M.

Wigfield, Andrea (2001): Post-Fordism, Gender and Work Restructuring in the Nottinghamshire Clothing Industry. Burlington

Willms-Herget, Angelika (1985): Frauenarbeit. Zur Integration der Frauen in den Arbeitsmarkt. Frankfurt/M., New York

Winker, Gabriele (Hrsg.)(2001): Telearbeit und Lebensqualität. Zur Vereinbarkeit von Beruf und Familie. Frankfurt/M., New York

Wohlrab-Sahr, Monika (1993): Biographische Unsicherheit. Formen weiblicher Identität in der „reflexiven Moderne“: Das Beispiel der Zeitarbeiterinnen. Biographie und Gesellschaft, Bd. 15, Opladen

Wright, Melissa (1997): Crossing the Factory Frontier: Gender, Place, and Power in the Mexican Maquiladora. In: Antipode, H. 29, S. 278-302

Zacher, Albert (1984). Der Begriff des „ungelebten Lebens" im Werk Viktor von Weizsäckers. In: Psychotherapie, Medizinische Psychologie, Psychosomatik, H. 34, S. 237-241

ZDH (Zentralverband des Deutschen Handwerks): Statistik Betriebe. Online: http://www.zdh.de/servlet/ContentServer?pagename=zdh/RenderPage&pageid=1032358503853, Mai 2004

ZDH (Zentralverband des Deutschen Handwerks): Statistik Bildung. Online: http://www.zdh.de/servlet/ContentServer?pagename=zdh/RenderPage&pageid=1032358503861, Mai 2004

Arbeit und Leben im Umbruch

Schriftenreihe zur subjektorientierten Soziologie der Arbeit und der Arbeitsgesellschaft

Herausgegeben von G. Günter Voß

G. Günter Voß, Margit Weihrich (Hg.)

tagaus - tagein

Neue Beiträge zur Soziologie Alltäglicher Lebensführung

Band 1, 2001, ISBN 3-87988-538-9, 268 S., € 24.80

Margit Weihrich, G. Günter Voß (Hg.)

tag für tag

Alltag als Problem – Lebensführung als Lösung?
Neue Beiträge zur Soziologie Alltäglicher Lebensführung 2

Band 2, 2002, ISBN 3-87988-678-4, 276 S., € 24.80

Hans J. Pongratz

Subordination

Inszenierungsformen von Personalführung in Deutschland seit 1933

Band 3, 2002, ISBN 3-87988-702-0, 174 S., € 19.80

Michael Heinlein

Pflege in Aktion

Zur Materialität alltäglicher Pflegepraxis

Band 4, 2003, ISBN-3-87988-796-9, 166 S., € 19,80

Karin Gottschall, G. Günter Voß (Hg.)

Entgrenzung von Arbeit und Leben

Zum Wandel der Beziehung von Erwerbstätigkeit und Privatsphäre im Alltag

Band 5, 2005 (2. Aufl.), ISBN 3-87988-896-5, 368 S., € 29,80

Wolfgang Dunkel, Kerstin Rieder, G. Günter Voß (Hg.)

Dienstleistung als Interaktion

Beiträge aus einem Forschungsprojekt.
Altenpflege – Deutsche Bahn – Call Center

Band 6, 2004. ISBN 3-87988-831-0, 296 S., € 27,80

Sylvia Dietmaier-Jebara

Gesellschaftsbild und Lebensführung

Gesellschaftspolitische Ordnungsvorstellungen
im ostdeutschen Transformationsprozess

Band 7, 2005. ISBN 3-87988-897-3, 360 S., € 29,80